ÉTUDES D'HISTOIRE ET DE PHILOSOPHIE RELIGIEUSES
PUBLIÉES PAR LA FACULTÉ DE THÉOLOGIE PROTESTANTE
DE L'UNIVERSITÉ DE STRASBOURG

LA
FACULTÉ DE THÉOLOGIE

ET

LE SÉMINAIRE PROTESTANT

DE STRASBOURG

(1803—1872)

Une page de l'Histoire de l'Alsace

PAR

CH. TH. GÉROLD

DOCTEUR EN THÉOLOGIE, PASTEUR DE L'ÉGLISE St-NICOLAS

LIBRAIRIE ISTRA

MAISON D'ÉDITION

STRASBOURG   PARIS (IIe)
15, rue des Juifs   57, rue de Richelieu

1923

LA FACULTÉ DE THÉOLOGIE DE STRASBOURG

ÉTUDES D'HISTOIRE ET DE PHILOSOPHIE RELIGIEUSES
PUBLIÉES PAR LA FACULTÉ DE THÉOLOGIE PROTESTANTE
DE L'UNIVERSITÉ DE STRASBOURG

Fascicule 7

LA

FACULTÉ DE THÉOLOGIE

ET

LE SÉMINAIRE PROTESTANT

DE STRASBOURG

(1803—1872)

Une page de l'Histoire de l'Alsace

PAR

CH. TH. GÉROLD

Docteur en Théologie, Pasteur de l'Église St-Nicolas

LIBRAIRIE ISTRA

MAISON D'ÉDITION

<table>
<tr><td>STRASBOURG</td><td></td><td>PARIS (IIe)</td></tr>
<tr><td>15, rue des Juifs</td><td></td><td>57, rue de Richelieu</td></tr>
</table>

1923

Imprimerie Alsacienne Strasbourg.

PRÉFACE

—

J'avais voulu faire paraître ces pages il y a quatre ans, à l'occasion du centième anniversaire de la création de la Faculté de théologie protestante de Strasbourg. C'était, en effet, le moment de dire ce que cette institution a été durant les cinquante années de son existence. Des raisons d'ordre matériel m'en ont empêché. Aujourd'hui que ces raisons n'existent plus, je reviens à mon dessein de publier non seulement l'histoire de la Faculté de théologie, mais celle de l'Académie protestante ou du Séminaire d'où la Faculté est sortie.

Ce qui m'y engage, c'est que ce chapitre de l'histoire de l'Alsace, bien que d'un intérêt véritable, est peu connu de la génération actuelle. On ne sait rien ou presque rien, même dans les cercles instruits, de ces deux institutions qui ont été des facteurs importants dans le développement de la vie intellectuelle, morale et religieuse de notre province, depuis le commencement du siècle dernier jusqu'à la guerre de 1870. On ne connaît guère que de nom, et souvent pas même de nom, ces hommes qui n'ont pas été seulement des maîtres de la science, les éducateurs de trois générations de pasteurs, mais qui, dans des moments difficiles, ont dignement représenté le protestantisme alsacien et dont plusieurs ont personnifié en eux les idées et les principes qui nous sont chers.

Cette ignorance, ou cet oubli, est presque de l'ingratitude. Je crois donc faire œuvre utile et en même temps remplir un devoir de reconnaissance envers des hommes qui ont bien mérité de notre pays et de notre Eglise en publiant ces pages qui donnent quelques détails précis sur le Séminaire protestant et sur la Faculté de théologie. Ces détails, je puis le dire, sont empruntés aux documents les plus authentiques. Aux sources imprimées, programmes du Séminaire, rapports de la Faculté, actes du Directoire, aux oraisons funèbres, articles nécrologiques, notices biographiques consacrés aux membres des deux institutions, j'ai pu joindre de nombreux documents inédits, procès-verbaux des séances de l'Académie protestante et du Séminaire, lettres et pièces officielles enfouies dans les archives du Directoire et du Séminaire, et dans les archives nationales et départementales. J'ai pu reproduire les témoignages des représentants de diverses promotions d'élèves, depuis ceux du doyen Bruch, qui a suivi les cours des premiers maîtres de l'Académie protestante, jusqu'à ceux du professeur Lobstein, qui a été étudiant dans la dernière année de la Faculté. J'ai puisé dans les Souvenirs inédits et particulièrement précieux d'Edouard Reuss, que mon excellent ami, M. le professeur Rodolphe Reuss, a mis très libéralement à ma disposition. Et enfin, j'ai pu, pour une certaine période du moins, consulter mes propres souvenirs. Elève du Séminaire et de la Faculté dans les années 1855 à 1860, j'ai eu pour maîtres, au Séminaire, les professeurs Matter et Hasselmann, Stahl et Kreiss, Bartholmess et Waddington, Baum et Cunitz, et à la Faculté, à côté du doyen Bruch, les professeurs Fritz et Jung, Reuss et Schmidt. J'ai également connu ceux qui sont venus plus tard, Colani et Lichtenberger, Weber et Sabatier, et j'ai suivi avec intérêt l'activité qu'ils ont déployée dans notre Ecole de théologie.

Je n'ai pu, on le comprend, entrer dans de longs détails sur les personnes et les choses qui sont racontées ici. J'ai dû me borner à présenter dans un cercle restreint les faits qui offraient un intérêt plus général et à esquisser en traits rapides et sommaires la physionomie des savants auxquels le Séminaire et la Faculté ont dû leur renom. J'ai tâché d'être impartial autant qu'on peut l'être avec ceux qu'on vénère et qu'on aime, sans cacher leurs faiblesses. J'ai tâché de l'être surtout dans ces chapitres douloureux qui relatent les attaques dirigées par l'orthodoxie parisienne contre l'enseignement du Séminaire et de la Faculté, et les incidents qui ont précédé la nomination de Colani et de Lichtenberger. Je n'ai pu passer sous silence les conflits qui se sont produits alors, mon devoir d'historien ne le permettait pas, mais je me suis efforcé de les relater aussi objectivement que possible.

Ce que j'ai voulu avant tout, c'est donner un pieux souvenir à ces maîtres excellents auxquels leurs nombreux élèves, auxquels l'Eglise protestante d'Alsace et l'Eglise protestante de France tout entière doivent beaucoup, rappeler les mérites qu'ils ont eus et les services qu'ils ont rendus, et empêcher que l'image de leur personne et de leur activité ne s'efface, comme il arrive si facilement dans le déroulement des années.

Je ne sais si j'ai réussi dans cette tâche. Je me flatte pourtant de l'espoir que ces pages seront parcourues avec quelque intérêt par ceux qui sont curieux des choses d'Alsace d'avant 1870, par ceux-là surtout, devenus très rares, qui ont passé par les salles de cours et d'examen du Séminaire et de la Faculté, et qui y retrouveront des figures connues et vénérées et des noms qu'ils prononceront avec une pieuse reconnaissance.

1er Janvier 1923.   Th. GEROLD.

PREMIÈRE PÉRIODE

1803-1820

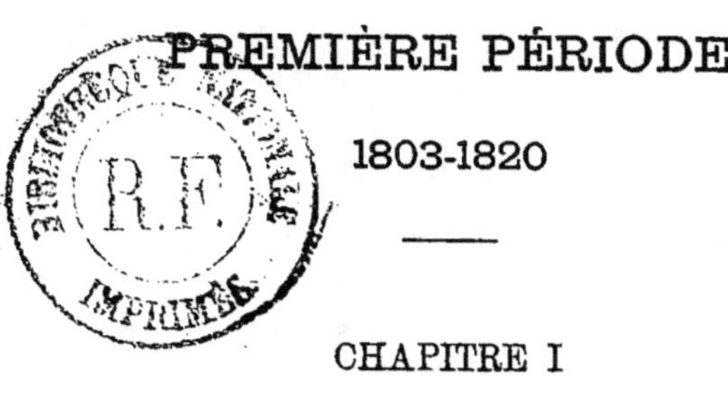

CHAPITRE I

Création de l'Académie protestante — Son ouverture publique[1])

I

L'Académie protestante — plus tard Séminaire protestant — de Strasbourg, établie par décret consulaire du 30 floréal an XI, en exécution de l'article 9 de la loi organique du 18 germinal an X, était, de fait, l'héritière et la continuatrice de l'ancienne Université, qui, après avoir longtemps et vaillamment lutté pour son existence, s'était éteinte dans la tourmente révolutionnaire. En disparaissant, la vieille école strasbourgeoise laissait derrière elle le souvenir d'un long et glorieux passé. D'abord, simple académie, fondée en 1566 par l'empereur Maximilien II, aux sollicitations de Jean Sturm, et, depuis 1621, Université dotée par Ferdinand II de tous les droits, privilèges et immunités dont jouissaient ces savantes corporations, elle s'était acquis de bonne heure une haute et légitime réputation. Assise sur les confins de deux grands pays, elle avait tout naturellement pris un caractère international, attirant par la célébrité de ses professeurs, par l'excellence de ses méthodes, par l'esprit large et libéral dont elle était animée, et, plus tard, par l'en-

---

[1]) A. Chéruel, *L'ancienne Université et l'Académie de Strasbourg.* Strasbourg, 1866.

C. Varrentrapp, *Die Strassburger Universität in der französischen Revolution,* dans la *Zeitschrift für Geschichte des Oberrheins. Neue Folge,* 13, 1898, p. 448 ss.

seignement donné dans les trois langues, latine, allemande et française, des auditeurs appartenant à toutes les nations de l'Europe. Nous savons, par des documents officiels, le chiffre des étrangers qui, vers la fin du XVIIIe siècle, suivaient les cours de l'Université strasbourgeoise. On y comptait vingt-trois Anglais et Ecossais, dix-sept Allemands, Flamands et Autrichiens, trois Italiens, deux Espagnols, onze Danois et Suédois, cinq Polonais et Courlandais, quatorze Russes et Livoniens. La plupart de ces auditeurs suivaient les cours de la Faculté de médecine, renommée par ses établissements scientifiques, son amphithéâtre anatomique, ses cliniques chirurgicales et autres. La réputation dont jouissait à cet égard l'Université de Strasbourg avait même décidé l'illustre famille de Galitzin à fonder des bourses en faveur des jeunes Russes qui viendraient y faire et y achever leurs études médicales. La vieille école attirait les Français et les étrangers par d'autres avantages. A côté de la théologie et du droit, des sciences médicales, naturelles et mathémathiques, on y enseignait les sciences militaires, et Choiseul, premier ministre de Louis XV, avait envoyé des élèves de l'école royale militaire de Paris à Strasbourg, pour y être initiés à l'art des fortifications. Mais c'étaient avant tout, dans la seconde moitié du XVIIIe siècle, les cours de droit public et de droit des gens, institués par le célèbre Schœpflin et continués par son disciple Koch, qui attiraient les jeunes gens de tous les pays qui se destinaient à la carrière diplomatique, et parmi eux les fils des premières maisons de France, d'Allemagne et de Russie. Il suffira de citer parmi les diplomates ou hommes d'Etat sortis de ce qu'on appelait alors l'école de Strasbourg, le comte Louis de Narbonne, qui fut successivement ministre de Louis XVI et aide-de-camp de Napoléon; le comte de Ségur, également célèbre dans les lettres et dans la diplomatie; Gérard de Nerval, le baron de Bourgoing et le baron Bignon, qui, tous trois, s'illustrèrent comme négociateurs sous le premier empire; puis, le comte Gustave de Stackelberg et le prince Ramowsky, qui, avec le comte de Nesselrode, représentèrent la Russie au congrès de Vienne, le comte de Cobenzl, qui discuta avec le premier consul les conditions de la paix de Campo-Formio, et enfin le prince de Metternich, dont l'influence sur les destinées de l'Europe est bien connue.

L'affluence de ces jeunes gens, non seulement de nom illustre, mais de grande fortune, contribuait puissamment à la prospérité de l'Université aussi bien qu'à celle de la ville, puisque, d'après le témoignage des professeurs Koch et Haffner, ils dépensaient plus d'un million par an.

A cet état de choses si satisfaisant l'année 1789-1790 vint apporter un brusque changement. Quand l'agitation révolutionnaire, née à Paris, gagna la province, les étudiants étrangers, ceux-là surtout qui appartenaient à la noblesse, se hâtèrent de quitter Strasbourg. Cet exode porta un rude coup à l'Université. Bientôt, un danger plus sérieux la menaça. L'Assemblée nationale venait de décréter de mettre les biens ecclésiastiques à la disposition de la nation, et l'on pouvait craindre que cette mesure ne fût étendue aux protestants d'Alsace, qui, de ce fait, se voyaient enlever les biens que des traités solennels leur avaient garantis depuis 200 ans. Or, ces biens servaient, en grande partie du moins, à l'entretien de l'Université, c'est-à-dire au traitement des treize professeurs qu'elle comptait alors; les confisquer, c'était donc priver l'Université de ses moyens d'existence, et, par conséquent, la condamner à disparaître. Ce danger fut pourtant écarté. Dès le mois de mai 1790, le comité des affaires ecclésiastiques faisait à cet égard les déclarations les plus rassurantes, et, le 17 août de la même année, l'Assemblée nationale décrétait que les protestants des deux confessions d'Augsbourg et helvétique habitant l'Alsace continueraient à jouir des mêmes droits, libertés et avantages dont ils étaient en droit de jouir. Un nouveau décret de l'Assemblée, sanctionné par la loi du 10 décembre 1790, était encore plus explicite à cet égard, il exceptait « les biens possédés actuellement par les établissements des Protestants des deux confessions d'Augsbourg et helvétique de la vente des biens nationaux, », ajoutant « qu'ils seraient administrés comme par le passé ».

L'existence de l'Université semblait donc assurée pour l'avenir. Mais déjà les projets de réorganisation du haut enseignement, discutés à l'Assemblée nationale, la menaçaient à nouveau. Mirabeau proposait la création de lycées où l'on devait enseigner « les lettres, les sciences et les arts », Condorcet celle d'établissements où « toutes les sciences seraient enseignées dans toute leur étendue », Talleyrand, enfin, venait au nom du Comité de constitution, recommander la création, dans la capitale, d'un Institut national qui réunirait tous les moyens d'instruction et d'enseignement de toutes les connaissances humaines. Dans les départements, il n'y aurait que des écoles spéciales pour former les ministres de la religion, les hommes de loi, les médecins et les militaires.

A Strasbourg, on ne manqua pas de protester hautement contre un système aussi exclusif. Au mois de décembre 1789 déjà, le professeur Koch avait été envoyé à Paris pour défendre les droits des protestants d'Alsace et les intérêts de l'Université de Strasbourg, et, le 28 janvier 1790, le recteur Kugler lui mandait qu'il avait réuni chez lui les doyens des quatre facultés, Weber, Braun, Hermann et Oberlin, pour délibérer avec eux sur la situation de l'Université. « Nous nous occupons », écrivait-il, « à dresser un tableau général de notre Université, en y détaillant les différentes sciences qui y sont cultivées et la méthode dont on s'y sert, méthode absolument différente de celle qui est reçue dans les autres Universités du Royaume pour les enseigner; le tout pour faire sentir d'avance le grand intérêt que la nation pourrait avoir de conserver notre Université dans le même état, dans lequel elle a été depuis sa fondation jusqu'à ce jour. » [1] Haffner, qui venait d'être nommé aux fonctions de recteur, entreprit, à son tour, de démontrer les inconvénients qu'entraînerait la réalisation du projet de Talleyrand. Il voulait bien que la capitale possédât un établissement littéraire embrassant toutes les branches des connaissances humaines, mais il trouvait souverainement injuste de réserver à la seule capitale l'enseignement des sciences historiques, de la philosophie et des belles-lettres, comme si le théologien, le jurisconsulte, le médecin, formés en province, pouvaient se passer d'une culture d'esprit générale. Il rejetait donc l'idée d'écoles spéciales et réclamait la création, dans plusieurs départements du royaume, «de grands établissements littéraires, des Instituts de hautes sciences, qui puissent offrir sur tous les objets des connaissances humaines une instruction complète ». Strasbourg, disait-il, possède un tel Institut dans son Université, qu'on ne devait pas confondre avec ses sœurs aînées de France. « Entre elles existe la différence qui existe entre le

---

[1] Archives du Séminaire.

catholicisme et le protestantisme. Là, l'autorité et, dans sa suite, la routine, les préjugés, l'aveugle attachement aux idées du passé; ici, la liberté, le progrès, la compréhension des besoins du siècle. »

Les professeurs de l'Université intervinrent, eux aussi, dans le débat. Dans une adresse au Comité de l'Instruction, rédigée par Blessig, ils énumérèrent les raisons qui militaient en faveur du maintien de l'ancienne organisation de l'école de Strasbourg, affirmant qu'ainsi elle pourrait rendre des services plus réels et contribuer efficacement à propager les idées nouvelles.

A Paris, ces protestations trouvèrent peu d'écho. On avait décidé d'établir un lycée à Strasbourg et on jugeait inopportun de laisser subsister l'ancien régime à côté du nouveau. Cependant, l'Université n'était pas inquiétée et les professeurs continuaient à donner leurs cours. Cela changea avec l'arrivée des terroristes. Ce fut alors la suspicion, la persécution de tous ceux qu'on accusait de modérantisme et particulièrement des membres de l'Université. La Révolution, en 1789, avait été accueillie par eux avec enthousiasme. Le professeur d'éloquence, Lorentz, avait salué, dans un discours latin, cette « ère nouvelle », cette « ère de liberté, d'unité et d'égalité » qui se levait pour la France. Tant que la Révolution était restée fidèle aux principes de 1789, l'Université de Strasbourg l'avait soutenue avec énergie. Plusieurs de ses professeurs s'étaient même mêlés aux affaires et avaient occupé des fonctions municipales ou politiques. Mais lorsqu'à la liberté succéda une sanglante anarchie, Blessig et ses collègues protestèrent hautement contre les violences démagogiques. C'était aux yeux des terroristes un crime qu'il fallait punir avec la plus grande rigueur. Schweighaeuser fut banni de la ville; Oberlin fut emmené à Metz, jeté sur la paille et traité comme le dernier des criminels; Blessig et Haffner, Braun et Koch se virent incarcérer à Strasbourg et restèrent pendant de longs mois en prison. Les professeurs qu'on avait épargnés ne purent plus songer à continuer leur enseignement.

La loi du 15 septembre 1793 prononça la suppression des Universités dans toute la France. Il est vrai que cette loi fut suspendue dès le lendemain de sa promulgation, mais si les anciens établissements continuaient à exister en droit, ils avaient cessé d'exister en fait. Plus d'auditeurs! Les jeunes gens de 18 à 25 ans avaient été réquisitionnés pour la défense du pays et les salles de cours restaient vides.

Après la chute de Robespierre, les professeurs qui avaient été incarcérés furent remis en liberté et plusieurs d'entre eux reprirent leur enseignement, non publiquement, mais chez eux, avec trois ou quatre élèves. « Les chrétiens, dit Blessig, se répandirent de nouveau dans les temples, et çà et là quelques étudiants dans nos appartements privés. » Mais il ne pouvait être question de faire revivre l'Université. Les immatriculations étaient à peu près nulles. De 1795 à 1802, on en compte douze.

La loi du 7 nivôse de l'an III, qui créait les écoles centrales, ne faisait aucune mention des Universités ni des Facultés. Universités et Facultés s'étaient éteintes l'une après l'autre. Les écoles centrales étant destinées aux classes élevées de la société et la jeunesse devant y apprendre les sciences et les lettres, les arts et les métiers, il n'y avait plus au-dessus de l'enseignement primaire d'autre enseignement que celui de ces écoles.

Les écoles spéciales de droit et de médecine étaient pourtant inscrites dans la loi. Trois de ces dernières furent créées pour assurer le service de la santé de l'armée[1]), l'une d'elles à Strasbourg. Mais les nouvelles réclamations des professeurs de l'ancienne Université pour obtenir un établissement qui embrasserait tout ce qui peut être objet de science et d'enseignement restèrent sans résultat.

Dans la nouvelle assemblée, l'enseignement encyclopédique des Universités trouva pourtant des défenseurs. On comprit que l'œuvre de la Convention était sinon à refaire, au moins à modifier et à compléter. Une commission mixte, composée en partie de membres de l'Institut, en partie de membres du Conseil des Cinq Cents, fut chargée de préparer un projet d'organisation des écoles spéciales. Le projet eut le sort de ceux qui l'avaient précédé. La Révolution était trop affaiblie pour exécuter ce qu'elle avait conçu.

Ce ne fut qu'après le coup d'Etat du 18 brumaire que la période législatrice commença en France. Mais tandis que la loi du 1er mars 1802 prévoyait la création de dix Facultés de droit, rien n'était fait pour l'étude des autres sciences, ni

---

[1]) Décret du 4 décembre 1794.

surtout de la théologie. Cependant, quand eut lieu la restauration des cultes, il fallut songer à assurer la préparation des ministres de la religion. Alors parut la loi organique du 18 germinal an X qui stipulait à l'article 9: « Il y aura deux Académies ou Séminaires dans l'Est de la France, pour l'instruction des ministres de la Confession d'Augsbourg. » Il n'était pas douteux que l'une de ces Académies dût être établie à Strasbourg.

Le professeur Koch, qui continuait à représenter à Paris les intérêts de l'Université de Strasbourg en même temps que ceux des protestants d'Alsace, fut appelé à traiter, avec les conseillers d'Etat Fourcroy et Rœderer, cette importante question d'une Académie protestante. Dans un mémoire détaillé, il montra ce que l'Université de Strasbourg avait été autrefois, ce qu'elle était devenue par la Révolution, et ce qu'elle pourrait devenir par une nouvelle organisation adaptée aux lois de l'Etat et à la situation particulière de la ville de Strasbourg. « L'Université strasbourgeoise », disait-il, « est, avec les fondations, un établissement protestant reconnu et confirmé comme tel; il existe, dans cette Université, une Faculté de théologie qui a servi dans tous les temps à former des ministres du culte, il ne s'agirait donc que de la rétablir sous la dénomination d'Académie. » Il pensait toutefois que cette nouvelle Académie pourrait en même temps tenir lieu de lycée. A côté des professeurs de théologie, il y en aurait d'autres pour l'instruction de la jeunesse de tous les cultes. De cette façon, la plupart des professeurs de l'Université pourraient être employés dans la nouvelle Académie.

Dans son mémoire sur l'établissement d'une Académie des Protestants de la Confession d'Augsbourg à Strasbourg, Koch déclarait encore: « Il suffira de laisser subsister les choses sur l'ancien pied en donnant à l'ancienne Université une nouvelle organisation adaptée à l'esprit de la loi sur les cultes et à l'état actuel de l'enseignement public. L'ancienne Université était composée des quatre Facultés, elle n'en aura désormais que deux, celle de théologie et celle de philosophie et belles-lettres. On pourra se passer des deux autres, puisqu'il y a déjà à Strasbourg une école de médecine et qu'il y a lieu de croire qu'en vertu de la dernière loi sur l'instruction publique, il y aura aussi une école de droit et d'économie politique. Quatre professeurs de théologie enseigneraient la dogmatique,

la morale, l'exégèse et l'homilétique. A côté d'eux, il y aurait
six professeurs en philosophie et belles-lettres pour l'enseignement de la langue et de la littérature grecques, des langues
orientales, de la psychologie, de la logique et de la métaphysique, de la morale philosophique et du droit naturel, de l'histoire ecclésiastique, de l'histoire de la philosophie et de la
société civile, du droit canon et ecclésiastique de France et des
Protestants, de l'histoire littéraire et de la bibliographie. Ces
dix chaires seraient en rapport avec les revenus dont dispose
la fondation de Saint-Thomas.»

L'Académie étant destinée à l'instruction des pasteurs
protestants, Koch pensait qu'il serait indiqué de la mettre sous
la surveillance du Directoire du Consistoire général de la
Confession d'Augsbourg.

Tandis que Koch, nommé au tribunat, profitait de sa nouvelle dignité pour faire avancer les négociations relatives à
l'Académie et au culte protestant, les professeurs de l'ancienne
Université discutaient à Strasbourg l'organisation de la nouvelle école. La question qui se présentait tout d'abord était
celle de la composition de l'Académie. Conserverait-on les
treize chaires qui avaient existé à l'Université ou en rédui-
rait-on le nombre? Les avis étaient partagés. Les uns, partant
du principe qu'il fallait conserver aux protestants le plus de
places possible, opinaient pour le maintien des treize chaires;
les autres, estimant que les revenus de la fondation de Saint-
Thomas, très entamés par la Révolution, ne suffiraient pas, et
que l'Académie, en tant qu'établissement protestant, n'avait
à attendre aucun secours de l'Etat ni de la ville, tandis qu'elle
aurait à supporter de lourdes charges, étaient pour la réduc-
tion du nombre des professeurs titulaires à dix. On s'arrêta
finalement à ce nombre. Le 4 frimaire de l'an XI, le professeur Braun écrivait à Koch: « On est enfin convenu de vous
indiquer dix chaires, qu'on croit indispensables et d'ajouter
trois supplémentaires au cas qu'on voudrait en établir treize
pour remplir les treize prébendes qui ont été attribuées ci-
devant aux professeurs de l'Université. » Il indiquait en même
temps l'objet des cours qui devaient être professés dans ces
chaires: la théologie dans les quatre premières, et dans les six
autres la langue grecque, la langue hébraïque et les autres
langues orientales, la psychologie, la logique et la métaphysique, la philosophie morale et le droit naturel, l'histoire de

la philosophie et l'histoire de la société civile, enfin le droit canonique et ecclésiastique de la France et des protestants. Quant aux trois chaires supplémentaires, elles comprendraient l'enseignement des antiquités sacrées et profanes, de l'histoire ecclésiastique, de l'histoire littéraire et bibliothécaire. Il était entendu, d'ailleurs, qu'aucun des professeurs membres du chapitre de Saint-Thomas — ils étaient encore douze — ne serait privé des émoluments qu'il touchait de la part de la fondation.

L'essentiel était d'arriver à un prompt résultat. Les commissaires chargés d'organiser les lycées étaient déjà à l'œuvre et on pouvait craindre de sérieuses difficultés de leur part, si l'établissement de l'Académie était différé jusqu'à leur arrivée à Strasbourg. Oberlin, dans une lettre du 28 frimaire XI, pressait Koch de hâter le plus possible la conclusion de toute l'affaire. Il pensait, avec ses collègues, que l'on pourrait obtenir du gouvernement trois choses: 1° que l'Université de Strasbourg serait transformée en Académie protestante de théologie; 2° que les biens de la fondation de Saint-Thomas seraient affectés à cette Académie; 3° que la fondation de la Haute-Ecole servirait à l'entretien du Gymnase protestant.

Koch, en effet, ne perdait pas de temps. Dès le 2 prairial an II il mandait à M. de Turckheim: « L'affaire de notre organisation ecclésiastique et de notre Académie vient d'être terminée, approuvée et signée formellement par le premier consul... Toutes nos demandes nous ont été accordées; le plan d'organisation rédigé par le Président et approuvé par notre Préfet, a été agréé par le gouvernement et, ce qui nous importait le plus, nous avons aussi obtenu l'Académie sur le pied que nous avons désiré... L'arrêté du gouvernement est, à quelques termes près, le même que j'ai proposé à la suite de mon mémoire. »[1]) Koch n'était pourtant pas très rassuré quant aux dispositions de l'administration départementale: « Enfin la chose est faite », écrivait-il le 3 prairial au professeur Weber, président du Conseil ecclésiastique de Strasbourg, « mais je crois qu'il sera bon de n'en pas trop parler encore, afin qu'on n'y

---

[1]) Minutes des lettres sur l'Académie écrites à M. de Turckheim aux archives du Directoire.

mette pas de nouvelles entraves de la part de l'administration de là-bas; nous savons qu'on cherche à nous arracher cette Académie sous différents prétextes. »[1])

Enfin, le 13 prairial an XI (2 juin 1803), Portalis, chargé de toutes les affaires concernant les cultes, annonçait au citoyen Kern, nommé Président du Consistoire général du Haut- et du Bas-Rhin, que « le 30 floréal le premier consul avait accordé à la ville de Strasbourg une des Académies déterminées pour l'Est de la France par l'article 9 du titre 1er de la loi du 18 germinal an X sur les cultes protestants de la Confession d'Augsbourg ». Il ajoutait, « comme Président du Consistoire général, vous êtes directeur né de cette Académie. Je vous adresse les Articles organiques de cet établissement auquel le Gouvernement confirme les fondations qui y étaient anciennement attachées. »[2])

Le 18 prairial, Koch écrivait au professeur Weber: « J'espère que vous serez enfin content de moi et que les arrangements surtout que j'ai fait prendre pour notre Académie ne vous laisseront rien à désirer. On m'a accordé tout ce que j'avais demandé sur cette importante question. Notre administration même est maintenue, et il dépendra de nous de donner à notre Académie l'organisation que nous jugerons la plus convenable. »[3])

Dès lors, les choses allèrent rapidement. Le 20 prairial (9 juin 1803), Blessig pouvait annoncer à ses collègues que, par un arrêté du premier consul, les biens de la fondation de Saint-Thomas étaient conservés aux Protestants et affectés à l'Académie qui serait établie à Strasbourg, et, le 23 messidor, il leur communiquait les articles organiques de cette Académie, dont l'article VI portait: « Le président du Consistoire général participe en sa qualité de Directeur né de l'Académie protestante aux revenus de la fondation. » L'assemblée s'occupa aussitôt de préparer l'exécution de cet article en assignant au président une place convenable à sa dignité, entre le président et le vice-président de l'administration, et en lui conférant la jouissance d'une prébende.

Le 25 messidor (14 juillet 1803), Kern vint prendre

---

[1]) Archives du Séminaire (Papiers Koch V).
[2]) Archives du Directoire.
[3]) Archives du Séminaire.

place au milieu des membres de l'Administration et déposa
sur le bureau l'original des Actes organiques, dont le secrétaire donna lecture. Le vice-président lui souhaita la bienvenue, exprimant l'espoir que «guidée par ses lumières,
l'Administration acquerrait de nouvelles forces et une
vigueur dont elle n'avait pu jouir depuis quelque temps
par l'incertitude de la continuation de son existence».

II

La séance inaugurale de l'Académie protestante eut lieu
le deuxième jour complémentaire de l'an XI (19 septembre
1803) sous la présidence du citoyen Kern, président du Consistoire général de l'Eglise de la Confession d'Augsbourg, son
directeur né. Tous les professeurs de l'ancienne Université
qui avaient survécu à la tourmente révolutionnaire y avaient
été convoqués comme membres de la nouvelle institution.
Etaient présents: les citoyens Blessig, Haffner et Weber de
la Faculté de théologie; Braun et Ehrmann de la Faculté de
droit; Lauth et Spielmann de celle de médecine; et Herrenschneider, Koch, Oberlin et Schweighaeuser de la Faculté
des lettres.

Le président ayant déposé sur le bureau l'expédition originale des articles organiques de l'Académie des Protestants
de la Confession d'Augsbourg avec la copie de la lettre de
Portalis du 13 prairial, l'assemblée s'occupa tout de suite de
donner une organisation, au moins provisoire, au nouvel établissement. On décida de remettre la gestion des affaires entre
les mains d'un recteur, qui serait chargé de convoquer les
membres de l'Académie, de présider les séances, de diriger
les débats, de tenir le registre des inscriptions des étudiants
et de rédiger le programme des cours. Le professeur Braun,
de la Faculté de droit, fut désigné par le vote de ses collègues
pour ces importantes fonctions.

Le premier programme des cours devant renseigner le
public sur le but vers lequel serait dirigé l'enseignement de
l'Académie, on convint de dresser un tableau des sciences qui
y seraient enseignées, et de le faire suivre du catalogue des
cours que donnerait, dans le courant de l'année, chaque
membre de l'Académie. Les professeurs Schweighaeuser et
Blessig furent chargés de rédiger un projet en ce sens. Le
programme parut quelques jours plus tard.

Dans cette première séance et dans celles qui suivirent immédiatement, on prit les dispositions les plus urgentes: on fixa la rétribution que les élèves auraient à payer pour leur immatriculation; on décida que les professeurs donneraient, outre les cours pour lesquels ils seraient rémunérés, un cours gratuit trois fois par semaine; on choisit un imprimeur de l'Académie; on nomma un bedeau et son adjoint; on arrêta la forme du grand et du petit sceau à apposer aux diplômes, aux certificats et aux lettres; puis, on fixa la date de l'ouverture publique de l'Académie.

Elle se fit le 15 brumaire (7 novembre 1803) avec une solennité particulière. Nous extrayons du procès-verbal officiel des séances de l'Académie du 4 nivôse, an XII, les détails suivants sur cet acte : « Pour célébrer dignement ce jour solennel, on avait pris soin de préparer convenablement l'auditoire de l'Académie, près du Temple-Neuf. On avait réservé des places pour les membres des différentes autorités constituées, tant civiles que militaires. Les citoyens Lauth et Blessig, membres de l'Académie, avaient été nommés commissaires pour diriger l'ensemble de la fête, recevoir les autorités et leur faire prendre les places qui leur avaient été assignées d'avance. Le conseiller d'Etat, préfet du département, le conseiller d'Etat Sainte-Suzanne, général de division, le secrétaire général de la préfecture, le président du tribunal criminel et celui du tribunal civil, les généraux commandant la 15e division militaire et la place, l'évêque et le maire avaient été invités en personne par le directeur et le recteur de l'Académie. Les conseillers de préfecture, les juges des tribunaux criminels et civils, les adjoints du maire, les professeurs de l'Ecole de médecine, le clergé catholique, les membres des différents consistoires de la ville et un grand nombre de citoyens notables avaient été invités à assister à cette fête par une lettre circulaire signée par le recteur.

« Au dit jour, les membres de l'Académie s'assemblèrent entre 9 et 10 heures du matin dans une des salles du Gymnase, de là, précédés du Directeur et du Recteur, ils se rendirent à 10 heures précises à l'auditoire et occupèrent leurs places. La salle était déjà remplie en partie d'un grand nombre de citoyens et on voyait arriver successivement les personnes qu'on avait prié d'honorer de leur présence cette fête académique. Bientôt la salle fut entièrement remplie. On remarquait avec un grand plaisir que tout le monde se pressait à prendre part à la célébration de ce jour mémorable dans les annales des établissemens protestans. Jamais assemblée, dans cette enceinte, ne fut plus nombreuse ni plus brillante.

« Les citoyens Oberlin et Haffner, membres de l'Académie, lurent ensuite des discours dans lesquels chacun d'eux traitait un sujet correspondant au but qu'on voulait atteindre. Le citoyen Oberlin parla le premier. Après avoir tracé le tableau des principaux événemens historiques et littéraires qui ont illustré les établissemens protestans antérieurs à l'Académie, il fit sentir à quel point il importait que les ministres du culte soient instruits et éclairés, et finit par exprimer les sentimens dont sont animés tous les membres de l'Académie à remplir dignement leurs fonctions et à répondre de toutes leurs forces à la confiance dont le gouvernement les a honorés. Après lui, le citoyen Haffner prononça un discours dans lequel il parla des secours que l'étude des langues, de l'histoire, de la philosophie et de la littérature offre à la théologie. Le public présent montra un grand intérêt et écouta avec l'attention la plus suivie les deux discours et les orateurs furent généralement applaudis. Cette séance fut levée vers une heure après-midi. »

L'année suivante, on décida que la rentrée annuelle de l'Académie se ferait publiquement dans le grand auditoire près du Temple-Neuf. Le recteur sortant publierait un programme latin, dans lequel il traiterait un sujet littéraire et ferait connaître le nom du nouveau recteur. Ce programme servirait d'invitation à la cérémonie de la rentrée et donnerait le tableau des cours de l'année. Le nouveau recteur prononcerait un discours latin sur un sujet scientifique quelconque. Plus tard, on décida de célébrer le jour de la rentrée par le repas commun institué par testament de feu l'ammeister Frœreisen.

CHAPITRE II

Les membres de l'Académie protestante — Blessig-Haffner-Koch

I

L'Académie protestante, nous l'avons dit, comptait, au moment de son ouverture, douze membres, non compris son directeur. D'après l'article 5 des articles organiques, il ne devait y en avoir que dix. Mais il avait été convenu que les professeurs de l'ancienne Université feraient tous partie du nouvel établissement et continueraient à jouir de leur prébende comme par le passé. Aussi l'article 5 disait-il expressément : « Les professeurs de l'Académie seront réduits et fixés au nombre de dix, *après les deux premières vacances.* » Ces douze membres, comme nous l'avons vu, appartenaient aux quatre facultés : trois à la Faculté de droit, deux à celle de médecine, quatre à celle de philosophie et de mathématiques, et trois seulement à la Faculté de théologie. On pouvait se demander, non sans raison, ce que des professeurs de droit et de médecine venaient faire dans un institut dont le but était de former des ministres du culte; mais leur droit existait, on les accueillit comme un héritage de l'ancienne Université.

A la tête de l'Académie, l'article 6 des articles organiques plaçait, comme directeur, le président du Consistoire général de l'Eglise de la Confession d'Augsbourg, un jurisconsulte.

Né le 24 décembre 1746 à Bouxwiller où son père était archiviste du gouvernement du comté de Hanau-Lichtenberg, Philippe-Frédéric Kern, après avoir fait ses études de droit à l'Université de Gœttingue, était devenu conseiller de gouvernement à Bouxwiller et puis membre du conseil de régence à Darmstadt. Après l'annexion partielle du comté de Hanau-Lichtenberg à la France, il était revenu dans son pays natal et s'était mis à la disposition du gouvernement français. Il avait été nommé conseiller à la cour d'appel de Colmar, puis, juge au tribunal criminel du Bas-Rhin et, finalement, président au tribunal de première instance à Strasbourg. Quand l'Eglise de la Confession d'Augsbourg fut réorganisée en France par la loi du 18 germinal an X, il fut, par arrêté du 3 nivôse XI, appelé à la présidence du Consistoire général et du Directoire de cette Eglise, et, par là, à la direction de l'Académie protestante. Il remplit ces hautes fonctions pendant un quart de siècle jusqu'à sa mort, en 1826, avec une tranquille fermeté et un dévouement à toute épreuve.

Des douze professeurs de l'Académie, trois représentaient la théologie: Weber, Blessig et Haffner.

Georges-Frédéric Weber[1]), le plus âgé des trois, était alors presque septuagénaire. Né à Strasbourg le 5 janvier 1736, fils d'un aubergiste et marchand de vin, il avait fait ses études classiques au Gymnase et ses études philosophiques et théologiques à l'Université de sa ville natale. Plus tard, il avait, suivant l'usage du temps, entrepris un voyage scientifique, avait visité différentes Universités allemandes et fait un séjour à Paris. De retour à Strasbourg, il devint agrégé au Gymnase protestant et pédagogue au Collège de Saint-Guillaume. En 1769, il obtint de la Faculté de philosophie et de celle de théologie l'autorisation de faire des cours et fut, dès l'année suivante, adjoint à cette dernière. En 1771, nous le trouvons prédicateur du soir au Temple-Neuf; en 1772, régent de la VIIe classe du Gymnase; en 1774, vicaire-général; en 1778, professeur extraordinaire, et en 1784, professeur ordinaire à la Faculté de théologie.

A la nouvelle Académie, il déploya une activité extraordinaire. Il ne se borna pas à faire des cours sur les disciplines qui rentraient dans sa spécialité, c'est-à-dire, sur l'histoire ecclésiastique et l'histoire des dogmes; dans le premier programme déjà, il annonça des leçons de dogmatique, de morale et même d'exégèse de l'Ancien Testament, Il est permis de supposer, d'après cela, qu'il possédait de vastes connaissances et une certaine facilité de traiter des

---

[1]) Voy. *Programma invitatorium ad orationem inauguralem qua vir maxime reverendus G. Fr. Weber munus professoris theol., ritu solemni auspicabitur.* Arg. 1784.

sujets très divers. Mais peut-être n'avait-il pas au même degré les qualités supérieures du professeur et du savant, le sens critique et la finesse de l'esprit. En tout cas, il ne semble pas avoir exercé une influence profonde sur ses auditeurs.

Son activité comme professeur de l'Académie fut d'ailleurs relativement courte. En 1812 déjà, Herrenschneider, alors vice-directeur du Séminaire, écrivait: «L'âge très avancé du vénérable vieillard semble exiger ou bien qu'on le dispense entièrement de faire ses cours, ou bien qu'on lui donne un assistant suffisant et solide.»

A partir de l'année 1814, Emmerich fut en effet chargé de le suppléer pour l'histoire ecclésiastique. Weber continua pourtant jusqu'à sa mort, arrivée le 3 septembre 1820, à annoncer un cours «*De methodo studii theologici instituendi*». Il est toutefois peu probable qu'il l'ait jamais fait, puisque, dans les dernières années de sa vie, il était presque tombé dans l'enfance.

Plus que lui, ses deux collègues, Blessig et Haffner, se distinguaient par leur enseignement et méritent d'attirer ici notre attention.

Jean-Laurent Blessig [1]) était né à Strasbourg, le 29 mars 1747. Ses parents — le père était marchand de poissons — étant dans la gêne, il fréquenta d'abord l'école paroissiale, c'est-à-dire l'école primaire, plus tard il put pourtant continuer et compléter ses études au Gymnase protestant. En 1762, il fut inscrit à l'Université, où Schœpflin, Oberlin et Schweighaeuser furent ses maîtres en histoire, en philosophie et en philologie. Il s'appliqua à ces études comme à tout ce qu'il entreprenait. Cependant, la grande question qui se pose aux environs de la vingtième année: «Que faire?» ne tarda pas à se dresser devant lui d'une manière embarrassante. Il avait deux moyens de la résoudre: il pouvait se décider pour la philosophie et la philologie, qu'on ne séparait guère alors, ou pour la théologie. Les conseils du professeur Sigismond Lorenz, le décidèrent à choisir cette dernière. La Faculté de théologie d'alors offrait pourtant

---

[1]) Voy. C.-M. Fritz, *Leben D. Johann Lorenz Blessigs*, Strasbourg, 1818. — J.-G. Dahler, *Memoria viri maxime reverendi amplissimi Johannis Laurentii Blessig.* Arg. MDCCCXVI.

peu de ressources à un esprit doué d'aussi rares facultés. Les maîtres qui y professaient, Lorenz, Reuchlin et Beykert, appartenaient au bon vieux temps et restaient fidèlement attachés aux vieilles doctrines et aux méthodes traditionnelles. Seul, le professeur de métaphysique, Philippe-Jacques Müller, d'un esprit plus dégagé, avait embrassé les idées modernes. Il ouvrit au jeune étudiant de nouveaux horizons et l'orienta vers les recherches scientifiques.

Après avoir acquis, en 1770, par une dissertation sur «les Commencements de la philosophie romaine», le grade de maître ès-arts, Blessig entreprit un voyage scientifique qui le conduisit d'abord à Venise et à Vienne, puis, par la Bohême et la Saxe, en Allemagne. Il s'arrêta pendant deux ans dans les Universités les plus renommées, entra en relation avec des savants distingués et fit la connaissance d'hommes célèbres: du philosophe Mendelssohn à Berlin, de Lessing à Wolfenbüttel, de Gœthe et de Basedow à Francfort.

Revenu à Strasbourg, Blessig fut nommé agrégé au Gymnase et pédagogue du Collège de Saint-Guillaume. Il ne resta pas longtemps dans cette position. Il sentait le besoin d'étendre son horizon intellectuel. Il avait appris à connaître l'Allemagne et la science germanique, il voulut connaître Paris et la société française. Le discours qu'il avait prononcé à l'église Saint-Thomas lors de l'inauguration du monument du maréchal de Saxe l'avait fait connaître dans la capitale. Il y trouva l'accueil le plus sympathique. Il entra en relation avec des hommes distingués, tels qu'Arnaud, d'Alembert, Giraud et autres; il fréquenta les bibliothèques, les musées, les théâtres, s'intéressant à tout, profitant largement de tout ce qu'il voyait et entendait. Une mauvaise fièvre l'obligea malheureusement à abréger un séjour qu'il aurait voulu prolonger.

Avant Paris, il avait fait à l'Université, comme *privatim-docens*, des cours de littérature grecque, et avait été nommé, en 1773, professeur extraordinaire à la Faculté de philosophie. Il reprit à son retour son activité académique; professeur extraordinaire de théologie en 1783, il devint professeur de philosophie en 1786 et de théologie en 1787.

Ses cours, qui attiraient de nombreux auditeurs, s'étendirent d'abord sur la littérature grecque, la psychologie et l'histoire de la philosophie, plus tard, sur l'Ancien Testament et la dogmatique. A l'Académie protestante, il enseigna l'herméneutique biblique, l'homilétique, la catéchétique, la liturgique et la prudence pastorale; il dirigeait, en outre, un séminaire dogmatique. Peu de temps avant sa mort, il donna un cours d'introduction aux livres de l'Ancien Testament.

Esprit pénétrant et étendu et âme profondément religieuse, Blessig revendiquait hautement les droits du cœur à côté de ceux de la raison. Ce maître plein de foi et d'enthousiasme, ce théologien dévoué au Christ et à son Evangile, insistait sur la nécessité pour les ministres de la religion d'une culture générale. Mais avant tout, il recommandait une étude approfondie des saintes Ecritures. « Le caractère poétique et religieux des documents sacrés parlait à son cœur et à son esprit », dit l'un de ses élèves, « et il s'efforçait avant tout de faire sentir à ses auditeurs cette double qualité des saintes Ecritures et de les amener ainsi à aimer la Bible. » « Il cherchait », dit le même élève, à propos des leçons dogmatiques du maître, « à gagner le cœur et l'esprit à la vérité. » [1])   Un autre de ses auditeurs vante la vivacité de son esprit et la chaleur de son sentiment. « Il possédait », dit-il encore, « le don de la parole à un haut degré et savait rendre ses cours très attrayants; les digressions même, auxquelles il se laissait facilement entraîner, étaient pleines d'enseignements... Alors même qu'il se séparait de la vieille dogmatique, il n'en parlait pas avec dédain. » [2]).

Comme la plupart des professeurs de théologie de l'Université de Strasbourg, Blessig remplissait, à côté des fonctions académiques, des fonctions pastorales. Prédicateur distingué, il possédait, avec les qualités de l'esprit et du cœur, avec une vaste intelligence, une profonde sensibilité, une imagination féconde et une connaissance réelle du cœur humain, les qualités extérieures de l'orateur, le débit agréable, un beau langage, une action expressive. Chargé d'abord des prédications du soir à Saint-Pierre-le-Vieux et puis de celles du mardi au Temple-Neuf, après avoir été pendant quelque temps vicaire à la paroisse française, il devint prédicateur à Saint-Nicolas en 1780, prédicateur au Temple-Neuf

---

[1]) C.-M. Fritz, *Leben Blessigs*, p. 108 et 110.
[2]) J.-F. Bruch, *Kindheit- und Jugenderinnerungen*, St. 1889, p. 45.

en 1781, et succéda, en 1787, à son beau-père, le docteur Beykert, comme pasteur de cette dernière église.

Le théologien, le pasteur était en même temps un bon administrateur, soucieux à la fois des intérêts temporels et spirituels de son Eglise. Quand, après les troubles de la Révolution, il fallut songer à donner une nouvelle constitution à l'Eglise protestante d'Alsace, il collabora avec les professeurs Koch et Haffner aux plans de réorganisation qui aboutirent à la loi du 18 germinal an X. Président du Consistoire du Temple-Neuf depuis 1801, Inspecteur ecclésiastique de l'Inspection du Temple-Neuf et membre du Consistoire général et du Directoire de l'Eglise de la Confession d'Augsbourg depuis 1804, il prit une part des plus actives à la direction des affaires ecclésiastiques de notre pays. Il remplit toutes ces fonctions avec courage et abnégation, à travers de nombreuses difficultés, jusqu'à sa mort, en 1816.

Ce que nous venons de dire de Blessig peut s'appliquer, en grande partie, au troisième professeur de théologie de la nouvelle Académie, à Isaac Haffner [1]). Comme Blessig il joignit à l'activité académique l'activité pastorale; comme lui, il occupa les postes les plus élevés dans l'Eglise de la Confession d'Augsbourg, comme lui aussi, il exerça une influence décisive sur le protestantisme alsacien.

Il était né le 4 décembre 1751 à Strasbourg, où son père occupait le très modeste emploi d'appariteur du Grand Conseil. Après de fortes études au Gymnase protestant, il entra, à quinze ans, à l'Université de sa ville natale, pour se vouer à la philologie et puis à la théologie. D'une constitution délicate, mais plein de zèle pour les choses de l'esprit, il sut, par un labeur soutenu, opiniâtre, acquérir des connaissances variées et profondes, surtout dans les branches de la science historique.

Après avoir terminé ses trois années de théologie à l'Université de Strasbourg, il alla continuer ses études à Gœttingue, où Walch et Less furent ses maîtres, et à Leipzig, où il se lia tout particulièrement avec le célèbre prédicateur

---

[1]) Voy. *Programma ad orationem inauguralem qua vir... Isaacus Haffner professoris ordinarii theologiae munus... additurus est.* Arg. 1783. — *Haffners Totenfeier*, Str. 1831. — *Predigt bei Gelegenheit des hundertjährigen Gedächtnisfeier des Herrn Dr. Haffner*, von Dr. Bruch, Str. 1851.

Zollikofer, qui resta pour lui le type du vrai chrétien. Poursuivant ensuite son voyage à travers l'Allemagne, il ne manqua pas de rechercher les représentants les plus illustres de la science et de la littérature, et d'entrer en relation avec quelques-uns d'entre eux.

De retour à Strasbourg, il fut nommé prédicateur de la paroisse française et pédagogue du collège de Saint-Guillaume. En 1795, il devint pasteur à l'église Saint-Nicolas et il continua d'y exercer le ministère pastoral même après avoir été appelé aux fonctions académiques et ecclésiastiques les plus absorbantes.

Docteur en philologie depuis 1782 et en théologie depuis 1784, Haffner fut, en 1788, nommé professeur ordinaire à la Faculté de théologie. Ses leçons, dès lors, embrassaient l'introduction au Nouveau Testament et l'interprétation des livres du Nouveau Testament, ainsi que la dogmatique et l'histoire des dogmes. Il fit aussi, à différentes reprises, un cours d'homilétique et un autre d'esthétique. Plus tard, à l'Académie protestante, il resta fidèle à ces enseignements, sauf à l'homilétique, qu'il abandonna à son collègue Blessig.

Il eût été d'ailleurs parfaitement apte à donner ce dernier enseignement, étant un prédicateur des plus distingués. Il manquait, il est vrai, des qualités physiques qu'on apprécie chez l'orateur, mais il en possédait au plus haut degré les qualités morales. « C'était », dit un de ses élèves qui fut plus tard son collègue, « un esprit riche, lumineux, d'une culture classique. Ses discours abondaient en idées, ils étaient clairs, vivants, et, sous le rapport du style, vraiment classiques. » [1]

Ces hautes qualités, Haffner les portait aussi dans son enseignement académique. C'est dans ses cours surtout qu'on constatait sa haute culture, son vaste savoir dû à des lectures immenses, la vivacité de son esprit et la clarté de son exposition. Quant à la tendance de son enseignement, elle était absolument libérale. Il professait un rationalisme qui pourtant n'était pas sans inconséquence. Plein d'enthousiasme pour la vérité, pour la religion du Christ, pour le principe de la réforme, il dirigeait ses attaques les plus véhémentes contre l'erreur et le préjugé, et se laissait même volontiers aller au sarcasme contre le dogme officiel. Dans un parallèle

---

[1] J.-F. Bruch, *Loc. cit.*, p. 45.

tiré entre Blessig et Haffner, le doyen Bruch, qui avait été l'élève de l'un et de l'autre, juge l'enseignement de ses deux maîtres comme suit: «Haffner tendait à éclairer et à instruire les étudiants, Blessig cherchait plutôt à les convaincre… Haffner nous imposait par son savoir et par la libéralité de son jugement, Blessig, par son enthousiasme et son éloquence entraînante.» [1]

Haffner resta jusqu'au bout l'objet de la vénération de ses auditeurs. Il était d'ailleurs entouré du respect et de l'admiration de tous. On le vit bien dans la fête organisée à l'occasion de son cinquantenaire, véritable jour de triomphe où il fut l'objet d'ovations enthousiastes de la part de toutes les classes de la société protestante. Le lundi de Pâques 1830 défilèrent devant lui de nombreuses députations qui étaient venues saluer le jubilaire et lui apporter le tribut de leur admiration et de leur reconnaissance. [2]

Blessig et Haffner rivalisaient de zèle et de dévouement dans les services qu'ils rendaient au protestantisme alsacien, dans le professorat, le pastorat et l'administration ecclésiastique. Ils avaient vu périr, sans pouvoir la sauver, l'ancienne et glorieuse institution fondée par le patriotisme éclairé des pères et qui avait brillé si longtemps à l'horizon de l'Europe savante; mais ils avaient continué la tradition de leurs prédécesseurs et avaient illustré la nouvelle Académie par leurs talents, leur érudition et leur haute culture.

On ne trouve pas chez eux, il est vrai, deux choses qu'on exige aujourd'hui du professeur de Faculté: l'activité à la fois savante et littéraire. Ce qui les excuse, c'est qu'ils manquaient de loisir, et que, pour le travail personnel, ils se trouvaient dans une situation bien moins favorable que la plupart des professeurs d'aujourd'hui. D'abord, par l'absence de la division du travail. Nul ne demandera aujourd'hui à un professeur de faire un cours sur les différentes branches de la science qu'il représente; chacun a sa spécialité à laquelle il peut se donner tout entier. Les professeurs de théologie de l'Académie protestante n'étaient pas dans ce cas; ils n'étaient que trois, et, à eux trois, ils devaient traiter toutes les branches de la théologie: dogmatique et morale, introduction

---

[1] J.-F. Bruch, *loc. cit.*, p. 46.
[2] *Bericht über Haffners Jubelfeier*, Str. 1830.

aux livres de l'Ancien et du Nouveau Testament et interprétation de ces livres, histoire ecclésiastique et histoire des dogmes, homilétique, catéchétique, liturgique et prudence pastorale. Et encore, s'ils avaient pu se livrer tout entiers à l'enseignement académique, mais ils ne s'enfermaient pas dans cet enseignement, ils n'étaient pas, en premier lieu, des savants, des professeurs, ils étaient, avant tout, des prédicateurs et des hommes d'Eglise, et la multiplicité des devoirs qui résultait de ces différentes positions ne leur laissait pas assez de loisir pour se livrer à des publications scientifiques; leur activité littéraire se bornait, presque exclusivement, à la publication de sermonnaires, de catéchismes, d'ouvrages ascétiques, très recherchés par le public protestant de Strasbourg, mais peu connus au dehors.

Blessig et Haffner n'en exerçaient pas moins une influence bénie sur les étudiants, sur leur instruction théologique et sur leur éducation morale et religieuse. Ce n'étaient pas seulement leurs leçons, dans lesquelles ils disaient avec une éloquence singulière les grandes vérités de l'Evangile, c'était leur vie entière, si riche en exemples, où les discours même étaient des actes, qui produisaient un salutaire effet sur des jeunes gens sérieux. « Vous êtes doublement leur maître », disait à Haffner, lors de son jubilé, l'orateur des étudiants, Edouard Verny, « et dans la théorie par vos savantes leçons, et dans la pratique par l'exemple de votre vie, par l'activité consciencieuse, par la généreuse et franche énergie que vous avez montrée pendant la longue et belle carrière qu'il vous a été donné de parcourir. C'est plus particulièrement de ce second bienfait que ce jour nous offre l'occasion de vous exprimer notre reconnaissance. » Et Théophile Berneaud, parlant au nom des étudiants réformés de l'intérieur, disait à son tour: « Si, à leur grand regret, les difficultés d'une langue étrangère ne leur ont permis à tous de prendre part à vos savantes leçons, tous ont pu apprécier l'immense érudition qui vous distingue et pour laquelle il semble que la vie d'un homme n'ait pu suffire, ils ont admiré le zèle et l'activité infatigable que vous avez constamment déployés et surtout le caractère que vous avez montré dans les temps où il n'était pas sans danger de s'avouer serviteur du Christ. » [1])

---

[1]) *Haffners Jubelfeier*, p. 6.

C'est, en effet, la noble fermeté que Blessig et Haffner avaient montrée au moment où les échafauds se dressaient partout pour les défenseurs de la liberté et de la vérité, c'est le courage avec lequel ils avaient supporté un long emprisonnement et des menaces répétées de mort, qui leur valurent la vénération et la reconnaissance non seulement des étudiants en théologie, mais de la population protestante tout entière. C'étaient aussi les énergiques efforts qu'ils avaient faits, après la tourmente révolutionnaire, pour relever les âmes abattues et raffermir les cœurs défaillants, et pour réorganiser l'Eglise protestante d'Alsace et assurer sa liberté.

II

Comme les trois professeurs de théologie, les quatre professeurs de philologie, de philosophie et d'histoire, Oberlin et Schweighaeuser, Herrenschneider et Koch, avaient leur place marquée à l'Académie protestante, dans la section qui devait préparer, par de fortes études littéraires, à l'étude de la théologie. On ne pouvait que regretter que la philologie et la philosophie n'y eussent pas de plus nombreux représentants et que ceux qui étaient appelés à donner cet enseignement fussent, pour la plupart, déjà avancés en âge.

Le plus âgé d'entre eux, Jérémie-Jacques Oberlin[1]), frère du célèbre pasteur Oberlin du Ban-de-la-Roche, était né le 8 août 1735 dans une de ces vieilles familles strasbourgeoises où la probité et le savoir étaient héréditaires. Son père, Jean-George, modeste savant, était régent au Gymnase protestant, et c'est là, dans la vieille école de Sturm, que le jeune Oberlin fit ses études secondaires. Après avoir terminé ses classes, il se rendit à Montbéliard, pour se perfectionner dans la langue française. Revenu dans sa ville natale, il suivit à l'Université les cours de philologie et d'histoire, de philosophie et de mathématiques, et aussi de théologie, voulant avoir des clartés sur toutes choses. Dès lors, il se tourna vers l'étude de l'antiquité, vers laquelle le portaient les pen-

---

[1]) Voy. *Memoriam Jer. Jac. Oberlini aequalibus posterisque commendat Academia Argentoratentis. Academiae nomine scripsit Joh. Schweighaeuser. Arg. 1806. — Gedächtnisrede auf Herrn Jeremias Jakob Oberlin, gesprochen…,* von Dr. Joh. Lor. Blessig. Str (s. d.). — *Biogr. Notiz über Jer. Jak. Oberlin…,* von Ehrenfried Stœber. Str. (s. d.).

chants de son esprit et l'instinct de son talent. Docteur en 1758 par une thèse sur « les rites funéraires des anciens », il élargit ses vues et enrichit ses connaissances par un voyage au midi de la France et acquit la réputation d'un philologue et d'un archéologue distingué.

Malgré cette réputation, Oberlin resta dans une position des plus modestes. Il avait été, en 1755, à l'âge de vingt ans, nommé aide de son père dans la classe inférieure du Gymnase, et durant quinze ans on le laissa dans cette position subalterne. Ce n'est qu'à la mort de son père, en 1770, qu'il lui succéda comme régent de la VIIe classe, pour passer ensuite à la Ve, où il resta encore six ans, obligé de donner son meilleur temps à l'enseignement de la grammaire et à la correction des travaux d'élèves peu avancés.

Il était pourtant entré depuis quelque temps déjà dans la carrière universitaire. Nommé, en 1763, conservateur de la bibliothèque de la ville, il avait été autorisé à faire un cours de langue latine. Il devint, en 1770, adjoint et, en 1778, professeur extraordinaire à la Faculté de philosophie, et se résolut alors à se démettre des fonctions de régent. Enfin, le 30 mars 1782, il avait alors 46 ans, il fut nommé professeur, non pas d'archéologie, — il n'y avait pas alors de chaire pour cette branche de la science à l'Université de Strasbourg —, mais de logique et de métaphysique. Cela ne l'empêcha pas de donner, comme par le passé, un cours d'archéologie et de littérature latine à côté de son cours de philosophie.

Oberlin, toutefois, ne se bornait pas à faire ses cours. Quelle conscience qu'il mit à remplir ses devoirs de professeur, il continuait avec une ardeur sans pareille ses travaux privés, occupant ses laborieuses journées à des publications nombreuses et variées: dissertations sur des questions d'archéologie ou sur la langue et la littérature alsaciennes, éditions savantes des Tristes d'Ovide et des Odes d'Horace, manuels des rites et de la géographie des anciens.

La tourmente révolutionnaire vint interrompre cette activité paisible. Oberlin eut alors l'occasion de montrer qu'il n'avait pas lu les anciens en vain, qu'il avait appris d'eux le dévouement à la patrie et le courage civique. Elu membre de l'administration du district et du département, il mit ses meilleures forces au service de la cause publique. Aux jours de la Terreur, il n'en fut pas moins décrété d'accusation par le parti de Robespierre. Arrêté, dans la nuit du 3 au 4 novembre 1793, sur l'ordre des représentants du peuple Saint-Juste et Lebas, il fut, avec d'autres membres de l'administration départementale, transféré à Metz, traîné de cachot en cachot, traité comme le dernier des criminels et soumis aux plus dures privations. Il supporta courageusement ces adversités qui ne prirent fin qu'après onze mois.

A peine libre, il reprit ses cours et ses travaux littéraires. Appelé peu après à de nouvelles fonctions, il obtint quelques distinctions bien méritées: l'Institut national le nomma membre correspondant, ses concitoyens le firent entrer au conseil municipal. Il prit part alors à la création de la Société des Sciences et de l'Agriculture; il s'intéressa également aux affaires ecclésiastiques et fut appelé à présider l'assemblée des délégués des paroisses protestantes de la ville qui, en 1801, délibéra sur les changements à introduire dans la constitution de l'Eglise de la Confession d'Augsbourg.

La création de l'Académie protestante le remplit de joie. Dans le discours qu'il prononça lors de son inauguration, il donna un aperçu intéressant du passé littéraire de Strasbourg et évoqua devant ses auditeurs les perspectives d'un brillant avenir. Il ne lui fut malheureusement pas donné de les voir réalisées. Trois ans à peine après l'ouverture du nouvel établissement, le 8 octobre 1806, il fut frappé d'apoplexie et succomba après quelques jours.

Les mérites scientifiques d'Oberlin avaient été hautement appréciés en France et à l'étranger. Dès 1775, l'Académie des Inscriptions et Belles-Lettres l'avait reçu parmi ses membres, et les Sociétés savantes de Rouen, de Cortone, de Palerme, de Londres et de Cassel l'avaient honoré en l'accueillant dans leurs doctes compagnies. Cependant, son collègue en philologie porta plus loin encore la réputation de l'Académie protestante de Strasbourg.

Jean Schweighaeuser [1]) était né le 26 juin 1742, dans un presbytère de Strasbourg. Son père, Jean-George Schweighaeuser, était second, et devint, en 1752, premier pasteur à

---

[1]) Voy. Joh. Georg. Dahler, *Memoriae Joh. Schweighaeuseri sacrum.* Arg. 1830. — Ch. Cuvier, *Eloge historique de M. Jean Schweighaeuser.* Strasb. 1830. — Louis Spach, *Les deux Schweighaeuser, Biographies alsaciennes.* Paris et Strasb. 1871. — Ch. Rabany, *Les Schweighaeuser,* Paris, 1884.

l'église Saint-Thomas; sa mère, Prisque Barbe, était fille du pasteur Ehrlen de Sainte-Aurélie. Elle avait donné à son mari quatorze enfants, Jean était le dernier venu, le quatorzième.

Il fut, paraît-il, un enfant très précoce, ce qui ne l'empêcha pas de devenir un homme célèbre et d'atteindre un âge des plus avancés. A cinq ans, il entra au Gymnase, à treize ans, à l'Université. Son père l'ayant destiné à la carrière pastorale, il suivit les cours de philologie et d'histoire, et puis ceux de théologie. Mais avide de savoir, il ne se borna pas à approfondir ces disciplines. Il étendit ses études à la philosophie, à l'histoire naturelle, à la botanique et même à l'astronomie.

Après avoir conquis, par une dissertation savante sur « le système moral de l'univers », le grade de docteur en philosophie, Schweighaeuser entreprit son tour d'Europe. Il le commença par Paris. Il y resta dix mois pour étudier les langues orientales sous la direction du célèbre De Guignes; puis il se rendit à Gœttingue, où il continua ses études linguistiques avec le professeur Michaelis. Il séjourna ensuite successivement à Halle, à Leipzig, à Berlin et à Marbourg, et fit, dans ces différentes villes, la connaissance de savants et de littérateurs célèbres, celle du fabuliste Gellert, du philosophe Mendelssohn et, avant tout, de Lessing. De Hambourg il passa en Angleterre, visita Londres et Oxford où l'attirait la riche collection de manuscrits orientaux, et revint par les Pays-Bas à Strasbourg. C'est alors qu'il fit la connaissance du commissaire de guerre Brunck, qui devait avoir une influence décisive sur sa carrière scientifique[1]).

Schweighaeuser était bien préparé à la carrière académique; il ne tarda pas à y entrer. Ce n'est pourtant pas la philologie qu'il fut d'abord appelé à enseigner. La chaire de langues anciennes, devenue vacante au moment même de son retour, fut donnée à l'un de ses concurrents; lui-même fut nommé pro-

---

[1]) Richard-François-Philippe Brunck était né à Strasbourg en 1729. Commissaire de guerre auprès de l'armée hanovrienne pendant la guerre de sept ans, il avait logé un jour chez un professeur de l'Université de Giessen et avait été, par les entretiens avec ce savant, ramené à l'étude des anciens à laquelle il s'était adonné autrefois. Il se fit connaître au monde savant par la publication des *Analecta veterum poetarum graecorum*, Strasb. 1776, et par des éditions des tragiques grecs.

fesseur adjoint ou extraordinaire et chargé des cours de logique, de métaphysique et d'histoire de la philosophie. Ce n'est qu'à la mort du professeur Scherer, en 1777, que Schweighaeuser fut appelé à occuper la chaire de langues anciennes et orientales. Il devint alors officiellement philologue et le resta jusqu'à la fin.

Schweighaeuser s'était d'abord voué plus spécialement aux langues orientales. Mais l'amitié qui le liait à l'helléniste Brunck l'amena à s'occuper davantage de la littérature grecque. Elle devint dès lors son étude de prédilection. Il entreprit, après de solides travaux sur Appien, de publier une nouvelle édition de l'histoire romaine de cet auteur, qui, parue en 1785 en trois volumes, le classa aussitôt parmi les hellénistes les plus distingués. Ce travail à peine terminé, Schweighaeuser, encouragé par les suffrages des savants les plus compétents, se mit à réviser le texte de Polybe, le plus remarquable historien grec de l'antiquité. Ce travail, qui remplit six années de sa vie, parut en neuf volumes, texte, commentaire et lexique, de 1789 à 1795.

En attendant, la Révolution avait éclaté. Comme ses collègues de l'Université, Schweighaeuser avait salué avec transport l'ère régénératrice que promettait 1789. Tout en continuant ses cours et ses éditions de textes anciens, il avait accepté les fonctions absorbantes de conseiller municipal. Il avait vu avec satisfaction son fils Geoffroi se faire inscrire l'un des premiers dans le bataillon de volontaires qui s'était formé à Strasbourg à l'appel de la patrie en danger. Son patriotisme et sa réputation scientifique auraient dû le protéger au milieu des troubles révolutionnaires. Mais il avait osé s'élever contre les excès sanglants des Jacobins. Cela suffit pour le décréter d'accusation. Arrêté et enfermé au grand Séminaire, qui servait alors de prison politique, il fut, grâce aux démarches pressantes et hardies de sa femme, remis en liberté, mais exilé à vingt lieues de la frontière. Il se retira à Baccarat, dans le département de la Meurthe. Là, loin des troubles politiques, il poursuivit ses travaux littéraires. Ils manquèrent lui devenir fatals. Sa lampe qui brûlait souvent jusqu'au matin, les épreuves qu'il expédiait à son éditeur de Leipzig, firent naître des soupçons autour de lui. Il entretenait sans doute une correspondance avec les ennemis! Un ardent patriote de Baccarat courut le dénoncer. Schweighaeuser allait être traduit devant le tribunal révolutionnaire du département, quand une lettre du Comité de l'instruction publique, qui le remerciait de l'envoi d'un volume de Polybe récemment paru, arriva à propos pour le justifier de cette accusation.

Quand Schweighaeuser revint à Strasbourg, l'Université avait cessé d'exister. Il fut alors, comme plusieurs de ses collègues, nommé professeur à l'Ecole centrale du Bas-Rhin, instituée par la loi du 3 brumaire de l'an IV. Il y enseigna les langues anciennes et continua, en même temps, à éditer ses auteurs favoris.

Ce furent d'abord les Monuments de la philosophie d'Epictète, qui parurent de 1799 à 1800; puis le Banquet des Sophistes d'Athénée. Il publia, de 1801 à 1807, cinq volumes de texte et neuf volumes de commentaires de cet ouvrage qui est réputé l'un des plus difficiles de la littérature grecque et qui n'avait pas eu jusqu'alors de bonne édition. Puis, se tournant vers la littérature latine, il fit paraître, en deux volumes, les Epîtres morales de Sénèque, et entreprit enfin, presque octogénaire, sa belle édition d'Hérodote avec un lexique spécial qu'il acheva en 1824.

Ces travaux critiques ne l'empêchaient pas d'ailleurs de remplir consciencieusement ses obligations académiques. Il donnait à l'Académie protestante le cours de littérature grecque; depuis 1808, il était également professeur et doyen de la Faculté des lettres de Strasbourg. Il remplit, en outre, de 1806 à 1815, les fonctions de conservateur des bibliothèques publiques. Pour le soulager, vu son âge avancé, on lui adjoignit, en 1810, son fils Geoffroi; il n'en continua pas moins à faire des cours jusqu'en 1824.

Il ne put se résigner au repos, même alors que, fatigués par le déchiffrement des vieux manuscrits, ses yeux commencèrent à lui refuser leur service. Plus qu'octogénaire, on le voyait se rendre clopinant à l'Académie pour expliquer à la jeunesse ces auteurs grecs qu'il aimait tant et qu'il ne pouvait plus lire. En 1824, il se décida enfin à prendre sa retraite. Ce ne fut pourtant pas pour rester inactif. Les yeux de sa fille Sophie, son Antigone, comme il aimait à l'appeler, suppléèrent à l'avenir aux siens. Il demeurait, à 88 ans, en possession de toutes ses facultés intellectuelles, quand la mort vint le surprendre le 19 janvier 1830.

Schweighaeuser n'avait jamais brigué les honneurs et les

distinctions. Mais sa place était marquée à l'Institut national de France. Il fut parmi les premiers que cet illustre corps s'associa comme membres correspondants. Plus tard, en 1816, il fut nommé associé libre de l'Académie des Inscriptions et Belles-Lettres; il était membre de la Société des Sciences et des Beaux-Arts de Nancy et de la Société des Sciences, de l'Agriculture et des Arts de Strasbourg. En 1821, le gouvernement le décora de la croix de la Légion d'honneur, et en 1826, la Société royale de littérature classique de Londres lui conféra une des deux médailles d'or qu'elle accordait chaque année au savant le plus méritant dans ce domaine.

Schweighaeuser qui, comme helléniste, jouissait d'une réputation européenne, ne paraît pas avoir brillé comme professeur. Ses leçons manquaient absolument d'attrait. « Il était », dit Bruch, qui suivit ses cours en 1809, « complètement dépourvu du don de l'exposition. Sa parole était lente, sans saveur. Ses leçons nous étaient utiles, elles n'étaient pas attrayantes. Les cours qu'il donna plus tard dans la nouvelle Faculté des lettres étaient un peu plus relevés. Mais je ne puis dire que j'aie beaucoup appris dans ses leçons. Elles ne m'auraient certainement pas inspiré l'amour de la littérature classique, si mes études privées ne l'avaient déjà éveillé en moi. » [1] Edouard Reuss, qui fut l'élève de Schweighaeuser dix ans plus tard, le juge, lui et son fils Geoffroi, plus sévèrement encore: « Comme professeurs », dit-il, « ils étaient plus que médiocres; leur méthode nuisait à ce que leur science eût pu produire d'utile. Le vieux, blanchi et aveugle de par ses éditions critiques, était un pédant incarné, qui ne voyait pas dans un auteur l'esprit de son temps, la vie de son siècle, le miroir des mœurs, de la religion et de la politique d'alors, mais des formes grammaticales, des règles de syntaxe, des mines critiques. Jamais il ne nous apprit à comprendre un auteur, à saisir son esprit. » [2] Louis Spach, aussi, lui fait le timide reproche « de n'avoir pas suffisamment initié ses élèves à ce travail intellectuel auquel il se livrait dans le silence de son cabinet d'études, et de s'être borné, dans ses leçons publiques, à des questions de subtilité grammaticale, au lieu d'inspirer à ses auditeurs, par une interprétation

---

[1] J.-Fr. Bruch, *loc. cit.*, p. 41.
[2] Reuss, Mémoires.

rapide de ses auteurs favoris, le culte de l'antiquité classique. »[1])

Comme Oberlin, comme Schweighaeuser, le professeur d'histoire, Koch, jouissait d'une réputation européenne; comme Blessig et Haffner, il était entouré d'estime et de reconnaissance pour les services qu'il avait rendus à l'Eglise d'Alsace et à l'Académie protestante.

Christophe-Guillaume Koch[2]) était né le 5 mai 1737 à Bouxwiller, chef-lieu de la seigneurie de Hanau-Lichtenberg. Son père, membre du conseil des finances du prince de Hesse-Darmstadt, auquel appartenait cette seigneurie, perdit sa place pour s'être opposé à un acte arbitraire du prince, et se retira à Strasbourg. Le jeune Koch poursuivit ses études classiques au Gymnase protestant et entra en 1752 à l'Université. Il se voua d'abord à l'étude de la philologie et de la philosophie, et puis à celle de l'histoire sous la direction du célèbre Schœpflin. Après avoir pris le grade de docteur en droit, il se rendit, en 1762, à Paris. Il y passa une année entière, complétant son instruction par des recherches dans les bibliothèques et par la fréquentation de savants tels que Sainte-Palaye, De Guignes, Barthélemy, d'Anville et autres.

De retour à Strasbourg, il se lia plus étroitement avec Schœpflin, qui lui demanda de collaborer à son *Historia Zaeringo-Badensis*, dont le premier volume avait seul paru. Koch termina cet ouvrage à la grande satisfaction de son maître. Schœpflin se montra reconnaissant. En léguant à la ville sa riche bibliothèque avec son cabinet d'antiquités, il stipula que Koch en serait nommé conservateur. Et, en effet, à sa mort, en 1771, Koch fut pourvu de cette place. L'Université, presque en même temps, le nomma conservateur de sa bibliothèque et lui conféra le titre de professeur d'histoire extraordinaire.

---

[1]) Voy. Louis Spach, *Biographies alsaciennes*. Paris et Strasbourg 1871, p. 181.

Vie de Christ.-Guill. Koch, rédigée au nom du Séminaire protestant par J.-G. Schweighaeuser. Strasb. — L'article Koch dans *La France protestante* d'Eug. et Em. Haag. Paris, 1856. T. VI, p. 124 ss. — *Christoph Wilhelm Koch. Zum 100. Todestag, 25. Oct. 1815* von Eug. Stern. Str. 1913.

[2]) Voy. *Précis succinct des principaux événements de la vie.* (En allemand.) Arch. du Sém.

Il ouvrit alors un cours sur les matières qu'avait enseignées son maître, continuant ainsi l'école diplomatique qu'avait fondée Schœpflin, et bientôt il vit affluer autour de sa chaire des jeunes gens de tous les pays, qui se préparaient à la carrière diplomatique et dont quelques-uns devinrent des hommes d'Etat distingués.

En 1779, il était assez connu pour que l'Université de Gœttingue l'appelât à sa chaire de droit public, devenue vacante par la mort d'Achenwall. Les avantages pécuniaires qu'offrait cette place étaient grands. Koch hésitait sur le parti à prendre. Les instances de ses collègues et de ses amis et l'augmentation de traitement que lui accorda le magistrat le décidèrent finalement. Il resta à Strasbourg. Il n'eut pas à s'en repentir. Peu après, il fut nommé professeur de droit public à l'Université. Sa réputation dès lors ne fit que croître. Les distinctions vinrent le chercher. L'empereur Joseph II le nomma chevalier du Saint-Empire; l'Académie de Besançon, le Musée de Paris, la Société royale d'éducation de Stockholm, l'Académie des Sciences de Bruxelles le nommèrent successivement leur associé.

A côté de ses travaux universitaires, Koch avait commencé à se livrer à des travaux littéraires. En 1771 déjà avait paru à Lausanne, mais à son insu et sans nom d'auteur, publié d'après des cahiers de cours, son *Tableau des révolutions de l'Europe*, qu'il refit plus tard sur un plan plus vaste. En 1782, il fit paraître ses *Tables généalogiques des maisons souveraines de l'Europe* et, en 1789, la *Sanctio pragmatica Germanorum illustrata* qui lui valut « les témoignages les plus flatteurs de la part des prélats catholiques les plus respectables par leur érudition et par leur piété ».

Ces paisibles travaux furent bientôt interrompus par la crise révolutionnaire. Koch se vit appelé à d'autres travaux, bien différents de ceux auxquels il s'était livré jusqu'alors. En l'année 1789 il fut envoyé à Paris, avec le Stettmeister de Colmar, Sandherr, pour y défendre les droits civils et religieux des protestants d'Alsace. Il réussit à faire rendre le décret du 17 août 1790, qui maintenait les protestants de la Confession d'Augsbourg et ceux de la Confession helvétique en Alsace dans les droits que leur avaient reconnus les traités et exceptait les biens de leurs églises de la confiscation au profit de la nation, prononcée par le décret du 1er décembre 1790.

Koch n'était pas revenu de Paris que ses concitoyens reconnaissants le nommaient membre de l'administration du district, et l'année suivante, le 29 août 1791, député du Bas-Rhin à l'Assemblée législative.

Ses goûts le rattachaient à l'ordre et ses doctrines s'éloignaient de celles du parti révolutionnaire. Il prit sa place sur les bancs des modérés. Ses rares facultés, ses connaissances étendues, hautement appréciées, le firent nommer, peu après, président du Comité diplomatique.

Sa conduite après le 20 juin — Koch avait été un des principaux instigateurs de la protestation des cinq mille électeurs strasbourgeois contre toute atteinte au pacte constitutionnel — lui attira les persécutions du parti vainqueur. Arrêté au mois de septembre 1791, puis remis momentanément en liberté avec ordre de se tenir à distance des frontières, il fut obligé de se cacher pour sauver sa tête; puis, arrêté de nouveau dans l'asile où il s'était réfugié, il fut enfermé, comme plusieurs de ses collègues, dans les bâtiments du Grand-Séminaire. Ce n'est qu'après une détention de onze mois que le 9 thermidor le rendit à la liberté.

Nommé alors, par le choix de ses concitoyens, au Directoire du département du Bas-Rhin, il n'accepta ces fonctions, dans lesquelles il rendit d'ailleurs d'éminents services aux institutions strasbourgeoises, qu'à regret. Il avait hâte de retourner à ses travaux littéraires. Dès que les élections régulières purent avoir lieu, il déposa son mandat. Mais il était trop en vue pour pouvoir espérer de vivre tranquille. Malgré lui, il fut, en 1798, mêlé aux conférences de Seltz et à celles de Rastatt.

Plus tard, il se vit appelé par la confiance de ses coreligionnaires à travailler à la réorganisation de l'Eglise protestante d'Alsace, et, aidé de quelques amis, il rédigea le projet de loi qui forma la base de la loi du 18 germinal de l'an X. Puis, nommé, en 1802, membre du Tribunat, il usa de son influence pour obtenir le décret du 30 floréal XI, qui réorganisait l'ancienne Université comme Académie protestante.

Après la suppression du Tribunat en 1807, Koch renonça définitivement à toute activité politique. Il revint à Strasbourg. De nouvelles fonctions l'y attendaient à côté de ses cours, et de nouvelles distinctions honorifiques. Il fut nommé successivement membre du Consistoire général et du Directoire de l'Eglise de la Confession d'Augsbourg, doyen de la Faculté de droit, recteur honoraire de la nouvelle Académie, président de la Société des sciences et arts du Bas-Rhin. Tout en remplissant consciencieusement ces fonctions multiples, il travaillait à terminer ses grands ouvrages historiques; il donnait une nouvelle édition de son *Tableau des révolutions de l'Europe*, et préparait la publication des *Tableaux généalogiques*, qui ne parurent pourtant qu'après sa mort.

La santé de Koch était restée inaltérable et son esprit n'avait subi aucun déclin. Levé chaque jour à cinq heures, il passait sa matinée entière debout devant son pupitre, dînait frugalement, faisait une courte promenade, se remettait au travail, et se couchait invariablement à dix heures, sans avoir soupé. Mais, en 1812, il fut subitement atteint d'une maladie qui, à son âge, devait être mortelle. Il la supporta avec une sérénité stoïque. Sentant sa fin approcher, il réunit ses amis à la campagne pour un dîner d'adieu qu'il présida avec son amabilité ordinaire. Peu de jours après, le 25 octobre 1813, il s'éteignait à l'âge de soixante-seize ans.

Le chapitre de Saint-Thomas, pour lui marquer sa reconnaissance des grands services qu'il avait rendus à la fondation, avait, dès 1808, suspendu son portrait, peint par Robert Lefèvre, dans la salle de ses séances; le Séminaire, après sa mort, voulut, pour honorer dignement sa mémoire, lui élever un monument dans l'église Saint-Thomas. Ce monument est une des meilleures œuvres du sculpteur Ohmacht.

La philosophie à l'Académie protestante, était enseignée par le plus jeune des professeurs titulaires, Jean-Louis-Alexandre Herrenschneider [1]). Né le 22 mars 1760 à Grehweiler, où son père était premier pasteur et inspecteur ecclésiastique, il vint, après de fortes études classiques faites sous la direction de ce père qui était, paraît-il, un érudit, étudier à l'Université de Strasbourg les langues anciennes et, en même temps et surtout, les mathématiques, la physique et l'astronomie, qui avait pour lui un attrait particulier. Il se livra avec une telle ardeur au travail personnel, qu'il put, dès

---

[1]) Voy. *Discours prononcé le 23 février 1843 pour rendre les derniers honneurs académiques à J.-L.-A. Herrenschneider*, par J. Willm. Str. 1843. — *Reden bei der Beerdigung von J. L. A. Herrenschneider*. Str. 1843.

1782, présenter sa thèse pour le doctorat. Cette dissertation *De conscientia* paraissait annoncer un futur philosophe. Mais quand il s'agit pour le jeune docteur de choisir une carrière, les siens, s'effrayant d'une profession qui semblait offrir peu d'avenir, intervinrent et le décidèrent à se vouer au droit.

Un événement imprévu vint déranger ces plans et ouvrir au jeune savant une carrière plus conforme aux penchants de son esprit et à l'instinct de ses talents. Un frère de son père, Samuel Herrenschneider, qui professait les mathématiques à l'Université de Strasbourg, vint à mourir en 1784, et comme on ne lui trouva pas d'abord un successeur qui fut à la hauteur de sa tâche, on chargea le jeune Herrenschneider, comme l'élève le plus distingué de son oncle, de donner provisoirement le cours de mathématiques. Il s'acquitta si bien de cette tâche, qu'en 1789, à la mort du professeur Brackenhoffer, il fut appelé à lui succéder dans sa chaire.

Après un voyage scientifique qui le mit en rapport avec les astronomes européens les plus célèbres, avec Laplace et Herschell, et lui fournit l'occasion d'étudier les nouveaux instruments et les nouvelles méthodes astronomiques, il vint reprendre son activité à l'Université de Strasbourg. Elle fut presque aussitôt interrompue par la tourmente révolutionnaire.

Herrenschneider, comme tant d'autres, avait salué avec enthousiasme la Révolution, dans laquelle il croyait voir l'aurore d'une nouvelle ère, d'une ère de liberté et d'égalité. Mais quand il vit les généreux principes de 1789 succomber sous les actes sanglants de 1793, la justice outragée et l'esprit humain qui avait fait la révolution, condamné dans ses nobles idées et proscrit dans ses généreux représentants, pénétré d'horreur, il s'éleva contre l'anarchie, et quand les pasteurs qui refusaient de renier leur foi furent arrêtés et emprisonnés, il n'hésita pas à se joindre à eux et à partager avec eux une détention qui dura plusieurs mois.

Rendu à la liberté après le 9 thermidor, Herrenschneider fut nommé successivement membre de la Commission de l'Ecole centrale, de celle des nouveaux poids et mesures, examinateur des candidats à l'Ecole polytechnique et, lors de la création de l'Académie protestante, professeur de philosophie à cet établissement. Sa spécialité était pourtant, il en avait fourni la preuve, la physique et les mathématiques.

Aussi, lorsqu'en 1808 l'Académie impériale fut établie à Strasbourg, fut-il appelé à y occuper la chaire de physique. Il continua en même temps à donner un cours de mathématiques au Séminaire, jusqu'au jour où le professeur Kramp de la Faculté des sciences, gêné sans doute par cette concurrence, le menaça d'une dénonciation auprès du grandmaître de l'Université, si, professeur de philosophie, il ne renonçait pas à ce cours de mathématiques. Herrenschneider dut dès lors se borner à l'enseignement de la logique et de la métaphysique.

Il paraît pourtant n'avoir pas été tout-à-fait à la hauteur de sa tâche. Il avait été nourri dans sa jeunesse de la philosophie wolfienne, et, si nous en croyons quelques-uns de ses élèves, son horizon philosophique n'allait guère au delà. Il avait, plus tard, étudié très consciencieusement Kant, il s'était même attaqué à Schelling et à Fichte, mais Hegel et la nouvelle philosophie allemande restèrent pour lui lettre close. Il l'avouait d'ailleurs avec une charmante bonhomie. « Je crois », disait-il, « avoir compris Platon et Aristote, Bacon et Descartes, Locke et Leibnitz, Kant et Jacobi, Fichte et jusqu'à Schelling, mais je ne comprends rien à Hegel. » [1]

Malgré cette lacune dans son savoir et bien que la forme de son enseignement manquât de charme et qu'un bégaiement dont il ne réussit jamais à se défaire et la répétition fatigante des mêmes locutions donnassent à son débit quelque chose de comique, ses leçons étaient pleines d'intérêt et suivies avec zèle. Sa bienveillance, d'ailleurs, et sa générosité lui avaient gagné le cœur de ses étudiants. « Nous étions tous convaincus », dit l'un d'eux, « qu'il nous aimait et qu'il était prêt à nous être utile autant que cela lui était possible. » [2]

L'affection qu'avaient pour lui ses auditeurs et la vénération dont l'entourait la population strasbourgeoise tout entière pour sa charité inépuisable et la part qu'il prenait à toutes les œuvres philanthropiques, éclatèrent lors de son jubilé, où tous, ses collègues, les étudiants, les bourgeois de la ville, unis dans un même sentiment, lui apportèrent le tribut de leur admiration, de leur respect et de leur reconnaissance. Le Séminaire, pour l'honorer, décida de faire peindre son portrait par Strintz et d'en orner la salle de ses

---

[1] J. Willm, *loc. cit.*, p. 16.
[2] J.-F. Bruch, *loc. cit.*, p. 42.

séances. Plus tard, le gouvernement le décora de la croix de la Légion d'honneur.

Jusqu'à l'âge de 67 ans, Herrenschneider put se livrer à ses occupations diverses. Mais à ce moment de sa vie, il fut atteint d'une maladie qui le contraignit à restreindre ses travaux. Il prit sa retraite comme professeur de l'Académie, mais il continua son cours au Séminaire. Son esprit n'avait subi aucun déclin. Il assistait avec une assiduité persévérante à toutes les séances du Séminaire, portant sa vigilante sollicitude sur l'administration de la fondation et s'intéressant aux recherches scientifiques. Mais à la fin de l'année 1839 sa santé devint vacillante, ses forces physiques et intellectuelles diminuèrent de plus en plus, et le 29 janvier 1843 il expirait. Il avait près de 83 ans lorsqu'il fut enlevé à l'affection des siens, au commerce de ses amis et aux études scientifiques.

III

A côté des théologiens et des philologues, de l'historien et du philosophe, l'Académie protestante comptait cinq professeurs, dont trois avaient appartenu à la Faculté de droit et deux à la Faculté de médecine de l'ancienne Université, des hommes entourés de la considération générale, distingués dans leur branche spéciale, mais dont la place ne semblait pas marquée dans une institution créée pour former les ministres du culte. Ils étaient, nous l'avons dit, un héritage de l'ancienne Université; l'Académie, qui succédait à celle-ci, était tenue de leur conserver leur place et leur traitement, sauf à voir comment elle les emploierait.

Le plus âgé des jurisconsultes, Jean-Daniel Reisseisen[1]), était né à Strasbourg, le 18 janvier 1735, d'une famille qui, depuis des générations, s'était distinguée dans le service de l'Etat et de l'Eglise. Son bisaïeul paternel, François Reisseisen, avait été membre du conseil des XIII et scolarque; son bisaïeul maternel, Samuel Silberrad, pasteur à Saint-Pierre-le-Vieux, et son grand-père, Martin Silberrad, pasteur à Saint-Thomas. Son père, Jean-Daniel Reisseisen, était médecin.

---

[1]) *Oratio inaugur.* Arg., Heitz, 1775.

Reisseisen ne le connut point, il l'avait perdu avant sa naissance. Un oncle, frère de sa mère, alors professeur de poésie et plus tard de droit, devint pour lui un conseiller et un guide paternel. Schœpflin aussi s'intéressa à lui quand, en 1749, Reisseisen entra à l'Université pour y étudier d'abord les lettres et puis le droit. Mais cette culture préliminaire n'était qu'une préparation à des études plus étendues et plus profondes. Reisseisen alla à Paris, où il continua à se former dans la science du droit, il passa ensuite quelque temps à Colmar pour s'exercer à la pratique des affaires auprès de la Cour suprême, et obtint, quand il revint à Strasbourg, l'autorisation de faire des cours publics. En 1768, il devint professeur titulaire à la Faculté de droit et acquit une réputation qui s'étendit jusqu'en pays étranger.

A l'Académie protestante, il annonça, non un cours de droit, mais de philosophie pratique [1]). Cette annonce se retrouve chaque année dans le programme du Séminaire jusqu'en 1811. Alors son nom disparaît du tableau des cours, bien qu'il ne mourût que six ans plus tard, en 1817. Il faut croire que son âge avancé et, peut-être, l'absence d'auditeurs, l'avait décidé à renoncer à une activité qui, sans doute, ne lui donnait que peu de satisfaction.

Il n'en fut guère autrement du second jurisconsulte, Jean-Daniel Braun. Lui aussi appartenait à une vieille famille strasbourgeoise qui avait fourni des hommes de mérite aux conseils des XIII et des XV. Son père, Jean Braun, était négociant et assesseur du Grand Conseil.

Né à Strasbourg, le 12 décembre 1739, Braun fit ses humanités au Gymnase protestant et étudia le droit à l'Université de sa ville natale. Il devint ensuite, sur la recommandation de Schœpflin, précepteur des fils du baron de Stein. Il trouva dans cette position, qu'il occupa durant cinq ans, l'occasion de connaître un monde intéressant et tout nouveau pour lui. De retour à Strasbourg, il fut nommé professeur extraordinaire à la Faculté de droit.

Mais avant de commencer son enseignement, il voulut compléter ses études. Il se rendit d'abord à Lyon, pour s'y

---

[1]) O. Berger-Levrault, dans ses *Annales*, dit de lui : « Professeur de jurisprudence, de droit naturel et des gens et de droit public d'Allemagne à l'Académie protestante ». C'est une erreur, Reisseisen n'a jamais annoncé que *Philosophiae practicae principia*.

exercer à la pratique de la jurisprudence française, puis à Paris, où la fréquentation d'hommes d'un haut mérite, du duc de Mortemart, du vicomte de Vitraye et de diplomates étrangers, contribua beaucoup à augmenter ses connaissances juridiques et à étendre son horizon politique. Revenu à Strasbourg, il obtint une chaire à la Faculté de droit, et inaugura son cours par un discours qui fit sensation: *Leges ac mores publicae salutis fulcimenta, Principis curam esse.*

Pendant la période révolutionnaire, Braun fut appelé à remplir diverses fonctions publiques; il fut placé, en 1793, à la tête de l'administration du Bas-Rhin. Mais dénoncé comme aristocrate, il fut destitué, arrêté et enfermé avec d'autres notables au Grand-Séminaire. Il fut retenu captif jusqu'en septembre 1794. Plus tard, nous le trouvons vice-président du tribunal civil de première instance à Strasbourg et membre du Consistoire du Temple-Neuf.

A l'Académie protestante, Braun annonça un cours de «droit ecclésiastique protestant»[1]. L'a-t-il professé régulièrement? Et avec quel succès? Nous l'ignorons; il n'en est fait mention nulle part. Mais s'il ne brillait pas comme professeur, il eut de réels mérites comme administrateur des fondations protestantes. Schweighaeuser, faisant, en sa qualité de vice-président du Séminaire, le 29 novembre 1809, l'éloge de ce collègue, décédé quelques jours auparavant, pouvait dire de lui: «Il a réussi autant par l'exactitude qu'il mettait dans ses recherches que par un travail assidu consacré au bien-être de la fondation (de Saint-Thomas) à la rétablir dans les droits qui lui avaient été contestés par le vertige des années révolutionnaires et à réparer autant que possible les pertes qu'elle avait faites. Le défunt par les services signalés rendus à la fondation s'est acquis de justes titres à la reconnaissance de ses collègues et emporte leurs regrets.»[2] Bel éloge assurément et qui suffit pour assurer à la mémoire du professeur Braun la gratitude de l'Alsace protestante!

Le troisième des jurisconsultes qui avaient passé de

---

[1] O. Berger-Levrault, dans ses *Annales*, le désigne comme «professeur de droit civil et criminel à l'Académie protestante». Mais on n'a jamais enseigné ni le droit civil ni le droit criminel à l'Académie protestante et le programme des leçons ne porte que cette seule mention: *Braun jus ecclesiasticum protestantium docebit.*

[2] Procès-verbal de la Séance du 29 nov. 1809.

l'ancienne Université à l'Académie protestante, Jean-François Ehrmann[1]), était né à Strasbourg, le 12 février 1757, fils de Jean-Chrétien Ehrmann, médecin principal de l'hôpital civil et doyen du collège des médecins strasbourgeois. Après de fortes études achevées au Gymnase protestant, il fit son droit à l'Université de sa ville natale et y prit, en 1782, le grade de docteur. Employé d'abord à la chambre des contrats, il devint successivement professeur à la Faculté de droit, juge suppléant au tribunal du district, notable de la commune de Strasbourg, et fut, en septembre 1792, envoyé par les suffrages de l'assemblée des électeurs du Bas-Rhin à la Convention. Il y prit sa place parmi les démagogues les plus décidés et ne tarda pas à marquer dans le procès de Louis XVI ses sentiments exaltés. Dans la séance du 15 janvier, il répondit à l'appel de son nom: « Coupable », et empêché par la maladie d'assister aux séances décisives du 18 et du 19, il vota par lettre la mort du tyran.

Au cours des années suivantes, Ehrmann fut, à différentes reprises, chargé de missions auprès des armées républicaines, et surtout, à cause de sa connaissance des deux langues, auprès de l'armée du Rhin et auprès de celle de Rhin-et-Moselle. En 1797, il eut l'honnuer d'être élu au Conseil des Cinq-Cents. Mais il n'y siégea que peu de temps; dès 1798, nous le trouvons président du tribunal criminel de Strasbourg et, quelques années plus tard, conseiller à la cour d'appel de Colmar.

Lors de son passage à l'Académie protestante, Ehrmann annonça un cours de morale philosophique. Mais ses fonctions judiciaires le tenant éloigné de Strasbourg, il dut se faire remplacer dans sa chaire. Il n'en continua pas moins à jouir de sa prébende; il se borna à mettre une faible partie de son traitement, d'abord, 500, et plus tard, 800 francs, à la disposition de l'Académie pour indemniser son suppléant.

Après la restauration, Ehrmann, soupçonné du crime de régicide, fut destitué. On racontait que, craignant d'être expulsé, il avait, pour gagner son pain en pays étranger, appris le métier de vannier, parce que, disait-il, on trouve des saules

---

[1]) Voy. *Notes biographiques sur les hommes de la Révolution à Strasbourg et les environs* par Etienne Barth. Metz 1877, p. 295, 296. — *Le Courrier du Bas-Rhin* du 29 sept. 1839.

à l'abord de toutes les villes. Les choses pourtant n'en vinrent
pas là. Ehrmann, dont le nom fut, paraît-il, omis sur les listes
de proscription, ne fut nullement inquiété. Il put revenir
tranquillement à Strasbourg pour occuper sa chaire au Séminaire protestant. Il annonça alors un cours de droit ecclésiastique protestant. Mais, nous dit Edouard Reuss, il n'arrivait à le faire que lorsqu'il se trouvait quelques étudiants
curieux d'entendre les bons mots et les anecdotes piquantes
dont il parsemait ses leçons.

Le jacobin Ehrmann, si nous en croyons le pasteur silésien
Wehrhahn, qui, lors d'un voyage en France, passa par Strasbourg, et fit la connaissance du vieux conventionnel, devint
sur le tard un fervent piétiste. « Qui l'eût cru possible », écrit
cet ecclésiastique, « Ehrmann qui avait été un des tigres de
la révolution, membre de la Convention au moment où la
mort du roi fut votée, représentant du peuple, sur l'ordre
duquel plus d'une tête tomba sous le couperet de la guillo-
tine; lui dont nul homme, nulle philosophie ne pouvaient
laver les taches de sang adhérentes à sa conscience, cherchait
le pardon dans le sang répandu pour lui aussi sur la croix;
il était, quand je fis sa connaissance, un pécheur depuis longtemps converti et passait dans la ville pour un mystique et
un piétiste. »

Aux théologiens et aux philologues, aux philosophes et
aux juristes venaient se joindre, pour compléter le personnel
enseignant de l'Académie, deux médecins, qui d'ailleurs ne
réussirent pas plus que les juristes à réunir un auditoire pour
les cours qu'ils annonçaient et finirent par renoncer à l'activité académique.

L'un d'eux, Jean-Jacques Spielmann[1]), naquit à Strasbourg le 4 octobre 1748. Il appartenait à une famille vouée
depuis plusieurs générations à l'art de guérir. Son père,
Jacques Reinbold Spielmann, était professeur à la Faculté
de médecine et jouissait d'une réputation qui s'étendait bien
au delà des barrières de la ville.

Après avoir acquis en 1770, à peine âgé de vingt-deux
ans, le grade de docteur en médecine, Spielmann entreprit
avec son ami Frédéric de Dietrich, le futur maire de Stras-

---

[1]) *Programma ad orationem inauguralem qua Joh. Jac. Spielmann
in Universitate Argentoratensi auspicabitur.* Argent. Heitz, 1765.

bourg, une tournée en Suisse. Il voulut connaître les hommes célèbres de ce pays; il vit, à Bâle, le physicien Bernoulli, à Zurich, le poète Salomon Gessner, à Berne, le naturaliste Haller. Mais c'était avant tout Paris qui l'attirait. Il alla y faire un séjour; il y entendit les cours des plus illustres savants et se lia d'amitié avec d'Angervilliers et Milly.

Revenu à Strasbourg, il se maria avec Marguerite Salomé de Türckheim, et devint, en 1773, surnuméraire dans les hôpitaux militaires, puis, directeur de l'hôpital des enfants, et, en 1785, professeur de pathologie à l'Université.

Comme professeur de l'Académie protestante, il resta fidèle à sa spécialité. Dès le premier programme, il annonça un cours d'hygiène à l'usage des futurs pasteurs de campagne, et, dans les programmes suivants il renouvela cette annonce sous les formes les plus variées. Ce cours, qui présentait certainement quelque intérêt, attira-t-il des auditeurs et Spielmann l'a-t-il réellement professé? On ne nous le dit pas. En tout cas, son activité à l'Académie ne fut pas de longue durée. Il mourut le 7 décembre 1810, à l'âge de soixante-cinq ans.

Son collègue, Thomas Lauth [1]), occupa sa chaire bien plus longtemps sans arriver toutefois à exercer une activité académique plus efficace.

Strasbourgeois, comme la plupart de ses collègues de l'Académie protestante, il était né le 19 août 1753. Comme Spielmann, il appartenait à une famille de médecins. Son père, Jean-George Lauth, était professeur d'accouchement à l'Université et pratiquait en même temps la médecine. Immatriculé à la Faculté de philosophie dès l'âge de quatorze ans, le jeune Lauth se voua tout d'abord à l'étude des langues anciennes, et cela avec une telle ardeur et un tel succès, qu'il parvint à manier la langue latine avec plus de facilité et d'élégance que sa langue maternelle. Après les langues, il aborda la philosophie, puis, les mathématiques et les sciences naturelles et, enfin, la médecine. Il y fit de si rapides progrès qu'il put, après peu de temps, être adjoint comme assistant au médecin du grand hôpital.

En 1781, il conquit le grade de docteur en médecine,

---

[1]) Masuyer, *Discours sur Thomas Lauth.* Strassb. 1827. — *Programma ad orationem inauguralem qua Th. Lauth in Universitate Argentoratensi auspicabitur.* Arg., Heitz, 1785.

après quoi il entreprit un voyage scientifique qui le conduisit à Paris et, de là, à Londres, à Bruxelles et à Amsterdam, à Leyde et à Utrecht, à Cassel et à Gœttingue, et qui le mit en relation avec les célébrités médicales de plusieurs pays.

De retour à Strasbourg, il devint successivement assistant des professeurs d'accouchement Rœderer et Ostertag, prosecteur d'anatomie à l'Université, professeur extraordinaire à la Faculté de médecine, et en 1785, titulaire de la chaire d'anatomie et de chirurgie.

La révolution interrompit brusquement cette belle activité. Mais la loi du 14 frimaire de l'an III ayant créé trois écoles de médecine, dont l'une à Strasbourg, celle-ci, à cause du voisinage du théâtre de la guerre, attira un grand nombre d'élèves de toutes les parties de la France. Ils venaient faire ou achever leurs études à Strasbourg, pour aller plus facilement de là affronter la mort dans les ambulances et sur les champs de bataille. Lauth et Herrmann furent alors réintégrés dans les chaires qu'ils avaient occupées antérieurement. Depuis 1795, Lauth, qui, par patriotisme, avait refusé un appel de l'Université de Tubingue, était aussi médecin principal de l'hôpital civil. L'Académie de médecine de Paris le nomma membre associé et le gouvernement lui conféra la croix de la Légion d'honneur.

Quand Lauth passa à l'Académie protestante, il annonça un cours d'anthropologie, et jusqu'en 1826 cette annonce se retrouve chaque année dans le programme des leçons de l'Académie d'alors et du Séminaire ensuite. Elle ne suffit pas pourtant pour lui amener des auditeurs. Il n'arriva qu'une seule fois, paraît-il, à faire ce cours. « Il le fit », nous dit Bruch, qui était un de ses auditeurs, « en latin, selon l'usage de l'ancienne Université, et avec une facilité d'élocution qui nous remplit d'admiration. Pas une expression ne lui manqua. Une seule fois, voulant parler de musiciens ambulants, il s'arrêta un instant, cherchant une expression équivalente; mais tout aussitôt il trouva le terme de *musici circumforanei* qui, en effet, était parfaitement adéquate. » [1] Reuss, raconte, de son côté, qu'un jour les étudiants s'entendirent pour l'obliger à faire son cours et qu'ils lui demandèrent de le faire en latin. Lauth y consentit, et d'abord tout alla bien.

---

[1] J.-F. Bruch, *Loc. cit.*, p.

Il commença par une description générale de l'organisme humain, il passa ensuite aux détails de la tête, mais il n'était pas arrivé au cou qu'un beau matin une affiche annonça à ses auditeurs « que Monsieur le professeur était empêché de continuer ses leçons »[1].

Il jouit dès lors, comme plusieurs de ses collègues, de sa prébende de chanoine, sans rendre le moindre service dans l'enseignement du Séminaire.

Lauth, au retour d'un voyage du Rhin, mourut le 16 septembre 1826, à Bergzabern, dans le Palatinat, et fut enterré dans cette localité.

---

[1] Ed. Reuss, *Loc. cit.*

CHAPITRE III

Premiers changements dans le personnel enseignant
Professeurs suppléants et professeurs agrégés

I

On a pu voir par le chapitre précédent qu'il était, à l'Académie protestante, très imparfaitement pourvu à un enseignement qui devait embrasser la philologie, la philosophie et la théologie dans leurs rapports essentiels. Les professeurs du nouvel établissement ne manquaient pas de bonne volonté sans doute, mais les théologiens, les philologues et les philosophes y étaient trop peu nombreux pour suffire à leur tâche, et les juristes et les médecins, maintenus à côté d'eux, étaient trop étrangers à la théologie et à ses sciences auxiliaires, pour pouvoir rendre de réels services. On sentit donc le besoin de recruter de nouvelles forces, capables de combler les lacunes que l'on constatait dans l'enseignement de l'Académie.

Dès sa première séance, d'ailleurs, l'Académie avait compris l'avantage qu'offrirait pour l'instruction des élèves le concours de maîtres choisis en dehors du cercle universitaire, et elle avait décidé qu'on inviterait de jeunes savants distingués par leur talent et leurs connaissances à unir leurs efforts à ceux de l'Académie en faveur de la jeunesse studieuse. L'appel fut entendu. Le programme des cours de l'année 1805-1806 contient les noms de sept *privatim-docentes:* des pasteurs, Fritz et Beck; des vicaires, Emmerich et Dahler; d'autres savants, Redslob, Oberlin jun., Aufschlager, qui annoncent des cours de théologie systématique, de philosophie, d'exégèse de l'Ancien et du Nouveau Testament, même de mathématiques et de droit naturel. Ces cours ne furent pas tous professés, faute d'auditeurs. Mais les mêmes noms et les mêmes sujets de cours reparaissent dans les programmes des années suivantes, et

des noms nouveaux, ceux du pasteur Eissen et du professeur
Hammer, viennent s'ajouter aux noms anciens.

L'Académie se vit pourtant bientôt dans la nécessité de
nommer des professeurs suppléants. Koch, trop absorbé par
les affaires politiques pour faire son cours d'histoire, priait,
par lettre du 13 frimaire an XIV, qu'on lui donnât un suppléant dans la personne d'un jurisconsulte distingué, Frantz,
et Schweighaeuser, chargé d'années, demandait, de son côté,
qu'on lui adjoignît, pour l'enseignement des langues orientales, le *privatim-docens* Dahler, très compétent en ces
matières.

L'Académie n'hésita pas à faire droit à ces demandes.
Elle fit plus encore. Le plan d'organisation de 1807 prévoyant
la nomination de professeurs suppléants, elle désigna pour ces
fonctions trois savants qui avaient fait leurs preuves: Jean-
Georges Dahler, Jean-François Frantz et Charles-Maximilien
Fritz, et elle obtint qu'ils fussent agréés par le gouvernement.
Ce n'étaient pas d'ailleurs, comme on serait tenté de le croire
d'après l'arrêté de l'Académie, des hommes au début de la
carrière, le plus jeune d'entre eux comptait quarante-six
printemps.

Ce dernier, Jean-François Frantz¹), était né le 6 mai 1761
à Bischwiller, où son père était pasteur. Il avait étudié la
philosophie et l'histoire à l'Université de Strasbourg, et ces
études, poussées avec une vigueur extraordinaire, semblaient
annoncer en lui un futur historien. Mais l'histoire n'offrant à
ce moment que peu de chances d'arriver, Frantz s'était tourné
vers la jurisprudence. Docteur en philosophie depuis 1786 et
en droit en 1787, il fut, cette même année, nommé agrégé à la
Faculté de droit de Strasbourg. Après un voyage scientifique
en Allemagne et en France, il venait de commencer, non sans
succès, ses cours, quand la Révolution vint disperser ses auditeurs et balayer la vieille école strasbourgeoise.

Cependant, les aptitudes et le patriotisme de Frantz étaient
trop connus, pour qu'on ne songeât pas à les utiliser dans
l'intérêt public. Il fut nommé secrétaire de la nouvelle administration. Il n'occupa pourtant ce poste que peu de temps.
Lorsque les jacobins arrivèrent au pouvoir, il fut accusé de

---

¹) Voy. *Rede an dem Sarge von Hrn. Johannes Frantz, Professor
der Rechte, gesprochen von* Isaac Haffner, Strasbourg, s. d.

modérantisme et destitué, heureux d'ailleurs de n'être pas banni ou incarcéré. Il fallut patienter, attendre des jours meilleurs. La tourmente passée, il fut appelé à de nouvelles fonctions publiques. Membre du Directoire du département en 1797, juge au tribunal civil de Strasbourg, sous-préfet à Wissembourg, député à l'Assemblée législative, professeur à l'école de droit, conseiller de préfecture, vice-président de la commission administrative des hospices civils, il rendit dans ces différents emplois les plus grands services.

Nommé, en 1807, agrégé à l'Académie protestante, il y donna des cours d'histoire universelle, d'histoire de France et, plus tard, de droit ecclésiastique protestant. Mais ses fonctions publiques ne lui permirent pas de se vouer tout entier à l'enseignement; aussi le voyons-nous, modeste et consciencieux, prier le Séminaire, après la mort de Blessig et de Koch, « de remettre sa nomination à une chaire de professeur à l'époque où il serait en état de rendre dans l'enseignement des services réels ».

Cette occasion ne devait plus se présenter: Frantz mourut le 18 décembre 1818.

Jean-Georges Dahler[1]), le second professeur agrégé, appelé en même temps que Frantz à l'Académie protestante, put, au contraire de celui-ci, mettre, durant de longues années, ses forces et son temps au service de l'Académie et, plus tard, du Séminaire.

Il était né à Strasbourg, le 7 décembre 1760, dans une famille qui jouissait d'une certaine aisance. Son père était négociant, sa mère s'appelait Marie-Barbe Hammer. Reçu à l'âge de sept ans au Gymnase protestant, le jeune Dahler y fit d'excellentes études classiques, qu'il alla continuer et compléter à l'Université sous Oberlin et Schweighaeuser, pour se faire ensuite recevoir étudiant en théologie. Il comprit pourtant bientôt qu'il n'était pas fait pour la carrière de prédicateur. Bien qu'il eût le souci de la forme et quelque prétention à un style soigné, il manquait de cette fermentation intérieure, de cet élan, de cette chaleur de parole qui font l'orateur. Il se décida dès lors pour la carrière de l'enseignement.

---

[1]) Voy. *Discours prononcé pour rendre les derniers honneurs académiques à M. Jean-George Dahler... par M. J. Matter.* Strasb. 1832. in-8°. — *Zum Andenken an Johann Georg Dahler. Trauerreden gehalten am 2. Juli bei seiner Beerdigung.* Str. 1832.

Ses examens de théologie achevés, il se jeta avec ardeur sur l'étude des langues sémitiques, et, après les doctes leçons de Schweighaeuser, alla suivre à Iéna, à Leipzig et à Gœttingue, celles des maîtres les plus illustres, d'Eichhorn, de Griesbach, de Dœderlein et de Heyne. Il visita aussi les Universités d'Erlangen, de Halle, de Wittenberg, de Marbourg et de Heidelberg, et revint vers la fin de l'année 1788 dans sa ville natale, avec l'espoir d'y trouver une chaire académique où il pourrait prodiguer à la jeunesse les trésors de savoir qu'il avait si consciencieusement amassés. Son attente fut déçue. A l'Université de Strasbourg, il n'y avait pas de chaire vacante pour le moment, et, en dehors de Strasbourg, la France n'offrait nulle perspective d'emploi à un savant appartenant à l'Eglise protestante.

Dahler se vit réduit à donner des leçons particulières pour vivre. Il en prit son parti, répétant avec la spirituelle bonhomie qui le caractérisait, que Strasbourg ne donnait du pain à ses enfants que lorsqu'ils commençaient à manquer de dents pour le manger.

Un instant il sembla que l'Université de Gœttingue allait enlever le jeune savant à sa patrie. Dahler s'était fait le collaborateur d'Eichhorn dans la publication d'une nouvelle édition du lexique de Simonis, et il pouvait espérer que ce travail important lui ouvrirait les portes de la célèbre Augusta-Georgia. La crise révolutionnaire, qui éclata à ce moment, lui enleva même cet espoir.

Il se tourna alors vers le ministère ecclésiastique. Le 24 avril 1791, le savant collaborateur d'Eichhorn, l'auteur de plusieurs ouvrages critiques et littéraires, fut nommé prédicateur du soir à Saint-Guillaume, puis vicaire au village de Bischheim et agrégé au Gymnase protestant. Emplois bien modestes et qui, les trois ensemble, ne lui faisaient pas un traitement annuel de cent écus! La position de Dahler à ce moment rappelle celle du jeune Haffner revenant de ses voyages universitaires, qu'un administrateur félicitait d'être « si bien casé ». Haffner se trouvait, en effet, « casé » avec un traitement de cinq louis.

En 1793, la situation de Dahler commença à s'améliorer. Il fut nommé professeur de grec au Gymnase et directeur du pensionnat de Saint-Guillaume. Il obtint, en même temps, l'autorisation de faire des cours. Mais la mauvaise chance le poursuivait. Au moment où il ouvrait ses cours, la voix de la France appela ses enfants à sa défense. Les salles de cours se vidèrent et , au collège de Saint-Guillaume, des prisonniers autrichiens vinrent remplacer les étudiants en théologie.

En 1795, Dahler devint pasteur auxiliaire à Illkirch et, bientôt après, prédicateur-vicaire à Strasbourg. Mais, nous l'avons dit, la nature lui avait refusé les qualités qui font l'orateur populaire et il fut heureux, quand les camps rendirent aux études quelques jeunes gens, de reprendre ses cours.

Il les continua dès lors sans interruption jusqu'au mois de mai 1832; dans les premières dix années sans titre et sans rétribution. Il fut d'abord nommé professeur suppléant avec une indemnité de 200 livres, qui, en 1809, fut portée à 300 livres «en reconnaissance du zèle qu'il avait déployé». Ce n'est qu'en 1811, à la mort de Spielmann, qu'il obtint la dixième place de professeur au Séminaire et devint chanoine de Saint-Thomas. Il avait alors plus de cinquante ans.

Les cours qu'il donna à l'Académie protestante et plus tard au Séminaire portaient sur les sujets les plus variés. «Il est peu de professeurs en théologie», dit Matter dans son discours pour rendre les derniers honneurs académiques à M. Jean-Georges Dahler, «et depuis sa mort il n'en est plus, je pense, qui embrassent dans leurs leçons autant de branches différentes que fit M. Dahler. Ce professeur donna successivement des cours de grammaire latine, hébraïque, syriaque, chaldéenne et arabe; il expliqua Térence, Salluste, Homère, le Nouveau Testament, Moïse, Salomon, les prophètes et quelques autres écrivains classiques des langues sémitiques; il enseigna la géographie, les antiquités et l'histoire littéraire du monde ancien et, dans les observations toujours écrites qu'il fit publiquement pendant plusieurs années aux soutenances des thèses de théologie, il donna des preuves d'une érudition si générale et si profonde, qu'on ne savait quoi le plus admirer en lui, de cette instruction si exacte et si variée ou de cette justesse et de cette modération si constante qui caractérisaient ses jugements, qui en faisaient autant d'oracles. »

Dahler était un philologue émérite. «Mais», dit Bruch dans ses Mémoires, «ses cours ressemblaient à des leçons de Gymnase. Ils n'avaient en vue que la connaissance de la langue, mais ne donnaient aucune satisfaction au goût... Ses cours sur l'Ancien Testament me profitèrent plus que ceux sur la littérature romaine. Son interprétation des Proverbes et celle de Job étaient excellentes et m'amenèrent à mieux comprendre la langue hébraïque et la littérature de l'Ancien Testament. »

Dahler ne se borna pourtant pas à donner des cours sur les matières les plus variées, il fit paraître de 1781 à 1832 une série de travaux littéraires, parmi lesquels plusieurs ouvrages importants sur différents livres de l'Ancien Testament: une traduction allemande des Proverbes, une version française de Jérémie, avec des notes historiques et critiques, et un traité en langue latine sur l'authenticité des livres des Chroniques. Tous ces travaux se recommandaient par une vaste érudition, par un jugement modéré et un esprit éminemment religieux, mais laissaient désirer une allure plus vive et un tour plus rapide.

Lorsqu'en 1819 l'Académie de Strasbourg fut dotée d'une Faculté de théologie protestante, Dahler fut appelé à occuper la chaire d'exégèse du nouvel établissement. Dès lors, il se borna, dans ses cours, à l'interprétation des livres de l'Ancien Testament.

La vie de Dahler fut toute de labeur. Aux fonctions de professeur du Séminaire et de la Faculté de théologie, il joignit celles de directeur du Gymnase et d'inspecteur ecclésiastique intérimaire, et celles d'inspecteur des collèges de Saint-Guillaume et de Saint-Thomas. Il fut président de la Société pastorale de Strasbourg et vice-président de la Société biblique, pour laquelle il entreprit, avec plusieurs de ses collègues, la révision de la traduction de Luther. Il faisait partie de toutes les Sociétés de bienfaisance de Strasbourg et s'intéressait à toutes les œuvres philanthropiques.

Dahler était dans les relations ordinaires de la vie le plus facile des hommes. La nature, qui lui avait donné une grande vigueur de corps et d'esprit, avait joint à cette robustesse des qualités aimables: une charmante bonhomie, une modeste douceur, une bonté secourable. Il ne songeait qu'à se rendre utile, à remplir au mieux ses devoirs, et cela tout naturellement, sans laisser paraître le moindre désir d'être applaudi ou dinstingué. Pourtant les honneurs vinrent le chercher. La société de La Haye pour la défense du christianisme lui décerna sa médaille d'or et le ministre le nomma membre du Conseil académique et doyen honoraire de la Faculté de théologie. Il déclina l'une et l'autre de ces nominations, comme il avait refusé antérieurement le décanat.

Dahler mourut le 27 juin 1832, laissant la réputation d'un homme de cœur plus encore que d'un homme d'esprit, et d'un maître consciencieux plus que d'un grand savant.

Le troisième des professeurs suppléants, Charles-Maximilien Fritz[1]), était né le 7 octobre 1758 au presbytère d'Eckbolsheim, près de Strasbourg. Son père, reconnaissant ses heureuses dispositions, l'envoya de bonne heure au Gymnase. Le jeune élève, sérieux, appliqué, y fit d'excellentes études classiques, puis alla étudier la philosophie et la théologie, vers laquelle l'entraînait une vocation naturelle.

Ses études universitaires terminées à Strasbourg, il voulut les compléter en Allemagne. Il se rendit à Iéna où l'attiraient le critique Griesbach, l'orientaliste Eichhorn et le dogmaticien Dœderlein. Après un séjour prolongé dans cette ville, il visita quelques autres des grandes Universités allemandes et revint à Strasbourg en 1788.

Il n'y trouva pas les occupations qu'il avait espérées. Ce n'est que deux ans plus tard qu'il fut appelé aux modestes fonctions de pédagogue du collège de Saint-Guillaume, et les années qui suivirent n'amenèrent aucune amélioration dans sa position. Il se décida alors à accepter la place de pasteur qui était devenue vacante à Barr.

C'était en 1793. Aussi à peine eut-il commencé à exercer son ministère qu'il se vit forcé de l'interrompre. Un mandat d'arrêt avait été lancé contre lui, et, pour s'y soustraire, il dut se réfugier dans la montagne. Mais dénoncé, traqué et finalement découvert, il fut arrêté, transféré à Strasbourg et incarcéré au Grand-Séminaire.

Remis en liberté après le 9 thermidor, il retourna dans sa paroisse à laquelle il se consacra tout entier, remplissant à la fois les fonctions de pasteur et d'instituteur, jusqu'au jour où, en 1802, il fut nommé à une place de pasteur au Temple-Neuf, à Strasbourg.

Quelques années plus tard, il vit se réaliser l'un de ses vœux les plus chers. Chargé, en 1807, de donner, en qualité

---

[1]) Voy. *Einige Blätter zur Erinnerung an Carl Maximilian Fritz.* Str. (s. d.).

de professeur suppléant, des cours à l'Académie protestante, il fut nommé, le 26 octobre 1813, après la mort de Koch, professeur titulaire au Séminaire, et, en 1819, appelé à la chaire de morale chrétienne dans la nouvelle Faculté de théologie.

Fritz, doué d'un grand sens pratique, était avant tout pédagogue, et il le prouva quand, en 1809, il fut chargé de la direction du Gymnase. « Il trouva », dit Redslob dans son Discours funèbre, « quand il entra dans cette position, à améliorer bien des choses que les tempêtes des années terribles avaient détruites et aussi à créer bien des choses que la culture plus avancée de notre époque réclame comme urgente. Pour cela, il dut lutter contre de nombreux obstacles et combattre maint adversaire avec courage, prudence et circonspection. En parfaite communauté d'idées avec les professeurs de l'établissement, il lutta avec un courage héroïque contre les adversaires du bien, et vit, sa plus douce récompense, une belle œuvre prospérer de plus en plus sous sa direction. »

Fritz fut appelé à une activité plus absorbante encore quand, après la mort de Blessig, il fut nommé inspecteur ecclésiastique de l'inspection du Temple-Neuf.

C'est le 15 janvier 1821 qu'il termina, à soixante-deux ans, une vie qui avait été bien remplie. Pasteur à Barr et puis à Strasbourg, professeur au Séminaire et à la Faculté de théologie, directeur du Gymnase et inspecteur ecclésiastique de l'inspection du Temple-Neuf, membre de l'administration de la fondation de Saint-Thomas, Fritz n'avait pas cessé de servir l'Église d'Alsace et de l'honorer par ses vertus. D'une âme élevée, il avait su unir le savoir à la noblesse du caractère, le fier courage dans la persécution aux qualités les plus aimables du cœur. Il comptait, nous disent ses contemporains, parmi les hommes les meilleurs et les plus respectables.

II

L'Académie protestante, dès les premières années de son existence, vit se produire des changements dans son sein. Plusieurs de ses membres touchaient déjà à la vieillesse au moment de sa création et ne tardèrent pas à succomber. Oberlin s'éteignit le premier. Il mourut en 1806; Braun le suivit dans la tombe en 1809. Par leur mort, le nombre des professeurs se trouva réduit à dix. C'était le chiffre fixé par les articles organiques; aussi ne furent-ils remplacés ni l'un ni l'autre. La première nomination d'un professeur au Séminaire eut lieu en 1810, à la mort de Spielmann. Elle ne modifia d'ailleurs point la composition du corps enseignant. Dahler, qui fut nommé, en faisait déjà partie, comme agrégé, depuis 1807.

Mais il y en avait d'autres encore parmi les professeurs qui étaient chargés d'années et que leurs infirmités empêchaient de remplir leurs devoirs académiques dans toute leur étendue. L'enseignement en souffrait. Et cela était d'autant plus fâcheux que le Séminaire voyait augmenter sans cesse le nombre de ses élèves. Ce n'étaient plus les départements du Haut- et du Bas-Rhin et le pays de Montbéliard seuls qui fournissaient leur contingent, les pays allemands annexés par Napoléon envoyaient leurs étudiants à Strasbourg. Il fallait donc songer à combler les lacunes de l'enseignement et à en élargir le cadre.

Le Directoire, à l'instigation du Séminaire, prit un arrêté par lequel, considérant les exigences du temps, il augmenta le personnel enseignant et les matières à enseigner. Il nomma Geoffroi Schweighaeuser professeur suppléant et Redslob et Emmerich professeurs agrégés. Schweighaeuser était chargé d'une partie de l'enseignement philologique à la place de son père; il devait, en outre, donner un cours d'esthétique que de nombreuses voix réclamaient avec instance. Redslob était appelé à faire un cours de morale philosophique et pratique et un autre d'histoire de la philosophie; à Emmerich était confié l'enseignement de l'histoire ecclésiastique.

Jean-Geoffroi Schweighaeuser [1]), était né à Strasbourg le 2 janvier 1776, fils de l'helléniste Jean Schweighaeuser. Il était, paraît-il, un enfant d'une rare précocité. On racontait qu'à l'âge de dix-huit mois ayant un jour entendu sa mère dire une fable de Gellert, il l'avait si bien retenue, qu'il l'avait répétée le lendemain d'un bout à l'autre sans manquer un seul mot. Quoi qu'il en soit de cette anecdote, il est avéré qu'il possédait une mémoire étonnante. Comme élève du Gym-

---

[1]) Voy. *Discours pour rendre les derniers honneurs académiques à J.-G. Schweighaeuser*. Str. 1844.

nase, il savait tout Homère par cœur. Son père lui inspira
l'amour de l'antiquité classique, sa mère, Catherine Salomé,
née Hering, une femme d'esprit, développa en lui le goût
de l'art et de la littérature. Au Gymnase protestant, il fit ses
classes avec distiction, et à treize ans il était inscrit à
l'Université comme élève en droit et en philologie.

Ses études achevées à Strasbourg, il voulut aller les
compléter dans les Universités étrangères. La guerre l'en
empêcha. C'était le moment où d'un bout à l'autre de la
France retentissait l'appel aux armes pour la défense de la
patrie. Schweighaeuser avait seize ans. Il n'hésita pas. En-
rôlé au 3e bataillon des volontaires du Bas-Rhin, il courut
à la frontière menacée et prit part aux combats qui se
livrèrent alors dans le Palatinat et sur la ligne de Wissembourg. Mais même dans le tumulte de la vie des camps, il
donnait au culte des lettres tout le temps que lui laissaient
ses devoirs militaires. Virgile et Horace, Sophocle et Pindare l'avaient suivi et il feuilletait leurs pages immortelles
à la lueur des feux de bivouac.

Il resta sous les drapeaux tant que durèrent les grands
dangers de la France. Mais après les victoires qui sauvèrent
la patrie, il suivit le commissaire de guerre Mathieu Fabvier
à Colmar. Il y entra en relation intime avec le fabuliste
Pfeffel, qui «lui ouvrit le temple des muses», c'est-à-dire
l'encouragea à cultiver la poésie.

En 1796, il vint à Paris, chargé par son père de colla-
tionner les manuscrits d'Epictète et de faire, en son nom, une
lecture à l'Institut. Il fit une si bonne impression sur ses
auditeurs qu'il trouva dès lors un accueil empressé chez des
savants et des gens de lettres distingués, comme Millin et
Visconti, Sainte-Croix et Bitaubé. Quand, deux ans plus tard,
il revint à Paris, il fut même admis dans la brillante société
qui se réunissait autour de Mme de Staël et qui exerçait une
influence considérable sur la littérature. Il y rencontra des
personnages célèbres, des représentants éminents de la
science et de l'art, et se trouva bientôt en relations suivies
avec quelques-uns d'entre eux, tels que Guingené et Andrieux,
Gérando et Voyer d'Argenson, Guillaume de Humboldt et
les deux frères Schlegel. On avait dans ces cercles une si
haute opinion de son savoir et de son intelligence que Humboldt, Delessert, Voyer d'Argenson et Mme de Staël, elle-même

songèrent à lui confier l'éducation de leurs fils. Schweighaeuser entra, en effet, comme précepteur, dans la famille de G. de Humboldt et il y resta jusqu'en 1800, où il fut rappelé à Strasbourg pour achever son service militaire. Revenu à Paris, il se chargea de l'éducation du fils de Voyer d'Argenson et continua à s'en occuper jusqu'en 1812.

Durant ces années, Schweighaeuser se livra à des travaux littéraires multiples. Il prépara pour l'édition stéréotype des Caractères de La Bruyère du comte de Schlaberndorf le troisième tome contenant le texte de Théophraste; il entreprit de faire mieux connaître la culture allemande en France et la culture française en Allemagne, et il publia à cet effet de nombreux articles dans le *Magasin encyclopédique* de Millin et dans les *Französische Miscellen* (Mélanges français) de Tubingue; il collabora au *Publiciste* de Suard et à ses *Archives littéraires*; il rédigea le texte du premier volume du Musée Napoléon publié par les frères Piranesi et donna un Tableau chronologique des peintres les plus célèbres depuis la renaissance de l'art jusqu'à la fin du 18e siècle.

Mais l'ouvrage le plus important de ces années, celui auquel il avait consacré le plus de temps, c'était la traduction avec introduction et commentaire, des *Indiques* de l'historien grec Arrien, le meilleur résumé de ce que les anciens savaient de l'Inde. Schweighaeuser l'avait entreprise sur les conseils de Sainte-Croix, et il avait l'intention d'y joindre toutes les notes patiemment réunies sur ce sujet sous le titre: «Recherches critiques sur l'histoire primitive et l'origine de la civilisation des Indiens et des autres peuples anciens en général». Ce travail, qui devait assurer à son auteur la réputation d'un philologue, était prêt à être imprimé quand la faillite du libraire-éditeur en empêcha la publication.

Cependant le décret du 17 mars 1808, qui donna à l'Université une nouvelle organisation, venait de créer à Strasbourg une Académie impériale. Le père de Schweighaeuser fut nommé doyen de la Faculté des lettres et lui-même professeur-adjoint, chargé de l'enseignement de la littérature grecque. Il n'entra pourtant en fonctions qu'en 1812, au moment où il fut appelé au Séminaire comme professeur de littérature ancienne.

Ses cours, au Séminaire, portaient sur les classiques grecs et latins et sur l'esthétique. Poète lui-même, il expliquait

de préférence les poètes et se donnait une peine infinie pour
développer le goût de ses élèves et leur faire comprendre et
sentir la beauté de l'antique poésie. Plein d'un zèle ardent,
il ne se bornait d'ailleurs pas à ses cours officiels, il réunissait
ses auditeurs le dimanche dans des exercices de récitation et
de déclamation, et dans des conférences où il lisait et corrigeait les travaux allemands et français qui lui étaient remis.
« Mais, dit un de ses élèves, son activité se heurtait à un obstacle des plus sérieux, les étudiants ne l'aimaient pas... Pourquoi? C'est difficile à dire. D'abord, sans doute, parce qu'il
n'avait pas de cœur pour la jeunesse. Il était d'une sévérité
qui s'étendait sur tous, sur les meilleurs élèves comme sur les
autres. Peut-être aussi était-ce l'élégance, la recherche qu'il
mettait dans sa mise et ses manières qui irritait les jeunes
gens, les Allemands surtout, qui avaient plutôt des manières
grossières. » L'Eloge du professeur Fritz dit pourtant « que
tous ceux qui aimaient l'étude et qu'il admettait dans son
intimité lui vouaient une reconnaissance et un attachement
éternels. »

En 1815, Schweighaeuser fut appelé à remplacer son père
comme conservateur de la bibliothèque du Séminaire et de
celle de la ville, et du musée d'antiquités qui y était joint.
Il fut, par là, amené à s'occuper de l'étude des antiquités de
l'Alsace. Il publia alors une série de mémoires sur la Cathédrale, le mur païen, les monuments celtiques des bords du
Rhin, etc., et, avec son ami de Golbéry, le grand et bel ouvrage
intitulé: « *Antiquités de l'Alsace, ou châteaux, églises et autres
monuments des départements du Haut- et du Bas-Rhin.*

Mais ces « distractions littéraires » ne suffisaient pas à
l'activité de son esprit, il se jeta avec une nouvelle ardeur sur
la philologie qui, comme il l'écrivait à Sulpice Boisseré, était
son premier devoir. Sa santé, malheureusement, était minée.
Frappé d'apoplexie en 1829 et atteint de paralysie, il dut renoncer à son activité académique. Il vécut pourtant encore
quinze ans, entouré des soins affectueux de son épouse, une
fille du professeur d'anatomie Thomas Lauth, et aidé par
elle dans ses études archéologiques et autres qu'il continuait
en dépit de ses cruelles infirmités et au milieu de vives souffrances.

Il mourut le 14 mars 1844.

Schweighaeuser, nous l'avons vu, n'avait pas réussi à

gagner la sympathie de ses auditeurs. Il n'avait pas dédaigné de leur faire toutes les avances, ils avaient refusé d'y répondre. Les deux agrégés, au contraire, qui avaient été nommés en même temps que lui, Redslob et Emmerich, conquirent de prime abord tous les cœurs. Ils étaient jeunes, pleins d'enthousiasme, et apportaient dans leur enseignement, avec de sérieuses qualités de clarté et de méthode, du mouvement et de la vie, communiquant aux jeunes gens qui les écoutaient les sentiments dont ils débordaient eux-mêmes.

François-Henri Redslob [1]) était né à Strasbourg, le 25 mars 1770, dans une famille bourgeoise, honorable et aisée. Son père était passementier ou, comme on disait alors, négociant en soieries. Ses études classiques achevées au Gymnase, le jeune Redslob suivit pendant trois ans, à la Faculté de philosophie, les leçons des maîtres les plus illustres, celles de Herrmann et de Koch, de Schweighaeuser et d'Oberlin, celles aussi de Herrenschneider, qui l'initia à la science astronomique. Il avait, en général, un goût marqué pour les sciences naturelles et physiques. Aussi songea-t-il un instant à étudier la médecine. Mais, esprit essentiellement méditatif et âme profondément religieuse, il reconnut bien vite que ce n'était pas là sa vocation et il se tourna vers la théologie. Blessig, avec lequel il avait une grande affinité, exerça alors sur lui une influence décisive.

Redslob n'était pas arrivé au terme de ses études théologiques quand, le 23 août 1793, retentit le cri d'alarme qui appelait la jeunesse de France à la défense des frontières menacées. Bien que faible de constitution, il n'hésita pas un instant à remplir son devoir envers la patrie: avec plusieurs de ses amis, il courut s'enrôler dans le premier bataillon des volontaires de Strasbourg. Dirigé aussitôt sur Fort-Louis, il s'y trouva sergent-major quand le fort fut assiégé et bombardé par les Autrichiens.

Redslob avait pris les armes avec enthousiasme, mais il n'était pas né soldat. Au milieu du tumulte de la guerre, il continua à se livrer à l'étude et à la méditation. Ce zèle stu-

---

[1]) Voy. *Discours prononcé le 26 décembre 1834 pour rendre les derniers honneurs académiques à M. François-Henri Redslob...*, par J. Willm. Str. 1835. — *Reden und Gedichte zur Begräbnisfeier des Herrn Fr. H. Redslob.* Str. 1834. — Mon ouvrage: *Franz Heinrich Redslob. Ein Strassburger Professor am Anfang des 19. Jahrhunderts.* Str. 1906.

dieux eut un jour des conséquences désastreuses. On était
convenu dans sa compagnie que tous les hommes, à tour de
rôle, feraient la cuisine. Son tour venu, Redslob prépara et
mit au feu l'ordinaire du jour, oubliant seulement d'y ajouter
de l'eau. Puis, il se plongea dans la lecture de l'ouvrage de
Reimarus sur « Les principales vérités de la religion naturelle ». Sa lecture achevée, il se souvint du rôle qui lui était
confié. Il courut à ses fourneaux. Hélas! il était trop tard.
Quand il découvrit ses marmites, il n'y trouva que quelques
restes d'aliments calcinés. Ses camarades rirent beaucoup de
sa distraction; elle lui valut du moins d'être dispensé à
l'avenir de toute fonction culinaire.

Cependant Fort-Louis dut, malgré le courage de ses défenseurs, capituler, et Redslob, avec toute la garnison, fut
emmené comme prisonnier de guerre. En passant le Kniebis
en plein hiver, échauffé par la marche, il eut la malheureuse
idée de se désaltérer avec de la neige. Il ne tarda pas à res-
sentir les suites de son imprudence. Il arriva malade à Ulm,
incapable de suivre ses compagnons d'infortune. Un habitant
de la ville, qui avait entretenu des relations de commerce
avec son père, s'empressa de l'accueillir; il lui fit même obtenir l'autorisation de rester à Ulm. Redslob y demeura toute
une année, vivant des maigres ressources que lui procuraient
quelques leçons de français et de botanique. Enfin il put,
grâce aux démarches de M. et de Mme de Türckheim, qui
aux jours de la Terreur s'étaient réfugiés en Allemagne, aller
les rejoindre à Erlangen et reprendre l'éducation de leurs
enfants qu'il avait commencée à Strasbourg.

C'est aussi avec la famille de Türckheim qu'il revint
en 1796 en Alsace. Il continua pendant quelques années encore
à diriger l'éducation des fils de cette famille et de quelques
jeunes gens qu'on leur adjoignit et dont plus d'un, tel le
jurisconsulte et poète Arnold, fit plus tard honneur à son
enseignement.

Redslob avait fait ses preuves comme éducateur. Les
succès obtenus sur ce terrain l'engagèrent à créer, en 1801,
un pensionnat de jeunes gens qui jouit bientôt d'une grande
réputation et attira de nombreux élèves. L'établissement continua à prospérer jusqu'en 1811, où un régime universitaire
étroit en ordonna la fermeture.

Heureusement qu'à ce moment même une nouvelle carrière s'ouvrait à Redslob. Dès 1809, il avait été nommé vicaire, c'est-à-dire professeur suppléant, au Gymnase pour l'enseignement des mathématiques. En 1811, Haffner, qui avait deviné en lui un talent oratoire peu ordinaire, l'appela à différentes reprises à le remplacer dans la chaire de Saint-Nicolas. Doué d'un esprit fin, d'une sensibilité profonde, d'une imagination qui donnait de la grandeur à ses idées et de la beauté à son langage sans en altérer la simplicité, Redslob se révéla aussitôt orateur distingué. L'année suivante, le conseil presbytéral de Saint-Pierre-le-Vieux le chargea des prédications du soir dans cette église, et, en 1816, il fut appelé à succéder à Blessig dans la chaire du Temple-Neuf.

En 1812, il fut également nommé professeur suppléant au Séminaire pour l'enseignement des sciences philosophiques; cinq ans plus tard, en 1817, il devint titulaire de cette chaire. Il donna alors des cours sur la religion naturelle, sur la morale philosophique et sur la psychologie. Ce dernier cours fit sensation. Redslob possédait tout ce qu'il fallait pour traiter cette matière délicate: un talent d'observation qu'il avait reçu de la nature, une connaissance profonde du cœur humain qu'il avait acquise en élevant la jeunesse, des expériences nombreuses qu'il avait faites au cours d'une vie agitée. Aussi, ses leçons offraient-elles, au témoignage des contemporains, le plus vif intérêt. Reuss, qui les avait entendues deux fois, en parle dans ses Mémoires avec les plus grands éloges. Relus à tête reposée, dit-il, les paragraphes dictés par Redslob laissaient à désirer au point de vue philosophique. Mais à entendre le professeur dans sa chaire, on était empoigné, entraîné. Les idées originales, les aperçus ingénieux, les observations fines, spirituelles se succédaient, se pressaient dans son exposition; la comparaison des lois et des phénomènes de la nature avec les lois et les phénomènes du monde intellectuel et moral, à laquelle il s'arrêtait avec complaisance, était particulièrement intéressante. Ce qui contribuait au succès de Redslob, c'est qu'il mettait son âme dans ses leçons. Sa parole était chaude, elle respirait pour les choses dont il parlait un enthousiasme qu'il faisait partager à ses auditeurs.

Le public qui suivait ce cours n'était pas composé uniquement d'élèves du Séminaire et d'étudiants en théologie, il comprenait des jeunes gens de toutes les Facultés. Ils étaient nombreux — plus de cent — pleins d'admiration pour le maître qui leur présentait la science sous des aspects si nouveaux et si attrayants. L'un d'eux, vingt ans plus tard, évoquant les souvenirs de son jeune âge, écrivait: « A notre époque prosaïque et matérialiste, on aura quelque peine à comprendre l'enthousiasme, l'exaltation que le nouveau professeur provoquait parmi les étudiants, la vénération et l'affection dont ceux-ci l'entouraient. La grande salle des cours pouvait à peine contenir tous ces jeunes gens avides de s'instruire qu'il attirait par sa philosophie saine, basée sur l'expérience et l'observation la plus judicieuse de l'homme intérieur, et par son exposition vivante et parlant à l'imagination. » [1])

Redslob continua à donner ce cours de « psychologie empirique » même après avoir été nommé, en 1821, professeur à la nouvelle Faculté de théologie et il le donna jusqu'à sa fin.

Frédéric-Charles-Timothée Emmerich,[2]) nommé en même temps que Redslob à la suppléance d'une chaire au Séminaire, obtint, comme lui, un grand succès auprès des étudiants et acquit, quoique bien jeune — il avait à peine vingt-six ans — la réputation d'un professeur distingué.

Il était né à Strasbourg, le 15 février 1876. Son père, un modeste savant, était régent au Gymnase protestant. C'est sous sa ferme autorité et par le soin d'une mère tendre et vigilante que le jeune Emmerich fut élevé dans les principes d'une saine piété et dans l'amour de tout ce qui est bien. Ses études classiques terminées au Gymnase et complétées auprès de son père, il suivit des cours de philologie, de philosophie et d'histoire. Mais cette culture préliminaire n'était qu'une préparation à l'étude de la théologie, vers laquelle l'entraînait une vocation naturelle. Il y mit tout son cœur. Il se distingua si bien par son zèle et son talent que le conseil presbytéral du Temple-Neuf le nomma catéchète à cette église et le chargea d'une partie des prédications dans les services du matin. Il couronna ses études par une dissertation latine sur *Les Evangiles apocryphes des Hébreux, des Egyptiens et de Justin Martyr*, et entreprit ensuite un voyage

---

[1]) *Erinnerungen an den seligen G. F. Lachenmeyer von K. W. W. Kurtz.* Str. 1843, p. 15.

[2]) *Blumen auf die frühe Gruft des trefflichen Mannes Hrn. Fr. K. T. Emmerich.* Str. (s. d.).

scientifique qui le conduisit en Allemagne, en Autriche et finalement à Paris.

Il revint à Strasbourg formé aux lettres et à la théologie, et devint alors professeur à son tour. Il débuta dans la carrière de l'enseignement comme régent-suppléant au Gymnase. Le Séminaire, par arrêté du 3 août 1809, le chargea de l'enseignement des langues anciennes dans les classes supérieures de la vieille école. Il remplit ces fonctions avec le soin et la conscience qu'il apportait à tout ce qu'il entreprenait.

Mais ses aptitudes et ses connaissances le désignaient pour un enseignement plus relevé que celui du Gymnase: par arrêté du 3 novembre 1812, le Directoire le nomma professeur agrégé au Séminaire, avec mission de suppléer le vieux professeur Weber dans son cours d'histoire ecclésiastique. En 1816, il fut, en outre, appelé à donner le cours de grammaire hébraïque, tâche assez ingrate et qui semble ne pas lui avoir donné beaucoup de satisfaction. Cependant il était aimé et même vénéré des élèves, surtout de ceux de troisième année, qui voyaient en lui, dit Reuss, «le type du professeur de théologie».

Toutefois, les penchants de son esprit et de son cœur, et peut-être l'instinct de son vrai talent, le portaient vers le ministère évangélique. Il avait commencé par exercer les fonctions de prédicateur-vicaire à côté de son père, et bientôt il acquit de la réputation comme orateur de la chaire. Tandis que la plupart des pasteurs de la ville ne parlaient qu'à la raison et au nom de la raison, se tenant de préférence dans les régions de la morale et de l'utilité humaine, Emmerich parlait au cœur et à la conscience, et aux plus purs enseignements de l'Evangile mêlait les exhortations les plus touchantes. Aussi toutes les fois qu'il prêchait, il y avait foule dans son église, où les âmes pieuses allaient s'édifier et les esprits élevés réfléchir.

En 1818, le conseil presbytéral de Saint-Thomas l'appela comme pasteur à cette église. Une nouvelle carrière s'ouvrait devant lui, sans le faire sortir de l'ancienne. Au contraire, il allait être pris plus complètement encore par l'enseignement académique: en 1821, il était nommé professeur d'histoire ecclésiastique dans la nouvelle Faculté de théologie protestante.

CHAPITRE IV

Le mode de nomination des professeurs — Leur traitement

I

Le mode de nomination des professeurs de l'Académie protestante avait été fixé dès le principe. L'article 11 de la loi organique du 18 germinal an X disait: « Les professeurs de toutes les Académies ou Séminaires seront nommés par le premier consul », et l'article 7 des articles organiques de l'Académie des Protestants de la Confession d'Augsbourg du 30 floréal an XI, précisant davantage, statuait: « Les professeurs de l'Académie seront nommés par le premier Consul, sur la présentation du Directoire du Consistoire général, qui prendra l'avis de l'Académie ». Ce règlement ne s'appliquait pas, bien entendu, aux professeurs de la première heure, qui, nous l'avons vu, passèrent de plein droit de l'ancienne Université à la nouvelle Académie.

Mais lorsqu'en 1808 l'organisation de l'instruction publique fut réglée à nouveau, le Directoire crut devoir réclamer pour le Séminaire protestant les mêmes droits et privilèges que l'article 3 du décret du 17 mars accordait aux Séminaires catholiques.

Dans sa lettre au ministre des Cultes du 14 octobre 1808, le Directoire rappelait que, par le décret consulaire de floréal an XI, l'ancienne Université protestante avait été transformée en un établissement destiné à l'instruction des pasteurs, et, par conséquent, subordonné au Directoire et classé dans les attributions du ministre des Cultes; que cette Académie se trouvait donc être un véritable Séminaire de la Confession d'Augsbourg, assimilable aux Séminaires catholiques. Dès lors, l'article 3 du décret impérial du 17 mars, qui subordonnait l'instruction donnée dans les Séminaires aux archevêques ou évêques du diocèse, devait être également appliqué au Séminaire protestant de Strasbourg, c'est-à-dire que l'enseignement qui y était donné devait être subordonné au Directoire et, par lui, au ministre des Cultes. Seuls, les professeurs de la Faculté de théologie protestante qui, d'après l'article 8 du décret du 17 mars, devait être établie à Strasbourg, seraient, comme membres de l'Université impériale, subordonnés au grand maître et aux statuts et règlements de l'Université, les autres professeurs et maîtres du Séminaire ne dépendraient que du Directoire, comme les professeurs des Séminaires catholiques ne dépendaient que des archevêques et évêques.

Le Directoire, dans sa lettre, faisait remarquer en outre 1° que le Séminaire comprenait deux sections, l'une, le Gymnase, pour donner aux élèves qui se destinaient au ministère ecclésiastique la première instruction, l'autre, l'Académie, pour la compléter, et qu'il était essentiel que l'instruction dans les deux sections, dépendît du Directoire, qui, sous l'approbation du gouvernement et du ministre des cultes, prescrirait l'enseignement qu'il jugerait le plus nécessaire aux futurs pasteurs; 2° que les articles 39 et 40 du décret impérial imposaient à tous les agents de l'instruction publique appartenant à l'Université impériale un serment par lequel ils s'engageaient à la stricte observation des statuts et règlements de l'Université, et que les adhérents de la Confession d'Augsbourg, membres de l'Université, craignaient qu'on voulût leur appliquer l'art. 33, qui prescrivait de donner pour base à l'enseignement les préceptes de la religion catholique, et il exprimait l'espoir que l'Empereur, pénétré de l'importance de la liberté religieuse, daignerait, sur le rapport du ministre, faire la déclaration suivante: 1° ce que l'article 3 du décret impérial du 17 mars statue en faveur des Séminaires catholiques s'applique également ment au Séminaire protestant de Strasbourg; 2° l'enseignement dans les deux sections de ce Séminaire sera libre et ne dépendra que du Directoire et, par lui, du ministre des Cultes; 3° les professeurs du Séminaire continueront à être nommés par Sa Majesté Impériale sur la présentation du Directoire, comme il est statué par l'article 7 de l'arrêté consulaire du 30 floréal an XI; 4° eu égard aux nouvelles Académies qui seront établies au sein de l'Université impériale, le Directoire est autorisé, si le gouvernement le juge convenable, à changer

la dénomination d'Académie, que l'arrêté consulaire du
30 floréal an XI lui a attribuée, en celle de Séminaire; 5° le
serment prescrit par les articles 39 et 40 du décret impérial
du 17 mars ne contiendra pas, en ce qui concerne les protestants de la Confession d'Augsbourg qui seront membres de
l'Université impériale, l'obligation de prendre pour base de
leur enseignement les préceptes de la religion catholique.

Ce dernier point était de la plus grande importance pour
les professeurs du Séminaire et exigeait, par conséquent, une
déclaration officielle aussi prompte que catégorique. Cette
déclaration ne venant pas et l'interprétation qu'on donnait
de l'article 39 dans les milieux catholiques provoquant dans
la population protestante un certain émoi, le professeur Koch
s'adressa, au nom du Directoire, à l'un des membres les plus
influents du Conseil de l'Université impériale, au naturaliste
George Cuvier, avec prière de prendre en main les intérêts des
protestants et d'intervenir auprès du ministre et du grand
maître de l'Université pour obtenir une solution favorable
de la question pendante. « Il a paru à notre Directoire »,
écrivait Koch, « que cet article exigeait nécessairement une
déclaration officielle de la part du Gouvernement, attendu
qu'il cause dans tous ces païs-ci, où comme vous le savez,
l'ultramontanisme est encore dans toute sa force, et nommément à la campagne, une agitation extrême, les catholiques
soutenant hautement que les protestants en général seraient
obligés de se faire catholiques, et les protestants, même les
plus raisonnables, croyant au moins y entrevoir un projet de
réunion des différens cultes chrétiens; cette dernière opinion
étant d'ailleurs accréditée par les nombreux écrits qui
paraissent d'un jour à l'autre sur cette matière. »

Cette question résolue, et résolue dans un sens favorable
aux protestants, il s'en présentait une autre: L'article 3 du
décret du 17 mars, qui accordait aux archevêques et évêques
le droit de nommer et de révoquer les professeurs des Séminaires catholiques, donnait-il au Directoire le même droit
relativement aux professeurs du Séminaire protestant, ou bien
celui-ci resterait-il lié au statut de l'arrêté consulaire du
30 floréal an XI?

La logique se prononçait pour la première de ces deux
solutions; mais le Directoire n'eut pas le courage de prendre
une résolution si grave. Lors donc que la dixième chaire du

Séminaire fut devenue vacante par la mort du docteur Spielmann, il crut devoir se conformer au mode de nomination
prescrit par le décret consulaire du 30 floréal an XI, et, après
avoir pris l'avis du Séminaire, il présenta Dahler à la nomination du Gouvernement.

La nomination pourtant ne vint pas. Le Directoire alors
s'adressa derechef au ministre. Il n'avait pas cru, disait-il,
pouvoir de sa propre autorité s'appliquer l'article 3 du
décret du 17 mars, mais il avait pleine confiance en Son Excellence, qui lui indiquerait sans doute la voie à suivre et
lui dirait si c'était le décret consulaire du 30 floréal an XI
ou le décret du 17 mars 1808 qui faisait loi?

Le ministre, paraît-il, ne jugea pas à propos de faire
une réponse à cette question; le Directoire alors, fatigué
d'une longue attente, s'attribua, par arrêté du 14 décembre
1812, le droit de nommer les professeurs du Séminaire.

Depuis lors, il fut de règle que le Séminaire proposât et
que le Directoire nommât les professeurs. On fit pourtant
dans deux cas une exception à la règle: Geoffroi Schweighaeuser et François-Henri Redslob furent, l'un et l'autre,
nommés directement par le Séminaire et leur nomination
fut simplement ratifiée par le Directoire. Nous ignorons d'ailleurs les raisons pour lesquelles on s'écarta dans ces deux
cas de l'usage reçu.

En 1821, après la mort de Maximilien Fritz, le Directoire voulut changer le mode de nomination qu'il avait
établi lui-même. Le Séminaire devait lui présenter une liste
de trois noms parmi lesquels il choisirait celui qui, à son
avis, était le plus digne d'occuper la chaire vacante. Mais les
professeurs protestèrent hautement contre une innovation que
rien ne justifiait et qui était contraire aux articles organiques
et à tous les antécédents. Le Directoire, devant cette opposition, n'insista pas, et l'on s'en tint au mode établi par l'arrêté
de 1812, qui attribuait au Séminaire le droit de présentation
et au Directoire celui de nomination.

Ajoutons ici, pour ne pas revenir sur cette matière, qu'en
1848 l'assemblée des délégués, discutant la question de la
surveillance du Séminaire et de la nomination des professeurs de cet établissement, décida, après un long débat, qu'à
l'avenir le Consistoire général nommerait les professeurs du
Séminaire et ferait les présentations aux chaires vacantes de

la Faculté, d'après un règlement qu'il arrêterait. Mais les décisions de l'assemblée ne furent pas ratifiées par le gouvernement.

La même idée fut pourtant reprise dans la session du Consistoire général de 1850. Dans la séance du 19 décembre, M. Drion, qui avait fait partie de l'assemblée des délégués de 1848, vint revendiquer la nomination des professeurs du Séminaire par le Consistoire général, ne laissant au Directoire que le droit de nommer les chargés de cours. « La nomination d'un professeur », dit-il, « est une chose extrêmement grave, je ne voudrais pas que le Directoire assumât seul cette responsabilité... Je voudrais que le Directoire et le Séminaire fussent complètement et pour toujours à l'abri de soupçons ou de reproches de partialité *locale*. » Et à l'observation que le Directoire était mieux placé que le Consistoire général pour connaître les aspirants à une chaire de professeur, l'inspecteur Masson de Montbéliard répondit que ce qui donnait de l'ombrage aux églises éloignées, c'était que le Directoire était un corps strasbourgeois, « elles désirent », dit-il, « que toute influence ne soit pas laissée à Strasbourg. »[1])

La motion réunit une majorité: 6 voix contre 3 décidèrent que le droit de nommer les professeurs du Séminaire serait enlevé au Directoire et réservé au Consistoire général.

Mais, peu après, le décret du 26 mars 1852 vint rétablir la situation antérieure; il portait à l'article 11 du chapitre III: « le Directoire... nomme les professeurs du Séminaire, sur la proposition de ce dernier corps. »

Le droit de nomination lui étant rendu, le Directoire émit de nouveau la prétention que chaque fois qu'il s'agirait de pourvoir à une chaire du Séminaire, une liste de proposition de trois noms lui fût présentée. Le Séminaire pourtant ne tint aucun compte de cette exigence. A la mort de Willm, il proposa Bartholmess, et lui seul, pour la chaire vacante, Le Directoire le nomma, mais il exprima en même temps le regret qu'un seul candidat lui eût été présenté; s'il l'avait néanmoins nommé, c'était à cause de ses mérites incontestables, mais il entendait bien que la voie suivie dans cette occurrence ne constituât pas un précédent.

Le Séminaire protesta contre cette manière de voir. « En

---

[1]) Recueil officiel des Actes du Consistoire général VIII, p. 125 s.

mettant sur la liste de présentation un nom unique », dit-il dans sa réponse au Directoire, « nous nous conformons à l'usage suivi par nos prédécesseurs. En effet, en faisant compulser les procès-verbaux de nos séances, nous avons trouvé que depuis l'établissement du Séminaire, 14 fois une de ses chaires est devenue vacante et que 14 fois la liste de présentation envoyée au Directoire a contenu un seul nom... Une liste contenant un seul nom est plus digne de l'autorité supérieure. Si le Séminaire vient lui dire: Après avoir consciencieusement réfléchi, nous sommes d'avis que tel candidat est le meilleur que vous puissiez nommer à la chaire vacante, le Séminaire manifeste mieux son respect pour l'autorité supérieure que s'il lui envoyait une liste de présentation dont presque toujours la grande moitié serait peu sérieuse. » [1])

Le Directoire, après cette réponse, renonça à la prétention qu'il avait voulu imposer au Séminaire, et les nominations de professeurs continuèrent à être faites selon l'usage établi.

II

Les professeurs titulaires de l'Académie protestante et, plus tard, du Séminaire, étaient, comme les professeurs de l'ancienne Université, chanoines de Saint-Thomas, chargés de l'administration des biens de la fondation et dotés du produit de ces biens. Il avait été stipulé, lors de la création de l'Académie, qu'il en serait ainsi. Le troisième des articles organiques de l'Académie des Protestants de la Confession d'Augsbourg disait, en effet: « Les charges dont les fondations affectées à cette Académie étaient grevées précédemment continueront à être acquittées. » Or, la principale de ces charges était de faire aux professeurs leur traitement. Ces traitements étaient d'ailleurs très modestes. Ils étaient payés, en partie du moins, en nature. En 1789, un chanoine touchait du fonds commun, en grains, 40 rézeaux de froment, autant de seigle et 4 rézeaux d'orge, et en argent, 600 francs. A ce traitement venait s'ajouter une prébende qui était acquittée en nature (froment, seigle, orge, pois, vin) et qui représentait un revenu de 500 à 600 francs, et la jouissance d'une maison canoniale, ou,

---

[1]) Lettre du Vice-directeur au Président du Directoire. — Arch. du Directoire 1853.

s'il n'y avait pas de maison disponible, une indemnité de 400 francs. Quant aux jetons de présence et à la rétribution scolaire payée par les étudiants, ils n'entraient guère en ligne de compte.

Lors de la création de l'Académie ces dispositions furent maintenues et durant de longues années la situation matérielle des professeurs resta la même. Un premier changement fut apporté à cet ordre de choses par l'arrêté du Séminaire du 12 octobre 1820, qui divisait les onze prébendes affectées aux professeurs et au président du Séminaire en trois classes: la première comprenant les quatre prébendes qui rapportaient environ 600 frs; la seconde, les quatre qui rapportaient en moyenne 550 frs; la troisième, les trois dont le revenu ne dépassait pas 500 frs. Les prébendes de première classe furent, comme de juste, réservées aux membres les plus anciens du Séminaire, et celles de la troisième classe attribuées aux derniers venus. Lorsque le professeur Fritz fut reçu au chapitre, le 30 novembre 1826, le vice-directeur lui annonça que ses émoluments consisteraient en un traitement de 22 hl. de froment par trimestre et de cent francs par bimestre, en une prébende de troisième classe rapportant 9½ hl. de froment par trimestre, et en la jouissance d'une maison, ou, au cas où il n'y en eût pas de disponible, en une indemnité de 500 frs.

L'année 1832 apporta un nouveau changement, plus important, en cette matière. La commission économique ayant constaté, dans son rapport, que les comptes de 1827-28 présentaient un excédent de recettes de 10.450 frs et que, depuis, les revenus de la fondation n'avaient cessé d'augmenter, on se demanda comment il fallait employer cet excédent. On avait déjà dépensé une somme de 20.000 frs en achats de terres; on avait, en outre, créé un fonds de réserve avec un premier acompte de 3400 frs. La commission proposa d'augmenter le traitement des professeurs. Elle fit valoir que ces hommes qui consacraient leur temps, leurs forces, leurs veilles à l'instruction des futurs pasteurs et à la gestion des biens de la fondation touchaient un traitement des plus modestes (2600-2800 frs au meilleur cas) et qui ne répondait pas aux exigences du temps présent. On décida que le bimestre serait porté de 600 à 1200 frs par an et qu'il serait payé tous les mois à raison de cent francs.

Dans cette même séance du 2 février 1832, le Séminaire,

sur la proposition de la Commission économique, décida que dans les cas où il n'y aurait pas de maison disponible pour un nouveau membre du Séminaire, celui-ci ne serait plus indemnisé, comme jusque-là, par une somme de 500 frs, mais qu'il aurait l'usufruit complet de la maison qui lui revenait, qu'il l'habitât lui-même ou qu'elle fût louée.

Les professeurs du Séminaire qui étaient en même temps professeurs de la Faculté, ne touchaient de la caisse de l'instruction publique qu'un supplément de traitement de mille francs, avec déduction de 5% pour la caisse des pensions. Nous le voyons par un passage des Mémoires de Reuss. Il note, à l'occasion de sa nomination à la Faculté: « Mon traitement au Séminaire consistait 1° en un traitement de cent francs par mois; 2° en l'usufruit d'une maison que je louai au prix de 800 frs; 3° en une prébende de 136 hl. de froment, le prix de l'hectolitre étant alors de 14 frs, total: 3764 frs. Comme professeur de la Faculté, je touchais un supplément de traitement de 950 frs. »

On voit par ces chiffres combien la situation des professeurs du Séminaire était modeste. Et pendant vingt ans, elle resta la même. En 1854, le budget de la fondation de Saint-Thomas portait pour traitements du président et des dix professeurs du Séminaire 1444 hl. en grains (froment) et 14000 frs en argent, ce qui, divisé par onze, donnait pour chacun des chanoines 141 hl. de froment et 1273 frs en argent. Le prix du froment étant en moyenne de 14 frs, le traitement total d'un professeur titulaire se montait donc, en chiffre rond, à 3100 frs. Chacun avait pourtant, en plus, la jouissance d'une maison canoniale.

Pour les professeurs suppléants ou agrégés rien n'était prévu en fait de traitement ou d'indemnité. Aussi, lorsque l'Académie, en 1807, nomma Dahler, Frantz et Fritz professeurs suppléants, elle dut demander à la caisse de la fondation un crédit extraordinaire pour leur allouer, non un traitement — il ne pouvait en être question —, mais une indemnité. Et la fondation — nous sommes tentés d'en rire — accorda généreusement une somme de six-cents francs pour indemniser trois savants distingués, qui n'étaient pas des jeunes gens à leur début: c'était pour chacun d'eux 200 francs.

Heureusement qu'à ce moment le professeur Ehrmann, que Napoléon avait nommé conseiller à la cour d'appel de Colmar, offrit de céder une partie de son traitement pour dédommager le suppléant qui le remplacerait à l'Académie durant son absence. Il avait d'abord cru pouvoir réunir les fonctions de juge à Colmar et de professeur à Strasbourg en faisant ses cours pendant les vacances des tribunaux. Il dut bientôt se convaincre que c'était une combinaison impossible. Il se résigna alors à sacrifier une faible partie de son traitement, c'est-à-dire 500 francs, pour indemniser son remplaçant. Dahler étant celui des trois suppléants qui était le plus chargé de cours, c'est à lui que fut allouée cette somme, avec, en plus, cent francs pris sur le fisc Frœreisen.

Le fisc Frœreisen avait pourtant, par la volonté du légataire, une destination bien différente. Jean-Léonard Frœreisen, ammeister, XIIIe et scolarque, avait légué, par testament du 18 décembre 1690, à l'Université une partie de la grande maison qu'il possédait dans la rue du bateau et qui donnait d'un côté sur la rue de l'ail et de l'autre sur la rue de la douane. Le rapport de cette maison devait faire les frais d'un « convivium », c'est-à-dire d'un de ces repas communs, assez ordinaires à cette époque, qui étaient destinés à entretenir l'esprit de confraternité entre les membres de la même corporation. Ce convivium devait réunir tout le personnel enseignant de l'Université, et, en outre, les scolarques, les assesseurs et le notaire académique. Au cas où le repas n'avait pas lieu, les professeurs et leurs hôtes recevaient chacun trois florins, c'est-à-dire l'équivalent de la somme allouée par couvert.

Le repas annuel et l'entretien du bâtiment n'absorbant pas le revenu tout entier, on avait placé ce qui en restait au « Pfennigturm », et les intérêts que portait ce capital servaient à différentes fins: indemnité au recteur lors de son entrée en fonctions, gratifications aux régents du Gymnase, supplément de traitement au conservateur de la bibliothèque Schœpflin. La plus grande partie de ce placement fut perdue pendant la Révolution, il ne resta du legs Frœreisen que le loyer de la maison se montant à 600 livres et les intérêts à 4% d'une somme de mille francs. Lors de la création de l'Académie protestante, le fisc Frœreisen passa à elle avec les autres fondations, et son revenu fut employé, conformément à la volonté du testateur, pour un repas commun et en gratifications aux régents du Gymnase. Mais depuis 1808, et pendant plusieurs années, une petite partie du fisc servit également à compléter les indemnités accordées aux professeurs suppléants ou agrégés.

Quelques années plus tard seulement, quand Dahler fut devenu professeur titulaire et chanoine et qu'il jouit du traitement complet d'un professeur-administrateur, la rémunération de 800 francs qui lui avait été accordée fut reportée sur Fritz. On y ajouta 300 francs qu'Ehrmann consentait à céder en plus pour son remplaçant, ce qui fit à ce professeur, avec les 200 frs qui lui avaient été alloués antérieurement, un traitement de 1300 frs qu'on jugea très suffisant.

En attendant, Schweighaeuser fils, Redslob et Emmerich avaient été nommés, le premier, professeur suppléant, les deux autres, professeurs agrégés, tous les trois sans traitement ni indemnité. Ce n'est qu'à la mort de Koch, dont Fritz obtint le canonicat, que les 1300 francs dont il avait joui jusque-là devinrent disponibles et purent être partagés entre Schweighaeuser et Redslob. Au premier, on accorda les 800 frs. cédés par Ehrmann, au second, les 500 frs qui restaient, plus cent frs pris sur le fisc Frœreisen. Quant à Emmerich, il dut se contenter des regrets que lui exprimait le Séminaire de ne pouvoir rien lui accorder pour le moment, et de la promesse qu'il y ajoutait, de faire pour lui tout ce qui serait possible aussitôt que la situation financière serait devenue meilleure. En 1816, à la mort de Blessig, Schweighaeuser fut mis en possession du canonicat devenu vacant, les 800 frs dont il avait joui jusque-là furent attribués à Redslob, et les 500 frs qu'avait touchés celui-ci revinrent à Emmerich.

Mais bientôt surgit une difficulté imprévue. Après la restauration, Ehrmann, le ci-devant jacobin, suspect d'avoir voté la mort de Louis XVI, perdit sa place de conseiller à la cour d'appel de Colmar et revint à Strasbourg. Il reprit aussitôt ses cours et, de ce fait, l'indemnité qu'il avait payée à son remplaçant, tomba. On rendit à Redslob les 600 frs qu'il avait eus d'abord et Emmerich dut se contenter de 400 frs pris sur le Corps des pensions.

A partir de ce moment, cette fondation, ainsi que celle de la Haute-École, dut contribuer, avec le fisc Frœreisen, au traitement des professeurs agrégés; ce qui prouve que les revenus de ces deux fondations n'étaient pas, comme on l'a affirmé, employés exclusivement pour le Gymnase protestant, mais servaient aussi aux besoins du Séminaire.

———

CHAPITRE V

Programmes et plans d'études — Règlements de discipline

I

L'Académie protestante avait été créée pour l'instruction des ministres de la Confession d'Augsbourg, elle devait dès lors offrir à ses élèves, d'abord, la possibilité d'acquérir la maturité pour entrer en théologie, et puis, celle de faire des études de théologie complètes. Pour atteindre ce double but, elle fut divisée en deux sections: la section propédeutique, dans laquelle le jeune étudiant se livrait durant deux ans aux études préparatoires, et la section théologique, où il faisait ses trois années de théologie.

Dans le premier programme de l'Académie [1]), le professeur Schweighaeuser avait tracé les grandes lignes du plan d'études que les élèves du nouvel établissement auraient à suivre. L'Académie, disait-il, ne doit laisser de côté aucune des disciplines qui sont nécessaires à l'instruction du prédicateur de l'Evangile. Les humanités formeront le point de départ d'études qui, de progrès en progrès, mèneront l'élève à la philosophie et à l'histoire. Ce n'est qu'après avoir approfondi ces matières, qu'il pourra passer à l'étude de la théologie. Là, il devra avant tout se familiariser avec les langues dans lesquelles sont rédigés les livres saints, c'est-à-dire avec le grec et l'hébreu, mais aussi avec le chaldéen et l'araméen. Après cela seulement, il abordera la méthodologie, l'histoire de la littérature théologique, l'introduction historique et cri-

---

[1]) *Academia Argentoratensis praelectiones pro annum XII. Reipubl. Francicae a nativitate Christi MDCCCIII et IV instituendas his quorum id nosse interest indicit.*

tique à l'Ancien et au Nouveau Testament et l'apologétique, et enfin les sciences qui aident à l'intelligence plus profonde des livres bibliques, à savoir l'herméneutique et les antiquités bibliques.

Le professeur Oberlin, dans le discours qu'il prononça à l'ouverture de l'Académie [1]) dit, à son tour, quelles connaissances le jeune théologien devait acquérir dans la nouvelle Ecole. « Pénétrés de l'importance des fonctions d'un ministre de l'Evangile », dit-il, « nous demandons que les connaissances du théologien ne soient pas circonscrites dans un cercle trop étroit. Nous demandons que, pour former des ecclésiastiques véritablement éclairés, on ne laisse pas courir les étudiants *illatis manibus* à leur science principale, mais qu'ils soient tenus de s'appliquer au sortir du Gymnase à faire les études utiles et nécessaires à tout homme de lettres. » Pour s'acquitter avec succès de sa mission, le théologien « doit être versé dans les langues, dans l'histoire naturelle, civile, littéraire, ecclésiastique, dans la philosophie, les mathématiques, la physique et les belles-lettres ». Appelé à interpréter les Saintes Ecritures, il faut qu'il puisse les lire et les entendre dans leurs langues originales, il devra donc commencer par étudier le grec et l'hébreu. Mais la connaissance des langues ne suffit pas, il faut être familiarisé avec les usages, les mœurs, la religion, les idées, les opinions particulières des peuples auxquels ont appartenu les écrivains sacrés. Muni de ces connaissances, l'étudiant sera en état d'aborder l'étude de la théologie systématique et, après avoir étudié la morale philosophique, celle de la morale évangélique, principal objet de la prédication chrétienne. Mais pour exposer la doctrine avec clarté et pour la défendre efficacement contre les attaques de l'incrédulité, il est nécessaire qu'il soit versé dans la dialectique, et, pour toucher les cœurs, qu'il s'applique à l'éloquence de la chaire. Enfin, il est utile qu'il connaisse le droit ecclésiastique.

Le programme de Schweighaeuser était trop restreint, dans la partie théologique surtout; celui d'Oberlin, par contre, était trop vaste par rapport au personnel enseignant dont disposait l'Académie. Sur douze professeurs, elle ne comptait, nous l'avons vu, que deux philologues, un philosophe, un historien

---

[1]) *Discours prononcé à l'ouverture de l'Académie des Protestans de la C. d'A. le XV brumaire an XII par J.-J. Oberlin. Strasb. 1804.*

et trois théologiens, les cinq autres étaient des jurisconsultes ou des médecins, qui ne pouvaient guère rendre de service.

Oberlin ne pensait pas, il est vrai, et il le disait dans son discours, que l'Académie protestante fût uniquement destinée à former des théologiens, il espérait qu'un public nombreux voudrait profiter de la partie de son enseignement qui avait un caractère général.

Tout cela, d'ailleurs, n'était que provisoire, des propositions, des vœux, si l'on peut dire. Ce n'est qu'au commencement de l'année 1807 qu'un arrêté du Directoire vint donner à l'Académie une organisation plus ferme et fixer les leçons qui devaient y être faites.

Cet arrêté attribuait à la section théologique quatre chaires: celles de dogmatique, de morale, d'homilétique et d'histoire ecclésiastique. Point de chaire d'exégèse de l'Ancien et du Nouveau Testament, mais l'obligation pour tous les professeurs titulaires de donner, à côté du cours principal dont ils étaient chargés, un cours d'interprétation des livres bibliques « d'après le texte hébreu et grec ». Les quatre titulaires devaient, en outre, se partager l'herméneutique, l'histoire des dogmes, l'introduction à l'histoire de la théologie, et l'introduction à l'Ancien et au Nouveau Testament, de telle manière que les deux derniers de ces cours revinssent aux professeurs de morale et de dogmatique, et l'histoire des dogmes au professeur d'histoire ecclésiastique.

La section propédeutique comprenait six chaires: deux pour les langues et les littératures grecques et latines, et, subsidiairement, pour les antiquités grecques et romaines, l'histoire de la philosophie ancienne, la théorie des beaux-arts et des belles-lettres; une pour la philologie biblique, pour l'hébreu, le chaldéen, le syriaque et l'arabe, et pour l'hellénisme des LXX et du Nouveau Testament; deux pour la philosophie spéculative et morale, et une enfin pour l'histoire.

L'enseignement de chaque discipline était rattaché à la chaire qui en portait le nom, toutefois sans monopole. Chaque professeur pouvait, avec l'assentiment de l'autorité académique, faire, à côté de son cours principal, un cours sur l'une des matières attribuées à l'un de ses collègues. Les cours principaux devaient se faire cinq fois par semaine.

Ce plan d'organisation fut soumis à l'acceptation des professeurs titulaires et agrégés. Six d'entre eux, Schweighaeuser,

Blessig, Herrenschneider, Dahler, Fritz et Frantz, le signèrent
sans restriction, Weber promit de s'y conformer « autant que
possible »; Spielmann et Braun firent cette réserve « sans
préjudice de mes droits ». Les autres professeurs refusèrent,
paraît-il, de signer. Leurs noms du moins ne figurent pas au
bas du document.

Au cours des années qui suivirent, on reconnut pourtant
l'insuffisance de cette organisation et la nécessité d'y apporter
certaines modifications et d'en formuler les articles avec plus
de précision. Un arrêté du Directoire du 14 décembre 1812
établit un nouveau plan qui devait être définitif.

Il donnait au Séminaire quatre chaires de théologie, celles
d'exégèse, de dogmatique, de morale et d'histoire ecclésiastique,
et six de science générale, parmi lesquelles la chaire d'éloquence sacrée en français et en allemand, et celle d'histoire
des religions, de la civilisation et des mœurs.

Les cours subsidiaires sur les matières suivantes: vérité de
la religion chrétienne, catéchétique populaire et théologie pastorale, histoire et géographie de la terre sainte, archéologie
hébraïque et grecque, introduction générale à l'étude de la
théologie, lois et règlements ecclésiastiques, devaient être partagés entre les professeurs titulaires et les agrégés.

Le Directoire se réservait le droit de nommer à ces chaires,
pour qu'elles fussent confiées à des hommes vraiment compétents; par arrêté du 16 février 1813, il nomma Blessig à
la chaire d'exégèse de l'Ancien et du Nouveau-Testament, et
Haffner à celle de dogmatique; Fritz fut chargé de la morale
et Weber de l'histoire ecclésiastique. Pour les cours de théologie à donner en sus de ceux-là, les professeurs titulaires
devaient s'entendre avec les autres professeurs du Séminaire.

En même temps que le plan d'études de 1807 avait paru
une ordonnance du Directoire « concernant le plan d'études
pour les jeunes gens qui fréquentent l'Académie de notre
ville » [1]). Les jeunes gens qui demandent leur inscription, disait
l'ordonnance, devront produire un certificat de l'inspecteur
ecclésiastique attestant leur culture scolaire et leur moralité,
leurs facultés intellectuelles et leurs talents particuliers; puis,

---

[1]) *Verordnung des Directoriums A. C. zu Strassburg, den Studien-
plan für die, die hiesige Akademie besuchenden Jünglinge betreffend.*
17. Febr. 1807.

ils devront passer, devant une commission spéciale, un examen de latin, de grec et de philosophie. A ceux qui seront reçus à cet examen, la commission indiquera les cours à suivre.

Tous les élèves, sans exception, sont tenus de suivre le cours de littérature grecque et celui de littérature latine, afin de se familiariser avec l'art de l'interprétation, si nécessaire au théologien; tous aussi devront faire des efforts pour arriver à la possession de l'hébreu, indispensable à qui veut expliquer les Saintes Ecritures. A l'étude des langues, ils joindront celle des mathématiques et de la logique. A ceux qui auraient le désir d'augmenter leurs connaissances et de former leur goût, on offre, en outre, des cours d'archéologie classique et biblique, d'esthétique, d'histoire de la philosophie et de la littérature et, enfin, d'histoire générale. Des colloques ou disputations en langue latine, roulant sur les matières traitées pendant le semestre, remplaceront les examens semestriels.

Pour être inscrit dans la matricule théologique, il faut, par un examen, justifier de connaissances suffisantes en philologie et en philosophie.

Les études théologiques s'étendent sur trois années; les cours devront être suivis dans cet ordre: Encyclopédie théologique, méthodologie, introduction à l'Ancien et au Nouveau Testament, apologétique, exégèse, et simultanément, philosophie et histoire naturelle. Ensuite, dogmatique, morale, histoire et droit ecclésiastique, homilétique, catéchétique, théologie pastorale et exercices exégétiques.

Pour donner aux étudiants l'occasion de joindre, sous la direction de leurs maîtres, la pratique à la théorie, on accordera aux plus zélés d'entre eux une place de catéchète et l'autorisation de monter en chaire.

L'examen *pro ministerio* est composé de deux parties, l'une orale, l'autre écrite. L'épreuve orale porte sur la dogmatique et la morale, sur l'histoire et le droit ecclésiastique. L'épreuve écrite consiste en une composition sur une question scientifique ou pratique rédigée par le candidat chez lui, et en un travail fait en lieu clos, sans autre secours que la Bible. L'examen se termine par une prédication et une catéchèse faites en présence d'un professeur de théologie. Les trois ans de théologie sont, d'après un vieil usage, renouvelé dans les établissements scientifiques de France, couronnés par une disputation publique, collective ou individuelle des candidats, en langue latine.

Sur un certificat délivré par les examinateurs et attestant les connaissances et les bonnes mœurs du candidat, le Directoire autorise son ordination en vue d'une place de pasteur.

On comprit pourtant bientôt que cet examen n'offrait pas de garanties suffisantes relativement au travail scientifique des candidats en théologie et qu'une consécration prématurée serait préjudiciable aux études et aux mœurs du jeune théologien abandonné à lui-même. Le Directoire, à la date du 11 avril 1815, publia un nouvel arrêté « concernant l'époque de l'examen des candidats en théologie et de leur ordination » [1].

Le nouvel arrêté ordonne au candidat, les trois années de théologie achevées, de rester en relation avec les professeurs de la Faculté et avec les autorités ecclésiastiques. Il remettra chaque année un travail scientifique aux professeurs et fera tous les six mois une prédication devant l'inspecteur ecclésiastique.

Trois mois avant sa vingt-cinquième année révolue, le candidat se présentera au dernier examen pour faire constater son aptitude aux fonctions ecclésiastiques. A sa demande d'admission à l'examen, il joindra une composition latine sur un sujet qu'il aura proposé lui-même, et un certificat de l'inspecteur ecclésiastique concernant son zèle et sa moralité. Si le travail qu'il présente est jugé suffisant et si le certificat délivré par l'inspecteur est favorable, le candidat est admis à l'examen. Les examinateurs disposent chacun d'une heure entière. Ils donnent leurs notes d'après l'échelle suivante: Très bien, bien, médiocre. Si les notes obtenues par le candidat sont suffisantes, le Directoire autorise son ordination.

Ces dispositions ne s'appliquaient pourtant qu'aux candidats qui appartenaient au ressort du Consistoire de Strasbourg ou à ceux qui avaient l'intention d'y demeurer. Les autres pouvaient passer l'examen final sitôt la troisième année de théologie terminée, à moins qu'ils ne préférassent se soumettre au nouveau règlement.

Le programme des études de l'année 1807, nous l'avons

---

[1] Rec. off. I, p. 127 ss.

vu, était loin d'embrasser toutes les matières que réclame une étude approfondie de la science théologique. La plupart des élèves pourtant ne satisfaisaient guère à ses modestes exigences. Ils se bornaient à suivre les cours qui préparaient aux examens. Point de travail personnel, aucun désir d'étendre leurs connaissances! Mais ce qui était surtout fâcheux, c'est que les élèves arrivaient souvent sans préparation suffisante: beaucoup d'entre eux ne savaient que peu de latin et encore moins de grec; en français, ils étaient d'une faiblesse déplorable ou d'une ignorance complète. Bruch, qui vint en 1810 à Strasbourg pour y faire sa théologie, constatait avec surprise cette insuffisance des études préparatoires. «Lorsque je quittai le Gymnase de Deux-Ponts», dit-il dans ses Mémoires, « je m'imaginais que la plupart des étudiants de Strasbourg en sauraient bien plus que moi. A ma grande surprise, je constatai le contraire. Quelque médiocres que fussent mes connaissances, la plupart des étudiants en possédaient moins que moi. Ceux-là même qui venaient des provinces du Rhin inférieur et du grand-duché de Berg se présentaient avec un bagage scientifique bien mince. » [1])

Le décret impérial du 9 août 1809 avait ordonné, il est vrai, que les jeunes gens qui se proposaient de suivre l'enseignement des Séminaires seraient tenus de fréquenter les cours de la Faculté des lettres et de celle des sciences et de prendre le grade de bachelier ès-lettres. Mais cette mesure n'avait pas donné les résultats qu'on en attendait. Il fallut se mettre en quête d'autres moyens pour remédier à un état de choses des plus lamentables. Le Directoire, sur la proposition des professeurs du Séminaire, s'en occupa, et le 15 septembre 1819 parut, dans les deux langues, en français et en allemand, un nouveau «règlement sur le plan d'études qu'auront à suivre les élèves en théologie du Séminaire protestant de Strasbourg».

Le Directoire, dans un préambule aux vingt-cinq articles de ce règlement, rappelait aux jeunes théologiens «combien le succès dans l'administration du ministère évangélique dépend d'un emploi sage et bien réglé des années d'études et que le mal qui résulte de la précipitation ou du défaut d'ordre dans la manière de suivre les cours publics est funeste et

---

[1]) J.-F. Bruch, *loc. cit.*, p. 40.

irréparable, » et considérant à quel point, pour être remplis fidèlement, les devoirs imposés au pasteur exigent des connaissances multiples, un esprit éclairé, un talent cultivé et un cœur pénétré de l'amour de tout ce qui est véritablement bien, beau et honnête, il concluait à la nécessité « tant de prescrire aux élèves le plan général de leurs études que de placer la pureté des mœurs et de la conduite au nombre de leurs devoirs les plus absolus.»[1])

Les vingt-cinq articles du nouveau règlement reproduisaient en partie les prescriptions de l'arrêté de 1807, mais en renchérissant sur elles. Pour être admis au Séminaire, il ne suffisait plus de produire une attestation de bonnes études préparatoires et de bonnes mœurs, le nouvel élève devait promettre solennellement de se conformer à l'arrêté du Directoire concernant la discipline, au nouveau règlement et, en général, à tous les règlements du Séminaire. Il devait, dans un examen préalable, prouver qu'il était assez avancé en grec et en latin pour suivre avec fruit les cours sur les auteurs anciens, qu'il possédait les éléments de la grammaire hébraïque, qu'il était familiarisé avec la langue française et qu'il avait quelques connaissances en histoire et en mathématique.

Admis, l'élève n'avait pas la liberté de choisir ses cours. Une commission fixait, de six en six mois, ceux qu'il devait suivre: c'étaient avant tout les cours de littérature grecque et latine et les exercices de déclamation et de style, français, allemand et latin. L'étude de l'hébreu, commencée la première année, devait être poursuivie pendant tout le cours des études. L'élève y joindrait celle de l'histoire, des mathématiques et de la logique.

Ce n'était pas tout. L'étudiant devait suivre, tant à l'Académie royale qu'au Séminaire, les leçons « qui pouvaient contribuer à orner son esprit et à étendre ses connaissances », non seulement les cours de littérature et de philosophie, mais ceux de physique et d'histoire naturelle. Il devait prendre part aux conférences et aux exercices dirigés par les professeurs et se présenter aux examens prescrits par le règlement.

Quant aux études théologiques, qui s'étendaient sur trois

____

[1]) Rec. off. I, p. 129 ss.

années, elles n'embrassaient pas seulement l'exégèse, la dogmatique, la morale, l'histoire ecclésiastique, l'homilétique, et la catéchétique, avec les exercices pratiques, mais l'introduction à l'Ancien et au Nouveau Testament, l'histoire des dogmes, les antiquités hébraïques, l'apologétique et le droit ecclésiastique. L'assiduité à ces cours était la condition indispensable pour être admis aux examens pour le ministère. Les professeurs devaient la contrôler et signaler, dans un rapport présenté à la fin du semestre, ceux qui n'avaient pas suivi régulièrement leurs leçons. Ils étaient punis par la perte du semestre. La même peine atteignait ceux qui ne s'étaient pas présentés à l'examen semestriel.

Les trois années d'études théologiques terminées, l'étudiant subissait la première partie de l'examen de candidat, qui roulait sur l'exégèse biblique, le dogme, la morale, et l'histoire ecclésiastique. Six mois plus tard, il présentait une dissertation latine sur un point important de la science théologique. Si ce travail avait de la valeur, les professeurs en conseillaient l'impression. S'il était soutenu en public et avec honneur, l'auteur en tirait avantage pour son avancement.

Après ce premier examen, le candidat devait adresser chaque année une dissertation française, allemande ou latine, sur une question de théologie, à la section théologique du Séminaire, et prêcher au moins une fois dans l'année devant son inspecteur ecclésiastique. A l'âge de vingt-cinq ans, il se présentait à l'examen final. Cet examen subi, il pouvait être porté par le Directoire sur la liste de désignation pour une place de pasteur.

« Le Directoire, disait l'article 23, aime à croire que tous les élèves s'appliqueront avant tout à une conduite morale et digne de toute manière de l'importante destination à laquelle ils sont appelés. Ils devront en conséquence choisir avec soin leurs sociétés et leurs amis. Il leur est interdit de fréquenter des maisons publiques de la ville ou des assemblées bruyantes, soit en ville soit à la campagne, ainsi que de prendre part à aucune scène inconvenante. Ils devront aussi se conformer dans leur habillement et dans tout leur extérieur à ce qu'exigent la bienséance, les convenances sociales et l'opinion publique. »

En terminant, le Directoire rappelait aux étudiants que l'article 12 du titre premier des articles organiques du culte protestant contenus dans la loi du 18 germinal an X, déclare formellement « qu'aucun candidat ne peut être nommé pasteur s'il n'a étudié pendant un temps déterminé dans un Séminaire français, et s'il ne rapporte un certificat en bonne forme, constatant son temps d'étude, sa capacité et ses bonnes mœurs. »

C'était l'interdiction absolue aux élèves alsaciens d'aller demander à l'étranger une instruction que leur offrait le pays. Le Séminaire veillait avec un soin jaloux à l'observation d'une mesure d'ailleurs peu libérale. Lorsqu'en 1814 plusieurs élèves quittèrent le Séminaire pour aller étudier aux universités allemandes, l'Assemblée des professeurs décida « qu'il fallait s'en tenir strictement au principe qu'aucun étudiant qui s'est mis dans ce cas, ne sera employé dans le ressort du Directoire de cette ville ».

La question reparut plus tard, et, dans sa séance du 4 mars 1819, l'assemblée des professeurs décida d'insérer dans le règlement sur les études un article disant « que le temps que les étudiants passeraient dans une autre Université avant d'avoir achevé leurs études au Séminaire ne leur serait point compté, et que, pour être reçus ministres du culte, les candidats devraient présenter un certificat constatant que, conformément aux articles organiques, ils avaient fréquenté au Séminaire de Srasbourg tous les cours exigés par les règlements ».

II

Les étudiants en théologie de Strasbourg ne frayaient guère avec les élèves des autres Facultés, juristes et médecins, et se distinguaient, en général, par leur bonne conduite. Il y eut pourtant dès le lendemain de la création de l'Académie des exceptions à cette règle. Le 4 pluviôse de l'an XIII, le recteur réunissait les professeurs en séance extraordinaire pour les informer que parmi les élèves il s'en trouvait quelques-uns que la rumeur publique accusait de mener une vie déréglée. Dans la discussion qui suivit cette communication, un des membres de l'assemblée, qui était, paraît-il, bien au courant de ce qui se passait, constatait à son tour que si la plupart des jeunes théologiens se distinguaient par leur application et par leur bonne conduite, quelques-uns d'entre eux oubliaient

le but des années d'études qu'ils passaient à l'Académie et
les exigences du ministère auquel ils se destinaient. Puis,
entrant dans quelques détails sur ces derniers, il les dé-
peignait en ces termes: « Peu exacts à fréquenter les cours
de l'Académie, ils se distinguent par une certaine rudesse,
une âpreté de manières qu'ils prennent peut-être pour de
l'énergie; ils forment entre eux une coalition qui n'aboutit
qu'à se livrer à l'usage immodéré de la boisson et même à
des orgies dans lesquelles ont été entendus les couplets les
plus licencieux. » Il ajoutait pourtant: « Nous aimons à croire
que la majeure partie des jeunes gens qui ont inscrit leur
nom dans cette matricule déshonorante n'a été qu'égarée et
éblouie par les illusions d'une fausse liberté et par ce qu'ils
appellent le commerce des nourrissons des Muses, qu'il ne
faudrait pourtant pas reconnaître aux clameurs qui reten-
tissent dans les tabagies. » Il terminait son exposé par cette
déclaration ou plutôt cet avertissement: « Le ferment de cor-
ruption qui semble vouloir s'établir parmi nous est d'autant
plus funeste qu'il combat diamétralement le grand but de notre
Institution, de même que les buts salutaires du gouvernement,
qu'il peut compromettre la réputation de notre Académie,
qu'il peut inspirer des appréhensions aux parents éloignés
qui voudraient nous confier leurs fils. C'est à la sagesse et
à la fermeté de l'Académie à prévenir par des mesures
énergiques les graves inconvénients que l'on vient d'indiquer. » [1])

Les membres de l'Académie se rangèrent tous à cet avis.
Ils décidèrent de convoquer les étudiants dans la salle des
examens où le recteur leur adresserait une exhortation paternelle pour ramener à leur devoir ceux qui s'en étaient écartés.
Ainsi fut fait. Le président du Directoire, en sa qualité de
directeur né de l'Académie, présida la réunion; le recteur,
assisté des professeurs Weber, Blessig et Haffner, adressa
un discours aux étudiants dans lequel il affirma que l'Académie ne songeait nullement à les soumettre à un régime
monacal, contraire aux principes du protestantisme et peu
propre d'ailleurs à former les caractères, et qu'il y songeait
d'autant moins que la grande majorité des étudiants suivait
la droite ligne du devoir; mais que plusieurs risquaient d'être

---

[1]) Procès-verbaux des séances, I, p. 23.

entraînés par leur légèreté loin du but qu'ils devaient avoir constamment devant les yeux. « Les professeurs de l'Académie », dit-il, « ne veulent pas seulement instruire les jeunes gens qui les entourent, ils veulent être pour eux des conseillers et des guides. C'est à ce titre qu'ils les conjurent de bien employer leur temps, de fuir les mauvaises sociétés, de se pénétrer de l'esprit de l'état qu'ils se proposent d'embrasser un jour. »

Quant au principal coupable dans l'affaire évoquée devant l'Académie, un jeune homme du Haut-Rhin, nommé Binder, on lui signifia qu'il ne serait pas admis à l'examen qui précédait l'ordination et qu'il n'obtiendrait pas le certificat d'études et de bonnes mœurs nécessaire pour être nommé à une place de pasteur.

Dans les premières années de l'Académie, ces débordements étaient assez rares; plus tard, ils devinrent plus fréquents, surtout quand, à la suite des annexions de Napoléon, les jeunes gens des provinces rhénanes, du Hanovre, de Hambourg, de Brême et de Lubeck se virent contraints de venir étudier à Strasbourg. Beaucoup d'entre eux avaient déjà passé un ou plusieurs semestres dans une université allemande et ils en rapportaient des mœurs plus ou moins grossières et surtout l'habitute de « beuveries » sans fin. En même temps, le nombre des élèves du Séminaire augmentait considérablement, s'élevant jusqu'à 160 ou 170, de sorte que leur surveillance devenait de plus en plus difficile. De graves désordres s'étant produits dans le courant de l'année 1812, le Directoire se décida à publier un « Arrêté contenant un règlement de discipline pour les élèves du Séminaire de Strasbourg. »[1]) Cet arrêté, daté du 23 mars 1813, contenait en 8 articles des prescriptions qui, aujourd'hui, nous paraissent bien extraordinaires.

Des deux premiers articles, l'un recommandait aux élèves, de suivre avec assiduité les cours et les exercices du Séminaire, l'autre leur prescrivait d'avoir, pendant tout le temps de leurs études, une conduite des plus régulières. « Ils seront attentifs au choix de leurs sociétés et amis », disait l'art. 2; « ils s'abstiendront soigneusement des cabarets, des bals et des danses publiques, des cafés et rassemblements de jeux,

---

[1]) Rec. off. I, p. 125, 3.

et généralement de toutes les réunions tumultueuses, comme étant indignes de futurs candidats du saint ministère. » Leur tenue devait être décente et « ne rien offrir qui pût choquer les usages reçus ». Pour qu'on pût les surveiller de plus près, les étudiants étaient tenus de déclarer le logement qu'ils prenaient en venant à Strasbourg et de faire une nouvelle déclaration chaque fois qu'ils en changeaient. Ceux qui se mettraient en contravention avec ces articles seraient, s'ils appartenaient au ressort du Consistoire de Strasbourg, rayés de la liste des candidats, et, s'ils étaient d'autres départements, dénoncés soit au président du Consistoire, soit au préfet de leur département comme incapables de remplir les fonctions pastorales.

Lecture de cet arrêté fut faite aux étudiants dans une assemblée générale, et le professeur Blessig y ajouta de sérieuses recommandations. Puis, il fut adressé à tous les Consistoires du ressort du Consistoire général de Strasbourg, aux présidents des Consistoires généraux de Mayence et de Cologne, et aux préfets des autres départements dont les jeunes gens venaient étudier à Strasbourg, afin de les faire parvenir aux Consistoires et aux églises protestantes de leur ressort. On en devait remettre un exemplaire à chaque élève lors de son immatriculation et lui faire promettre une stricte observation des articles qu'il contenait.

Cet arrêté concernant la discipline ne semble pas avoir produit les résultats qu'on en attendait. On avait voulu briser chez les étudiants l'esprit de corps, il fut au contraire fortifié. Les prescriptions de l'art. 2, trop sévères, ne furent guère observées. Les dérèglements continuèrent à régner parmi les jeunes théologiens, et malgré les mesures les plus sévères, des scandales publics éclatèrent à différentes reprises.

Le Directoire crut devoir publier un nouvel « Arrêté concernant la discipline des élèves du Séminaire protestant ». Il y rappelait aux étudiants que le ministère ecclésiastique leur imposait le devoir, non seulement de se livrer avec une application soutenue aux études et de se distinguer par des mœurs irréprochables, mais encore « d'observer dans leur conduite entière la réserve particulière et la régularité exemplaire exigées par l'état qu'ils embrassent ». Les 9 articles du nouvel arrêté reproduisaient ceux de l'ancien, mais en renchérissant sur eux et en entrant dans un détail qui en soulignait la rigueur, notamment en ce qui concernait la conduite des élèves. L'article 3 était des plus explicites à cet égard: « Il est sévèrement défendu à tous les élèves du Séminaire », disait-il, « de fréquenter les cabarets, les brasseries, les cafés, les jeux et en général tous les lieux de réjouissances tumultueuses; ils éviteront soigneusement de donner lieu ou de prendre part à des rixes et de faire éclater, même dans des réunions particulières, une gaieté trop bruyante ou d'y chanter des chansons inconvenantes, et en général de causer par leur conduite un scandale quelconque, soit public soit particulier. » L'article 4 leur défendait également « de se réunir, à moins de circonstances extraordinaires et sous la permission expresse du vice-directeur, soit dans le local des cours ou ailleurs, en assemblée délibérante ou de former d'autres associations qui peuvent donner lieu à des abus et à des désordres ».

Dans l'arrêté de 1813, les élèves qui contrevenaient aux dispositions du règlement étaient tout simplement rayés de la liste des candidats au saint ministère, le nouvel arrêté graduait les peines d'après la gravité des cas ou la réitération des fautes. Il y avait d'abord, pour les manquements légers, les réprimandes faites par le vice-directeur ou par les inspecteurs des pensionnats du Séminaire, soit par eux seuls, soit en la présence d'une commission nommée par les professeurs; en second lieu, la suspension de l'admission à l'examen d'ascension ou à celui de candidat en théologie, pendant six mois ou un an; en troisième lieu, l'exclusion du pensionnat où l'élève avait été reçu, et la privation de la bourse royale ou d'autres bourses dont il avait joui; et enfin la radiation de la liste des élèves.

Les peines énoncées sous les trois premières rubriques étaient prononcées par les assemblées compétentes, la radiation l'était par le Directoire sur la proposition des professeurs. Elle devait être notifiée au préfet du département où l'élève était domicilié et inscrit sur la liste de conscription; elle l'était également à l'inspecteur ecclésiastique et, par lui, au Consistoire de l'arrondissement habité par les parents de l'élève relégué et à tous les inspecteurs et consistoires du ressort du Consistoire général de Strasbourg.

La peine de la radiation n'était pourtant pas toujours appliquée dans toute sa rigueur. Il arriva plus d'une fois

que des étudiants relégués furent, après quelque temps, ré-
admis au nombre des élèves du Séminaire. Les professeurs
ne se montraient pas intraitables quand le coupable mani-
festait un sincère repentir et promettait de s'amender. La
réadmission d'ailleurs ne se faisait qu'à certaines conditions,
qui différaient d'un cas à l'autre. En voici un exemple: Au
mois de janvier 1817, des étudiants réunis dans une brasserie
avaient provoqué des scènes tumultueuses. Ils furent cités
devant le conseil de discipline, et le principal coupable, un
nommé Michel, fut rayé de la liste des candidats en théologie.
Après quelques mois, il demanda que l'arrêté de sa radiation
fût rapporté. Les professeurs, après délibération, y consen-
tirent, mais aux conditions suivantes: 1° l'étudiant Michel
commencera par présenter un certificat de bonne conduite
signé par son pasteur et se présentera à un examen pour
justifier de ses connaissances; 2° il sera autorisé à suivre
les cours du Séminaire qu'on estimera lui convenir; 3° au
bout de six mois, il se présentera à un nouvel examen et
produira un nouveau certificat de bonne conduite; 4° au
bout d'un an, s'il produit des attestations favorables de ses
professeurs et s'il a donné des preuves d'une conduite irréprochable, l'assemblée décidera s'il y a lieu de rapporter
l'arrêt de radiation. Les attestations sur son application aux
études et sur sa conduite se trouvant être favorables à la fin
de l'année, le Séminaire proposa au Directoire de lever la
peine prononcée contre l'étudiant Michel, ce qui fut fait.[1]

Un autre cas qui se produisit dans cette même année 1819
eut une issue moins heureuse pour les coupables. Le 21 janvier, au soir, douze étudiants en théologie s'étaient trouvés
dans une brasserie à boire et à chanter. Finalement une rixe
avait éclaté entre deux d'entre eux, et entre un troisième
et un bourgeois. On s'était livré à un pugilat. L'affaire fut
ébruitée et les douze furent cités devant le conseil. Les
trois principaux coupables ne se présentèrent pas. Ils s'étaient
hâtés de quitter la ville. Contre eux, la relégation fut prononcée sans plus. Les neuf autres furent exclus pour la durée
d'un an de la jouissance « de tous les bienfaits dont dispose
le Séminaire ». Ils durent produire tous les trois mois un
certificat de bonnes mœurs signé par leur pasteur et par

---

[1] Procès-verbal de la séance du 2 oct. 1817.

leur logeur, et leurs noms furent consignés au procès-verbal des séances pour qu'on pût sévir contre eux s'ils se rendaient coupables d'une nouvelle transgression des articles de l'arrêté disciplinaire. Le verdict qui les frappait fut affiché dans la salle des cours et communiqué aux coupables par le vice-directeur en présence des membres du conseil de discipline. Et bientôt deux d'entre eux connurent que la sévérité n'était pas une vaine menace. Car, ayant causé, un dimanche, dans un village des environs, par leur conduite, un scandale public, ils furent rayés sur le champ de la liste des étudiants en théologie. Et trois des relégués ayant demandé leur réadmission parmi les élèves du Séminaire, l'assemblée des professeurs passa sur leur pétition à l'ordre du jour.

Aux transgressions des articles 3 et 4 qui défendaient aux étudiants la fréquentation des cabarets, des brasseries, des cafés et autres locaux de ce genre, venaient s'ajouter les transgressions non moins nombreuses du premier article qui prescrivait la fréquentation régulière et ininterrompue des leçons et exercices du Séminaire. Il arrivait, en effet, que des étudiants négligeaient pendant des semaines ou même pendant des mois de suivre les cours, et ni les exhortations ni les remontrances ne parvenant à changer cet état de choses, l'assemblée des professeurs décida que les élèves qui négligeraient les cours durant trois mois seraient considérés comme ayant renoncé à la théologie et rayés de la liste des élèves du Séminaire.

CHAPITRE VI

Le Séminaire corps administratif

**Le Chapitre — La fondation de Saint-Thomas — Le Gymnase — Le Collège
de Saint-Guillaume — La Bibliothèque — Les Bourses**

I

L'Académie protestante, plus tard Séminaire protestant,
n'était pas seulement un corps enseignant, elle était un corps
d'administrateurs. Elle gérait les biens de la Fondation de
Saint-Thomas et, en général, de toutes les fondations qui
avaient appartenu à l'ancienne Université et que le décret du
30 floréal an XI avait affectées à la nouvelle institution.

Elle ne faisait, en cela, que continuer les anciens erre-
ments. La gestion des biens de Saint-Thomas avait toujours
été confiée au chapitre de cette église, et avait été exercée par
lui dans toute son étendue et en toute indépendance. L'évêque
lui-même n'avait rien à y voir ni à y dire. Plus tard, cette
autonomie fut quelque peu limitée en vertu du *jus circa sacra*.
Le magistrat eut le pouvoir de contrôler l'administration du
chapitre, mais celui-ci, bien que soumis à cette haute surveillance, garda l'administration en mains.

Dans ses séances ordinaires, le chapitre débattait les
questions administratives et prenait des arrêtés qu'il ne
soumettait à aucune sanction étrangère. Le doyen passait les
contrats de vente et d'adjudication et signait, en général,
toutes les conventions au nom du chapitre. Une commission
nommée *ad hoc* examinait les comptes du receveur et présentait, dans une séance extraordinaire *(capitulum extra-
ordinarium)* à laquelle assistaient le chancelier de l'Université
et deux scolarques, un rapport financier qui était approuvé

par l'assemblée et signé par le prévôt avec la remarque que l'approbation avait été donnée « en présence des patrons de l'œuvre ».

En 1762, une commission composée du préteur royal, du chancelier de l'Université, de deux scolarques et de deux professeurs, élabora un règlement d'administration dans le but de réduire les dépenses de la fondation et de diminuer le poids des charges dont elle était grevée. Le chapitre accepta ce règlement qui se tenait absolument dans les limites du droit qui revenait au magistrat et laissait au chapitre toute latitude dans son administration.

Jusqu'à la Révolution, le chapitre avait compté seize membres, treize professeurs de l'Université appartenant aux différentes Facultés et les trois pasteurs de Saint-Thomas, de Saint-Nicolas et de Sainte-Aurélie. A leur tête se trouvaient le prévôt, qui avait la haute surveillance sur toutes les parties de l'administration, le doyen qui était chargé du soin des affaires courantes, et l'ancien, le *senior*, auquel son âge assurait une place d'honneur dans les assemblées et qui prenait la parole dans les occasions solennelles telles que la réception d'un nouveau membre. Tous les trois touchaient, à côté de leur prébende, un supplément de traitement en argent ou en nature. Dans les séances du chapitre, ils occupaient les places d'honneur.

Une commission des finances *(deputatio oeconomica)* s'occupait des questions financières, avant tout des contrats de vente et d'adjudication; elle faisait un rapport au chapitre sur les différents cas et lui soumettait des propositions.

La fortune de la fondation ayant été affectée à l'Académie protestante, l'administration en fut confiée aux membres de l'Académie avec la remarque expresse, qu'étant bonne, elle devait être conservée dans l'état où elle était alors. Seul, le droit de haute surveillance exercé jusque-là par le magistrat passa au Directoire de l'Eglise de la Confession d'Augsbourg. Le président du Consistoire général devint directeur de l'Académie; les charges de prévôt, de doyen et d'ancien furent maintenues, mais, en partie, sous un autre nom: le prévôt fut appelé président de l'administration et, plus tard, vice-directeur. Tous trois continuèrent à toucher un préciput en argent ou en nature: le prévôt, 791 et, plus tard, 800 francs, le doyen, 16 rézeaux de froment,

2 rézeaux et 3 boisseaux d'orge et 44 francs, l'ancien, 200 francs,
Dans les séances, le prévôt était placé à gauche du président,
le doyen à sa droite et l'ancien à gauche du prévôt. On
maintint également la députation économique sous le nom de
comité économique. Le nombre des membres du chapitre fut
réduit à 14, il comprenait le président du Consistoire général,
les dix professeurs de l'Académie et les premiers pasteurs
de Saint-Thomas, Saint-Nicolas et Sainte-Aurélie.

Cependant les professeurs de l'Académie et les pasteurs
de Saint-Nicolas et de Sainte-Aurélie ne devenaient membres
du chapitre que par élection. Quand, par la mort d'un professeur, il se produisait une vacance dans le corps enseignant
et en même temps parmi les administrateurs, on nommait
d'abord le professeur à la chaire devenue vacante et puis
on l'appelait par élection dans l'administration.

Il en était de même des pasteurs de Saint-Nicolas et
de Sainte-Aurélie. Ils n'étaient élus membres du chapitre
qu'après leur installation de pasteur et à la requête du
Consistoire auquel ils appartenaient. Pour Saint-Nicolas, la
demande était présentée par deux membres du conseil de
cette église, qui se rendaient en cérémonie à la séance des
administrateurs de Saint-Thomas; pour Sainte-Aurélie, elle
se faisait par une pétition du Consistoire. Le chapitre pro-
cédait alors à une élection qui, d'ailleurs, était de pure forme.
Pour le pasteur de Saint-Thomas, les choses se passaient
différemment. Il était de droit administrateur de la fondation. Il en était de même du président du Consistoire général,
directeur né de l'Académie. Plus tard, à partir de 1843, les
trois pasteurs, tout en restant membres du chapitre, ne furent
plus admis à concourir aux délibérations relatives aux biens
des fondations, « le Séminaire étant seul propriétaire et
administrateur des biens des dites fondations. »

Jusqu'en 1789, la réception d'un membre du Chapitre
avait été un acte solennel dont les formalités étaient strictement réglées. A l'investiture du nouvel élu devaient assister
le chancelier de l'Université, les scolarques, les délégués du
conseil de l'église du récipiendaire, les chanoines, le pasteur,
les diacres et les vicaires de Saint-Thomas, un notaire et
deux témoins, le régent de l'école de Saint-Thomas et le
secrétaire de la fondation. L'acte de l'investiture était réglé
dans tous ses détails: l'ordre dans lequel les assistants

devaient être placés, l'allocution par laquelle le doyen ouvrirait la réunion, l'introduction du récipiendaire, les prières prononcées par le pasteur officiant, l'examen que devait passer le récipiendaire, le serment qu'il devait prêter sur l'Evangile selon Saint Jean, sa déclaration d'adhésion à la Formule de Concorde, sa proclamation comme chanoine avec indication de la prébende qui lui revenait, son installation au chœur de l'église Saint-Thomas, les vœux et félicitations de ses collègues — tout, dans ce cérémonial long et compliqué, était prévu, invariablement fixé et strictement observé.

Le dernier chanoine qui fut introduit avec ce cérémonial, le 11 septembre 1789, était le professeur d'anatomie, Thomas Lauth, Après lui, sous la pression des événements politiques, on laissa tomber peu à peu ces vieilles formalités. L'année suivante déjà, quand le pasteur Schweickart de Saint-Nicolas fut reçu au chapitre, le doyen annonça que le magistrat était d'avis que sa réception se fît le plus simplement possible, sans les cérémonies usuelles et sans la présence des délégués du magistrat.

Le chapitre décida alors qu'on renoncerait à l'examen du récipiendaire et qu'on réduirait le serment qu'il était appelé à prêter jusque-là à la simple promesse qu'il observerait à l'égard du chapitre la fidélité et la piété, qu'il remplirait tous ses devoirs, qu'il servirait la religion, qu'il ferait consciencieusement sa charge et se soumettrait à toutes les décisions du chapitre. Lorsque, le 1er septembre 1792, le professeur de médecine Jean-Jacques Spielmann fut reçu au chapitre, le doyen prévint encore l'assemblée que la réception du nouveau membre aurait lieu sans les cérémonies accoutumées. On éviterait surtout d'en dresser et d'en publier un acte officiel, notarié. On conserva pourtant le serment prêté par le récipiendaire sur l'Evangile selon Saint Jean et sa déclaration d'adhésion à la Formule de Concorde, mais on supprima son installation dans le chœur de Saint-Thomas.

Le mouvement révolutionnaire s'accentuant, on laissa tomber les autres formalités. Les procès-verbaux de l'investiture de Blessig et de Haffner, en 1794, disent simplement que les nouveaux élus prirent place parmi les administrateurs et que le vice-président leur annonça qu'à l'avenir ils prendraient part aux délibérations de l'assemblée et qu'ils jouiraient des avantages du canonicat. Quant à la réception du juriste Ehrmann, le 4 novembre 1801, la dernière qui eut lieu avant l'établissement de l'Académie protestante, le registre des délibérations contient cette simple remarque: « Le C^en Ehrmann, professeur, invité à se présenter à l'assemblée, s'y est prêté et a pris place parmi les administrateurs. »

Quand le nouvel état de choses entra en vigueur, nul ne songea à rétablir des usages tombés en désuétude, ni à les remplacer par d'autres. Les professeurs de l'Académie protestante avaient d'ailleurs tous été membres de l'ancien chapitre, il n'y avait donc pas lieu de procéder une seconde fois à leur installation. Et lorsque de nouvelles nominations eurent lieu, on ne songea pas davantage à introduire les élus avec l'ancien ni avec un nouveau cérémonial.

Ce n'est qu'en 1817, à l'occasion de la réception du pasteur Zabern de Saint-Nicolas et du professeur Redslob, que le président fit remarquer qu'il serait désirable de remettre en vigueur au moins une partie du vieux cérémonial. Tout nouveau membre du Séminaire devait promettre une inébranlable fidélité à l'Eglise de la Confession d'Augsbourg et une participation consciencieuse à tout ce qui pourrait faire prospérer nos églises et nos écoles, et s'engager à travailler de toutes ses forces à conserver et à augmenter la fondation. Le nouvel élu devait aussi inscrire son nom dans le registre qui contenait les noms de tous les membres du chapitre depuis l'année 1634, pour confirmer par là ses engagements envers la fondation et transmettre à la postérité la suite des membres du chapitre de Saint-Thomas. Cette motion fut adoptée et la réception des nouveaux membres se fit selon le mode proposé par le président.

En 1825, à l'occasion de la réception du pasteur Schuler de Saint-Nicolas, on discuta une fois de plus la procédure à suivre dans l'investiture des chanoines et on décida que, conformément à l'ancien usage, l'ancien dirait au récipiendaire ses devoirs et l'instruirait de ses droits.

C'est le mode qu'on suivit dès lors, comme on le voit par les procès-verbaux du chapitre et surtout par le rapport détaillé de la réception d'Edouard Reuss. Il avait été nommé professeur le 27 juillet 1836; quinze jours après, le 11 août, il fut élu comme « administrateur ordinaire » de la fondation et reçu au chapitre.

« Après l'élection », dit le rapport, « le nouveau chanoine fut introduit dans la salle des séances. Le professeur Bruch, en sa qualité d'ancien, lui représenta les devoirs qu'il aurait à remplir, à savoir soutenir les intérêts de l'Eglise de la Confession d'Augsbourg et des écoles publiques protestantes, se soumettre aux décisions de l'administration, exécuter avec soin les travaux qui lui seraient confiés et user de discrétion à l'égard des arrêtés de l'assemblée. Le doyen énuméra ensuite les émoluments auxquels sa nomination lui donnait droit, et le professeur Reuss promit entre les mains du président de l'administration, du doyen et de l'ancien, de remplir fidèlement les devoirs qui lui avaient été représentés; après quoi, un siège lui fut assigné au sein de l'assemblée. » [1])

Quelques années plus tard, l'acte de réception fut simplifié: lorsque, en 1841, Stahl et Kreiss furent reçus au chapitre, le secrétaire, le professeur Fritz, adressa à l'un et à l'autre l'allocution habituelle, et ils promirent d'observer fidèlement les statuts de l'administration. Finalement, on renonça même à cette dernière formalité, et le vice-président se borna à adresser quelques paroles de bienvenue au nouveau chanoine.

II

Comme administration, l'Académie protestante, plus tard le Séminaire, dut étendre son activité sur toutes les fondations et institutions que l'article 2 du décret du 30 floréal an XI lui avait affectées. Elle avait, avant tout, à maintenir ses droits à l'organisation et à la direction matérielle et morale de ces institutions et fondations, et puis, à soutenir les intérêts de chacune d'elles, à assurer leur prospérité, à reconstituer leur fortune, à les défendre contre des attaques éventuelles, à veiller, enfin, à ce que leurs revenus fussent employés conformément aux stipulations primitives. Son activité s'exerçait donc surtout sur le terrain financier, et la fondation de Saint-Thomas, la plus importante de toutes, ainsi que celle de la Haute-Ecole, lui donnaient fort à faire sous ce rapport.

La fondation de Saint-Thomas s'était trouvée, avant la Révolution, dans une situation prospère. Elle avait amassé de nombreux capitaux et disposait de revenus considérables.

---

[1]) Procès-verbal de la séance du 11 août 1836.

Mais, pendant la Révolution, elle avait subi de grandes pertes. Une lettre adressée par l'administration de la fondation au Directoire, qui lui demandait, en 1808, de contribuer aux dépenses de l'autorité suprême de l'Eglise de la Confession d'Augsbourg, donne un aperçu exact de la situation financière du chapitre à ce moment. « Elle (cette situation) est loin », dit la lettre, « de ce qu'elle a été avant la révolution. La suppression de la dîme seule lui a causé une perte annuelle en froment de 1182 rézeaux; en seigle, de 156 rézeaux, 4 boisseaux; en orge, de 46 rézeaux, 4 boisseaux, et en argent de 302 livres; et la loi qui a déclaré nationales les dettes des communes l'a obligé d'envoyer à la liquidation les créances suivantes: 7474 livres en rentes constituées; 11364 livres sur la caisse de la commune; 5000 livres sur la tribu des cordonniers; 2300 livres sur la ville de Sélestat, ensemble 106 777 livres, à laquelle somme il faut ajouter celle de 60 000 livres qu'on a placées en emprunt volontaire en remplacement de capitaux rentrés en assignats. De sorte que les revenus annuels de la fondation ayant été diminués de près de 30 000 livres, ils ne suffisent plus à payer en entier ce qui est dû aux administrateurs pour les bimestres et que chacun d'eux a un arrière de 1400 livres à prétendre, ainsi que toute augmentation de dépense est une véritable imposition sur les administrateurs. » [1]

L'Académie avait compté sur la liquidation des créances de la fondation. Son attente fut déçue. Dans sa séance du 23 août 1808, le professeur Koch annonça que les démarches faites dans ce sens auprès du ministre des Cultes et du liquidateur général n'avaient pas abouti, l'empereur ayant, sur un rapport de ce dernier, refusé la liquidation.

Plus tard encore, en 1812, le Séminaire, répondant à une pétition des préposés de l'église Saint-Thomas, qui demandaient un supplément de traitement pour les deux diacres de cette église, disait: « La fondation de Saint-Thomas aïant perdu par la révolution au delà de la moitié de ses fonds et revenus, et la moitié qui lui reste étant partagée, en vertu d'anciennes conventions qu'il importe de respecter, entre l'Eglise et l'instruction du Séminaire, l'administration se trouve dans l'impuissance de s'imposer de nouvelles charges,

---

[1] Séance du 19 oct. 1807. Procès-Verbaux I, p. 430.

attendu qu'elle suffit à peine à toutes celles dont elle est déjà grevée. » [1])

A ces pertes si considérables venaient s'en ajouter d'autres provenant de rentes tombées en non valeur, de redevances contestées d'extances impossibles à recouvrer. Le Séminaire réussit pourtant, grâce à une sage administration, à une rigoureuse économie et au désintéressement de ses membres, à reconstituer, après quarante ans, la fortune de la fondation telle qu'elle avait été avant la Révolution. [2])

A partir de l'établissement du nouvel ordre de choses, le chapitre songea surtout à augmenter la propriété rurale de la fondation. Il y était tenu par les règlements. Les principales recettes dont il disposait en ce moment, provenaient du rachat de rentes foncières. Or, d'après les règlements en vigueur, ces rentrées ne pouvaient être placées qu'en bienfonds. Aussi, lorsqu'en 1812 le rachat de rentes eut fait rentrer dans sa caisse des sommes considérables, le chapitre n'hésita-t-il pas à dépenser jusqu'à 59 700 frs pour l'acquisition de terres, champs et prés, dans les banlieues de Hochfelden, de Lochwiller, de Haguenau, d'Obermodern et de Kirwiller. Par contre, il se vit contraint, pour faire face à des dépenses urgentes, d'aliéner l'un ou l'autre des immeubles que la fondation possédait à Strasbourg. Dans la séance du 7 décembre 1807, on décida que, pour couvrir les dépenses occasionnées par les réparations à faire dans différentes maisons appartenant à la fondation, on vendrait deux maisons, l'une sise sur la place Kléber et l'autre au coin de la rue de l'Outre; une troisième, sise place Saint-Thomas et devenue de nos jours le siège de l'imprimerie alsacienne, fut vendue en 1825, au prix de 27 000 francs.

Le Séminaire était chargé de l'administration d'autres fondations, de celles de la Haute-Ecole, du Corps des Pensions, de Saint-Guillaume et de la bourse Maurice. Par arrêté du Directoire du 10 septembre 1811, les recettes de ces fondations furent réunies avec celles de la fondation de Saint-Thomas, mais chacune avait un compte séparé.

Ces fondations, celles de la Haute-Ecole et du Corps des Pensions surtout, étaient financièrement dans une situation

---

[1]) Séance du 5 mars 1812. I, 457.
[2]) Rapport du président de Türckheim. Séance du 9 mars 1843.

difficile. La Haute-Ecole, par suite de pertes de capitaux et de rentes subies pendant la période révolutionnaire, et des dépenses croissantes qu'occasionnait la réorganisation de l'enseignement au Gymnase, avait un déficit annuel de 4000 fr., et dut finalement être déchargée d'une partie de ses obligations. La fondation de Saint-Thomas prit à sa charge le traitement du bibliothécaire, celui des bedeaux et du portier du Gymnase, et le Corps des Pensions, une partie des traitements des professeurs du Gymnase. Mais, pour suffire à ces nouvelles obligations, le Corps des Pensions dut se résoudre à vendre deux maisons qu'il possédait en ville, l'une dans la rue des Chandelles et l'autre dans la rue Sainte-Elisabeth.

La première fut vendue, le 25 septembre 1813, pour 6000 francs, et l'autre, le 11 janvier 1816, au prix de 8000 frs.

Les deux fondations de la Haute-Ecole et du Corps des Pensions fusionnèrent plus tard et parvinrent à reconstituer leur fortune. Elles se trouvèrent finalement en possession d'un capital de 148.700 frs. Cette fortune, considérable pour l'époque, fut entièrement absorbée par la reconstruction des bâtiments du Gymnase, après l'incendie de 1860.

La partie financière de l'administration des fondations protestantes présentait donc, dans les commencements surtout, de sérieuses difficultés. Heureusement qu'il y eut au sein de l'Académie et du Séminaire des hommes de loi et des hommes d'affaires qui, sous ce rapport, rendirent de grands services: d'abord, le professeur Braun et le président Kern, puis, les deux présidents de Türckheim. Les difficultés du commencement disparurent pourtant dans la suite; l'administration très compliquée au début fut simplifiée et, par conséquent, facilitée.

III

Parmi les institutions affectées à l'Académie protestante par les articles organiques, le Gymnase tenait la première place. Le Séminaire avait vis-à-vis de cet établissement des obligations à la fois morales et matérielles. Il avait à décider de toutes les affaires de l'école, à faire au Directoire des propositions relatives à l'organisation et au plan d'études, à la méthode de l'enseignement et à l'introduction des livres de classe, à la nomination et au traitement des professeurs. Il avait, conjointement avec le Directoire, à veiller à l'autonomie et à l'indépendance et, en même temps, au caractère protestant de la vieille école de Sturm, et à s'opposer, à résister même aux tentatives constamment renouvelées de placer le Gymnase sous la surveillance et la direction de l'Etat.

Ces tentatives s'étaient produites dès les premières années du nouveau régime. En 1807 déjà, le préfet du Bas-Rhin, M. Shée, avait chargé un professeur du lycée, M. Hess, d'inspecter les classes du Gymnase. Le Directoire avait protesté contre cette ingérence injustifiée. Ce fut en vain: M. Hess, «par ordre exprès et répété» du préfet, avait dû procéder à l'inspection. Un peu plus tard, en 1810, le grand maître de l'Université avait déclaré que «le collège protestant dit Gymnase était subordonné à l'Université impériale ainsi que toutes les autres écoles protestantes».

Quand, après le retour des Bourbons, on procéda à la réorganisation de l'instruction publique, le Séminaire, considérant «les rapports dans lesquels pourraient venir le Séminaire et surtout le Gymnase avec l'Université et le collège royal», crut devoir demander au Gouvernement pour les protestants de l'Alsace «l'indépendance de leur instruction dans son ensemble et dans toutes ses branches, comme ils la tenaient avant la révolution».[1]) Il fit valoir à l'appui de sa requête que la liberté de l'instruction est intimement liée à la liberté du culte assurée aux protestants par la charte constitutionnelle, que le Gymnase avait toujours existé à côté du collège, de l'école centrale et du lycée, que la population était assez considérable pour remplir deux écoles et que le Gymnase avait toujours eu la double destination «de servir de préparation à ceux qui se vouent aux fonctions ecclésiastiques et en même temps de répandre dans toutes les classes de citoyens les principes de morale et de religion ensemble avec les lumières nécessaires au citoyen et au magistrat, conformément à l'esprit de notre confession». Le président et le secrétaire furent chargés de soumettre ces vœux au Directoire, pour qu'il les présentât en temps utile aux autorités compétentes «pour assurer à nos descendants les droits précieux d'une instruction complète dans l'esprit du protestantisme».

L'année d'après, le recteur de l'Académie ayant voulu

---

[1]) Séance du 6 mars 1815. II, p. 145.

appliquer au Gymnase l'arrêté d'après lequel les élèves des institutions établies dans les villes où se trouvait un collège royal, devaient y être conduits lorsqu'ils auraient dix ans, le Séminaire proposa au Directoire « de faire sentir à M. le Recteur, et au besoin aux autorités supérieures, que le gymnase, formant une partie essentielle et indispensable de l'instruction tant religieuse que civile de la population protestante de cette ville, à laquelle la liberté des consciences, du culte et de l'instruction est formellement garantie par les traités, de paix et par la capitulation, et ces établissements ayant subsisté, en vertu de ces traités, sans entraves, à côté du collège royal, avant la révolution, doit être maintenu dans une parfaite liberté, sans que l'on puisse lui appliquer des mesures ordonnées relativement à des écoles ou institutions d'une nature tout à fait différente. »[1])

Quelques mois plus tard, le Séminaire adressait, par l'entremise de M. Kern, député du Bas-Rhin, un mémoire à la Chambre et au ministre, « afin d'obtenir la confirmation de nos Institutions et de nos Fondations indépendantes de tout autre corps d'enseignement qui pourrait être établi et adapté aux besoins d'un autre culte »[2]), et le 30 octobre 1817, une lettre du conseiller d'Etat de Gérando exprimait l'espoir que la loi sur l'instruction publique donnerait satisfaction aux vœux exprimés dans ce mémoire.

Cependant une ordonnance royale du 26 octobre 1828 rangeait « le petit Séminaire protestant de Strasbourg », c'est-à-dire le Gymnase, dans la catégorie des collèges mixtes et soumettait cet établissement à la surveillance et à l'inspection de l'Université. L'année d'après, le baron Cuvier, grand maître de l'Université, réclamait pour le recteur de l'Académie le droit de présider la distribution solennelle des prix du Gymnase, et le recteur se plaignait de ce que le programme des leçons de cet établissement n'eût pas été soumis à son approbation.

Le Directoire, jaloux de maintenir son droit et celui du Séminaire vis-à-vis des prétentions croissantes de l'autorité universitaire, résolut alors d'envoyer un des professeurs à Paris pour exposer la question au ministre de l'instruction

---

[1]) Séance du 7 nov. 1816. II, 158.
[2]) Séance du 4 août 1817. II, 164.

publique. Il chargea Bruch de cette mission, et le ministre reconnut, paraît-il, les droits du Gymnase.

Le Séminaire, tout en maintenant le caractère traditionnel de la vieille école, tenait compte des exigences modernes: il créait de nouvelles classes, introduisait de nouvelles méthodes d'enseignement, nommait des régents jeunes et capables.

Les rapports entre le Séminaire et le Gymnase étaient d'autant plus étroits que, dès le début, le directeur de l'école avait été choisi parmi les professeurs de l'Académie. Il en fut ainsi, sauf une courte interruption qui dura du mois d'avril 1808 au mois de juillet 1809, jusqu'en 1869, où la direction du Gymnase fut confiée aux mains du directeur de l'internat, qui était en même temps sous-directeur de l'établissement, Charles-Frédéric Schnéegans.

Le premier directeur, depuis le nouveau régime établi en France, fut le professeur Oberlin. Il n'eut pourtant pas à supporter seul toute la charge de la direction. L'Académie lui adjoignit une commission composée de trois membres, les professeurs Weber, Schweighaeuser et Herrenschneider.

Oberlin mourut en 1806 et fut remplacé par le professeur Weber. On nous dit, à cette occasion, avec quel cérémonial le directeur et les membres de la commission étaient installés dans leur charge. Weber se rendit avec ses deux collègues au Gymnase. Blessig les y attendait. Il les présenta aux maîtres et aux élèves réunis pour la circonstance. Le nouveau directeur prononça une allocution dans laquelle il dit les relations qui avaient toujours existé entre l'Académie et le Gymnase, l'intérêt que l'Académie avait de tout temps porté à l'Ecole et ce qu'elle attendait des maîtres et des élèves. Le doyen des régents, dans une courte réplique, déclara, au nom de ses collègues, qu'ils avaient pleine conscience de leur subordination à l'Académie et à ses délégués, et finalement le premier élève de chaque classe vint mettre sa main dans celle du nouveau directeur et des membres de la commission.

Lorsqu'en 1808 le professeur Weber demanda à être relevé de fonctions qu'il trouvait trop absorbantes, l'Académie pensa réunir dans une même personne les fonctions de professeur et celles de directeur de l'école. L'enseignement des langues anciennes avait fortement baissé au Gymnase, il fallait songer aux moyens de le relever. L'Académie se mit en quête d'un bon philologue. Elle crut l'avoir trouvé dans un simple pasteur de campagne. M. Heyler, pasteur de Minfeld et inspecteur ecclésiastique de l'inspection de Wissembourg, avait été recteur du Gymnase de Grünstadt et puis professeur au collège de Bouxwiller et s'était acquis la réputation d'un helléniste émérite et d'un excellent pédagogue. Il semblait parfaitement apte à joindre à l'enseignement du grec la direction de l'école. L'Académie, dans sa séance du 1er mars 1808, le nomma à ce double emploi, et le 20 avril suivant, il fut présenté aux régents et aux élèves du Gymnase.

Bientôt pourtant surgirent des difficultés qu'on n'avait pas prévues. Le nouveau directeur émit des prétentions que le Séminaire n'était pas en état de satisfaire. M. Heyler donna sa démission, et le Séminaire, après l'expérience plutôt fâcheuse qu'elle venait de faire, posa en principe, « qu'il serait plus convenable de nommer directeur du Gymnase un membre de l'Académie que de le choisir parmi les Régens ». [1]

Il confia alors la direction au professeur Fritz que recommandait un talent pédagogique peu commun. Fritz se montra, en effet, à la hauteur de sa tâche et il continua à diriger l'école avec succès jusqu'à sa mort, en 1821. Le choix de son successeur fut moins heureux. Dahler était un savant distingué, mais il manquait absolument du sens pratique si nécessaire au directeur d'un grand établissement scolaire. Il sentit lui-même son insuffisance et se retira après quelques années pour laisser la place aux jeunes.

Avec eux commença une ère nouvelle pour le Gymnase. Matter, qui remplaça Dahler en 1825, rompit le premier avec la routine en faisant adopter le français comme langue de l'enseignement. Bruch, qui lui succéda, en 1828, et qui resta vingt ans à la tête de l'école, y introduisit successivement une série d'améliorations. Il provoqua la création d'une section réale, celle d'une classe élémentaire, la division de la *prima* en rhétorique et philosophie, l'ouverture de salles d'étude, etc. Hautement vénéré par le personnel enseignant, il exerça une influence heureuse et considérable sur l'esprit qui régnait dans l'école. Sa nomination comme inspecteur ecclésiastique, en 1848, l'obligea à se démettre de fonctions qu'il avait remplies avec joie. Le professeur Charles Schmidt prit alors la direction

---

[1] Séance du 3 août 1809.

de l'école en mains et la continua pendant dix ans, jusqu'en 1859, dans l'esprit libéral de son prédécesseur.

A ce moment déjà Reuss demandait que la direction du Gymnase ne fût pas considérée comme un « appendice » à une chaire de théologie, mais comme une charge à part. Il eût voulu la voir confiée à Colani qu'il croyait particulièrement apte à ces fonctions délicates. L'idée était bonne; elle trouva pourtant peu d'écho au sein du Séminaire. Un directeur choisi en dehors du corps des professeurs! — cela était contraire à l'arrêté de 1809 et à l'usage suivi depuis lors, cela était irrégulier, une anomalie. Et puis, il faut le dire, Colani n'avait pas l'heur d'agréer à tous les membres du Séminaire. Aussi quand on passa au vote, les voix se dispersèrent d'abord, pour se réunir ensuite sur la personne de Reuss.

Le choix était d'ailleurs excellent, et cela d'autant plus que bientôt survinrent des événements qui réclamaient à la tête de l'école un homme aussi énergique qu'intelligent. Dans la seconde année du directorat de Reuss, le 29 juin 1860, le vieux cloître des dominicains, occupé alors par le Gymnase et par le collège de Saint-Guillaume, fut détruit par un incendie. Ce tragique événement imposa au Séminaire et surtout au directeur du Gymnase une nouvelle et lourde tâche.. Il s'agissait, tout d'abord, de trouver des locaux pour les classes restées sans abri, et puis, de songer à la construction de nouveaux bâtiments qui répondraient aux exigences modernes, et enfin, de profiter de l'occasion pour organiser au Gymnase un internat que la population protestante réclamait depuis longtemps. Reuss fut à la hauteur de sa tâche. Il déploya, et la Commission nommée *ad hoc* déploya avec lui, une activité si merveilleuse que le 29 juin 1863, troisième anniversaire de l'horrible journée, on put procéder à la pose solennelle de la première pierre de la nouvelle maison.

Mais là commencèrent les grands embarras financiers du Séminaire.

Le Gymnase, lors de sa création, en 1538, ne possédait pas la moindre fortune. Les maîtres des classes supérieures jouissaient généralement d'une prébende de la fondation de Saint-Thomas, les autres vivaient du produit de l'écolage et des subsides que leur accordaient différentes institutions. Mais dès le XVIe siècle, le Magistrat, soucieux d'assurer l'existence de l'école, lui avait assigné un patrimoine. C'étaient quelques corps de biens abandonnés par les couvents au moment de leur dissolution et qui formèrent alors la fondation de la Haute-Ecole. Plus tard, au milieu du XVIIe siècle, les revenus de cette fondation s'étant trouvés insuffisants, le Magistrat y avait joint ceux de quatre anciens béguinages sous le nom de « Nouveaux revenus de la Haute-Ecole » *(Neue Gefälle der Hohen Schule)* ou de « Corps des pensions » *(Corpus pensionum)*. Gérées d'abord à part, les deux fondations furent réunies en 1864.

Mais longtemps avant cette date, l'augmentation du nombre des professeurs et de leurs traitements, et la cessation des subventions accordées autrefois à l'école par la ville et le département, avaient mis les deux fondations dans l'impossibilité de remplir toutes leurs obligations envers le Gymnase. Le Séminaire dut affecter à l'entretien de l'école une partie de plus en plus considérable des revenus de la fondation de Saint-Thomas. Ce fut, d'abord, une somme annuelle de 3000 francs, puis, à partir de 1850, de 5000, et plus tard, depuis 1859, de 7000 francs. Alors survint l'incendie de 1860. Les nouvelles constructions et l'agrandissement de l'école engloutirent toute la fortune de la Haute-Ecole et la fondation de Saint-Thomas dut avancer au Gymnase, dans les années 1865 et 1866, une somme de 100.000 et, en 1869, une autre de 80.000 francs, qui ne lui furent jamais rendues. Ce fut le commencement des graves soucis que le Gymnase causa au Séminaire et qui furent accrus par les événements de l'année 1872.

IV

Parmi les fondations dont l'administration était aux mains de l'Académie ou, plus tard, du Séminaire se trouvait aussi le Collège de Saint-Guillaume. Etabli au commencement du XVIe siècle dans le couvent de Saint-Guillaume, d'où son nom, et transférée plus tard dans l'ancien couvent des Dominicains près du Temple-Neuf, cette institution était destinée à recevoir, à loger et à entretenir des étudiants en théologie. Dirigée d'abord par Hédion et par deux inspecteurs des écoles, organisée plus complètement par Jacques Sturm de Sturmeck et ses collègues Jacques Meyer et Nicolas Kniebis, elle fut plus tard administrée par une commission composée de deux membres du magistrat, de deux professeurs de l'Université, d'un pasteur et d'un régent du Gymnase. Au commencement du XIXe siècle, elle subit une réorganisation et fut placée sous la direction de l'Académie protestante et sous la surveillance du Directoire de l'Eglise de la Confession d'Augsbourg.

Des liens étroits unirent dès lors l'Académie et le collège de Saint-Guillaume qu'on qualifiait volontiers de « pensionnat attaché au Séminaire protestant ». Il y eut, comme par le passé, une commission spécialement chargée d'administrer et de surveiller cette fondation, mais sa composition fut modifiée. Par suite des changements survenus dans la constitution de la ville, les membres du magistrat n'y eurent plus de place. Le Séminaire, par contre, y était représenté par un, quelquefois même par deux membres; la présidence était réservée à l'un des professeurs de la section théologique du Séminaire.

Le Séminaire avait d'ailleurs le droit, limité d'abord et plus tard complet, de présentation pour la nomination des membres de la commission. Il édictait aussi les règlements relatifs à l'ordre intérieur de l'établissement, à la discipline et aux études des élèves, il nommait les pédagogues et, plus tard, les directeurs du Collège. La circonstance que plusieurs des pédagogues, Dahler, Fritz, Lachenmeyer, Jung, Baum, devinrent professeurs au Séminaire ne contribua pas peu à consolider les liens qui unissaient les deux établissements.

Pour subvenir à ses besoins, le Collège de Saint-Guillaume avait été doté de prestations imposées aux biens des couvents abandonnés, de subventions accordées par la ville et par quelques autres fondations, et surtout de legs, de donations et de collectes faites dans les églises. Grâce à la générosité des fidèles, elle avait amassé au XVIIIe siècle des capitaux qui, finalement, se montèrent à plus de 80.000 francs. La plus grande partie de cette somme, soit 72.142 frs, avait été placée sur le Trésor de la ville; elle fut, en 1793, déclarée dette nationale et ne fut jamais liquidée. Quant au reste, soit 8212 frs, qui avait été placé sur hypothèque, il fut remboursé en assignats et fut, de ce fait, également perdu.

Cette double perte était d'autant plus sensible qu'à ce moment les collectes en faveur du Collège de Saint-Guillaume étaient partout arrêtées et les subventions de la ville en partie supprimées. Il est vrai, d'autre part, que la maison était

vide, la Terreur ayant suspendu les études et les étudiants
étant partis pour défendre la patrie en danger.

Après 1802, le Collège de Saint-Guillaume fut réorganisé.
D'abondantes collectes et de généreux legs permirent de le
rendre à sa destination. Mais ses dépenses excédant ses recettes, la fondation de la Haute-Ecole et celle de Saint-Thomas durent, par des subventions régulières, subvenir à ses
besoins ou, par des allocations extraordinaires, combler des
déficits qui se reproduisaient chaque année.

Peu à peu pourtant la situation de la fondation s'améliora;
elle était même devenue florissante, quand l'incendie du 29
juin 1860 vint encore une fois la changer. Les bâtiments oc-
cupés par l'internat furent détruits et l'internat dut être
transféré au quai Saint-Thomas. La fondation de Saint-Guillaume devint locataire de celle de Saint-Thomas. Celle-ci se
montra généreuse. Elle ne toucha pas de loyer pendant des
années. Plus tard, la location fut fixée à 800 frs et, à partir de
1869, elle fut, pour équilibrer le budget de Saint-Guillaume,
abaissée à cent francs, faible somme qui devait simplement
constater le droit de propriété de Saint-Thomas.

V

Parmi les fondations affectées à la nouvelle Académie il
y avait encore la bibliothèque de l'ancienne Université. Fondée
en 1531, à l'instigation du célèbre stettmeister et scolarque
Jacques Sturm de Sturmeck, pour servir aux savants et aux
étudiants qui affluaient alors à Strasbourg, elle s'était accrue,
dans le cours des temps, par l'acquisition de collections importantes, celle du chapitre de la cathédrale, du collège des
jésuites de Bockenheim, des théologiens Pappus et Bernegger,
et par des legs et des dons. Elle possédait de précieux manuscrits, de nombreux incunables et deux collections de brochures politiques et théologiques du XVIIe siècle (la collection grise et la collection Wencker) d'une haute valeur.

Les fonds destinés à l'entretien et à l'augmentation de la
bibliothèque étaient, paraît-il, assez considérables. Mais ils
furent perdus pendant la Révolution. Lorsque, le 9 ventôse de
l'an XIII, le professeur Oberlin, nommé bibliothécaire, présenta un rapport sur l'état de la bibliothèque depuis la Saint-
Martin de 1792 jusqu'au mois de mai 1798, il constata qu'à

cette dernière date il ne restait dans sa caisse que 21 frs 85 c. en argent monnayé et 365 frs 17 c. en assignats. Encore la bibliothèque fut-elle frustrée de cette modique somme. On l'obligea à échanger l'argent monnayé contre des assignats, et les assignats perdant peu après toute valeur, la caisse de la bibliothèque se trouva vide.

Pour l'alimenter, on essaya successivement de différents moyens. L'Académie invita d'abord les étudiants à contribuer par des dons bénévoles aux dépenses pour achat de livres. Mais cette source, peu abondante d'ailleurs, menaçant de tarir complètement, l'Académie décida d'élever le prix des inscriptions à 9 frs dont 8 seraient affectés à la bibliothèque.

Cette mesure aussi se montra insuffisante. On fut obligé de restreindre les dépenses. Lorsque le professeur Schweighaeuser, qui avait succédé en 1805 à Oberlin comme bibliothécaire, vint rendre compte de sa gestion, il se trouva que dans l'année 1807-1808 la recette s'était élevée à 325 frs 25 c. et la dépense à 141 frs 90 c., et qu'en 1808-1809 la recette avait été de 484 frs, 35 c. et la dépense de 396 frs, 45 c. Dans son rapport de 1813, Schweighaeuser disait encore: «Aujourd'hui le Séminaire protestant n'a qu'une ressource assez faible qui est surtout employée à l'acquisition d'ouvrages théologiques.»

Aussi, lorsqu'en 1818 le Séminaire résolut de compléter la collection des « Transactions philosophiques » de la Société royale de Londres, que la bibliothèque ne possédait que jusqu'à l'année 1792, et que, de ce fait, on dut faire face à une dépense extraordinaire de 1112 frs, 25 c., le fonds de la bibliothèque ne put y participer que pour la somme de 500 frs., le reste fut fourni par le corps des pensions.

On décida alors, pour remédier à un état de choses aussi lamentable, que cette dernière fondation verserait chaque année à la bibliothèque un subside d'au moins 600 frs, que 300 frs. de cette somme seraient employés à l'achat des ouvrages théologiques indispensables aux étudiants, et que le reste servirait à l'entretien des autres sections de la bibliothèque et surtout à assurer l'acquisition de la suite des ouvrages commencés.

Cette mesure était pourtant bien insuffisante, elle ne permettait pas l'achat d'ouvrages ni surtout de collections considérables. Aussi fallut-il, lors de l'acquisition de la belle bibliothèque de Haffner, dont le prix avait été fixé à 17.000 frs, recourir une fois de plus à d'autres fondations: celle de Hoppé fournit 10.000, celle de Saint-Thomas, 7.000 francs.

Le Séminaire, à cette occasion, décida qu'à l'avenir la fondation Hoppé contribuerait par un subside annuel de 400 frs à l'entretien de ses collections. C'était une demi-mesure qui n'eut guère d'efficace. Plus tard seulement, la bibliothèque du Séminaire reçut, par deux fois, une augmentation importante, d'abord, par un legs du professeur Herrenschneider, et puis, par l'acquisition de la bibliothèque du professeur Kreiss. En 1843, Herrenschneider avait, avant de mourir, exprimé la volonté que la partie philosophique, mathématique et physique de sa bibliothèque fût remise au Séminaire, et en 1860, à la mort du professeur Kreiss, le Séminaire se rendit acquéreur, pour la somme de 9.617 frs, de la belle collection philologique que ce savant avait réunie et qui ne comptait pas moins de 2097 numéros.

Les deux ou plutôt les trois bibliothèques strasbourgeoises, celle de l'ancienne Université devenue bibliothèque de l'Académie protestante, celle de Schœpflin, léguée par ce savant à sa ville natale, et celle de l'Ecole centrale, mise à la disposition de la municipalité, étaient logées, toutes les trois, dans le chœur du Temple-Neuf.

La bibliothèque de Schœpflin avait déjà été réunie en 1771 à celle de l'Académie, « sauf garanties suffisantes, tant pour la conservation de la propriété municipale que pour l'accomplissement du but du donateur », et avait été placée dans le même local. Plus tard, le préfet du Bas-Rhin sollicita pour la bibliothèque centrale cédée à la ville la même faveur. Elle lui fut accordée par contrat du 6 vendémiaire an XII, à la condition que le bibliothécaire nommé par l'Académie pour sa bibliothèque spéciale serait le conservateur des trois collections. Il en fut ainsi pendant plus d'un demi-siècle. Les professeurs Oberlin, Schweighaeuser, Herrenschneider et Jung, qui remplirent successivement les fonctions de conservateurs des bibliothèques du Séminaire et de la ville, furent nommés par l'Académie protestante, plus tard par le Séminaire, et leur nomination fut ratifiée par le Directoire de l'Eglise de la Confession d'Augsbourg.

L'Académie, dans cette circonstance spéciale, se montra accommodante au point d'oublier parfois ses propres intérêts. On ne lui en sut pas gré. En 1807 déjà, la propriété de la bibliothèque de l'ancienne Université protestante, ainsi que celle des fondations concernant le Gymnase, avait été contestée à l'Académie par le Conseil municipal. Le débat dut pourtant être abandonné. Plus tard, en 1844, des attaques plus sérieuses furent dirigées contre le Séminaire. La commission du budget municipal ne lui contesta pas seulement le droit que lui attribuaient les contrats antérieurs, elle lui contesta même la propriété du bâtiment où étaient placées les différentes collections.

Le cas fut jugé assez grave pour que le Séminaire chargeât le président de Türckheim et les professeurs Bruch et Jung d'assembler les matériaux d'un mémoire qui éclairerait l'opinion publique sur cette affaire. Dans la *Notice sur l'origine des bibliothèques publiques dans la ville de Strasbourg*, Jung publia le texte du contrat passé entre la ville et l'Académie protestante et prouva que le Séminaire en avait toujours observé fidèlement les stipulations, et, dans un autre mémoire, un jurisconsulte distingué, M. Michaux-Bellaire, démontra victorieusement le droit de propriété du Séminaire sur la bibliothèque et sur le bâtiment où elle était logée. L'attaque tentée par la commission municipale fut repoussée. Le Séminaire resta en tranquille possession du bâtiment dans lequel les deux bibliothèques, celle de la ville et celle du Séminaire, se trouvaient réunies sous la garde du conservateur nommé par le Séminaire protestant.

Le professeur Jung, qui succéda à Herrenschneider dans les fonctions de bibliothécaire, s'était d'ailleurs, en obtenant l'aménagement du chœur du Temple-Neuf d'après un plan qu'il avait proposé, en classant et en rangeant l'énorme masse de livres et en dressant le catalogue des deux collections, acquis des mérites si éclatants que nul ne pouvait songer à attaquer sa double position. Ce n'est qu'après sa mort, en 1863, que les deux administrations furent séparées: la ville nomma le conservateur de sa bibliothèque et le Séminaire celui de la sienne.

Dans cette partie de son administration aussi, le Séminaire connut les difficultés financières. Les crédits affectés à l'achat de livres ne dépassèrent jamais, même dans les dernières années, 1475 francs, somme bien insuffisante pour se tenir tant soit peu au courant de la production littéraire

dans les différentes branches de la science et moins encore
pour combler les nombreuses lacunes existantes.

VI

Le Séminaire, outre l'administration de la bibliothèque,
avait encore celle des bourses. Le gouvernement avait, en
1810, accordé aux luthériens de Strasbourg quatre bourses
entières et huit demi-bourses; en 1821, après la création de
la Faculté de théologie, il avait porté le nombre des bourses
entières à douze et celui des demi-bourses à vingt-quatre;
les unes étaient de 400, les autres de 200 francs. Le Séminaire,
après avoir entendu la commission des finances, faisait les
présentations et le gouvernement nommait les boursiers.

A côté des bourses de l'Etat, il y avait une série de
bourses fondées par des particuliers. La plupart d'entre elles
étaient administrées par des commissions spéciales composées
d'après les indications données par les testateurs et soumises
à la surveillance du Directoire et du Consistoire supérieur.
Deux de ces bourses seulement étaient gérées par le Séminaire, la bourse Maurice et la fondation Schmutz. La première, fondée à la fin du XVIe siècle par un chanoine du
chapitre de Saint-Pierre-le-Vieux, Maurice Ueberheu, dans
le but de donner des secours à huit écoliers ou étudiants, fils
de citoyens peu fortunés de Strasbourg, avait rendu pendant
deux siècles de grands services à la Ville et à l'Eglise. Des
savants, des pasteurs, des jurisconsultes et des médecins
avaient pu faire leurs études grâce à cette bourse, dont le
montant, d'abord fixé à 36 florins, fut successivement porté à
48 florins. Les pertes en argent subies pendant la Révolution
et qui s'élevèrent à plus de 34.000 livres firent supprimer
les bourses. Une stricte économie permit depuis de reconstituer la fondation et d'accorder à huit élèves du Gymnase une
bourse de 52 francs.

L'autre fondation, le legs Schmutz, était due à la générosité d'un licencié en droit, employé à la mairie de Strasbourg, L. Schmutz, qui, n'ayant pas d'héritiers directs, légua,
à sa mort, en 1826, au Séminaire sa modeste fortune. Il la
consacra, dans son testament, à des buts d'utilité publique. La
majeure partie était un capital de 22.000 francs, dont le revenu
devait former une bourse que le Séminaire décernerait à la

suite d'un concours sur une question théologique. Le prix, donné deux fois en sept ans, consistait en une somme de 3000 francs, sans préjudice d'accessits plus ou moins nombreux. Mais les revenus s'étant considérablement accrus dans le cours des années, le Séminaire décida en 1868 de rendre le concours plus fréquent et d'établir chaque fois entre les concours dotés conformément à la lettre du testament, un autre avec un prix de 1500 francs.

Depuis 1861, les budgets et les comptes des autres fondations pieuses furent également soumis à l'examen du Séminaire et, en 1866, une commission spéciale fut établie au sein du Séminaire pour répartir les bourses de telle façon que la volonté des donateurs fût respectée le plus possible et que les mérites des solliciteurs fussent pris en sérieuse considération.

CHAPITRE VII [1]

La Création de la Faculté de théologie — Ses débuts

I

Le décret impérial du 17 mars 1808 portant organisation
de l'Université, disait: « Il y aura autant de Facultés de
théologie que d'églises métropolitaines, et il y en aura une
à Strasbourg et une à Genève pour la religion réformée ».
En attribuant ainsi les deux Facultés protestantes, celle de
Strasbourg et celle de Genève, à la « religion réformée », le
rédacteur du décret commettait, par ignorance sans doute,
une erreur qui devait amener des complications sérieuses.

Un second décret, du 17 septembre 1808, réglementant
l'Université, ordonnait que les candidats aux chaires des Facultés de Strasbourg et de Genève et de celle qui serait incessamment établie à Montauban, seraient présentés par les
présidents des Consistoires de ces trois villes. Le président
du Consistoire général de l'Eglise de la Confession d'Augsbourg à Strasbourg s'empressa donc d'adresser au grand
maître de l'Université une liste de présentation comprenant
les neuf noms suivants:

1. Jean-Georges Weber, ancien professeur en théologie
en la ci-devant Université de cette ville, et actuellement professeur au Séminaire Protestant de la Confession d'Augsbourg à Strasbourg.

2. Jean-Laurent Blessig, également ancien professeur à
la ci-devant Université et professeur au Séminaire;

---

[1] F. Lichtenberger, *La Faculté de théologie de Strasbourg.*
(*Revue chrétienne* XXII, p. 1 ss.)

3. Isaac Haffner, de même;

4. Jean-Georges Dahler, prédicateur-vicaire et professeur suppléant au Séminaire;

5. Charles-Maximilien Fritz, pasteur au Temple-Neuf et professeur suppléant au Séminaire;

6. Jean-Jacques Beck, pasteur au Temple-Neuf;

7. Jean-Michel Emmerich, instituteur à la seconde section du Séminaire appelée le Gymnase;

8. Jean-Jacques Gœpp, pasteur au Service français de l'Eglise de Saint-Nicolas et aumônier protestant du Lycée;

9. François-Henri Redslob, maître de Pension et candidat en théologie.

Le grand maître de l'Université, Fontanes, fit le meilleur accueil à cette liste de présentation. Dans sa réponse au président du Directoire, il lui disait: « Je nommerai avec confiance parmi les sujets que vous me présentez... Je désire que mes choix vous soient agréables. » [1])

L'affaire semblait donc être en bonne voie quand le président du Consistoire réformé de Strasbourg, s'appuyant sur la lettre du décret du 17 mars, crut devoir présenter, de son côté, une liste de candidats aux chaires du nouvel établissement.

Le Directoire, prévoyant les difficultés qui pouvaient naître de cette double présentation, crut utile d'éclairer le grand maître sur la situation. Il y a, disait-il dans sa lettre du 15 novembre 1808, dans les départements de l'Est deux Eglises protestantes, l'une réformée, l'autre luthérienne, et la loi organique du 18 germinal an X a soigneusement distingué l'une de l'autre. L'article XII dit en effet: « Nul ne pourra être élu ministre ou pasteur d'une Eglise de la Confession d'Augsbourg s'il n'a étudié pendant un temps déterminé dans un des séminaires français destinés à l'instruction des ministres de cette confession », et l'article XIII: « On ne pourra être élu ministre ou pasteur d'une Eglise réformée sans avoir étudié dans le Séminaire de Genève ». Un de ces Séminaires, disait-il encore, celui qui est mentionné à l'article XII, a été établi à Strasbourg par décret consulaire du 30 floréal an XI pour les protestants de la Confession d'Augsbourg, et c'est conformément à la loi du 18 germinal an X et au décret

---

[1]) *Lettre du 15 nov. 1808* (Arch. du Dir.).

du 30 floréal an XI que le Président du Directoire a présenté les neuf candidats pour la Faculté luthérienne. Les décrets du 17 mars et du 17 septembre ayant, d'autre part, confondu les deux confessions protestantes sous la dénomination générale de « réformées », le Président du Consistoire réformé de Strasbourg présente de son côté des candidats pour une Faculté réformée. Mais la loi organique accordant aux deux cultes des établissements d'enseignement, on ne peut croire que Sa Majesté veuille exclure aujourd'hui celui de la Confession d'Augsbourg de ses bienfaits.

Cette double présentation de candidats aux chaires de la Faculté de théologie qu'on voulait créer ne laissait pas que de causer au ministre de sérieux embarras. A qui fallait-il entendre? Aux réformés ou aux luthériens? Ou bien aux uns et aux autres? La solution la plus simple, la plus naturelle de la question, celle à laquelle on devait s'arrêter dix ans plus tard, lorsque la Faculté fut enfin établie, c'était de créer une Faculté luthérienne, mais avec une chaire spéciale pour l'enseignement du dogme réformé. Elle avait été mise en avant, et les réformés s'y étaient ralliés. Mais alors surgit l'idée d'une Faculté mixte, mi-luthérienne et mi-réformée. Les inspecteurs généraux de l'Université qui vinrent à Strasbourg se prononcèrent dans ce sens, ils rédigèrent même un projet de concordat qui devait servir de base à l'établissement de la nouvelle Faculté de théologie.

D'après ce projet, la Faculté devait se composer de cinq professeurs, dont trois appartenant à l'Eglise de la Confession d'Augsbourg et deux à l'Eglise réformée, et de cinq adjoints, dont deux luthériens et trois réformés. Bien que réunis dans un établissement commun, les deux confessions devaient rester séparées à certains égards, d'abord pour l'enseignement de matières différentes, et puis surtout par l'impossibilité pour les professeurs réformés de participer aux revenus des fondations protestantes, réservés aux seuls luthériens. Le grand avantage de la fusion pour les étudiants réformés serait de leur permettre de suivre les leçons des professeurs luthériens sur les matières d'instruction commune et d'être admis au collège de Saint-Guillaume aux mêmes conditions que les étudiants luthériens.

Le Directoire, appelé à se prononcer sur ce projet, déclara qu'il ne voyait pas volontiers cette réunion qu'il regardait non seulement comme contraire à l'esprit de la loi sur les cultes, mais aussi comme pouvant, tôt ou tard, prêter matière à jalousie et à dissension entre les cultes ». Toutefois, si le grand maître et le Conseil de l'Université impériale désiraient réellement cette réunion, le Directoire ne voulait pas y faire opposition, mais il refuserait d'admettre les cinq adjoints que l'on proposait, et cela pour deux raisons; d'abord, parce qu'ils étaient inutiles, les matières qui ne seraient pas traitées à la Faculté étant enseignées au Séminaire, et ensuite, parce qu'une Faculté de théologie composée de dix professeurs et adjoints pourrait servir de prétexte pour toucher au Séminaire et à son organisation. Dans tous les cas, le Directoire insistait là-dessus, les professeurs réformés ne pourraient participer aux revenus des fondations que les protestants de la Confession d'Augsbourg doivent à la prévoyance de leurs ancêtres et dont la jouissance exclusive leur a été assurée par toutes les lois existantes.

Le Directoire déclarait finalement qu'agissant au nom de trente-trois églises consistoriales, il ne pourrait traiter cette affaire avec le seul président du Consistoire réformé de Strasbourg, qu'il faudrait que toutes les églises consistoriales allemandes du rite réformé situées sur la rive gauche du Rhin, ou au moins le plus grand nombre d'elles, donnassent leur adhésion à l'arrangement convenu.

Mais avant d'aller plus loin, le Directoire voulut connaître l'opinion des professeurs du Séminaire qui avaient été proposés pour la nouvelle Faculté.

Les professeurs abondèrent dans le sens de la déclaration du Directoire. « Nous souhaitons », écrivirent-ils, « que le Directoire veuille déclarer franchement et expressément qu'il ne voit pas volontiers cette réunion. » Ils admettaient parfaitement l'idée d'un professeur réformé qui, dans la Faculté luthérienne, enseignerait le dogme réformé, ferait subir l'examen aux candidats et leur conférerait l'ordination. Cette idée est sage, disaient-ils, elle est appliquée ailleurs, à Gœttingue, à Iéna, elle remplit parfaitement le but voulu, sans la moindre friction. Si l'on veut établir une Faculté réformée à Strasbourg, que ce soit une Faculté « particulière et séparée ». Il faut le dire sans réserve, comme sans aigreur: « Serait-il juste que les chrétiens réformés jouissent à eux seuls et sans aucun partage de 5 professeurs en théologie à Genève et de

10 à Montauban et que les Luthériens n'eussent dans tout l'empire qu'une Faculté mi-partagée! » [1])

Sans doute, si le grand maître ou le gouverneur désirait réellement la réunion, il ne conviendrait pas aux professeurs de faire de l'opposition, ils seraient prêts à présenter au Directoire leurs vues sur la répartition des cours, sur les examens et les actes académiques.

Plusieurs conférences eurent lieu avec les professeurs et avec le pasteur Petersen, président du Consistoire réformé. On ne parvint pas à s'entendre. Les luthériens, plus que jamais, repoussaient le projet de la réunion des deux confessions dans une seule et même Faculté. « Les réformés », disaient-ils, « ayant pour eux seuls, outre les Facultés de Genève et de Montauban, toutes celles de la ci-devant Hollande, parmi lesquelles celle d'Utrecht surtout est beaucoup fréquentée par les Réformés des pays de Deux-Ponts et de l'ancien Palatinat, qui y ont une fondation considérable, il paraît juste et même conforme au vrai sens de l'article 8 du décret impérial du 17 mars 1808, que ceux de la Confession d'Augsbourg aient une Faculté pour les trois Consistoires généraux de Strasbourg, de Mayence et de Cologne et que cette Faculté ne soit pas mixte. » [2])

Avant d'informer l'inspecteur général Pictet, qui avait chargé le président du Directoire de négocier cette affaire, du résultat négatif obtenu, on voulut attendre l'arrivée du secrétaire perpétuel de la première section de l'institut, G. Cuvier, qui était annoncé et qu'on croyait autorisé à traiter la question de la Faculté de théologie. Cuvier arriva au mois de septembre 1811, et on reprit la discussion avec lui. Il trouva qu'il serait juste que la Faculté ne fût pas mixte et que le pasteur Petersen se bornât à demander le titre de professeur et la faculté d'enseigner la dogmatique d'après les principes réformés et de délivrer aux élèves de ce culte des certificats d'aptitude.

---

[1]) *Délibération des Professeurs soussignés* (Weber, Blessig, Haffner, Dahler, Fritz) *sur le projet d'une Faculté théologique composée de membres de la Confession d'Augsbourg et helvétique* (Arch. du Direct. 1811).

[2]) Projet de lettre pour M. Pictet, inspecteur général de l'Université impériale (Arch. du Dir.).

Les choses en restèrent là. Il ne fut plus question de la nouvelle Faculté jusqu'à l'arrivée des inspecteurs généraux en juin 1812. Alors les négociations recommencèrent. Les luthériens persistèrent à demander une Faculté « pure et sans mélange », et le pasteur Petersen déclara qu'il se contenterait de ce qu'on avait proposé en 1811. Blessig, sur l'invitation du recteur, présenta alors un plan d'organisation de la Faculté; il demandait cinq professeurs « qui seraient chargés d'enseigner toutes les parties que nous croyons nécessaires pour la formation de bons ministres de notre culte ». Ce plan fut soumis aux inspecteurs généraux et au préfet. Ce dernier fit observer que la nomination de cinq professeurs entraînerait sans doute la suppression du Séminaire et la confiscation des fondations protestantes. Les inspecteurs généraux furent du même avis, et on résolut de laisser tomber toute l'affaire.

L'année d'après, la question fut pourtant remise en discussion, et elle le fut par les professeurs du Séminaire.

Le 15 septembre 1813, six d'entre eux, Blessig, Haffner, Fritz, Schweighaeuser, Herrenschneider et Dahler, se réunissaient pour délibérer sur l'urgente nécessité d'établir une Faculté de théologie protestante à Strasbourg. S'appuyant sur les démarches faites et les résolutions prises depuis quatre ans et sur les instructions récentes du ministre des cultes relatives à la collation des grades, ils demandèrent au Directoire de proposer au grand maître la création d'une Faculté comprenant quatre chaires et la nomination à ces chaires des professeurs Blessig, Haffner, Fritz et Dahler.

Le Directoire adhéra à ce vœu. Il décida de renouveler les démarches faites antérieurement auprès du grand maître en faveur de la création d'une Faculté protestante de la Confession d'Augsbourg et de lui présenter des candidats aux quatre chaires dans lesquelles seraient enseignés le dogme, la morale évangélique, l'histoire, la discipline ecclésiastique et l'interprétation des Saintes Ecritures. Il proposait, lui aussi, d'y nommer les professeurs Blessig, Haffner, Fritz et Dahler. « Ces quatre ecclésiastiques », disait-il, « sont des savants du premier mérite aussi recommandables par l'étendue et la diversité de leurs connaissances et par la solidité et la clarté de leur enseignement que par leurs vertus. Ils sont chers à leur auditeurs, considérés dans le public, estimés par ceux qui savent apprécier les connaissances et les talents, en un mot, généralement estimés par les personnes de toutes les croyances religieuses dans notre ville. »

Le Directoire ajoutait que l'organisation d'une Faculté de théologie de la Confession d'Augsbourg ne saurait plus être différée sans de graves inconvénients. Il était de toute nécessité que les jeunes théologiens pussent acquérir les grades universitaires. S'ils ne pouvaient les acquérir à Strasbourg, ils iraient à Brême où une Faculté de théologie venait d'être fondée, et Strasbourg serait délaissé. Ils préféraient pourtant venir dans cette ville, « parce qu'ils y auraient la facilité de se perfectionner dans la langue et la littérature françaises ».

En envoyant cette lettre au conseiller G. Cuvier, avant de la remettre au grand maître, le président du Directoire protestait une fois de plus contre l'idée d'une Faculté mixte.

« Nous demandons cette Faculté sans aucun mélange quelconque. Vous connaissez les tentatives qui ont été faites pour opérer un amalgame, mais nous croirions devoir nous y opposer de toutes nos forces si on voulait y revenir. Pourquoi aussi les partisans de la Confession d'Augsbourg, aujourd'hui très nombreux dans l'Empire français, n'auraient-ils pas à eux une Faculté de théologie uniquement composée de professeurs de leur culte, tandis que les protestants du culte dit réformé ont la Faculté de Genève et le Séminaire de Montauban, avec un grand nombre de professeurs, et la Faculté de Leyde et de Grœningen. »

« Nous désirons bien fortement », concluait le président, « d'obtenir les quatre chaires et cela dans l'ordre dans lequel elles sont demandées, et il nous importe infiniment que ce soient MM. Blessig, Haffner, Dahler et Fritz que S. E. le grand maître appelle à ces chaires. Le vœu unanime de toutes les personnes qui prennent part au succès de cette affaire, est encore que M. Blessig soit nommé doyen de la Faculté. Il le mérite à tous égards, par son ancienneté dans l'enseignement, par son âge supérieur à celui des autres, même par sa place au Directoire dont il est membre né, en sa qualité de Premier Inspecteur ecclésiastique dans le ressort du Consistoire général. » [1].

---

[1] *A Monsieur Cuvier, Maître des requêtes, Conseiller titulaire de l'Université Impériale* etc. (Arch. du Dir.).

Les candidats que présentait maintenant le Directoire, au nombre de douze, étaient, outre les professeurs Blessig, Haffner, Dahler et Fritz, et les professeurs suppléants au Séminaire, Redslob et Emmerich, les pasteurs Beck du Temple-Neuf, Engel de l'église Saint-Thomas et Schweickard de l'église Saint-Nicolas, et les « répétiteurs » au Gymnase protestant Emmerich, Lichtenberger et Aufschlager.

En présentant cette liste au grand maître, le président eut pourtant soin de lui faire remarquer que « leurs connaissances, leurs talents et leur aptitude à l'enseignement, mettaient les candidats à une certaine distance l'un de l'autre ». Il était évident que les seuls candidats aptes à occuper une chaire de Faculté étaient ceux qui avaient fait leur preuve dans l'enseignement universitaire et que le Directoire avait placés en tête de sa liste.

C'est à eux seuls aussi que le Directoire demanda une déclaration qui, à son avis, aiderait à lever les difficultés que pourrait faire naître la question des traitements des professeurs et des frais généraux de la nouvelle Faculté.

Dans cette déclaration du 11 octobre 1813, les professeurs Blessig et Haffner, Fritz et Dahler disaient qu'au cas où ils seraient nommés membres de la Faculté de théologie, ils se contenteraient « des revenus ordinaires dont jouissent les usufruitiers de la fondation de Saint-Thomas, sans augmentation » sous les réserves toutefois: 1. que le montant des inscriptions et des rétributions pour les examens fût laissé à la disposition de la Faculté; 2. qu'ils continueraient de toucher les honoraires pour les cours qu'ils donneraient comme membres du Séminaire; 3. que les frais du grand costume qui leur était prescrit fût à la charge de la fondation, qui resterait propriétaire de ces costumes; 4. que les frais de bureau et toutes les dépenses extraordinaires et imprévues relatives à la Faculté et à ses rapports avec l'Université impériale seraient également portés par la fondation de Saint-Thomas.

Une nouvelle déclaration faite par les mêmes à la date du 25 janvier 1814 disait encore qu'au cas où ils seraient nommés membres de la Faculté, ils ne demanderaient pas à être augmentés dans leur traitement par la fondation de Saint-Thomas.

Les événements de l'année 1814 interrompirent les né-

gociatio̱ns relatives à la création d'une Faculté protestante.
Après la chute de Napoléon et pendant les années qui suivirent, il n'en fut plus question. La Restauration, qui affectait d'ignorer tout ce qui avait été projeté ou exécuté sous
l'Empire et qui, d'ailleurs, était peu favorable aux protestants, n'avait aucun intérêt à les doter d'une Faculté de théologie.

Ce n'est qu'en 1818, lors de la réorganisation de l'instruction publique, que la question de la Faculté protestante
surgit à nouveau. L'annonce de la création prochaine de cet
établissement ne fut pourtant pas accueillie par les protestants avec la satisfaction qu'on aurait pu croire. Ils craignaient, et avec quelque raison, que la liberté de l'enseignement ne fût entravée; ils se demandaient même si le Séminaire ne serait pas menacé dans son existence. « Nous avons
été prévenus » écrivait le 29 juin 1818 le Vice-directeur du
Séminaire au président et aux membres du Directoire, « que,
dans la nouvelle organisation de l'instruction publique, dont
le projet est déjà imprimé et distribué aux membres du Conseil d'Etat, mais que l'on tient encore secret, il est question
de la formation d'une Faculté de théologie dans l'Académie
Royale de Strasbourg, et plusieurs avis nous font craindre
que cette formation ne soit proposée d'une manière qui pourrait compromettre la liberté de notre enseignement religieux,
ou même la conservation intacte du principal établissement
de notre instruction tant théologique que préparatoire. Le
Séminaire a, en conséquence, délibéré sur les mesures qui
pourraient être à prendre pour éviter que cette organisation
ne tourne à notre désavantage, et il s'est trouvé que l'opinion
unanime des membres de ce corps est qu'il serait plutôt à
désirer que l'érection d'une telle Faculté n'ait pas lieu du
tout et que les choses restent dans l'état où elles sont actuellement. » [1])

Un mémoire joint à cette lettre et destiné à être soumis
au ministre, donnait sur l'organisation du Séminaire les renseignements nécessaires et concluait « que cette organisation
n'appelait aucun changement et qu'on ne pourrait y introduire des modifications essentielles sans blesser la liberté re-

---

[1]) *Réflexions sur la formation d'une Faculté de théologie projetée
par la Commission de l'Instruction publique* (Arch. du Dir.).

ligieuse et sans compromettre l'état florissant d'un établissement unique en son genre». «Les raisons que nous venons
d'exposer», disait-il en terminant, «réclament en sa faveur
une exception de l'assujettissement général au régime de
l'Université comme une justice qu'un Gouvernement qui a admis en principe la liberté des cultes, l'observation religieuse
des traités et la protection de toutes les institutions utiles et
respectables, ne saurait nous refuser. »

Ce mémoire devait être présenté au ministre, à M. Royer-
Collard, président de la Commission royale de l'Instruction
publique, et à M. Cuvier, membre de cette Commission. On
en conféra aussi avec l'inspecteur général de l'Université, à
son passage à Strasbourg. Ces démarches pourtant n'aboutirent pas. Le 2 novembre, la Commission de l'Instruction
publique avisait le président du Directoire qu'elle s'était occupée, sur l'invitation du ministre de l'Intérieur, d'établir à
Strasbourg la Faculté de théologie de la Confession d'Augsbourg voulue par le décret du 17 mars 1808 et qu'elle avait
pensé que le meilleur moyen de concilier tous les intérêts et
de prévenir toutes les discussions serait d'affecter les fonctions de membres de la Faculté à trois des chaires du Séminaire. Il suffirait que le président du Directoire indiquât à
la Commission les trois professeurs du Séminaire qui pourraient le mieux remplir la place de doyen et celles de professeurs pour la dogmatique, l'histoire ecclésiastique et la morale. La Commission communiquait en même temps au Directoire un projet d'organisation de la Faculté qu'elle soumettrait à la sanction du ministre, après s'être assuré qu'il
répondait aux vœux de l'autorité ecclésiastique.

Le Directoire ayant répondu qu'il ne trouvait rien à
redire à un projet qui «remplissait entièrement ses vœux»,
la Commission de l'instruction publique prit, le 7 décembre
1818, un arrêté portant organisation de la Faculté de théologie protestante de Strasbourg, qui, en huit articles, contenait les dispositions suivantes:

«Art. Ier. — La Faculté de Théologie protestante de
Strasbourg sera composée de trois professeurs, savoir: un
professeur du dogme, un professeur d'histoire ecclésiastique
et un professeur de morale évangelique.

«Art. II. — Trois chaires actuellement établies au Grand
Séminaire de la Confession d'Augsbourg sont érigées en

chaires de Faculté, et leurs titulaires composeront ladite Faculté. Ils ne seront tenus à d'autre enseignement qu'à celui qui se fait audit Séminaire.

« Art. III. — La Faculté procédera aux examens et collations de grade sous l'inspection du Recteur ou de l'Inspecteur qu'il déléguera à cet effet, et d'après les règlements à introduire.

« Art. IV. — Les professeurs recevront de la caisse de l'Instruction publique un traitement annuel de 1000 francs chacun, Le Doyen aura un préciput de 500 francs.

« Art. V. — Les recettes éventuelles seront faites pour le compte de l'Université.

« Art. VI. — Pour la première formation, le Directoire du Consistoire Général de la Confession d'Augsbourg présentera à la Commission, entre les professeurs actuels du Séminaire, les trois sujets qui lui paraîtront les plus propres à faire partie de la Faculté.

« Art. VII. — A l'avenir, le Directoire présentera pour chaque place vacante trois sujets entre lesquels la Faculté choisira au concours, conformément à l'article VII du décret du 17 mars 1808. Le sujet nommé sera à la fois professeur au Séminaire et à la Faculté. Il sera institué en cette dernière qualité par l'autorité universitaire.

« Art. VIII. — Le présent arrêté recevra son exécution après que le Directoire aura donné son assentiment formel aux sept premiers articles du dit arrêté, et qu'il aura été revêtu de l'approbation de S. E. le Ministre de l'Intérieur. » [1])

Le Directoire, dans sa séance du 13 janvier 1819, donnait son assentiment à cet arrêté, et le 10 avril 1819, le ministre, comte de Caze, l'approuvait à son tour. Il annonçait en même temps qu'il serait pourvu ultérieurement à l'établissement, près de la nouvelle Faculté « d'une chaire de dogme pour le culte calviniste ». [1])

Quelques jours plus tard, le 26 avril, la Commission de l'instruction publique arrêtait la composition de la Faculté: se conformant aux présentations faites par le Consistoire général, elle nommait Haffner professeur de dogme et doyen de la Faculté; Fritz, professeur de morale évangélique;

---

[1]) Extrait du *Registre des Délibérations de la Commission de l'Instruction publique* (Arch. nat.).

Dahler, professeur d'histoire ecclésiastique, et Redslob, suppléant et secrétaire de la Faculté.

Cette distribution des chaires était loin de satisfaire tout le monde. Le Séminaire fit remarquer que le professeur Dahler se trouvait, contrairement à l'article II de l'arrêté du 7 décembre 1818, chargé d'un enseignement autre que celui qu'il donnait au Séminaire et que la chaire d'exégèse, si importante, était omise dans l'organisation de la Faculté. Il pria le Directoire d'intervenir auprès de la Commission de l'instruction publique pour qu'elle conservât à Dahler la chaire d'exégèse qu'il occupait au Séminaire avec tant de distinction, d'autant plus que le cours d'histoire ecclésiastique donné au Séminaire par un savant des plus compétents pouvait parfaitement suffire.

Le Directoire, « dans l'intérêt même du Séminaire », ne crut pas devoir accéder à cette demande. Il avait déclaré, nous l'avons vu, que le projet d'organisation de la Faculté que lui avait présenté la Commission de l'instruction publique remplissait entièrement ses vœux; il changea pourtant, paraît-il, d'avis, et, sous l'influence de l'opinion générale, il comprit qu'une Faculté de trois chaires ne répondait pas aux exigences de l'enseignement théologique. Nous lisons, en effet, dans un rapport adressé par le recteur de l'Académie de Strasbourg au ministre [1]): « Il (le projet) n'est pas goûté, surtout parce qu'il est incomplet. — Ceux qui l'ont adopté, mais avec répugnance, ont cru devoir l'adopter tel qu'il était pour y mettre du leur le moins possible. — D'autres pensent qu'une loi doit être exécutée, qu'il faut faire à Strasbourg ce qui se fait à Paris, à Montauban, et qu'il faudrait d'ailleurs l'ordonner, s'il n'y avait pas des ordres antérieurs, pensant encore qu'il ne faut pas faire à demi et qu'une Faculté de théologie protestante réduite à trois personnes, serait trop disparate avec les établissements de l'Allemagne pour qu'elle ne fût pas jugée avec sévérité. Ils sont donc d'avis qu'il ne faut pas moins de cinq professeurs, nombre qui existe à Montauban» [2]). Dans une lettre du 12 juillet 1819, le recteur revient sur cette

---

[1]) Le rapport, sans date, est probablement de décembre 1818, car il est accompagné d'un brouillon de réponse adressé de Paris au Recteur à la date du 15 janvier 1819.

[2]) Archives nationales.

question et fait remarquer que le doyen de la Faculté de théologie estime qu'une chaire d'exégèse est essentiellement nécessaire. « Tant que cette chaire manquera, la Faculté doit être regardée comme incomplète » [1]). Il propose finalement de nommer à côté de Haffner pour le dogme, de Fritz pour la morale et de Dahler pour l'exégèse, Redslob pour les sciences pastorales et Emmerich pour l'histoire ecclésiastique.

La Commission de l'instruction publique se montrait pourtant peu disposée à donner une plus grande extension à la nouvelle Faculté. Elle s'impatientait des réclamations qui venaient du Séminaire et du Directoire et dont le recteur se faisait l'écho, comme le prouve cette note marginale accolée au rapport de janvier 1819: « Répondre que le grand point est d'avoir une Faculté existante, que le moment étant favorable, on le prie de ne pas chercher le mieux de crainte de manquer le bien. » [2])

Cependant les réclamations continuaient; le 24 octobre 1819, le recteur plaidait encore une fois en faveur de l'érection de deux nouvelles chaires dans la Faculté protestante. « Nos Messieurs », disait-il, « la regardent comme indispensable; ils ne savent trop que dire à leurs collègues d'outre-Rhin qui leur demandent comment une Faculté aussi réduite peut suffire à l'enseignement protestant. — M. Dahler chargé de l'Histoire, fera mal ce cours que M. Emmerich fera d'une manière distinguée, et pour que la question de finance ne vienne pas compliquer l'affaire, j'ajouterai que pour nommer M. Redslob professeur en pied et M. Emmerich professeur, il ne faudrait que 1.000 francs en plus du budget de l'an dernier. » [3])

A ces instances réitérées et de plus en plus pressantes, il fallut finalement céder. Le 13 novembre 1819, la Commission de l'instruction publique informait le recteur de l'Académie de Strasbourg qu'elle avait pris en considération les instances faites par le Consistoire général et qu'elle avait arrêté les dispositions nécessaires pour compléter l'enseignement de la Faculté de théologie. Elle le chargeait d'installer en qualité de professeurs Redslob et Emmerich.

---

[1]) *Lettre du Recteur* (Arch. nat.).

[2]) Arch. nat.

[3]) *Lettre du Recteur de l'Académie de Strasbourg à M. G. Cuvier* (Arch. nat.).

Le 10 décembre suivant, le recteur de l'Académie donnait connaissance au président du Directoire de l'arrêté du 28 novembre 1819, par lequel le Conseil royal de l'instruction publique nommait M. Richard professeur de dogmatique de la Confession helvétique près de la Faculté.

La Faculté de théologie de Strasbourg se trouva, dans les derniers jours de l'année 1819, définitivement constituée avec six chaires pour l'enseignement 1. du dogme luthérien; 2. de la morale évangélique; 3. de l'exégèse biblique; 4. de l'histoire de l'Eglise; 5. de l'éloquence sacrée, et 6. du dogme réformé. Des six professeurs nommés à ces chaires, cinq, ceux qui appartenaient à l'Eglise de la Confession d'Augsbourg, Haffner, Fritz, Dahler, Redslob et Emmerich, étaient en même temps professeurs au Séminaire et, comme tels, chanoines de Saint-Thomas; le sixième, Richard, qui appartenait à l'Eglise réformée, était professeur à la Faculté seulement et ne participait pas aux revenus des fondations protestantes.

On s'était d'ailleurs beaucoup préoccupé dans la Commission de l'instruction publique de la manière de régler les rapports du professeur réformé avec les autres professeurs de la Faculté, et on avait cru, pour prévenir tout frottement et tout conflit, devoir élever entre eux une barrière infranchissable. La Faculté, invitée à donner son avis à ce sujet, avait fait cette réponse: « Moins il y aura de contact entre les professeurs protestants (luthériens) et leur collègue réformé, plus le maintien de l'harmonie entre les deux partis sera assuré. Les Eglises étant séparées, il s'en suit que les professeurs des deux cultes doivent également faire ménage à part », et dans le projet d'un arrêté pour régler la question, cette idée d'une stricte séparation avait été accentuée davantage encore: « Pour prévenir les collisions de droit et les froissements entre les deux cultes », y était-il dit, « leurs professeurs resteront parfaitement séparés. Le professeur réformé viendra à la Faculté de théologie protestante uniquement pour donner son cours; il n'aura rien de commun avec elle pour tout le reste, ni pour la discipline, ni pour l'administration, ni pour la direction des études. Il en sera de même de la part de la Faculté protestante pour tout ce qui regarde les affaires du culte réformé. »

L'arrêté pris le 13 octobre 1819 par la Commission de l'instruction publique pour régler « les Rapports de la chaire helvétique avec le reste de la Faculté » n'allait pas aussi loin que le projet. Il portait, avant tout, que les élèves protestants (luthériens) seraient tenus de suivre le cours de dogmatique du professeur protestant et les élèves réformés celui du professeur réformé, et que, pour être admis aux examens pour les grades académiques, les candidats réformés devraient apporter un certificat d'aptitude délivré par leur professeur.

Pour le reste, l'arrêté statuait que la Faculté ne s'immiscerait pas dans l'enseignement particulier confié au professeur du dogme réformé et que celui-ci respecterait les règlements adoptés par la Faculté sur l'enseignement et la discipline. Il resterait étranger à l'administration et ne pourrait être doyen. Il ne serait pas agrégé aux professeurs du Séminaire et n'aurait point part aux avantages dont ceux-ci jouissaient en cette qualité.

Ces dispositions, qui isolaient le professeur réformé de ses collègues luthériens et lui assignaient sa place à côté plutôt que dans la Faculté, ne purent être appliquées rigoureusement. Le contact entre les représentants des deux confessions était trop fréquent, dans les délibérations sur les affaires de la Faculté, dans la présentation aux chaires vacantes, dans les cas de discipline, dans les soutenances de thèses par des candidats luthériens et réformés, dans d'autres occasions encore, pour qu'on pût songer à maintenir la séparation que l'arrêté de 1819 avait recommandée. Les dispositions de cet arrêté tombèrent l'une après l'autre dans le cours des années, sauf celle qui excluait le professeur réformé de la participation aux avantages matériels dont jouissaient les membres du Séminaire, et quand Sabatier arriva à la Faculté comme successeur de Richard, il fut accueilli par les professeurs luthériens comme un collaborateur utile et travailla avec eux la main dans la main.

II

Les commencements de la Faculté qui devait plus tard acquérir une si grande et si juste renommée, ne furent rien moins que brillants. Le doyen Haffner avait soixante-dix ans. Fatigué, retiré du monde, mais bourreau de lecture comme autrefois et d'une curiosité insatiable, il vivait dans sa magnifique bibliothèque, au milieu de ses livres. Il continuait pourtant à faire ses cours de dogmatique, d'histoire des dogmes et d'introduction au Nouveau Testament et à expliquer les livres du Nouveau Testament, à l'exception des quatre Evangiles qu'il n'interpréta jamais. En dogmatique, il lisait ses anciens cahiers, sans rien y changer. C'était un rationalisme critique, peu conséquent d'ailleurs et peu destructif. Quant à son exégèse, elle était essentiellement philologique: il ne cherchait pas à pénétrer le fond de la pensée religieuse des auteurs qu'il expliquait, ni à découvrir l'élément mystique et spéculatif de leurs écrits. Dans son introduction au Nouveau Testament, il se montrait plutôt conservateur: les grandes questions que la critique sacrée commençait à agiter en Allemagne, les problèmes délicats et complexes que soulève l'étude des Evangiles, étaient ignorés de lui. Son influence pourtant n'en était pas diminuée. On n'oubliait pas les grands services que, dans des moments difficiles, il avait rendus à l'Académie protestante et à l'Eglise d'Alsace tout entière, ni la courageuse fermeté qu'il avait montrée à l'époque de la Terreur, et on l'entourait d'une haute estime et d'une vénération profonde.

Chez Dahler aussi, et plus encore que chez Haffner, l'âge se faisait sentir. Il continuait pourtant ses leçons comme par le passé, donnant chaque année un cours d'introduction à l'Ancien Testament et expliquant, dans un cycle de trois ans, invariablement les Psaumes, Esaïe et les petits prophètes. Mais malgré une érudition qui était bien réelle, et malgré la conscience qu'il apportait dans la préparation de ses leçons, il ne parvenait plus à intéresser ses élèves aux matières qu'il traitait devant eux. « C'était », dit l'un de ses auditeurs, « le professeur le plus ennuyeux que j'aie rencontré de ma vie. » Reuss, dans ses Mémoires, a fait du vieux maître et de son auditoire, dans les dernières années de sa longue carrière, une description intéressante:

« Il était assis », dit-il, « derrière une petite table, la tête fortement inclinée, les deux mains dans son giron, les jambes bottées croisées, et il nous lisait sa science sur de petits bouts de papier couverts d'une écriture lilliputienne... Nous étions d'ordinaire une trentaine. Le professeur avait la liste de ses auditeurs et il les invitait à tour de rôle, mais invariablement dans le même ordre, à traduire un verset du texte sacré. Chacun savait donc d'avance quel verset lui incomberait. Ce n'était pourtant pas une raison pour le préparer, mais seulement pour s'arranger de façon à ce que la version de Luther, qui circulait parmi nous, se trouvât là au bon moment pour y lire la traduction allemande. Comme on ne traduisait jamais plus de quinze versets, la moitié des auditeurs pouvaient rester tranquillement chez eux, et ils ne s'en faisaient pas faute. Souvent aussi, les élèves, après avoir traduit leur verset, s'en allaient. Dahler ne s'en apercevait pas ou affectait de ne pas s'en apercevoir. »

Dans son cours d'introduction aux livres de l'Ancien Testament, Dahler reproduisait, mais après les avoir consciencieusement revues, les opinions d'Eichhorn, qui avait été son maître à Gœttingue. Il dictait son cours, mais les auditeurs n'écrivaient guère sous sa dictée. « Pour lors », dit Reuss, « nous étions parqués dans une petite salle qui était si judicieusement aménagée que la moitié des auditeurs tournaient le dos au professeur. Pour nous désennuyer, nous imaginâmes de rédiger un journal. Il avait pour titre « L'Antihypochondriacus ». Chaque semaine paraissait un numéro en prose ou en vers, avec de bonnes plaisanteries sur Dahler et sur son épouse avare... Nous tracions aussi des damiers sur les tables et jouions pendant la leçon. » [1]

Les cours du troisième professeur de la Faculté étaient plus intéressants que ceux de Dahler et, partant, mieux suivis. Fritz n'avait pas de qualités brillantes, mais il était sensé, consciencieux, plein de zèle. « Chez lui, on apprenait quelque chose », dit Bruch. Il expliquait les Evangiles, enseignait la morale chrétienne et faisait un cours de catéchétique. « C'était son meilleur cours », dit encore Bruch, « aussi y eut-il parmi les étudiants quelques-uns qui le suivirent deux fois. Après nous avoir exposé la théorie, il nous faisait faire des catéchèses écrites et catéchiser des élèves de l'école Saint-Thomas. Il préconisait la méthode socratique et cherchait à réveiller la réflexion chez les enfants. » [2]

A côté de Haffner, de Dahler et de Fritz, il y avait heureusement à la Faculté deux maîtres plus jeunes dont les leçons étaient hautement appréciées, et qui, par les qualités du

<hr>

[1] Ed. Reuss, *loc. cit.*
[2] J.-F. Bruch, *loc. cit.*

cœur plus encore que par celles de l'esprit, exerçaient sur leurs élèves une action des plus salutaires, Redslob et Emmerich.

Redslob avait donné et donnait encore au Séminaire un cours de morale philosophique et un autre de psychologie, ce dernier, nous l'avons vu, avec un immense succès. A la Faculté, il se trouva chargé du cours d'homilétique. Prédicateur distingué, portant dans la chaire une parole simple, chaude, pleine d'onction, il était plus qualifié que tout autre pour cet enseignement si important. Il semble pourtant n'avoir pas répondu entièrement à ce qu'on attendait de lui. Il s'occupait, au dire d'un de ses élèves, de la forme du sermon plus que de son contenu, et n'exerçait pas, par ses leçons, sur les jeunes théologiens destinés à devenir des prédicateurs de l'Evangile, toute l'influence qu'il aurait pu avoir. [1]

Mais d'une façon générale, son action sur ses élèves était puissante, et cela d'autant plus « qu'il ne se bornait pas à les instruire, à intéresser leur esprit et à nourrir leur ardente curiosité, mais que, les aimant de toute son âme, il savait se les attacher par les liens de l'affection et de la reconnaissance. » [2]

Emmerich, bien que beaucoup plus jeune que ses collègues — il avait alors trente-quatre ans —, appartenait, lui aussi, par son esprit et son caractère, par ses idées et ses tendances, à cette génération de savants qui avait ses racines dans le dix-huitième siècle. Son cours d'histoire ecclésiastique, consciencieusement préparé et basé sur de fortes études, était jugé excellent par ses contemporains. Ce qui lui gagnait le cœur des meilleurs parmi les étudiants en théologie, ce n'était pourtant pas sa science ni sa méthode, c'était sa noble et pure individualité. «Emmerich», dit Reuss, « était un savant, mais sa vraie valeur n'était pas dans sa tête, elle était dans son cœur. Ce n'est pas la chaire académique, mais la chaire chrétienne, la place que la nature ou la providence lui avait assignée, et il la remplissait complètement. » [3]

Emmerich était, en effet, un prédicateur de talent et qui parlait au cœur. Appelé, en 1818, par le conseil presbytéral

---

[1] Ed. Reuss, *loc. cit.*

[2] Willm, *Discours pour rendre les derniers honneurs à M. François-Henri Redslob*, p. 27 s.

[3] Ed. Reuss, *loc. cit.*

de l'église Saint-Thomas à une place de pasteur à cette église, il réunit tout de suite autour de sa chaire un auditoire nombreux et sympathique, et qui lui resta fidèle jusqu'au bout.

Mais son activité dans la chaire chrétienne et dans la chaire académique ne fut que de courte durée. La double charge du pastorat et du professorat était trop lourde, ses forces physiques n'y purent suffire. La douleur qu'il ressentit de la mort d'une sœur aimée et de celle de son excellent père, qui se suivirent de près, contribua à aggraver le mal qui le minait depuis longtemps et hâta sa fin. Il mourut le 1er juin 1820, après de longues souffrances supportées avec une pieuse résignation, vivement regretté de ses collègues, de ses élèves et de tous ceux qui l'avaient connu.

Telle était la physionomie de la Faculté de théologie dans la première année de son existence. Elle allait changer par la mort d'Emmerich et par celle de Fritz, arrivée le 15 janvier 1821, et par la nomination de professeurs plus jeunes et animés d'un esprit différent.

DEUXIÈME PÉRIODE

1821-1864

CHAPITRE I

Hommes nouveaux et nouvel esprit — Matter et Bruch Renforcement du corps enseignant par des professeurs suppléants ou agrégés: Théodore Fritz, André Jung, Joseph Willm

Jusqu'en 1820, les chaires du Séminaire et de la nouvelle Faculté de théologie avaient été occupées par des hommes d'un âge avancé et qui, presque tous, avaient appartenu à l'ancienne Université de Strasbourg. Ils joignaient au mérite d'une vaste érudition celui d'une forte culture classique, mais ils étaient restés attachés aux méthodes et aux idées du passé et se montraient peu disposés à adopter les idées et les méthodes nouvelles, qui, à ce moment même, sous l'influence de Schleiermacher et de De Wette, se répandaient en Allemagne et aboutissaient à un renouvellement de la science théologique.

Mais l'année 1820 amena des changements dans le personnel enseignant au Séminaire et à la Faculté. Des hommes plus jeunes vinrent occuper les chaires devenues vacantes. Ils y apportèrent un esprit progressif avec des habitudes scientifiques nouvelles. Sans doute, ils professaient, presque tous le rationalisme, mais ils n'étaient pas restés complètement étrangers à la tendance mystique de Schleiermacher, et ils se distinguaient de leurs collègues plus âgés par une méthode plus psychologique, un esprit plus systématique et une culture philosophique plus profonde.

Parmi eux, on comptait à la Faculté de théologie le professeur du dogme réformé, Mathias Richard [1]). Il était né le 25 mars 1795 à Mulhouse et était fils de pasteur. Bien que Mulhouse de cité helvétique fût devenue ville française, le jeune Richard alla faire ses études à Berne et à Genève, avec l'aide d'une de ces bourses que les « Réfugiés » avaient fondées au seizième siècle en faveur des étudiants français. Richard terminait ses études universitaires au moment où les Bourbons, après la restauration, rétablissaient les régiments suisses; il fut adjoint, comme aumônier à l'un d'eux, au régiment Steiger, qui tint successivement garnison à Besançon, à Strasbourg, à Perpignan et à Toulouse. Durant son séjour à Strasbourg, il prêcha à plusieurs reprises au Temple réformé avec beaucoup de succès. C'était, paraît-il, un prédicateur de talent qui entraînait ses auditeurs. Aussi, lorsqu'en 1820 le pasteur Petersen vint à mourir, le Consistoire réformé appela Richard à lui succéder, bien qu'il n'eût que vingt-cinq ans, et la même année une ordonnance royale du 28 novembre le nomma à la chaire de dogmatique réformée, qui avait été destinée au pasteur Petersen.

Richard était un rationaliste décidé; mais il n'était pas alors froid et sec comme il le fut plus tard. Cependant son influence dans la Faculté n'était pas grande. Il avait peu d'auditeurs. Les étudiants alsaciens appartenant à l'Eglise réformée n'étaient pas nombreux et suivaient d'ailleurs de préférence le cours de Haffner, qui se faisait en langue allemande. Richard fut dès le principe et resta dans la suite, avec de rares exceptions, une « voix clamant dans le désert », ce qui n'était pas fait pour stimuler son activité.

Deux autres nominations qui se suivirent de près dans la Faculté de théologie, eurent une plus grande importance, celle de Matter, qui, en 1820, fut appelé à remplacer Emmerich dans la chaire d'histoire ecclésiastique, et celle de Bruch, qui, en 1821, succéda à Fritz dans la chaire de morale.

Jacques Matter, fils d'un cultivateur, était né le 31 mai 1791 au village d'Alteckendorf, dans le département du Bas-Rhin. L'enfant, remarquablement doué, trouva un généreux

---

[1]) Voy. A. Paira, *M. Richard, ancien pasteur de l'Eglise réformée et professeur de la Faculté de théologie de Strasbourg*, dans le *Progrès Religieux*, 1869, p. 51 ss.

instituteur dans le pasteur de l'endroit, qui lui enseigna les éléments de la langue latine. Après sa confirmation, il entra au Gymnase protestant de Strasbourg et, ses classes terminées, il étudia la théologie et les lettres, vers lesquelles l'entraînait une vocation naturelle. En quittant les bancs de l'école, il fut nommé « vicaire », c'est-à-dire aide, au Gymnase. L'an d'après, il devint vice-pédagogue du Collège de Saint-Guillaume et régent provisoire de la classe élémentaire du Gymnase et, en 1813, après le départ du maître de français, le Montbéliardais Lalance, répétiteur de l'« Ecole française ». En 1814, il obtint un congé pour visiter une Université allemande et la capitale de la France. Il se rendit d'abord à Gœttingue, où il suivit les leçons de Bouterweck, de Heeren et d'Eichhorn, puis à Paris, où il fréquenta les cours de la Faculté des lettres et du Collège de France. Il y conquit le grade de docteur ès-lettres. A son retour à Strasbourg, en 1816, le Séminaire lui confia, « à cause de son accent pur », l'enseignement du français au Gymnase. Mais, dès 1818, il quitta la vieille école de Sturm pour accepter une place de régent au Collège royal. La même année, il obtint du Séminaire l'autorisation de faire aux étudiants un cours d'histoire de la philosophie. Il avait à ce moment déjà, malgré son jeune âge, acquis un certain renom dans les lettres: son *Essai historique sur l'Ecole d'Alexandrie* venait d'être couronné par l'Académie des Inscriptions et Belles-Lettres. Aussi, quand Emmerich, chargé de suppléer Weber dans l'enseignement de l'histoire ecclésiastique, vint à succomber au mal qui le rongeait depuis des mois, le Séminaire, d'un commun accord, désigna Matter comme « le seul auquel on pourrait confier en ce moment l'enseignement de cette partie ». Il fut nommé professeur suppléant. Deux mois après, le 30 août 1820, la Commission de l'instruction publique le nommait professeur d'histoire ecclésiastique à la Faculté de théologie en remplacement d'Emmerich, et quelques semaines plus tard, le Séminaire l'appelait à la chaire devenue vacante par la mort de Weber. A vingt-neuf ans, il se trouvait professeur titulaire à la Faculté de théologie et au Séminaire.

Hautement apprécié comme écrivain, Matter l'était moins comme professeur. Quelque remarquables que fussent les qualités de son esprit, quelque facile ou même élégante que fût sa parole, il ne réussissait guère auprès de ses auditeurs. Son enseignement méthodique, mais froid, les laissait indifférents. « Il ne nous captivait pas », dit l'un de ses élèves d'alors. « Sa voix manquait de résonnance, ses récits de couleur, ses jugements de pointe, son exposition de tendance, et surtout de tendance théologique ».

Matter eut pourtant, comme professeur, un grand mérite, il fut le premier au Séminaire qui fit des cours en langue française et qui, comme le dit Reuss, « rompit la digue que la routine avait élevée contre l'introduction de l'élément français au Séminaire ». Comme étudiant déjà, il s'était appliqué à acquérir une culture toute française; il avait compris que l'avenir était là. Cette culture lui permit, en effet, de faire plus tard une carrière des plus brillantes et d'acquérir une juste renommée littéraire.

Le dernier venu parmi les « jeunes » qui entrèrent alors au Séminaire et à la Faculté était très sympathique aux étudiants. Né à Pirmasens, le 13 décembre 1792, Jean-Frédéric Bruch[1]) était fils du pharmacien Charles-Louis Bruch. Il descendait d'une de ces anciennes familles de huguenots qui, lors de la révocation de l'édit de Nantes, étaient venues chercher un refuge en Allemagne. Par sa mère, une fille du docteur Strœhlin de Trarbach, il tenait à l'Alsace. Né avec des facultés brillantes et un esprit avide de connaître, il se vit privé, au milieu des désordres du temps, des moyens d'instruction les plus ordinaires. La guerre, en passant sur sa ville natale, y avait ruiné les établissements d'instruction publique. A peine y apprenait-on les éléments des connaissances les plus indispensables. Il trouva, il est vrai, dans les deux pasteurs luthériens de l'endroit des instituteurs qui lui donnèrent les premières notions de latinité, d'histoire et de géographie; mais cet enseignement était bien insuffisant. Quant au français, Bruch l'apprit d'un ancien sergent-major de la grande armée, Monsieur Crédit, qui, sans instruction et brouillé avec l'orthographe, parlait sa langue avec une volubilité toute méridionale et composait même de longs drames qu'il faisait représenter par ses élèves.

Bruch se trouva ainsi de bonne heure aux prises avec

---

[1]) Voy. mon opuscule *Jean-Frédéric Bruch, Notice biographique.* Strasb. 1874.

de sérieuses difficultés. Mais loin d'abattre son courage, elles développèrent en lui la volonté, l'énergie. Faute de maîtres pour lui enseigner ce qu'il brûlait de savoir, il l'apprit par lui-même. C'est ainsi qu'il commença l'étude du grec avec le seul secours d'un Nouveau Testament grec et d'une vieille grammaire de cette langue qu'il avait trouvée chez un ami de son père.

A quatorze ans, il fallut se décider pour un état. La carrière artistique le tentait. Il avait appris tout seul à dessiner, et il rêvait de devenir peintre ou bien d'entrer à l'école polytechnique de Paris. Il fallut en rabattre. L'argent manquait à la maison. Il essaya de la pharmacie et puis de la typographie. Ni l'une ni l'autre ne lui convinrent. On décida finalement qu'il étudierait la théologie.

A Pâques 1807, son père l'envoya au Gymnase, autrefois célèbre, de Deux-Ponts. Son esprit ardent et avide se jeta avec une vraie passion sur la science très imparfaite qu'on y enseignait et qu'il se vit réduit à compléter par des études privées. Deux ans plus tard, il quittait l'école, muni d'un brillant certificat d'études, pour aller faire sa théologie à Strasbourg.

Il y suivit les cours de Schweighaeuser et de Herrenschneider, de Blessig et de Haffner, de Fritz et de Dahler et, après cinq semestres, passa son examen de candidat avec une thèse latine: « *De amore inimicorum* », que, sur le conseil de Blessig, il livra à l'impression.

Il fut alors successivement précepteur à Cologne, vicaire dans le petit village de Lohr en Alsace, et précepteur dans la famille d'un riche industriel, à Poissy et à Paris. Il resta six ans dans cette position, profitant des nombreux avantages que lui offrait un séjour prolongé dans la capitale. Il se familiarisa avec la littérature et la philosophie françaises; il forma son goût par la fréquentation des musées et des théâtres; il apprit à connaître le monde et à se mouvoir dans les cercles de la société.

Vers la fin de son séjour à Paris, et à la suite de plusieurs prédications que Bruch avait données à l'église des Billettes, le Consistoire luthérien voulut le nommer pasteur-adjoint à cette église. Presque en même temps, on lui offrit le poste de pasteur français à Stockholm. Il refusa ces offres avantageuses; il était décidé à se vouer à l'enseignement. Et voici

que la carrière s'ouvrit inopinément devant lui. Maximilien
Fritz venait de mourir, et les professeurs du Séminaire, qui
avaient gardé un excellent souvenir de leur ancien élève,
l'appelèrent à occuper la chaire devenue vacante. Quelques
mois après, le ministre le nommait professeur de morale chrétienne à la Faculté de théologie.

Dès les premiers jours, il sut se concilier la sympathie
de la jeunesse académique. Il y avait en lui une grâce aimable
qui lui gagna rapidement les cœurs. « Nous l'aimions bien »,
écrit Edouard Reuss, qui fut un de ses premiers auditeurs,
« car ses idées vivaient en nous et sa personne nous plaisait. »
Au point de vue théologique, Bruch partageait les idées
rationalistes de son temps. Il souscrivait à ce principe, que
la raison est l'organe essentiel pour connaître la vérité et
qu'elle a, par conséquent, le droit de juger aussi les doctrines
religieuses. Son rationalisme pourtant différait beaucoup du
rationalisme vulgaire des Röhr, des Wegscheider et des
Paulus. Il y entrait des éléments esthétiques et mystiques qui,
sur certains points, le rapprochaient du supranaturalisme.
A ce moment, d'ailleurs, Bruch ne faisait pas encore le cours
de dogmatique, il donnait celui de morale chrétienne et inter-
prétait, dans un second cours, les évangiles synoptiques. Sa
morale était basée sur la philosophie pratique de Kant, mais
illuminée des principes moraux de l'Evangile. Son exégèse,
très soignée en tant qu'interprétation historique et grammaticale, laissait à désirer en tant qu'explication théologique.

Le Séminaire ne se borna pas à la nomination de Matter
et de Bruch comme professeurs titulaires. Après la mort de
Maximilien Fritz, il sentit la nécessité de renforcer le corps
enseignant pour soulager les professeurs, combler certaines
lacunes du programme et donner à l'enseignement plus d'étendue. Sur sa proposition, le Directoire nomma deux professeurs suppléants, l'un, Théodore Fritz, simple candidat en
théologie, l'autre, Georges-Frédéric Lachenmeyer, agrégé au
Gymnase.

Théodore Fritz[1]) était le second fils du professeur
Maximilien Fritz que la mort venait d'enlever au Séminaire
et à la Faculté de théologie. Il était né le 13 juin 1796 à Barr,

____

[1]) Voy. *Eloge de M. Théodore Fritz.* par Ch. Waddington. Strasbourg, 1864.

où son père était alors pasteur. Il avait fait ses études classiques au Gymnase protestant et sa théologie au Séminaire et à la Faculté de théologie de Strasbourg. En 1819, il alla suivre à Goettingue les cours de langues sémitiques d'Eichhorn et ceux d'histoire ecclésiastique de Planck et de Staeudlin; puis, après avoir visité les villes du nord et du centre de l'Allemagne, fait un séjour à Vienne et parcouru la Suisse, il vint s'établir à Paris pour y continuer l'étude des langues orientales avec Chézy et Silvestre de Sacy, et celle de l'histoire avec Lacretelle. Il y mena une vie excessivement laborieuse. Levé dès quatre heures du matin, il consacrait quatorze à quinze heures par jour au travail, donnant trois heures à l'hébreu, trois à l'arabe, cinq au sanscrit et trois à quatre au français.

Au mois de janvier 1821, la mort de son père rappela Fritz à Strasbourg. Le Séminaire, pour honorer la mémoire du professeur distingué et dévoué qu'il venait de perdre, nomma son fils professeur suppléant et lui confia l'enseignement élémentaire de l'hébreu. Fritz, se pliant au vœu de sa mère, accepta les fonctions qu'on lui offrait. Ce n'était pas sans regrets. Il avait rêvé de devenir pasteur à la campagne, et, sans doute, il eût, dans cette position, exercé une action bénie, et peut-être y eût-il trouvé plus de satisfaction qu'il n'en trouva dans la carrière académique. Il était un maître très consciencieux, se livrant à la science avec un labeur obstiné, mais il manquait de sens historique et ne savait rendre ses cours intéressants.

Le second des nouveaux maîtres, George-Frédéric Lachenmeyer, [1]) était réputé bon philologue. Il l'était en effet; mais, comme la plupart des autodidactes, il avait des vues un peu étroites. Né le 16 janvier 1792, à Pirmasens, dans une humble famille — son père était instituteur — et dans des temps difficiles, il n'avait guère appris que ce qu'on apprenait alors à l'école primaire. Destiné à suivre la carrière paternelle, il se trouva à l'âge de quatorze ans aide-instituteur à Backnang, près de Stuttgart. Mais il avait des

---

[1]) Voy. *Discours prononcé le 19 janvier 1843 pour rendre les derniers honneurs académiques à Georges-Frédéric Lachenmeyer*, par J.-F. Bruch. Strasb. 1843.

Erinnerungen an den seligen Georg Friedrich Lachenmeyer, von K. W. W. Kurtz. Str. 1843.

ambitions plus hautes. La science l'attirait, la science philologique surtout. L'un des pasteurs de sa ville natale lui avait donné quelques leçons de latin. Dès lors, il employa tous ses moments libres à se perfectionner dans cette langue. Un heureux hasard le mit en relation avec le chef d'une institution libre, M. Oettinger, qui l'appela dans son école comme maître-répétiteur. M. Oettinger était lui-même un excellent philologue, et le jeune Lachenmeyer trouva là une occasion précieuse d'augmenter ses connaissances linguistiques. Jusque-là, il n'avait cultivé que le latin, il y joignit maintenant l'étude du grec. Et bientôt il n'eut plus qu'un désir, celui de faire des études universitaires. Il aurait voulu se vouer entièrement à la philologie, mais les ressources pécuniaires dont il aurait fallu disposer pour cela lui manquant, il se tourna vers la théologie, et, sur le conseil de son ami Bruch, il vint étudier à Strasbourg.

Il y eut des commencements difficiles. Mais il trouva des amis qui l'aidèrent. Un étudiant en théologie, Jacob, plus tard pasteur au village de Pfulgriesheim, dans le Bas-Rhin, consentit à partager sa chambre avec lui; Bruch et d'autres amis lui trouvèrent des leçons à donner, et enfin le professeur Redslob, ayant remarqué cet étudiant si sérieux, si assidu, s'intéressa à lui et l'appela comme maître-adjoint à l'institut qu'il dirigeait. Des jours plus heureux se levèrent alors sur Lachenmeyer. Le Séminaire, en 1818, le nomma pédagogue du collège de Saint-Guillaume et, en 1819, le chargea de l'enseignement du grec dans les classes supérieures du Gymnase. En 1820, il devint professeur extraordinaire au Séminaire. Il y fit d'abord des cours sur les antiquités romaines, et puis sur les auteurs latins et grecs.

Lachenmeyer sentait toute l'importance de l'enseignement classique qu'il était appelé à donner: faire connaître aux élèves les auteurs grecs et latins et, par eux, l'antiquité grecque et romaine dans tout ce qu'elle a d'éminemment propre à former l'esprit de la jeunesse. Avec plus d'initiative, il eût peut-être été l'homme à modifier l'enseignement philologique au Séminaire et à élever cette science à toute sa dignité et sa beauté. Mais il était trop timide pour s'émanciper de la vieille méthode de Schweighaeuser. Son enseignement était plutôt un enseignement secondaire continué, complété, perfectionné, qu'un enseignement supérieur faisant comprendre à ses auditeurs le magnifique rôle joué par le monde gréco-romain dans l'évolution du genre humain.

Sa carrière d'ailleurs ne fut pas longue. Il n'avait jamais joui d'une santé robuste. Une maladie organique, après l'avoir fait souffrir pendant des années et avoir épuisé ses forces, l'emporta le 26 décembre 1842.

II

Dès l'année 1826 une autre chaire était devenue vacante. Thomas Lauth était décédé le 26 septembre, et il importait de pourvoir à son remplacement avant la réouverture des cours. Il ne pouvait être question de donner au défunt un successeur pour la partie qu'il avait non pas professée, mais représentée au Séminaire; on crut, au contraire, devoir profiter de l'occasion qui se présentait pour combler une lacune des plus graves dans l'enseignement en nommant un professeur de langues sémitiques. On ne pouvait dès lors hésiter sur le choix à faire, Théodore Fritz, qui enseignait depuis quatre ans l'hébreu dans la section préparatoire, était tout désigné. Le Séminaire, dans sa séance du 9 novembre, le proposa, et le Directoire, le 21 novembre, le nomma à la chaire vacante.

Et encore une fois on sentit le besoin de renforcer le corps enseignant en lui adjoignant des professeurs agrégés. Le Séminaire proposa et le Directoire nomma à ces fonctions deux jeunes savants qui s'étaient distingués par leurs mérites scientifiques et par les services qu'ils avaient rendus, l'un au Gymnase protestant, l'autre au collège Saint-Guillaume: Joseph Willm et André Jung.

Joseph Willm[1]) était, comme Bruch et Lachenmeyer, un *selfmademan*. Né le 17 octobre 1792 dans le petit village de Heiligenstein, au pied du mont Sainte-Odile, fils d'un vigneron peu aisé et chargé de famille, il fréquenta, dans son enfance, l'école primaire. L'instituteur, frappé de l'intelligence du jeune élève, l'admit aux leçons de français qu'il donnait aux enfants de quelques familles fortunées et mit à sa disposition les quelques volumes qu'il possédait. Willm avait la passion de la lecture. Il eut bien vite épuisé la modeste

---

[1]) Voy. *Discours prononcé le 18 avril 1853 pour rendre les derniers honneurs académiques à M. Joseph Willm*, par J.-F. Bruch. Strasb. 1853.

bibliothèque de son maître et se jeta avec avidité sur les livres que voulut bien lui prêter le pasteur de l'endroit.

Dès l'âge de dix ans, son père l'avait employé dans son vignoble; mais ces travaux étaient peu de son goût. Dans son intelligente ardeur, il voulait apprendre, agir. Rien ne lui semblait plus enviable que de diriger une école. Ses parents, cédant à ses instances, lui permirent finalement de se vouer à la carrière de l'enseignement. Et le voilà, à l'âge de quatorze ans, aide-instituteur à Heiligenstein d'abord, et puis dans un village des environs.

Il n'avait pas cessé, pendant ce temps, d'augmenter ses connaissances par les lectures les plus variées, et plus son esprit se développait, plus aussi son ambition grandissait. La carrière d'instituteur bientôt ne lui suffit plus. Il voulut faire des études universitaires, se vouer à la théologie. Dessein bien hardi et qui ne semblait guère réalisable! Ses parents ne pouvaient subvenir aux dépenses d'une instruction supé-rieure, et lui, d'ailleurs à l'âge où les jeunes gens sont près de terminer leurs classes, ne possédait pas les premiers éléments des langues anciennes. Il ne se laissa pas rebuter. Il quitta son école et revint chez ses parents, persuadé qu'il trouverait les voies et moyens d'atteindre le but désiré.

Il ne se trompait pas. Il y avait à Barr un pasteur ins-truit, qui, informé de son grand désir, consentit à lui donner des leçons de latin et de grec. Willm travailla avec une telle ardeur et un tel succès qu'en 1807, à l'âge de quinze ans, il put entrer dans la classe de troisième au Gymnase. Deux ans plus tard, il fut inscrit à la section préparatoire du Sémi-naire.

Il connut alors les misères de la vie matérielle. Ne pou-vant et ne voulant rien attendre de sa famille, il eut l'idée de se créer quelques ressources en établissant aux portes de Strasbourg, au quartier du Wacken, privé alors de tout éta-blissement scolaire, une petite école, où il venait trois fois par semaine instruire les enfants de quelques familles qui habitaient par là. Le samedi soir, il touchait avec bonheur la rétribution scolaire qui devait l'aider à vivre: elle n'était pourtant pas bien abondante, chaque élève payait deux sous.

De meilleurs jours se levèrent enfin pour lui. Le direc-teur d'une école très fréquentée, M. Winter, l'appela à donner des leçons dans son établissement et lui offrit de loger dans sa maison. Libre désormais des soucis de la vie matérielle, Willm put se livrer avec ardeur à l'étude.

En 1813, ses examens de candidat passés, il voulut aller compléter ses études à l'Université de Gœttingue. Mais la guerre venait d'éclater, elle le força à renoncer à ce projet. Il tourna alors ses vues vers la France. Il accepta une place d'instituteur dans un pensionnat de Lyon, et, deux ans après, il entra, à Paris, dans la famille de M. Odier, un des chefs de l'établissement industriel de Wesserling, pour diriger l'éducation de ses enfants. Appelé à contribuer à la création de la Société biblique de Paris et à celle de la Société morale chrétienne, il eut l'occasion d'entrer en relation avec les hommes les plus marquants du protestantisme français. Il trouva aussi dans la capitale de précieuses ressources pour la continuation de ses études savantes. Sentant combien il était nécessaire pour occuper un poste quelque peu important de posséder à fond la langue nationale, il s'appliqua, dès lors, à former son style français, s'interdisant, pour mieux atteindre ce but, d'écrire désormais en allemand. Sa collaboration au *Musée des protestants célèbres* lui fournit d'ailleurs la meilleure occasion d'exercer sa plume.

Durant son séjour à Paris, Willm, sur l'invitation des pasteurs Gœpp et Boissard, avait occupé à différentes reprises la chaire de l'église luthérienne; le Consistoire lui avait même offert une place de pasteur-suffragant. Willm avait décliné cette offre. Il sentait qu'il n'était pas fait pour être pasteur. Sa mémoire le servait mal en chaire, son organe était rude, son débit monotone. D'ailleurs, il ne se sentait aucune aptitude pour les fonctions pastorales. Il renonça donc au saint ministère pour se vouer tout entier à l'enseignement, et, à son retour à Strasbourg, il vit s'ouvrir devant lui la carrière vers laquelle l'entraînaient ses goûts et son talent. Le Séminaire, appréciant son mérite, le chargea des leçons de langue et de littérature françaises au Gymnase. Il rendit, dans ces fonctions, d'éminents services. Jusque-là, le français avait été enseigné dans la vieille école protestante un peu comme langue morte, il l'enseigna comme langue vivante, familiarisant ses élèves avec nos meilleurs auteurs et les habituant à s'exprimer en français.

Cependant l'enseignement dans une école secondaire

n'était pas pour le satisfaire complètement. Il aspirait à l'enseignement académique. Il ne tarda pas à y arriver. Le Séminaire, nous l'avons vu, le nomma, en 1826, professeur agrégé et le chargea d'un cours de philosophie. Quelques années plus tard, en 1832, il devint professeur titulaire et, l'année d'après, il obtint, à la Faculté de théologie, la chaire de morale chrétienne.

Il y renonça pourtant en 1836, pour accepter les fonctions d'inspecteur d'Académie. L'enseignement qu'il continua à donner au Séminaire se borna dès lors à la philosophie et à l'histoire de la littérature française. Il traitait dans ses leçons, tour à tour, la logique, la métaphysique et la morale philosophique, et puis l'histoire de la philosophie et l'histoire de la littérature depuis la Renaissance. Son enseignement n'avait rien de brillant, mais il était méthodique, clair, au plus haut point instructif. Aussi ses cours n'étaient-ils pas suivis exclusivement par les élèves du Séminaire, des étudiants de toutes les Facultés venaient se faire initier par lui aux problèmes philosophiques.

Le second professeur agrégé nommé en même temps que Willm, André Jung[1]), était né à Strasbourg le 20 juin 1793. Il descendait d'une vieille famille bourgeoise qui, depuis plus de trois cents ans, habitait le quartier du Finckwiller. Son père appartenait à l'importante corporation des bateliers et jouissait d'une honnête aisance. Il fit donner à son fils une instruction libérale. On commençait alors à Strasbourg à comprendre la nécessité de faire apprendre aux enfants le français. Le jeune André reçut donc sa première éducation scolaire dans l'institution de maître Reinbold, le pasteur de l'hôpital, qui avait ouvert une école française. Ardent patriote, Reinbold n'avait rien tant à cœur que d'éveiller chez ses élèves les sentiments qui l'animaient lui-même. Il avait arboré dans sa classe un immense drapeau tricolore, et chaque matin un élève, placé sous les plis de ce drapeau, venait donner lecture du dernier bulletin de l'armée républicaine. Lorsqu'il annonçait un succès militaire, Reinbold lançait son bonnet au plafond en clamant: « Vive la République! » et la joyeuse bande des écoliers mêlait avec bonheur ses bruyantes clameurs à celles du maître.

---

[1]) Voy. *Discours prononcé le 7 janvier 1864 pour rendre les derniers honneurs académiques à M. André Jung*, par Ch. Schmidt. Strasb. 1864.

A dix ans, le jeune André entrait au Gymnase; à seize ans, il achevait ses études classiques et se faisait inscrire au Séminaire. A ce moment déjà, il se sentait attiré vers les études historiques. Malheureusement, il n'y avait personne au Séminaire pour l'encourager et le guider dans cette voie. L'historien Koch, fatigué, malade, avait renoncé à ses cours, et Weber, le professeur d'histoire ecclésiastique, était alors déjà tombé dans un état voisin de l'enfance. C'est à Gœttingue, où il passa l'année 1816-1817, que Jung fut définitivement gagné à la science historique par des maîtres tels qu'Eichhorn, Staeudlin, Heeren, et surtout Planck, dont il admirait le pragmatisme.

De retour à Strasbourg, Jung, libre, grâce à la situation de fortune de son père, de tout souci matériel, put se livrer tout entier à ses études favorites. D'un talent vigoureux, appliqué, ardent, il commença dès lors à amasser les vastes et profondes connaissances qu'il devait répandre plus tard dans ses cours. Il n'abandonna pourtant pas la théologie. Il s'essaya même à plusieurs reprises à la prédication. Mais, comme il le disait lui-même plus tard, « cela ne lui réussit pas. » Son goût et ses aptitudes le portaient vers la science, non vers la pratique du ministère ecclésiastique.

Son ambition était d'entrer dans l'enseignement supérieur, et il se présente, en 1821, pour la succession de Fritz à la chaire de morale. Mais Bruch fut nommé, et il dut attendre qu'une autre vacance se produisît au Séminaire. Entre temps, il se vit appeler à la direction du collège de Saint-Guillaume et obtint, sur sa demande, l'autorisation de faire des cours au Séminaire. Ses leçons ne roulèrent pas d'abord, comme on devait s'y attendre, sur l'histoire ecclésiastique, mais sur l'encyclopédie, la méthodologie et l'histoire des sciences théologiques, et, plus tard, quand il fut nommé professeur agrégé, sur la symbolique et l'histoire des dogmes. Ce n'est qu'en 1834, après le départ de Matter pour Paris, qu'il fut appelé à donner le cours d'histoire ecclésiastique. Mais dès 1821, il avait fait paraître dans une Revue religieuse, fondée avec le concours de quelques amis sous ce titre: « Timothée, une Revue pour l'avancement de la religion et de l'humanité » [1]), des articles historiques qui ne manquaient pas d'intérêt.

---

[1]) *Timotheus. Eine Zeitschrift zur Beförderung der Religion und Humanität.* Strasb. 1821 ss. 4 vol.

CHAPITRE II

Trois chaires vacantes à la Faculté — Difficulté d'y pourvoir
Au Séminaire le personnel enseignant est renforcé
Edouard Reuss, Charles Schmidt, Edouard Cunitz, Guillaume
Baum. — La Faculté complète avec six professeurs

I

Les années 1830 et 1831 amenèrent de nouveaux changements dans le personnel du Séminaire et de la Faculté. Les
professeurs qui avaient fait dès l'origine partie de l'Académie
protestante avaient presque tous disparu. Au mois de janvier
1830, le vieux Schweighaeuser, qui d'ailleurs ne faisait plus
de cours depuis des années, fut enlevé à son tour, et le 17 mai
1831, Haffner le suivit dans la tombe. Des professeurs qui
représentaient la vieille tradition, il ne restait que deux:
Herrenschneider qui, en dépit de ses soixante-dix ans, continuait à faire ses cours de logique et de métaphysique, et
Ehrmann qui, presque octogénaire, ne s'intéressait plus guère
qu'aux questions d'administration et de finances. Ils n'avaient
d'ailleurs guère d'influence ni l'un ni l'autre. Leur temps
était passé; une nouvelle génération se levait, qui était animée
d'un autre esprit et comprenait la science différemment.

Dès 1821, nous l'avons vu, Matter et Bruch avaient essayé
de moderniser quelque peu l'enseignement du Séminaire.
D'autres jeunes savants allaient se joindre à eux dans cette
tentative. Il s'agissait, pour le moment, de remplacer un philologue et un théologien. Au Séminaire, la nomination du
successeur de Schweighaeuser et de celui de Haffner ne
souleva aucune difficulté. Ces deux professeurs avaient été
suppléés depuis plus ou moins de temps par des chargés de

cours. Il était naturel que ces derniers, qui s'étaient montrés à la hauteur de leur tâche, fussent nommés aux chaires devenues vacantes, et cela d'autant plus qu'endehors d'eux il n'y avait pas de candidats possibles. Lachenmeyer fut donc appelé à succéder à Schweighaeuser, et Jung à remplacer Haffner.

A la Faculté, le remplacement de Haffner fut plus difficile. Il vint se heurter contre l'article 7 de l'arrêté constitutif de la Faculté, que l'autorité ecclésiastique et l'autorité scolaire interprétaient différemment. Cet article portait que le candidat nommé au concours serait à la fois professeur au Séminaire et à la Faculté de théologie, et le Directoire avait compris par là que les candidats à une chaire vacante seraient choisis parmi les professeurs du Séminaire. C'était, en effet, le mode qui avait été suivi jusque-là. Mais alors la Faculté déclara que le Séminaire ne renfermait pas des candidats en nombre suffisant pour établir une liste de présentation convenable. Elle demandait, par conséquent, que la nomination du successeur de Haffner se fît au choix, le concours ne pouvant, dans ces circonstances, qu'être une vaine formalité.

Le grand maître des Facultés protestantes, le baron Cuvier, ne fut pas de cet avis. Il répondit que l'arrêté constitutif de la Faculté n'exigeait nullement que les candidats à une chaire de théologie fussent choisis parmi les professeurs du Séminaire, que, d'après l'article 7, il suffisait qu'ils eussent le titre de docteur, et qu'à défaut de docteurs, on pourrait même présenter des licenciés, auxquels il accorderait les dispenses nécessaires. De cette manière, les difficultés disparaîtraient sans qu'on s'écartât du texte du décret du 17 mars 1808.

Mais le Séminaire protesta et avec lui le Directoire: l'interprétation donnée par le grand maître aurait pour le Séminaire les conséquences les plus fâcheuses; elle lui enlèverait, d'une part, le droit de choisir ses membres; elle mettrait, d'autre part, à sa charge le traitement d'un professeur de l'Université.

Mais le grand maître maintint son point de vue. C'est une erreur, dit-il, de croire que les candidats à une chaire de la Faculté ne peuvent être pris que dans les rangs des professeurs du Séminaire. «L'article 7 de l'arrêté exige qu'il soit présenté trois candidats par le Directoire. Si le Directoire trouve dans le Séminaire le nombre exigé de candidats remplissant les conditions voulues, il peut les présenter s'il les préfère, mais dans le cas contraire, il doit nécessairement les prendre ailleurs, en totalité ou en partie. Telle est la seule interprétation juste et vraie que l'on puisse donner de l'arrêté du 3 Xbre 1818 et la seule aussi qui puisse donner quelque garantie d'un bon enseignement théologique. »

En attendant, le cours de dogme luthérien se trouvait interrompu. Cet état de choses ne pouvait durer. Pour y mettre fin, la Faculté prit, le 27 janvier 1832, un arrêté assez singulier. Elle fit valoir qu'il serait important que l'enseignement de la dogmatique fût confié à l'un des plus anciens professeurs et elle demanda le transport de Dahler de la chaire d'exégèse à celle de dogmatique. Dahler consentit à la mutation, le grand maître l'approuva, mais il demanda en même temps à la Faculté de présenter des candidats pour le concours à la chaire d'exégèse devenue vacante.

La Faculté dut alors céder sur la question du concours. Il fut fixé au 19 mars et jours suivants. Trois des jeunes chargés de cours, Fritz, Jung et Willm, devaient y prendre part. Pure formalité d'ailleurs! Le vainqueur était désigné d'avance. Comme il s'agissait de la chaire d'exégèse de l'Ancien Téstament, ce ne pouvait être que Fritz, qui depuis onze ans faisait des cours d'hébreu au Séminaire.

Il y avait eu antérieurement un concours pour l'obtention d'une chaire à la Faculté, celui de Bruch. Tout s'était alors passé dans le plus grand calme. Mais, cette fois, l'opinion publique se révolta contre ce qu'elle qualifiait de comédie ridicule. Les étudiants s'entendirent pour manifester leur mécontentement. Lorsque, le 19 mars, Fritz vint faire, dans la grande salle des cours, une leçon sur le livre Kohelet, on l'écouta dans un silence glacial. Jung et Willm, au contraire, qui parlèrent les jours suivants, l'un, sur l'archéologie des Juifs, l'autre sur les beautés de la littérature hébraïque, furent vivement acclamés. Ils se hâtèrent d'ailleurs de déclarer qu'ils ne posaient pas leur candidature à la chaire vacante, et Fritz fut nommé.

Des scènes pénibles se produisirent alors. Les étudiants protestèrent contre le concours et son résultat. La Faculté voulut sévir contre eux. Les uns, intimidés, retirèrent leur protestation, mais les autres continuèrent à manifester. On dut finalement étouffer l'affaire pour éviter un scandale public. Fritz donna sa démission, mais il la retira quelques semaines après.

Dahler, dans l'intervalle, avait été rappelé, lui aussi, le 28 juin 1832. Presque en même temps, Matter avait été, sur la recommandation de Guizot, nommé inspecteur général de l'Université; il se voyait, par suite, obligé de se fixer à Paris et forcé de renoncer aux chaires qu'il occupait à la Faculté et au Séminaire. Il y avait, par conséquent, deux chaires à pourvoir à la Faculté, celle du dogme luthérien et celle d'histoire ecclésiastique. Heureusement qu'à ce moment une force nouvelle s'annonçait: Edouard Reuss ouvrait un cours.

II

Il était né à Strasbourg le 18 juillet 1804 [1]) et appartenait à une de ces familles bourgeoises où régnaient la probité, les habitudes de travail, le respect de la règle et l'amour du bien. Son père, Louis-Christian Reuss, était marchand de drap, sa mère était une fille du libraire-éditeur Jean-Geoffroi Bauer. Aussi distinguée par les qualités de l'esprit que par celles du cœur, elle sut, au milieu des soucis et des travaux d'un grand ménage, trouver le temps de s'occuper plus spécialement de l'éducation de ce fils et de lui inspirer le goût de la poésie et le sens de la religion.

Quand le moment fut venu où à l'éducation domestique vint se joindre l'éducation scolaire, le jeune Reuss fut envoyé à l'école du Temple-Neuf et puis au Gymnase protestant. Il en sortit, en septembre 1819, comme *princeps juventutis*.

Il se demanda alors ce qu'il ferait. Il avait, avec son précepteur Lachenmeyer, lu, étudié et vivement goûté les auteurs grecs et latins et il se sentait attiré vers la philologie. Mais la manière pédante dont cette science était cultivée à Strasbourg le rebuta. Il se tourna vers la théologie. Il suivit les cours du Séminaire et de la Faculté de théologie et, en même temps, ceux de la Faculté des lettres. En 1825, il passa ses examens de candidat en théologie et soutint, à cette occasion,

---

[1]) Voy. mon opuscule *Edouard Reuss, notice biographique*. Paris, Fischbacher, 1892.

en latin, — ce qui ne s'était plus vu à Strasbourg depuis 1792
—, une thèse sur « la littérature théologique du VIIe et VIIIe
siècle ». [1])

Il voulut alors compléter ses études dans les Universités
étrangères. Il se rendit d'abord à Gœttingue, où le célèbre
orientaliste Jean-Geoffroi Eichhorn le retint toute une année,
puis à Halle, où il suivit les cours de Niemeyer, de Tholuck
et de Thilo et surtout ceux de Wegscheider et de Gesenius.
De là, il alla à Paris pour étudier les langues orientales avec
Silvestre de Sacy. [2]) Il s'y livra à un travail assidu, tout en
jouissant largement des merveilles artistiques et des ressources littéraires qu'offrait la capitale. Il entra naturellement en relation avec les pasteurs Gœpp et Boissard de
l'église luthérienne; sur leur demande et pour les obliger, il
occupa même un dimanche la chaire de cette église. Ce fut
d'ailleurs la dernière fois qu'il s'essaya à la prédication. Il
était, dit-il lui-même, « trop profondément convaincu qu'il
n'était pas fait pour la chaire ». Ses relations avec les pasteurs luthériens lui furent, du reste, très utiles. Par eux et par
son ami Lafite, plus tard pasteur à Metz, il fut mis en contact
avec quelques-unes des notabilités du protestantisme français;
il connut Jean Monod, le père, Philippe-Albert Stapfer, l'ancien membre du Directoire de la République helvétique,
Charles Coquerel, qui lui demanda pour sa *Revue protestante*
des comptes rendus sur la théologie et les théologiens allemands. Il alla aussi présenter ses hommages à Benjamin
Constant, qui représentait alors le Bas-Rhin à la chambre
des députés. Mais il vivait surtout dans le commerce avec
quelques amis alsaciens qu'il avait rencontrés à Paris. Il avait
organisé avec eux des réunions hebdomadaires dans lesquelles
on discutait, en latin, des questions d'exégèse et de dogmatique
et même de théologie pratique. C'est alors aussi qu'il se lia
d'une amitié étroite avec un candidat en théologie strasbourgeois qui suivait, comme lui, les leçons de Silvestre de
Sacy, et en qui il devait trouver à la fois un appui et une
direction.

---

[1]) *De statu litterarum theologicarum per saecula VII et VIII.*
Argent. 1825, 4º.

[2]) Voy. dans la *Revue d'histoire et de philosophie religieuses*,
2e année, p. 219 ss. l'article de M. Rod. Reuss : *Un candidat en théologie
alsacien à Paris* (1827-1828).

Cet ami s'appelait Jean-Jacques Bochinger.[1]) Il était né à Strasbourg, le 28 novembre 1802, dans une position des plus humbles. De bonne heure aux prises avec des difficultés qui fortifient l'âme lorsqu'elles ne l'abattent point, il avait vu se développer en lui les plus nobles qualités du cœur et de l'esprit et une force de caractère peu commune. Ses études terminées au Séminaire protestant et à la Faculté de théologie de Strasbourg, il était allé les compléter à Heidelberg et à Gœttingue; puis il était devenu précepteur dans une famille de Lyon et avait appris à connaître la France du midi; enfin, il était venu à Paris pour y étudier les langues orientales et les religions de l'Inde. Plus tard, à Strasbourg, il fut pédagogue du Collège de Saint-Guillaume et prit, par de savantes dissertations sur «*la vie contemplative, ascétique et monastique chez les Indous*», les grades de licencié et de docteur en théologie. Nommé, en 1830, pasteur à l'église Saint-Nicolas, il succomba peu après à la phtisie provoquée par un labeur excessif.

Quand, après un séjour de onze mois à Paris, Reuss revint à Strasbourg, il était plein de vastes projets. Il voulait, conjointement avec Bochinger, dont les idées se rencontraient avec les siennes, ouvrir des cours, introduire dans l'enseignement du Séminaire un nouvel esprit, réveiller chez la jeunesse académique l'intérêt pour la science et amener entre les maîtres et les élèves des rapports plus intimes. «Nous trouvions», dit-il, «notre Séminaire de Strasbourg bien mesquin, comparé aux Universités d'outre-Rhin; nous nous rappelions la gloire scientifique du Strasbourg d'autrefois, dont il restait si peu de traces; nous songions aux lacunes et aux erreurs dans la constitution de notre Eglise et la préparation de nos pasteurs, et nous pressentions la possibilité de préparer une ère nouvelle.» Avec Bochinger, il traça alors le plan de la Société de théologie et créa pour les étudiants un cercle de lecture qui devint plus tard le Casino théologique et littéraire. Entre temps, il se faisait recevoir licencié en théologie par la soutenance d'une thèse latine sur «*Les livres apocryphes de l'Ancien Testament refusés au peuple*» par les Sociétés bibliques.[2])

---

[1]) Voy. *Blätter zum Andenken Johann Jacob Bochingers, geweiht von seinen Freunden.* Str. 1832.

[2]) *De libris Veteris Testamenti apocryphis perperam plebi negatis.*

Reuss ne donna pas d'abord suite à l'idée de faire des cours. Il commença par donner des leçons de grec et de latin dans les classes supérieures du Gymnase « pour s'exercer dans l'art d'enseigner». Il avait d'ailleurs peu d'espoir d'arriver à une chaire officielle. Toutes les places étaient occupées. En 1833, il crut pourtant un instant qu'on lui confierait la suffragance de Geoffroi Schweighaeuser que la maladie venait de forcer à la retraite. Il était réputé bon philologue et parfaitement apte à remplir une chaire de littérature ancienne. Mais au Séminaire, la majorité se prononça pour Hasselmann, qui avait sur lui l'avantage d'être plus âgé et d'avoir rendu des services dans l'enseignement public.

Jean-Frédéric Hasselmann était né à Strasbourg, le 29 janvier 1797, de Jean-Jacques Hasselmann, instituteur à l'école paroissiale de Saint-Nicolas et, plus tard, pasteur à l'hôpital civil, et de Marguerite-Salomé Rhein, fille de Jonathan Rhein, prédicateur français à Saint-Nicolas et, dans la suite, pasteur à Schiltigheim. Il paraît avoir été un enfant prodige, car il termina ses classes au Gymnase à l'âge de douze ans. Inscrit alors à l'Académie protestante, il étudia en même temps la théologie et la philologie et se rendit, en 1820, à Paris, où il se voua pendant trois ans à l'étude de l'antiquité classique. Quand il revint à Strasbourg, il fut nommé régent au Gymnase. Plus tard, il fut chargé de la direction du Gymnase de Bouxwiller et réussit, grâce à son talent pédagogique et à ses connaissances littéraires, à relever cet établissement qui était tombé bien bas. En l'appelant au Séminaire, on attendait beaucoup de lui et de son enseignement.

Sur le conseil de Bruch, qui lui portait un vif intérêt, Reuss se décida pourtant à annoncer un cours d'encyclopédie et de méthodologie et un cours d'exégèse des Epîtres pauliniennes. Il réussit dès l'abord auprès des étudiants. Ses leçons d'exégèse surtout avaient un vif succès. Il y suivait une méthode différente de celle de la plupart des interprètes des livres bibliques. Il réduisait l'explication philologique au plus strict nécessaire pour s'arrêter d'autant plus au contenu théologique. « Ma préoccupation constante », dit-il dans ses Mémoires », était d'arriver dans la solution des questions à des résultats positifs, clairement motivés et brièvement énoncés. Quand j'étais sûr de mon fait, j'évitais de faire ce que font généralement les commentateurs, c'est-à-dire de citer l'opinion des autres et d'ennuyer les étudiants par des détails qui peuvent être utiles au spécialiste, mais qui ne le sont pas au théologien pratique. »

III

A la Faculté pourtant les difficultés restaient les mêmes. Redslob avait été nommé, le 8 février 1833, à la chaire de dogmatique, mais le ministre n'avait pas accueilli la proposition de la Faculté d'appeler Jung à la chaire d'histoire ecclésiastique et Willm à celle de morale chrétienne. Il s'était borné à leur conférer à l'un et à l'autre le titre de chargé de cours. Il fit plus. Il exigea, quand Willm fut nommé inspecteur d'Académie, le 30 octobre 1834, qu'il quittât la Faculté, les fonctions d'inspecteur étant, à son avis, incompatibles avec celles de professeur. Et comme Redslob vint à mourir à ce moment, le 23 novembre 1834, trois chaires seulement, dont la réformée, se trouvèrent encore occupées par des titulaires, les trois autres, les plus importantes, celles de dogmatique, de morale chrétienne et d'histoire ecclésiastique, restaient vacantes.

La situation devenait intolérable. La Faculté s'adressant derechef au ministre, lui demanda de nommer Jung à la chaire d'histoire ecclésiastique, de maintenir provisoirement Willm dans sa place et de conférer à Reuss le titre de chargé de cours. Cette demande fut encore rejetée. Le ministre prétendit ne pouvoir nommer aux chaires vacantes qu'à la suite d'un concours. Sa déclaration fit naître de sérieuses appréhensions et amena de nouvelles difficultés.

Alors déjà qu'il s'était agi de remplacer Haffner, le grand maître, baron Cuvier, interprétant à sa manière l'article 7 de l'arrêté constitutif de la Faculté, avait déclaré que les candidats à une chaire vacante pourraient être choisis en dehors du Séminaire, et que, nommés professeurs, même sans la coopération de ce corps, ils seraient, de par leur nomination à la Faculté, aussi professeurs au Séminaire. Pour que l'application de cette interprétation ne portât pas atteinte aux droits du Séminaire, le Directoire n'avait admis jusque-là au concours que des professeurs appartenant à ce corps.

Mais dans le cas présent, il s'agissait de pourvoir à trois chaires à la fois. Or, les professeurs de théologie n'étaient pas assez nombreux au Séminaire pour fournir des concurrents à trois places. Si donc les nominations étaient faites par voie de concours, il était inévitable que l'un ou l'autre des professeurs de la Faculté fût choisi en dehors du corps enseignant du Séminaire. Il n'était pas admissible pourtant que le Séminaire accueillît dans son sein un membre à la nomination duquel il n'avait pas participé. Il fallait donc aviser au moyen d'écarter le danger que présentait l'interprétation arbitraire d'un arrêté dont on n'avait pas, en le prenant, mesuré toute la portée.

<h1 style="text-align:center">IV</h1>

Tandis qu'on ne faisait rien pour compléter le personnel de la Faculté, des changements heureux s'accomplissaient au Séminaire. Le 31 octobre 1834, peu de jours avant la mort de Redslob, Edouard Reuss était nommé professeur extraordinaire, avec un traitement de 600 francs. Et aussitôt il annonçait, à côté de son cours sur le Nouveau, un autre sur l'Ancien Testament, comblant ainsi une lacune regrettable dans cet enseignement. Fritz, en effet, prenait alors déjà un intérêt plus grand aux questions de pédagogie, de morale et d'apologétique qu'à l'exégèse de l'Ancien Testament, dont il était officiellement chargé. Il se bornait à donner dans cette partie un cours supérieur qui n'était pas accessible aux commençants. Ceux-ci ne suivaient donc aucun cours d'hébreu. Pour remédier à ce grave inconvénient, Reuss voulut bien se charger d'une partie de l'exégèse de l'Ancien Testament; il offrit même d'enseigner les éléments de la langue hébraïque, à condition que ces leçons élémentaires fussent rattachées à l'enseignement du Gymnase.

A côté de Reuss, d'autres savants vinrent bientôt, en qualité d'agrégés libres, combler quelques-unes des lacunes que présentait l'enseignement du Séminaire. C'était tout d'abord le pasteur Dürrbach de Saint-Nicolas, que l'opinion publique désignait alors pour être le successeur de Matter. Celui-ci, absent de Strasbourg depuis quatre ans, s'était en effet décidé, au commencement de l'année 1836, à donner sa démission de professeur au Séminaire.

Geoffroi Dürrbach était né à Strasbourg le 28 mars 1790, fils d'un serrurier. Après de fortes études au Gymnase et à l'Académie protestante, il était entré dans l'enseignement et était devenu professeur au Collège de Bouxwiller et puis principal de cet établissement. Mais, dès 1724, il avait renoncé à la carrière de l'enseignement public pour celle du saint ministère. D'abord pasteur au village de Tränheim, près de Wasselonne, il avait été appelé, en 1831, à l'église Saint-Nicolas à Strasbourg.

Après avoir passé, en 1836, sa licence, et, en 1837, son doctorat en théologie, il sollicita l'autorisation de faire des cours au Séminaire et choisit comme sujets de ses leçons la catéchétique et l'esthétique. Il donna ce dernier cours en trois fois, d'ailleurs sans grand succès, paraît-il. Dürrbach n'était certes pas un esprit ordinaire. Il possédait des connaissances étendues, il pratiquait assidûment les mathématiques et même l'astronomie, et cultivait à ses heures la poésie, non seulement religieuse, mais épique et satirique. Mais original, bizarre, il se plaisait dans le singulier et l'excentrique. Il était, par suite, peu goûté de la jeunesse studieuse. Ses amis même — il en comptait dans le corps des professeurs — convenaient qu'il était peu apte à former de futurs pasteurs. Aussi, quand il s'agit de pourvoir à la chaire vacante, personne ne songea à lui; tous les suffrages se portèrent sur Edouard Reuss, qui, le 8 juillet 1836, fut nommé titulaire.

Le nom de Dürrbach ne tarda pas à disparaître du programme du Séminaire. Mais, à ce même moment, plusieurs jeunes savants vinrent demander l'autorisation de donner des cours, les uns dans la section préparatoire, les autres dans la section théologique du Séminaire.

Le programme de 1836-1837 contenait dans la section propédeutique, outre le nom de Dürrbach, ceux de deux autres agrégés libres, tous deux licenciés en théologie.

Le premier, Frédéric-Louis Schwebel, était né le 13 août 1809 dans la petite ville de Barr, où son père exerçait la profession d'horloger. Il avait étudié la philosophie et la théologie à Heidelberg et s'était préparé à la carrière de l'enseignement. Après avoir passé sa licence, il commença à faire des cours au Séminaire sur la psychologie, l'anthropologie, la philosophie de la religion, et à expliquer les épîtres de Paul. Il espérait obtenir un jour une chaire de philosophie ou d'exégèse. Mais peu sympathique, hypocondre, il n'avait guère de succès auprès des étudiants. Peu à peu, il vit s'évanouir ses plus belles espérances, et, après dix-sept ans, las d'attendre une nomination qui ne venait pas, il se retira, le cœur ulcéré, et alla finir ses jours dans sa ville natale, où il mourut en 1888, oublié depuis longtemps de tous ceux qui l'avaient connu autrefois.

Le second de ces agrégés libres, Henri-Théophile Redslob[1]), était le fils de l'ancien doyen de la Faculté de théologie. Né à Strasbourg le 10 août 1807, il avait fait ses études secondaires à l'institut que dirigeait son père et avait été immatriculé, en 1824, au Séminaire protestant. Son triennium théologique terminé, il était allé compléter ses études à Halle et à Paris. A son retour, il fut nommé agrégé, puis professeur au Gymnase, et joignit, depuis 1835, à ces fonctions celles de vicaire général des pasteurs de Strasbourg. La même année, il acquit le diplôme de licencié, et, en 1839, celui de docteur en théologie.

Sitôt licencié, il annonça des cours de psychologie et de philosophie de la religion, plus tard, de logique et de morale. Mais il n'était pas fait pour le professorat. Son activité universitaire ne fut ni féconde ni longue. Atteint, dès avant 1850, d'une maladie qui semblait d'abord n'être que douloureuse et qui était mortelle, il vit ses forces décliner peu à peu et mourut à l'âge de 45 ans, le 12 septembre 1852.

Au programme de la section théologique du Séminaire pour l'année 1837-1838 parurent également deux nouveaux noms, qui ne devaient plus en disparaître: Charles Schmidt et Edouard Cunitz venaient, comme agrégés libres, offrir, l'un un cours d'histoire, l'autre, très modestement, des répétitions d'histoire ou de philosophie.

Charles-Guillaume-Adolphe Schmidt[2]), né à Strasbourg le 20 juin 1812, était fils du libraire-éditeur Fr. Schmidt. Il fit ses classes au Gymnase protestant et suivit, depuis 1828, d'abord, les cours du Séminaire, et puis, ceux de la Faculté de théologie. Son intention n'était pourtant pas d'entrer dans le ministère ecclésiastique, pour lequel il ne se sentait aucune

---

[1]) *Erinnerungen an Heinrich-Théophil Redslob.* 1852.

[2]) Voy. Rod. Reuss, *M. Charles Schmidt, Professeur émérite à la Faculté de théologie de Strasbourg* (1812-1893) dans le *Journal d'Alsace.*

vocation, il voulait se consacrer à l'enseignement universitaire. Aussi se hâta-t-il d'acquérir les grades qui devaient lui en ouvrir l'accès. Bachelier en théologie en 1834, il fut reçu licencié en 1835 et docteur en 1836. Les thèses qu'il présenta à ces différentes occasions, ses « *Etudes sur Farel* », sa « *Vie de Pierre Martyr Vermigli* » et surtout son « *Essai sur les mystiques du quatorzième siècle* », révélèrent dès lors en lui le futur historien de l'Eglise chrétienne au Moyen Age et de l'époque de la Réforme. Dans les cours par lesquels il débuta dans la carrière de l'enseignement, le jeune docteur traitait également, avec une haute compétence, des sujets empruntés à l'histoire; mais, dès 1839, sa nomination à la chaire d'homilétique du Séminaire mettait fin à des leçons qui eussent été très utiles aux jeunes théologiens.

Auguste-Edouard Cunitz [1]) qui, comme Charles Schmidt, commença à donner des cours en 1837, était né à Strasbourg le 29 août 1812. Son père, négociant à Réval, était venu au commencement du siècle à Strasbourg, s'y était fixé et avait épousé une Strasbourgeoise. De complexion délicate, le jeune Cunitz ne semblait pas en état de supporter les fatigues qu'entraînent les fortes études. Pourtant, comme élève du Gymnase déjà et, plus tard, comme étudiant en théologie, il sut, par une volonté énergique et tenace, vaincre les difficultés que lui créait une mauvaise santé et tenir dignement son rang dans la brillante promotion qui réunissait les Bergmann, les Schimper, les Baum, les Ch. Schmidt, les frères Stœber et d'autres encore.

Sa faible constitution ne lui permettant pas d'entrer dans le ministère pratique, Cunitz se tourna vers la carrière de l'enseignement. Ses études terminées à Strasbourg, il alla, en 1834, les compléter à Gœttingue et à Berlin, et puis à Paris. Quand il revint à Strasbourg, Reuss l'appela à diriger avec lui la Société théologique. L'année d'après, il acquit, par une savante dissertation sur «le décret de Nicolas II relatif à l'élection des pontifes romains», le grade de licencié en théologie et commença à faire des cours.

Cunitz possédait un savoir étendu, notamment dans le

---

[1]) Voy. Rod. Reuss, *Notice nécrologique sur M. Edouard Cunitz, Professeur à la Faculté de théologie de Strasbourg* (Extrait du *Progrès Religieux*). Str. 1886.

domaine de l'histoire ecclésiastique, mais il était également
versé dans l'exégèse et la critique du Nouveau Testament,
dans le droit ecclésiastique, dans l'histoire de la littérature
allemande et dans celle de l'art religieux. Il fit à différentes
reprises des cours sur ces dernières matières qui n'avaient
pas de représentant dans le corps enseignant du Séminaire.
Ses cours, consciencieusement préparés et très instructifs,
n'eurent pourtant pas le succès qu'ils méritaient.   Cunitz
n'avait pas le don de la parole. Il ne parlait pas librement
dans ses leçons, il restait servilement attaché à son papier.
De là un manque de mouvement, de vie dans son exposition,
et, en définitive, un manque d'attrait. Les étudiants, d'ailleurs, dans leur grande majorité, ne s'intéressaient pas à des
questions qui ne figuraient pas sur le programme des examens.

V

Au moment où ces agrégés libres venaient rajeunir et
renforcer le corps enseignant du Séminaire, l'un des derniers survivants de l'ancienne Université et de l'Académie
protestante, le vieux professeur Ehrmann, était rappelé de
ce monde, il expirait le 24 septembre 1839. Sa mort ne laissait
pas de lacune dans le programme des leçons. Ehrmann avait,
dès le début et depuis, chaque année, annoncé un cours de
droit ecclésiastique, mais il était rarement arrivé à le faire,
faute d'auditeurs. On ne vit donc pas la nécessité de maintenir la chaire qu'il avait occupée en y nommant un nouveau titulaire. Il y avait, dans le programme des études,
d'autres lacunes à combler. A la mort de Koch, on n'avait
pas pourvu à son remplacement et, depuis, l'histoire profane ne figurait plus au programme Il était temps de remédier à cet état de choses. Il en était de même de la théologie
pratique. Bruch avait occupé cette chaire, et puis, à la mort
de Redslob, il avait été appelé à celle de dogmatique et de
morale, mais on avait négligé de lui donner un successeur
pour l'enseignement de l'homilétique et de la catéchétique.
Il en était résulté cette anomalie que Bruch, chargé des cours
de dogmatique, de morale et d'exégèse du Nouveau Testament, l'était encore de celui d'homilétique.   La tâche était
trop lourde: Bruch, avec la meilleure volonté du monde, ne

pouvait y suffire, et l'enseignement de la théologie pratique, si essentielle, en souffrait.

Mais alors la question se posa: histoire ou théologie pratique? A laquelle de ces deux disciplines fallait-il pourvoir d'abord? Au sein du Séminaire, les avis étaient partagés. Les uns opinaient pour la nomination d'un professeur d'histoire, les autres pour celle d'un professeur d'homilétique et de catéchétique. Ces derniers finirent par l'emporter. La chaire de droit ecclésiastique fut convertie en chaire de théologie pratique, et, dans sa séance du 3 octobre 1839, le Séminaire proposa, et, dans sa séance du 10 octobre de cette année, le Directoire nomma Charles Schmidt à cette chaire.

Ce choix, il faut le dire, n'était pas très heureux. Charles Schmidt était un savant distingué, il avait fourni ses preuves sur le terrain de l'histoire. Il était monté deux ou trois fois en chaire, mais il n'avait jamais rempli d'autre fonction pastorale. Il n'avait donc point l'expérience que donne seul l'usage prolongé du ministère sacré. Parfaitement qualifié pour une chaire d'histoire, il l'était moins pour une chaire de théologie pratique.

Cependant le Séminaire ne perdait pas de vue la question de l'enseignement de l'histoire. A défaut d'un professeur titulaire, il décida de nommer un professeur suppléant pour cette matière. Son choix tomba sur un de ses anciens élèves qui vivait depuis de longues années à Paris, occupé d'orientalisme, et qui avait acquis de la réputation dans cette science.

Charles-Auguste Stahl[1]) était né à Strasbourg le 30 novembre 1799. Orphelin de père et de mère dès son bas âge, il avait, dans son enfance et sa jeunesse, connu les privations. Il avait pourtant pu, grâce à l'assistance de quelques personnes qui s'intéressaient à lui, faire ses classes au Gymnase et ses études dans la section propédeutique du Séminaire. Il s'y était surtout livré à l'étude des langues sémitiques et de l'histoire de l'antiquité et du moyen âge. Au moment de prendre une décision relativement à son avenir, il avait renoncé à la théologie et, suivant sa vocation, il s'était voué aux sciences historiques. A Paris, où il s'était rendu

---

[1]) Voy. *Dr. Karl August Stahl, Professor der Geschichte an dem protestantischen Seminar und an der Kaiserlichen Universität zu Strassburg*, von L(ouis) S(pach). Str. 1874.

en 1824, il avait appris l'arabe avec Silvestre de Sacy, le chinois avec Albert de Rémusat, le persan avec Joubert et avec de Chézy, le traducteur du poème de Sakuntala, puis encore le turc et le sanscrit, et, en raison de sa connaissance approfondie des langues orientales, il avait été nommé secrétaire de la Société asiatique.

Malgré sa science et malgré les démarches de quelques amis dévoués, Stahl, après quinze ans de séjour à Paris, n'était pas arrivé à conquérir une position fixe et rétribuée. Pour vivre, il avait dû accepter la très modeste et très fastidieuse tâche d'enseigner aux élèves d'un lycée de Paris les éléments de la langue allemande. Très opportunément, on se souvint de lui à Strasbourg, et bien qu'il n'eût aucun titre littéraire à faire valoir, la réputation de son immense savoir suffit pour fixer sur lui le choix du Séminaire. On le nomma professeur suppléant et, en considération de son âge, — il avait plus de quarante ans —, on lui alloua le traitement, considérable pour l'époque, de deux mille francs.

Ces deux nominations avaient provoqué au sein du Séminaire une scission: quand il s'était agi de pourvoir à la chaire de théologie, d'abord, et à l'enseignement de l'histoire, ensuite, une minorité s'était prononcée en faveur d'un jeune savant qui avait passé brillamment sa licence en théologie, et qui se recommandait, non seulement par de belles connaissances, mais par un vrai talent de prédicateur et, en général, par les qualités de l'esprit et du cœur.

Jean-Guillaume Baum [1]) était né le 7 décembre 1809 à Flonheim, dans le département du Mont-Tonnerre. Son père était meunier. Peu fortuné et chargé d'enfants, il ne put donner à un fils né avec les plus heureuses dispositions qu'une éducation peu coûteuse et, dès lors, peu relevée. Il dut se contenter de l'envoyer à l'école de l'endroit, qui était dirigée par un invalide français. Heureusement pour lui, le jeune Baum fut confié, à l'âge de douze ans, à son oncle, le pasteur Hessel, aumônier des prisons à Strasbourg. Il fréquenta alors le Gymnase protestant, et, grâce à une intelligence ouverte et avide de savoir et à un zèle ardent, il n'eut pas de peine à compléter l'instruction élémentaire qu'il avait reçue

---

[1]) Voy. *Johann Wilhelm Baum, von Mathilde Baum*. Str. 1902 (2e éd.).

à l'école de son village. Elève, de 1828 à 1833, du Séminaire et de la Faculté de théologie, il termina ses études universitaires par un travail sur *le Méthodisme* qui fut jugé digne du prix Schmutz de 3000 frs. Il eût voulu, à ce moment, s'en aller avec ses amis, visiter, comme eux, les Universités étrangères. Il ne le put, ses moyens ne le lui permettaient pas. Il fallut rester attaché à la besogne, travailler pour gagner sa vie. Agrégé au Gymnase en 1834, pédagogue du collège Saint-Guillaume en 1836, il fut appelé, dans cette même année, à donner les prédications du soir à l'église Saint-Thomas. En 1838, il passa sa licence avec une thèse latine sur *les Origines de la Réforme en France*, et l'année d'après, il annonça un cours sur « l'histoire profane depuis les croisades jusqu'à nos jours. »

Baum était donc parfaitement qualifié pour l'une et l'autre des deux places en question, et, en l'absence d'un candidat qui s'imposait, il était naturel qu'on songeât à lui. Ce qui d'ailleurs militait en sa faveur, c'était l'affection que lui témoignait la jeunesse universitaire, qu'il s'était conciliée dès le premier jour par son caractère à la fois doux et fort, par son humeur joviale et sa verve intarissable. Si, malgré ces qualités, on lui préféra Schmidt pour la théologie pratique et Stahl pour l'histoire, c'était peut-être parce que ces deux derniers étaient d'origine strasbourgeoise et que le Séminaire pensait, avec raison, qu'il fallait donner la préférence aux enfants du pays. Il reconnaissait d'ailleurs les mérites de Baum et le nommait, peu après, professeur agrégé avec le très modeste traitement de 600 francs.

Baum ne fut pas plus heureux quand trois ans plus tard il s'agit de donner à Lachenmeyer, décédé le 26 décembre 1842, un successeur dans la chaire de philologie. Ses amis mirent cette fois encore sa candidature en avant, et cette fois encore sans succès: Théodore Kreiss, professeur au Gymnase, fut nommé à la chaire devenue vacante. Et c'était justice. Baum était sans doute un grand admirateur et un fin connaisseur de l'antiquité latine, mais il n'était pas philologue, il en convenait lui-même. Kreiss, au contraire, avait étudié à fond la science philologique et s'était distingué dans l'enseignement des langues anciennes qu'il avait donné pendant des années dans les classes supérieures du Gymnase.

Théodore Kreiss [1]) était né le 18 juillet 1802 au presbytère de Bischheim, dans le département du Bas-Rhin. Mais son père ayant été nommé cette même année pasteur à l'église Saint-Pierre-le-Jeune à Strasbourg, on peut le considérer comme un enfant de cette ville. Il fréquenta d'abord l'école paroissiale de Saint-Pierre et puis le Gymnase, dont il parcourut les classes si rapidement qu'il se trouva avoir terminé ses études secondaires à l'âge de treize ans. Il suivit alors, pendant quatre ans, les cours de la section préparatoire du Séminaire et fut, en 1819, immatriculé à la Faculté de théologie, où il subit surtout l'influence de Redslob et d'Emmerich.

Ses trois années de théologie terminées, Kreiss alla passer quelque temps à l'Université de Gœttingue, pour se familiariser avec la théologie et la philologie allemandes. De là, il se rendit à Paris. Il y donna des leçons de grec et de religion dans un pensionnat de jeunes gens et devint, en 1826, précepteur des enfants du prince Dolgorouky. Mais dès l'année suivante, il revint à Strasbourg.

Sa santé débile le rendant impropre à l'exercice du ministère sacré, Kreiss se tourna vers la carrière de l'enseignement. Ses débuts y furent des plus modestes. On venait de créer une huitième classe au Gymnase, pour habituer les enfants au français dès leur entrée à l'école. On en offrit la direction au jeune philologue. Il l'accepta, et il remplit cette humble tâche avec la conscience qu'il mettait en toute chose. Mais on comprit bientôt qu'il pourrait rendre des services plus importants. On lui confia l'enseignement du latin en IVe, puis celui du latin et du grec en IIIe et en IIe, et, après qu'il eut été nommé professeur titulaire en 1833, l'enseignement du latin en Ire et celui du latin et du grec en IIe. Pendant quinze ans, il initia ainsi, avec un zèle et un dévouement qui ne se démentirent jamais, les élèves des classes supérieures du Gymnase à l'intelligence des auteurs grecs et latins et sut inspirer à plus d'un d'entre eux l'amour de l'antiquité classique.

Il était naturel qu'à la mort de Lachenmeyer le Séminaire appelât à la chaire devenue vacante un maître qui avait fourni

---

[1]) Voy. *Discours sur la vie et les travaux de M. Théodore Kreiss*, prononcé le 7 juin 1860 par J.-F. Bruch. Str. 1860.

sés preuves et qui semblait plus particulièrement apte à faire comprendre à ses élèves ce qu'il y a de grand et de beau dans la littérature grecque et latine. Kreiss connaissait cette littérature à fond et, avec un goût parfait et un tact sûr, il choisissait ses auteurs parmi ceux qui répondent le mieux aux aspirations de la jeunesse: Eschyle et Sophocle, Pindare et Virgile parmi les poètes, Thucydide et Démosthène, Tacite et Sénèque parmi les prosateurs. Il étudiait, avec ses auditeurs, non seulement les formes, mais les sentiments et les idées de ces auteurs. Et puis, il essayait de les initier à la vie antique par des cours sur le développement de la vie publique et privée des Grecs, sur la mythologie grecque, sur l'histoire de la poésie lyrique grecque etc. Fin connaisseur en matière littéraire, Kreiss l'était aussi en matière artistique. Il était allé dans le midi étudier les intéressants débris de l'art romain à Nîmes, à Arles, à Orange et ailleurs, et il était allé en Italie contempler les chefs-d'œuvre de l'art grec; il en était revenu plein d'admiration pour les formes si pures dont les anciens avaient su revêtir la matière, et cherchait à communiquer quelque chose de cette admiration à ses auditeurs.

Les cours de Kreiss, où l'éducation littéraire devenait parfois une haute éducation morale, étaient fort goûtés. Ce qui attirait les auditeurs, ce n'était pas seulement son enseignement intéressant, clair, suggestif, mais sa personnalité même, ses qualités exquises de cœur et d'esprit, son idéalisme: *Vir cordatus et bonus!*

Aux environs de 1840 toutes les chaires du Séminaire se trouvèrent donc occupées et à la Faculté aussi on arrivait à compléter le corps enseignant.

VI

Les discussions relatives aux places vacantes à la Faculté avaient duré plus de trois ans sans aboutir. Le ministre persistait dans sa manière de voir, et la Faculté, avec le Séminaire et le Directoire, dans la sienne. Enfin, dans sa séance du 28 avril 1838, la Faculté décida de demander encore une fois que Jung, qui enseignait l'histoire ecclésiastique depuis cinq ans, fût définitivement nommé à cette chaire, que celle de morale chrétienne fût confiée à Reuss, et que Bruch fût autorisé à échanger la chaire d'homilétique avec celle de dogmatique.

Le Directoire s'étant déclaré d'accord avec cette décision « dans l'intérêt des études et de la Faculté de Strasbourg », le ministre se vit obligé de faire un pas vers la solution de la question : le 30 octobre 1838, il nomma Reuss chargé de cours pour l'enseignement de la morale chrétienne et autorisa Bruch à passer de la chaire d'homilétique à celle de dogmatique.

Il s'agit alors de pourvoir à la chaire d'homilétique. Et de nouveau les choses traînèrent en longueur. Ce n'est qu'en 1841 que, sur les instances réitérées de la Faculté, il y fut enfin pourvu. Cette fois, on procéda d'après un mode nouveau. La Faculté avait proposé de soumettre au ministre une liste de trois noms parmi lesquels il choisirait. La proposition ayant été approuvée par le Directoire, à la condition que la Faculté se bornât à donner son avis sur les aptitudes et les mérites des candidats, le ministre l'accepta à son tour.

Au moment où l'on établit la liste des trois noms, il se produisit un incident inattendu. Matter eut l'idée qu'il pourrait joindre à la position d'inspecteur général de l'Université à Paris celle de professeur de la Faculté de théologie à Strasbourg, et il demanda que son nom fût porté sur la liste. La Faculté n'osa pas s'y refuser. Elle présenta Matter en première, Schmidt en seconde, et Redslob, le fils du regretté doyen, en troisième ligne. Mais Guizot, alors ministre de l'instruction publique, n'admettait pas le cumul des places. Il fit savoir à Matter qu'il avait à choisir entre les deux positions, inspecteur général de l'Université à Paris ou professeur de Faculté à Strasbourg, mais que réunir les deux était impossible. Placé devant cette alternative, Matter se désista et Charles Schmidt fut nommé.

L'année suivante amena la nomination de Jung à la chaire d'histoire ecclésiastique et la Faculté se trouva enfin être au complet avec six professeurs : Frédéric Bruch, doyen, représentait la théologie systématique ; Théodore Fritz, l'exégèse de l'Ancien Testament ; Edouard Reuss, bien que chargé du cours de morale chrétienne, l'exégèse du Nouveau Testament ; André Jung, l'histoire ecclésiastique ; Charles Schmidt, l'homilétique, la liturgique et la catéchétique, et Richard, le dogme réformé.

La Faculté n'eut jamais plus de six chaires. Un instant, déjà avant 1842, on avait espéré qu'elle serait augmentée d'une septième. Une ordonnance royale du 24 août 1838 avait décidé qu'il serait créé dans chaque Faculté de théologie du Royaume une chaire de droit ecclésiastique, et, depuis, les fonds pour trois de ces chaires, dont deux catholiques et une protestante, avaient été votés au budget. Mais pour la chaire protestante, le choix n'était pas fixé entre Montauban et Strasbourg. Le Directoire se hâta d'adresser au ministre un exposé des motifs qui plaidaient en faveur de la Faculté de Strasbourg. « Nous n'hésitons pas à dire », écrivait-il, « que s'il y a égalité de droits de la part des élèves auxquels il serait destiné, l'enseignement (du droit canonique) en lui-même, tel qu'il pourra être donné à Strasbourg, se trouvera doté d'éléments prépondérants de succès, d'après la richesse et la variété des sources où il puisera » [1]. Le ministre répondit qu'il ne perdrait pas de vue la requête que lui adressait le Directoire. Et ce fut tout. Jamais il ne fut plus question de cette chaire de droit canonique.

Il y en avait une autre dont la Faculté avait à plusieurs reprises demandé l'établissement, sans pouvoir l'obtenir, c'était une chaire d'exégèse du Nouveau Testament. La chaire d'exégèse établie à la Faculté lors de sa création était occupée par le professeur d'hébreu, qui n'expliquait que les livres de l'Ancien Testament; l'interprétation de ceux du Nouveau Testament, si nécessaire aux futurs pasteurs, n'avait pas de représentant officiel. C'était là une lacune des plus fâcheuses.

En 1832, un ancien élève de la Faculté de théologie, qui lui était resté fidèlement attaché, avait essayé de la combler en faisant appeler à Strasbourg un savant illustre, particulièrement apte à relever les études bibliques. Edouard Verny [2] qui, d'abord avocat à Colmar, avait, à vingt-cinq ans, quitté le barreau pour la théologie, était alors principal du collège de Mulhouse et entretenait des relations suivies avec les professeurs de l'Université de Bâle, notamment avec Vinet. Par lui, il avait connu De Wette [3] qui, depuis 1882, occupait

---

[1] *Lettre du président du Directoire du 17 janvier 1840.* La minute se trouve aux Archives du Directoire.

[2] Louis-Edouard Verny (1803-1854) étudia la théologie à Strasbourg de 1828 à 1830. Il fut appelé en 1835 comme pasteur à Paris.

[3] Martin-Lebrecht De Wette (1780-1849), professeur de théologie à Iéna, puis à Berlin, 1810, connu surtout par son Introduction historicocritique aux livres de l'A. et du N. T., par sa traduction de la Bible et

une chaire dans cette Université. Il avait lu les ouvrages du
savant théologien et avait été émerveillé de sa science et
de sa méthode. Il eut alors l'idée de faire appeler ce maître
de l'exégèse et de la critique sacrée à la Faculté de Strasbourg
et de demander qu'on créât pour lui une chaire d'exégèse du
Nouveau Testament. Il s'en ouvrit au recteur Cottard, qui
était de ses amis, il s'en ouvrit également à Reuss, et gagna
l'un et l'autre à son projet.

L'idée était hardie, sa réalisation pourtant ne semblait
pas impossible. Cousin, alors ministre de l'instruction
publique, avait rapporté d'un voyage fait en Allemagne une
fervente admiration pour la science allemande; il songeait,
lui aussi, paraît-il, à appeler un savant allemand à la Faculté
de théologie de Strasbourg. Seulement, il n'avait en vue ni
De Wette ni aucun représentant des idées nouvelles, il
songeait à un semi-hégélien, au professeur Mathies de Greifs-
wald, savant assez obscur et dont la nomination n'eût guère
ajouté au renom de la Faculté.

Cependant Verny et ses amis avaient fait des ouvertures
à De Wette et celui-ci s'était montré disposé à venir à Strasbourg. Mais la mort de sa femme, survenue à ce moment,
le fit changer d'idée: il ne put se résoudre à quitter Bâle, les
habitudes qu'il y avait prises et les amis qu'il y avait trouvés,
pour commencer une nouvelle vie dans un nouveau milieu.
D'autre part, le projet attribué au ministre fut également
abandonné, et la Faculté de théologie resta avec ses six chaires
et ses six professeurs.

Trente ans plus tard, une nouvelle tentative fut faite,
cette fois dans un intérêt de parti, de gagner un savant de
renom pour occuper une chaire d'exégèse du Nouveau
Testament qui n'existait pas, mais dont on espérait obtenir
la création. C'est M. Philippe Godet qui, dans la biographie
de son père, Frédéric Godet, professeur d'exégèse à la Faculté
de théologie de Neuchâtel, nous donne connaissance de ce fait
assez ignoré. «Cette année-là (1866)», écrit-il, «Frédéric
Godet reçut des ouvertures de la part de la Faculté de

---

par ses Commentaires sur les Psaumes et les écrits du N. T. Destitué
en 1819 pour avoir écrit une lettre de condoléance à la mère de l'étudiant Sand, l'assassin de Kotzebue, il fut appelé, en 1822, à l'Université
de Bâle comme professeur de théologie.

théologie de Strasbourg qui lui eût volontiers confié l'enseignement de l'exégèse. »[1]) Des ouvertures furent donc faites au professeur de Neuchâtel pour l'engager à venir à Strasbourg et à s'y charger d'un cours d'exégèse. Voilà un fait acquis. Mais ces ouvertures ne venaient pas, comme le pense M. Philippe Godet, de la Faculté de théologie de Strasbourg, qui possédait en Reuss un exégèse éminent et ne songeait nullement à en appeler un autre à côté de lui, elles venaient d'autre part, de Paris, comme cela ressort clairement de la lettre que M. Godet cite en partie et dont il a bien voulu nous communiquer le texte complet.

Dans cette lettre, Frédéric Godet, écrivant à son fils aîné, Georges, alors étudiant à Gœttingue, et lui parlant d'un ami nommé récemment professeur de théologie et qui avait peu de succès dans son enseignement, disait: « Au commencement d'une carrière si importante, je me représente que ce doit être un sentiment des plus pénibles. Chose pareille m'attendrait-elle à Strasbourg, si jamais je devais y aller? Je suis à cet égard bien embarrassé. Mon sentiment répugne de plus en plus à quitter. Et puis, je viens de recevoir une lettre de M. Grandpierre en contenant une de M. Goguel de Mont-béliard, qui parle de toute cette affaire dans un sens encourageant pour moi et qui pourtant m'a découragé. Il paraît qu'il faudrait le grade de docteur en théologie — puis une souscription particulière pour combler le déficit des appointements, qui ne sont pour le professeur de théologie réformée que de 3000 frs. Tout cela se complique, et mon sentiment de plus en plus prononcé est de refuser. Le cœur me saigne à certains égards, quand je me rappelle ce que M. Meyer me disait de ces pauvres étudiants. Mais si je puis leur être utile par quelque ouvrage... »

Cette lettre ne laisse subsister aucun doute. Il s'agissait de pourparlers engagés entre les représentants de l'orthodoxie réformée et luthérienne de Paris, d'une part, et le professeur d'exégèse de Neuchâtel, d'autre part, dans le but de décider celui-ci à venir à Strasbourg, pour y donner à ces «pauvres étudiants» réduits à entendre l'exégèse de Reuss, de Bruch et de Cunitz, un enseignement conforme à

---

[1]) Philippe Godet, *Frédéric Godet (1812-1904)*. Neuchâtel 1910, p. 336 s.

la tradition et à la croyance de l'Eglise. Frédéric Godet, bien connu par ses commentaires et par ses controverses avec la *Revue de théologie*, était l'homme qu'il fallait pour remplir une pareille tâche.

Il est regrettable que les lettres de Grandpierre et de Goguel n'aient pas été conservées, elles auraient peut-être jeté une lumière plus complète sur cet intéressant incident, mais celle du professeur Frédéric Godet suffit pour nous éclairer sur une tentative qui d'ailleurs ne réussit pas.

CHAPITRE III

Rapports avec l'Allemagne théologique et avec la France protestante — Activité littéraire des professeurs du Séminaire et de la Faculté

I

Le Séminaire et la Faculté de théologie n'eurent d'abord, et jusqu'aux environs de l'année 1830, que peu de relations avec l'Allemagne et ses théologiens. Ces relations avaient existé autrefois. Strasbourg, avec son Université, avait été, à la fin du XVIIIe siècle, le point où la France et l'Allemagne prenaient contact. Les étudiants d'outre-Rhin étaient venus suivre les cours de l'ancienne « *Argentina* », et ceux de Strasbourg étaient allés compléter leurs études dans les Universités allemandes. Les professeurs Schweighaeuser et Blessig, Haffner et Koch, Dahler et Herrenschneider, d'autres encore, avaient passé autrefois quelques semestres en Allemagne; Dahler avait même collaboré avec Eichhorn au *Lexicon Simonis* et Koch avait reçu un appel, qu'il avait refusé, à une chaire de l'Université de Gœttingue. Mais ces relations avaient été rompues par la Révolution et, depuis, elles n'avaient guère été reprises.

Durant la période napoléonienne, il est vrai, les étudiants en théologie des pays annexés étaient venus faire ou achever leurs études à Strasbourg, et, plus tard, deux Facultés de théologie allemandes, celle de Halle et celle de Bonn, avaient tenu à honorer des professeurs du Séminaire en envoyant le diplôme de docteur, l'une, à Haffner, l'autre, à Emmerich. Mais c'étaient là des cas exceptionnels. En général, on ne connaissait guère en Allemagne, même dans le monde savant, les établissements théologiques de Strasbourg et les hommes qui y professaient. Edouard Reuss raconte, dans ses Souvenirs, que le surintendant Röhr, de Weimar, qu'il alla saluer lors de son premier voyage en Allemagne, en 1826, ne connaissait que les noms des trois professeurs les plus anciens du Séminaire et qu'à Iéna on lui demanda très sérieusement s'il était vrai qu'on pût faire des études de théologie à Strasbourg. La publication du programme des cours du Séminaire et de la Faculté dans un journal littéraire allemand n'y changea rien.

Il faut le dire, si les théologiens de Strasbourg et, avec eux, les institutions théologiques de cette ville, étaient peu connus à l'étranger, c'était bien de leur faute. Ils ne tentaient rien pour se faire connaître au dehors. Haffner et Blessig, aussi distingués par la supériorité de leur esprit que par l'étendue de leurs connaissances, mais absorbés par les devoirs multiples du ministère évangélique et du professorat, n'avaient pas trouvé le temps de composer des ouvrages théologiques. Ils s'étaient bornés à donner au public des traités ascétiques, des recueils de sermons et de prières, qui étaient beaucoup lus et fort appréciés à Strasbourg, mais qui n'étaient guère connus ailleurs. Weber et Fritz n'avaient jamais songé à écrire. Quant à Emmerich et à Redslob, ils avaient réduit leur activité littéraire, l'un, à la publication de deux volumes de sermons et de ses dissertations pour acquérir les grades universitaires, l'autre, à celle de nombreux sermons détachés et de quelques discours académiques. Dahler était le seul qui eût fait paraître, en français ou en allemand, des ouvrages d'un caractère scientifique, des travaux exégétiques sur les *Proverbes, le prophète Jérémie* et les *Paralipomènes,* qui, reposant sur une étude personnelle et consciencieuse des textes, n'étaient pas sans valeur, mais qui, peut-être à cause d'une forme un peu lourde, n'avaient eu de succès ni au delà des Vosges ni de l'autre côté du Rhin.

Avec l'année 1830, cela changea. L'un des derniers venus parmi les maîtres du Séminaire, le professeur Bruch, eut le mérite « de faire revivre le renom scientifique trop oublié de l'ancienne Argentina »[1]. La publication, en 1829, de son *Manuel de morale chrétienne (Lehrbuch der christlichen Sittenlehre),* celle surtout de la seconde édition revue, corrigée

---

[1] Allocution de Reuss au jubilé de Bruch.

et augmentée de cet ouvrage, en 1832, attira d'abord l'attention sur la Faculté de théologie de Strasbourg. Ce n'était qu'un commencement. Dans les années qui suivirent, Bruch fit paraître, à côté de deux recueils de sermons et d'un ouvrage religieux d'un caractère plus pratique, une œuvre théologique *La doctrine des attributs de Dieu (die Lehre von den göttlichen Eigenschaften)* qui rencontra un accueil des plus favorables. Cette même année 1842, Reuss publiait son *Histoire des livres saints du Nouveau Testament (Die Geschichte der heiligen Schriften Neuen Testaments)* qui, par l'originalité de la méthode et la nouveauté de la forme, obtint un succès extraordinaire, tandis que Baum et Schmidt commençaient leurs publications historiques, l'un par la biographie de *François Lambert d'Avignon*, l'autre par celle de *Jean Tauler*.

Par ces ouvrages écrits en allemand et par leur collaboration aux encyclopédies des sciences religieuses, aux revues de théologie et aux journaux littéraires qui paraissaient en Allemagne, les théologiens de Strasbourg se firent peu à peu connaître et apprécier au delà du Rhin. On les avait ignorés, on les rechercha. On offrit à l'un et à l'autre d'entre eux un poste marquant dans une des grandes Eglises ou dans une des Universités les plus célèbres de l'Allemagne. Ils refusèrent par sentiment patriotique. A l'appel qu'on lui adressa d'Iéna pour occuper la chaire du Nouveau Testament à la Faculté de théologie de cette Université, Reuss répondit: « S'il y a vraiment quelque talent en moi, c'est ma patrie qui y a le premier droit. »

Cependant les professeurs du Séminaire et de la Faculté continuaient à publier une partie du moins de leurs ouvrages en langue allemande. Ils déployaient, en général, une activité littéraire des plus fécondes. A partir de 1850 surtout, ils firent paraître sur les diverses branches de la théologie et de la philosophie, des écrits d'une incontestable valeur. Le doyen Bruch donnait, à cet égard, un magnifique exemple à ses collègues. Au milieu des occupations les plus multiples et les plus absorbantes, et malgré les ennuis des fonctions administratives, il arrivait à se ménager les moyens de prendre une part active au mouvement littéraire de son temps. En 1851, dans un ouvrage remarquable: *La Sagesse des Hébreux (Die Weisheitslehre der Hebräer)*, il attirait l'attention sur la philosophie éminemment pratique du vieux peuple d'Israël; en 1859, dans une étude sur *La préexistence de l'âme (Die Lehre von der Praeexistenz der Seele)*, il examinait et réfutait la théorie du professeur Julius Müller sur la préexistence de l'âme et sur une chute de l'homme dans une existence antérieure. En 1846 enfin, il publiait un Essai psychologique, *La théorie de la perception intime (Die Theorie des Selbstbewusstseins)*, où il faisait la critique des doctrines des matérialistes, des panthéistes et des spiritualistes dualistes et donnait une solution originale du problème posé, en cherchant à concilier dans une théorie supérieure le spiritualisme et la doctrine adverse. Dans ce même temps, Baum et Schmidt faisaient paraître une série de monographies fort appréciées sur quelques-uns des réformateurs du XVIe siècle, Baum, sur *Théodore de Bèze* et sur *Butzer* et *Capiton*, Schmidt, sur *Pierre Martyr Vermigli, Guillaume Farel, Pierre Viret et Philippe Mélanchthon*. Reuss, de son côté, donnait de nouvelles éditions revues et considérablement augmentées de son *Histoire du Nouveau Testament*, et publiait, avec Cunitz, les *Mélanges de théologie (Beiträge zu den theologischen Wissenschaften)*, qui contenaient d'intéressants travaux d'anciens membres de la Société théologique. Aussi parlait-on dès lors, en terre allemande, avec respect et admiration de l'Ecole de Strasbourg, comme d'un « flambeau de la science théologique qui répandait sa lumière au loin ». Elle ne la répandait pas seulement au delà du Rhin, mais aussi et surtout au delà des Vosges.

II

Jusque-là, ni le Séminaire ni la Faculté de théologie n'avaient eu de rapport avec le protestantisme français. L'Académie protestante de Strasbourg avait été créée « pour l'instruction des ministres de la Confession d'Augsbourg ». Or, sauf à Paris et au pays de Montbéliard, il n'y avait pas en France de protestants de cette confession. Aussi les étudiants de l'intérieur et du midi ne songeaient-ils pas à venir faire leurs études de théologie à Strasbourg, ils allaient à Genève, où l'article 10 de la loi organique du 18 germinal an X avait établi un Séminaire « pour l'instruction des minstres des églises réformées ». Depuis 1808, la nouvelle Faculté de Montauban leur ouvrait également ses portes. Mais même alors et plus tard quand, en 1814, Genève fut définitivement détachée de la France, les étudiants français continuèrent à fréquenter la ville du Léman, où ils jouissaient de nombreuses bourses fondées autrefois par les protestants de France et où la liberté académique était plus grande que partout ailleurs. Le gouvernement français admettait l'équivalence des études faites et des examens passés à l'Académie de Genève. Après 1820 pourtant, il y eut un changement à cet égard. Le gouvernement permit encore les études à Genève, mais il exigea que les derniers examens se fissent dans une Faculté française. La conséquence en fut que chaque année des étudiants français qui avaient achevé leurs études à Genève venaient à Strasbourg, d'abord, seulement pour y passer leurs examens, plus tard, pour y compléter ou y faire leurs études.

Pendant longtemps pourtant ils furent peu nombreux. Les établissements théologiques de Strasbourg étaient peu connus en France et l'enseignement qu'on y donnait était mal jugé. Bruch et Willm crurent alors le moment venu de faire connaître au public protestant français les doctrines philosophiques et théologiques qui étaient professées au Séminaire et à la Faculté de Strasbourg. Ils entreprirent, en 1837, de faire paraître, avec le concours de plusieurs de leurs collègues, sous ce titre: *Essais et fragments de philosophie et de théologie*, une série de livraisons qui contiendraient des discours académiques, des essais sur des questions de philosophie et de théologie, des fragments de cours publics ou d'ouvrages inédits. On devait y donner aussi des comptes rendus d'ouvrages philosophiques et théologiques et y publier, avec la liste des cours du Séminaire et de la Faculté, celle des thèses qui seraient soutenues pour acquérir les grades académiques. Le premier volume de cette publication parut à Paris et à Strasbourg, chez F. G. Levrault; il contenait deux discours de Willm sur l'Importance de l'exégèse de l'Ancien Testament considérée sous le rapport philosophique et sous le rapport religieux, et sur Les rapports de la morale avec la religion, un article de Bruch sur l'Origine de la religion et un autre de Fritz sur le But de l'éducation. Ce premier volume devait être suivi d'un second qui aurait un contenu plus riche. Le pasteur Maeder, les professeurs Jung, Reuss, Schmidt et Cunitz, et l'agrégé libre Schwebel avaient promis des articles. « Nous voulons faire imprimer chaque année au moins un volume de dissertations françaises », écrivait Reuss à son ami Graf. L'entreprise était hardie; mais le moment n'était pas propice.

L'intérêt pour les questions traitées dans les *Essais* n'existait guère en France. Le premier volume avait eu peu de succès; le second, avec des articles de Maeder, Bruch, Christian Bartholmess et Charles Schmidt, en eut moins encore. La publication fut abandonnée.

Bruch et Willm, avec les *Essais*, n'avaient pas réussi auprès du public français, mais, avant eux, un de leurs collègues du Séminaire avait été plus heureux. Matter avait été le premier dans la jeune génération à écrire en français. Il avait fait paraître, et il faisait encore paraître à ce moment, toute une série d'ouvrages d'histoire et de morale, littéraires et philosophiques, dont plusieurs eurent une seconde édition et dont quelques-uns furent même traduits en allemand. Deux d'entre eux, l'*Essai historique sur l'Ecole d'Alexandrie* (2e éd., 1840-1844) et le volume intitulé *De l'influence des mœurs sur les lois et des lois sur les mœurs* (2e éd., 1841) avaient été couronnés par l'Institut. Mais son œuvre principale, celle qui lui fit le plus d'honneur et qui eut une plus grande importance pour la théologie et la philosophie françaises, fut son *Histoire critique du gnosticisme*, dont la seconde édition, considérablement augmentée, parut en 1844 en trois volumes. A ces publications de Matter vinrent s'ajouter plus tard l'œuvre capitale de Willm, son *Histoire de la Philosophie allemande depuis Kant jusqu'à nos jours*, couronnée par l'Académie des sciences morales et politiques, et qui jeta un vif éclat sur l'auteur et sur le Séminaire, dont il était un des maîtres les plus connus, et l'*Histoire critique des doctrines religieuses de la philosophie moderne* que Bartholmess fit paraître pendant qu'il occupait la chaire de philosophie au Séminaire et qui lui valut, avec la croix de la Légion d'honneur et un des prix Monthyon, la nomination de correspondant de l'Académie des sciences morales et politiques.

Sur le terrain historique, Charles Schmidt, après avoir fait paraître, en 1839, une étude sur *Jean Gerson* et, en 1845, un mémoire sur *Gérard Roussel*, publiait, en 1849, son remarquable ouvrage *Histoire et doctrine de la secte des Cathares ou Albigeois*, qui fut couronné par l'Académie des Inscriptions et Belles-Lettres et qui aujourd'hui encore est hautement apprécié par le monde savant, et, en 1853, l'*Essai historique sur la société civile dans le monde romain et sur sa transformation par le christianisme*.

Ces philosophes et cet historien, en publiant les fruits

de leurs études dans des ouvrages rédigés en français rendaient au protestantisme français des services signalés, mais ne coopéraient qu'indirectement à la renaissance de la science théologique qui, à ce moment, était absolument nulle en France. Heureusement que Reuss se décidait, à son tour, à mettre sa science et son talent au service de la théologie française.

Il s'était montré très sceptique à l'égard de l'entreprise tentée par Bruch et Willm. Il croyait qu'en France on ne s'intéressait pas grandement aux questions religieuses et qu'on s'y intéressait moins encore aux questions théologiques. Aussi s'était-il constamment refusé à rien publier en langue française. Une expérience qu'il fit vers 1850 vint modifier l'opinion qu'il s'était faite sur ce point.

Il raconte dans ses Mémoires que dans l'été de 1849 il fit pour la première fois un cours en langue française sur la Théologie du Nouveau Testament. Or, cette année les étudiants de l'intérieur et du midi étaient venus en plus grand nombre que d'habitude achever leurs études à Strasbourg. Il y avait parmi eux quelques jeunes gens très sérieux, pleins d'ardeur pour les études théologiques. Ils venaient de Genève, où l'exégèse biblique en était encore à l'illustration philologique des textes sacrés. L'interprétation théologique du Nouveau Testament était pour eux une chose inconnue, une nouveauté. Ils s'y intéressèrent au point de se réunir après chaque leçon pour rédiger, d'après leurs notes, le cours qu'ils venaient d'entendre. Des extraits de ce travail fait avec un grand soin circulèrent à Genève et à Montauban et y firent sensation. L'an d'après, de nouveaux étudiants de l'intérieur et du midi vinrent à Strasbourg avec l'espoir d'entendre, à leur tour, ces leçons de Théologie du Nouveau Testament que leurs aînés avaient si hautement appréciées. Déçus dans leur attente, Reuss ne faisant jamais le même cours deux années de suite, ils supplièrent le maître de livrer son cours à l'impression. Les étudiants de Genève, ceux de Lausanne et de Montauban se joignirent, dans des adresses collectives, à ces sollicitations. Devant ces vives instances, Reuss crut devoir céder. En 1852 parut son *Histoire de la théologie chrétienne au siècle apostolique* qui exposait d'une manière magistrale le développement des idées religieuses dans cette période limitée. La presse libérale accueillit l'ouvrage avec une satisfaction mêlée d'un peu de surprise; les journaux orthodoxes l'ignorèrent. Il trouva pourtant assez de lecteurs dans le monde laïque pour qu'en 1859 une seconde édition en devint nécessaire.

Ce succès inattendu fut pour Reuss une révélation. Il comprit qu'il y avait là des besoins qui demandaient à être satisfaits. De France, il lui arrivait d'ailleurs des lettres qui le priaient instamment de publier sur l'Ancien Testament un pendant à son *Siècle apostolique*. C'est alors qu'il conçut l'idée de doter le protestantisme français d'une Bible traduite et commentée « qui, sans affecter les allures d'une sèche et laborieuse érudition, offrirait à ceux qui veulent s'instruire sérieusement une explication claire et succincte de toute l'Ecriture sainte. »[1]) Il se mit aussitôt à l'œuvre et quatorze ans plus tard, en 1874, parut chez G. Fischbacher, à Paris, le premier volume de *La Bible*, traduction nouvelle avec introductions et commentaires, qui avait été précédé d'un Commentaire sur l'*Epître aux Hébreux*, d'une *Histoire du Canon des Saintes Ecritures dans l'Eglise chrétienne* et de plusieurs études bibliques publiées dans la *Revue de théologie*. Aussi Reuss a-t-il pu dire avec une légitime fierté: « Du côté français, j'ai mis au bon moment la main à la charrue et j'ai commencé à défricher le terrain; quoi qu'il se fasse dans la suite, c'est avec moi que commence l'histoire de la renaissance de la théologie protestante dans ce pays, et la base et la méthode que j'ai indiquées subsisteront. »

Dès avant cette grande entreprise littéraire, une autre qu'il mit en branle et à laquelle il prit une part active, avait établi des liens entre les théologiens de Strasbourg et le protestantisme de langue française. En 1860, l'éditeur Bruhn de Brunswig avait annoncé à Reuss que la publication des œuvres de Mélanchthon, entreprise par Bretschneider et Bindseil, était terminée et qu'il avait l'intention de faire paraître les Œuvres de Calvin comme deuxième série du *Corpus Reformatorum*. Il demandait en même temps à Reuss s'il serait disposé à se charger de ce grand travail ou s'il pouvait lui indiquer quelques savants capables de l'entreprendre. Reuss saisit avec empressement l'idée de faire élever ce monument au grand réformateur par des mains strasbourgeoises. Non pas qu'il songeât à prendre part à cette entre-

---

[1]) *La Bible* par Edouard Reuss. Paris, 1874. Préface, p. 5.

prise; il ne se croyait pas qualifié pour un travail de ce genre. Mais il se disait que Strasbourg possédait des savants capables de l'entreprendre s'ils unissaient leurs efforts. N'y avait-il pas là Charles Schmidt, qui venait de faire paraître les biographies de Farel et de Viret, Guillaume Baum, qui avait publié deux volumes sur Théodore de Bèze, et puis Timothée Rœhrich, l'auteur de l'Histoire de la Réformation en Alsace et spécialement à Strasbourg, et enfin Edouard Cunitz, si versé dans cette partie de l'histoire ecclésiastique? Ne pouvait-on pas, avec de pareilles forces, tenter l'entreprise?

Reuss s'adressa tout d'abord à ses amis Baum et Cunitz. Ils accueillirent avec chaleur ses ouvertures, en y mettant toutefois la condition qu'il se joignît à eux. Reuss, après quelque hésitation, y consentit, «pour maintenir l'accord entre ses deux collaborateurs et les pousser». Et aussitôt le savant triumvirat se mit à l'œuvre avec une ardeur infatigable, recherchant, copiant, collationnant les manuscrits dispersés dans les archives et les bibliothèques de France, d'Allemagne, de Suisse surtout, les révisant, les coordonnant et les mettant au point pour l'impression. Le programme général parut en 1860, le premier volume contenant l'édition latine de l'*Institution de la Religion chrétienne*, en 1861; les autres écrits dogmatiques du grand Réformateur suivirent de près en 9 volumes.

Aucun des trois savants qui avaient entrepris cette vaste publication n'en devait voir la fin. Le cinquante-neuvième et dernier volume des *Œuvres de Calvin* ne parut qu'en 1900, neuf ans après la mort du professeur Reuss. Ses collaborateurs avaient été rappelés antérieurement, Baum en 1878, Cunitz en 1886 [1]).

---

[1]) Quand Baum tomba malade en 1873, Reuss et Cunitz continuèrent la publication des *Œuvres de Calvin*, d'abord seuls et, depuis 1882, avec la collaboration de Paul Lobstein. Puis, Cunitz ayant été rappelé en 1886, et Lobstein étant absorbé par les travaux du professorat, Reuss s'adressa à Alfred Erichson, le savant directeur du collège Saint-Guillaume, pour se faire seconder par lui. Erichson, après la mort de Reuss, en 1891, s'adjoignit Guillaume Baldensperger, alors agrégé libre au Séminaire, et puis le pasteur Louis Horst de Saint-Nicolas, et avec leur aide, mena à bonne fin une publication que Reuss avait d'ailleurs soigneusement préparée dans tous ses détails.

CHAPITRE IV

Séminaire et Faculté — Cours dans les deux langues
Extension de l'enseignement — Sociétés philologiques et théo-
logiques — Examen de candidat et baccalauréat en théologie
Discussions sur l'état des études et de la discipline

I

La création de la Faculté de théologie n'avait apporté
aucun changement notable dans l'état de choses existant. Le
Séminaire était resté ce qu'il avait été jusque-là avec ses
deux sections propédeutique et théologique; à la Faculté avait
été réservé le droit de faire subir les examens d'Etat et de
conférer les grades universitaires, c'est-à-dire les grades de
bachelier, de licencié et de docteur en théologie. Loin de se
gêner, les deux établissements se complétaient mutuellement.
Le programme de la Faculté, après l'énumération de ses
cours, disait expressément: « Les autres parties de la Théologie
seront enseignées, par les professeurs de la Faculté, au
Séminaire protestant, dont le programme les indiquera ».
Les professeurs de la Faculté n'étaient pas seulement choisis
parmi ceux du Séminaire, ils conservaient leur ancienne chaire
à côté de la nouvelle. Ils donnaient les mêmes cours qu'ils
avaient donnés jusque-là; ils les donnaient devant les mêmes
auditeurs et dans les mêmes locaux; une seule chose était
changée: des deux cours que chacun d'eux était appelé à faire,
l'un était pour le Séminaire, l'autre pour la Faculté, l'un
se faisait en allemand, l'autre en français.

C'était là, en effet, une des conséquences de la création
de la Faculté de théologie et de la nomination à la Faculté
et au Séminaire de quelques professeurs appartenant à la

jeune génération, on commença à faire des cours en langue française. Cela ne s'était pas vu jusque-là. Nous trouvons, il est vrai, dans le programme des leçons de l'Académie protestante pour l'année scolaire 1807-1808, l'annonce suivante: « M. Redslob donnera un cours de psychologie empirique en langue française », mais cette annonce ne reparaissant pas dans les programmes des années suivantes, il faut sans doute en conclure que ce cours français n'avait pas eu lieu faute d'auditeurs et qu'au Séminaire on ne crut point devoir renouveler une expérience qui avait si mal réussi. A la Faculté de théologie, établissement de l'Etat, les cours principaux se firent dès le principe en français. Cela était dans l'ordre des choses et d'autant plus indiqué que les étudiants venant du pays de Montbéliard ou de l'intérieur et du midi n'avaient, en général, aucune notion de la langue allemande. Le Séminaire, il est vrai, leur donnait, depuis 1826, l'occasion et les moyens de se familiariser avec cet idiome: il avait établi, à leur intention, un cours d'allemand; mais ce cours était mal suivi, et même lorsqu'il eut été rendu obligatoire, il ne donna pas les résultats qu'on en attendait. On ne put donc plus maintenir au Séminaire l'usage exclusif de l'allemand, il fallut y organiser des cours français dans la section propédeutique aussi bien que dans la section théologique.

La nécessité s'en fit de plus en plus sentir. Au mois d'octobre 1842, l'inspecteur ecclésiastique Bœckel, dans une lettre adressée au Directoire, signalait la difficulté de trouver des candidats pour les places de pasteur dans lesquelles la connaissance du français était indispensable. Il demandait qu'à l'avenir les candidats, avant d'être nommés à un poste de pasteur, fussent astreints à faire deux prédications en français pour prouver qu'ils possédaient suffisamment cette langue. Le Directoire accueillit favorablement cette proposition; il la transmit au Séminaire, en insistant sur l'utilité d'une mesure qui comblerait dans le programme des études une lacune longtemps ressentie. La Faculté, saisie, à son tour, de la question, prit, dans sa séance du 23 juin 1843, un arrêté aux termes duquel le cours de théologie pratique s'étendrait sur deux années, consacrées, la première, à la théorie, la seconde, à la pratique. Cette dernière comprendrait deux séries d'exercices, l'une pour la section française, l'autre pour la section allemande, et une troisième pour les deux sections réunies. Les candidats devaient, dans les six semaines avant leur examen, faire deux prédications, dont l'une au moins en français.

On maintint pourtant au Séminaire, à côté de l'enseignement en langue française, celui en langue allemande, et cela pour deux raisons. D'abord, la langue allemande était celle dans laquelle la plupart des jeunes théologiens seraient appelés un jour à prêcher et à donner l'instruction religieuse à la jeunesse. Il était donc nécessaire qu'ils fussent exercés à la manier. Et puis, la langue allemande était, si l'on peut dire, la langue classique de la théologie protestante. La science théologique avait été cultivée en Allemagne plus qu'en aucun autre pays, elle y avait fait de grands progrès et avait provoqué des travaux remarquables qu'il n'était pas permis à un théologien sérieux d'ignorer. Tout le monde était d'accord là-dessus. Aussi voyons-nous, dans la session du Consistoire général de 1851, les hommes les plus compétents se prononcer pour la conservation, dans l'enseignement théologique, de la langue allemande à côté de la langue française. » Les études théologiques », déclarait le professeur Ehrmann, doyen de la Faculté de médecine et membre du Consistoire général, « ne devront pas être suivies exclusivement en français ou en allemand, il faudra longtemps encore le concours des deux langues ». Et le président Braun ajoutait: « N'oublions pas surtout, pour justifier la continuation de certains cours en allemand, que les sources de la science théologique protestante sont en Allemagne. »

Bientôt, il est vrai, cela changea. Dans la période de 1848 à 1870, l'usage de la langue française se répandit très rapidement en Alsace. L'éducation des jeunes théologiens devint de plus en plus française, et vers 1870 il ne se faisait plus au Séminaire que deux ou trois cours en allemand.

II

Grâce à la combinaison des cours du Séminaire avec ceux de la Faculté, grâce aussi au zèle ardent des professeurs, l'enseignement théologique prit plus d'extension. Quand on parcourt les programmes du Séminaire et de la Faculté des années 1821 à 1830, on y trouve à côté de l'annonce des cours officiels, c'est-à-dire de ceux dont les professeurs étaient officiellement chargés et qui étaient obligatoires, des cours libres et facultatifs. A la dogmatique, la morale chrétienne, l'histoire ecclésiastique, l'exégèse de l'Ancien et du Nouveau Testament, et l'homilétique viennent se joindre l'introduction aux livres sacrés, l'histoire des dogmes, l'archéologie hébraïque, le droit ecclésiastique. Matter, en 1824, offre de faire un cours de symbolique; Jung, en 1827, annonce un cours d'encyclopédie et de méthodologie, et Fritz, la même année, un autre d'apologétique. Sans doute, on constate encore, dans le tableau des leçons, des lacunes très regrettables; des matières importantes, la théologie biblique, l'archéologie chrétienne, l'histoire du peuple d'Israël, d'autres encore y manquent. Les cinq professeurs de la Faculté qui étaient en même temps professeurs au Séminaire, ne pouvaient, malgré leur zèle, suffire à la tâche. Les nouveaux chargés de cours, Fritz et Lachenmeyer, appartenaient à la section propédeutique, et Jung, seul *privatim-docens* de théologie, était à son début.

En dehors des cours, le Séminaire offrait pourtant à ses élèves des deux sections plus d'une occasion de compléter leur instruction. En 1813 déjà, il avait décidé d'instituer, le deuxième et le quatrième dimanche du mois, dans la grande salle des cours, des réunions où les étudiants se rencontreraient avec leurs professeurs et pourraient les consulter sur leurs études. Dans la suite, quelques-uns des jeunes maîtres du Séminaire organisèrent des conférences ou des exercices dans lesquels les élèves acquerraient, avec de nouvelles connaissances, le goût du travail. Dahler dirigeait une société philologique où une élite s'exerçait à parler et à écrire en latin et expliquait les auteurs grecs et latins qui étaient généralement peu connus. Geoffroi Schweighaeuser présidait une réunion appelée « le declamatorium » parce qu'on s'y exerçait surtout à la lecture et à la récitation. Matter, dans la section théologique, invitait les étudiants de seconde année à traiter des sujets empruntés à l'histoire ecclésiastique et corrigeait avec soin les compositions qui lui étaient remises.

La « Société du Couvent » créée spécialement pour les internes du Collège Saint-Guillaume — bien que les externes n'en fussent pas exclus — avait également pour but de familiariser ses membres avec les problèmes théologiques. On y discutait pourtant de préférence des questions d'histoire, de philosophie et de philologie. La Société d'ailleurs était mal organisée: elle réunissait dans les mêmes séances et autour des mêmes travaux tous les étudiants, ceux qui étaient dans la troisième année de théologie et ceux qui venaient d'entrer dans la section préparatoire. L'intérêt des membres était partagé; c'était là une cause de faiblesse. On finit par s'en rendre compte et on divisa la société en deux sections. Mais c'était trop tard: la Société du Couvent ne fit plus que végéter et, en 1827, elle cessa d'exister.

Avec elle disparut une autre Société, « le *Collegium discentium* », association libre, sans direction officielle, de jeunes théologiens sérieux et capables qui, pendant vingt ans, avaient travaillé en commun à entretenir et à fortifier l'esprit scientifique dans le corps pastoral alsacien.

Toutes ces sociétés, auxquelles, dans les années 1822 à 1828, vinrent s'en ajouter d'autres, telles que la Société philomatique, la Philoponia, la Philologia, l'Eunomia, qui d'ailleurs n'eurent qu'une existence éphémère, cultivaient principalement ou exclusivement la philologie, la philosophie et l'histoire; aucune d'entre elles ne s'était donné la tâche d'étudier les problèmes dogmatiques, moraux ou exégétiques.

C'est pour combler cette lacune regrettable que deux jeunes théologiens qui ne faisaient point partie du corps enseignant du Séminaire ou de la Faculté, Jean-Jacques Bochinger, directeur du collège Saint-Guillaume, et Edouard Reuss, licencié en théologie, fondèrent, en 1828, la « Société théologique », que Reuss présida après la mort de Bochinger, que Reuss et Cunitz présidèrent plus tard ensemble, et où, pendant plus d'un demi-siècle, des centaines d'étudiants trouvèrent, avec un complément d'instruction, la direction et l'entraînement dont ils avaient besoin dans leurs études. Bochinger créa, presque en même temps, la « Société philologique », qui réunissait les élèves de la section propédeutique autour des questions littéraires et historiques et leur apprenait à penser et à travailler. Sœur cadette de la Société théologique, elle restait d'autant plus étroitement liée avec elle qu'elle était placée sous la même direction, celle de Reuss, et, plus tard de Reuss et de Baum.

Les étudiants ne manquaient donc ni d'occasions ni de stimulants pour leur développement intellectuel. Les examens semestriels auraient dû, à leur tour, éveiller et stimuler l'ardeur et le zèle des élèves. Mais ils étaient mal organisés. Il faut entendre Reuss raconter, dans ses Mémoires, comment les choses se passaient dans les examens de la section théologique. « Dans la grande salle des cours », dit-il, « les cinq professeurs venaient prendre place, l'un à côté de l'autre; les étudiants s'entassaient dans les derniers bancs, séparés des examinateurs par un assez grand espace, si bien qu'on entendait à peine la voix de Haffner. Chacun des professeurs posait une ou deux douzaines de questions, en appelant par leurs noms ceux auxquels il s'adressait; mais la réponse sortait du tas, elle était faite par celui qui savait quelque chose ou soufflée par lui au voisin. Beaucoup d'élèves ne se présentaient pas à l'examen, et leur absence n'était pas constatée. Il était impossible aussi de savoir si chacun avait répondu aux questions qui lui étaient posées et s'il savait quelque chose. Aussitôt que Haffner avait fini ses interrogations, il tirait un livre de sa poche et ne s'occupait plus ni de ses collègues ni des étudiants. Ces examens ne donnaient donc aucun résultat pratique. »

Les examens pour l'obtention du grade de candidat en théologie, beaucoup plus importants que les examens semestriels, n'avaient pas non plus le caractère rigoureux que l'on est en droit d'attendre de ces épreuves. Pour se faire une idée de ce qu'ils étaient, il faut encore écouter Reuss relatant, dans une page curieuse, l'examen qu'il subit le 19 août 1825, en même temps que trois de ses condisciples.

« L'examen de candidat », dit-il, « consistait dans un colloque avec Haffner sur la dogmatique, avec Dahler sur l'Ancien Testament, avec Redslob sur la morale, avec Matter sur l'histoire ecclésiastique et avec Bruch sur le Nouveau Testament. Le tout ne devait pas durer plus de trois heures, bien que nous fussions quatre candidats, car Haffner, quand il avait terminé, n'attendait pas un quart d'heure pour manifester son impatience vis-à-vis des autres examinateurs. Il y avait, avec moi, Hoffet, Jeanmaire et un certain Ducros de Nîmes. L'examen ne nous causait guère de souci. Nous piochions les cahiers de Haffner, et c'était à peu près tout. Le jour avant l'examen, Hoffet fut dépêché vers Dahler pour savoir sur quoi il nous interrogerait. L'excellent homme, selon son habitude, commença par déclarer que nous devions savoir tout ce qu'il avait expliqué dans les trois dernières

années, son éternel Esaïe, le Psautier et les douze petits
prophètes; mais qu'il était convaincu que nous avions toujours
bien travaillé et que, par conséquent, il ne nous examinerait
que sur le quatrième chapitre de Michée. Et tout de suite
nous nous mîmes, avec les scolies de Rosenmüller, à préparer,
pour la parade du lendemain, un prophète que nous avions
oublié depuis longtemps. La morale de Redslob était notre
moindre souci. Il avait l'habitude, dans les examens, de
parler lui-même, et pour un mot de trois syllabes qu'il attendait du candidat, de lui en dire les deux premières. On s'estimait particulièrement heureux quand on pouvait porter
l'entretien sur le matérialisme ou sur l'eudémonisme qu'il
haïssait comme la mort. Un candidat qui avait assez de
présence d'esprit pour prendre immédiatement la parole et
lancer quelques tirades contre ces systèmes était sauvé. Les
plus à plaindre étaient les deux jeunes professeurs. L'impatience de Haffner ne leur laissait pas le temps de respirer
ni celui de nous tourmenter. Quant aux questions posées par
Matter, je me souviens seulement que c'étaient des généralités
et que la science d'un élève de Gymnase eût suffi pour y
répondre. Bruch nous examina sur le discours de Paul à
Athènes. » [1])

L'examen n'était pas seulement oral, il comprenait une
dissertation latine que les aspirants au grade de candidat en
théologie présentaient avant le colloque et dont un des examinateurs rendait brièvement compte. Mais pour obtenir le
diplôme de bachelier en théologie, il fallait autre chose, il
fallait soutenir une thèse publique en présence de tous les
professeurs de la Faculté. Reuss dit que les étudiants
réformés étaient obligés par le règlement de faire imprimer
leur thèse et que les étudiants luthériens n'y furent forcés
que quelques années plus tard. En effet, les thèses imprimées
présentées à la Faculté dans les années 1824 à 1828 — car
avant 1824 les thèses imprimées n'existent pas à Strasbourg
— sont toutes, sauf celle de Reuss, en 1825, des thèses de
candidats réformés de l'Alsace et surtout du midi et de
l'intérieur. Mais il y a plus. Dans les premières années de la
Faculté, les élèves du Séminaire n'étaient pas tenus de
prendre le grade de bachelier en théologie, il suffisait qu'ils

-----

[1]) Ed. Reuss, *loc. cit.*

eussent passé l'examen de candidat. En 1825 encore, nous voyons le doyen Haffner s'élever, dans une lettre adressée au recteur de l'Académie, contre l'obligation qu'on voulait leur imposer d'acquérir ce grade. «La composition d'une thèse», dit-il, «et la soutenance publique sont des exercices fort utiles, mais si les épreuves auxquelles sont soumis les aspirants au baccalauréat en théologie sont rigoureuses, celles auxquelles le Séminaire soumet ses élèves avant de les admettre au grade de candidat ne le sont pas moins. — Astreindre les élèves du Séminaire à se pourvoir du grade de bachelier en théologie, ce serait leur imposer une dépense bien onéreuse et si disproportionnée aux moyens pécuniaires de plusieurs qu'ils seraient obligés de renoncer aux études théologiques. » [1])

Cet état de choses, assez étrange, qui divisait les étudiants, quant au dernier examen, en deux classes, les uns subissant l'examen de candidat avec une dissertation écrite présentée aux examinateurs, les autres passant les épreuves du baccalauréat en théologie avec une thèse imprimée et une soutenance publique, dura quelques années. L'arrêté du 24 mai 1828 y mit fin. Il rappelait qu'après trois années d'études les étudiants pouvaient se présenter à l'examen du baccalauréat en théologie, et il ajoutait qu'il n'était dérogé en rien aux différentes épreuves auxquelles les étudiants étaient assujettis. Dès lors, il ne fut plus fait de différence entre les uns et les autres; tous étaient soumis à la même règle: thèse imprimée et soutenance publique. L'organisation de la Faculté se trouvait enfin achevée.

III

A ce moment, le Séminaire et la Faculté étaient dans un état prospère. Les professeurs, les jeunes surtout, comprenaient leur mission de donner à leurs élèves une forte instruction et de faire en même temps leur éducation au point de vue moral. Ils s'appliquaient à remplir consciencieusement cette double tâche, et leurs efforts n'étaient pas vains. Les étudiants avaient, en général, le goût du travail et se signalaient par une conduite régulière. Logés,

---

[1]) *Lettre du 8 nov. 1825* (Arch. du Département).

en grande partie, à l'internat de Saint-Guillaume, placés sous la surveillance du directeur de cet établissement, ils étaient, par cela même, préservés de bien des tentations à l'inconduite. Sans doute, tous les articles du règlement n'étaient pas strictement observés, celui qui défendait la fréquentation des cafés et des brasseries était, paraît-il, souvent violé, mais, en somme, les cas disciplinaires qui se présentaient étaient assez rares et de peu de gravité.

Malgré cet état de choses plutôt satisfaisant, la conduite et les études des jeunes théologiens étaient l'objet de nombreuses critiques. Des rapports défavorables furent envoyés à Paris. L'autorité supérieure s'en émut; elle crut devoir intervenir et réclamer des réformes au double point de vue de la discipline et des études.

L'autorité supérieure, c'était pour lors le grand maître des Facultés de théologie protestantes. Lorsque, au commencement de l'année 1824, le ministère des affaires ecclésiastiques nouvellement créé avait été confié au grand maître de l'Université, les Facultés de théologie protestantes en avaient été détachées et leur grande maîtrise attribuée à un protestant. Le célèbre naturaliste Georges Cuvier, membre du Conseil de l'Université et chancelier de la Commission de l'instruction publique, avait été appelé à ces hautes fonctions. Il y apporta un zèle ardent, s'occupant non seulement de la situation générale des établissements qui étaient sous sa direction, mais du développement scientifique, moral et religieux de leurs élèves. Les renseignements qu'il avait reçus sur le Séminaire et la Faculté de Strasbourg lui semblaient appeler deux mesures: une surveillance plus active de la conduite des étudiants et un renforcement des études théologiques. Aussi s'adressa-t-il à différentes reprises au président du Directoire pour la répression des abus qui lui étaient signalés. « J'ai eu déjà plusieurs fois l'occasion », lui écrivait-il le 21 octobre 1828, « de vous entretenir de la conduite des étudiants de la Faculté de théologie et du Séminaire et de la nécessité de préserver leurs mœurs... Il paraîtrait, d'après le rapport de M. l'Inspecteur général, que les mesures qui ont été prises jusqu'à présent sont insuffisantes, qu'une cinquantaine d'élèves logés en chambres garnies sont à peu près sans surveillance et que la plupart des boursiers du gouvernement sont dans ce nombre. Un tel état de choses ne saurait subsister. » Il avait appris avec une vive satisfaction que des constructions nouvelles avaient été commencées dans les bâtiments du Temple-Neuf pour recevoir des pensionnaires et offrir ainsi à un plus grand nombre d'étudiants des préservatifs contre l'inconduite qu'ils ne trouvaient point lorsqu'ils étaient logés chez des particuliers. Peu de semaines après, le 26 novembre, il demandait des renseignements précis sur ce point important. « Les dispositions faites par le Directoire dans les bâtiments du Temple-Neuf ou ailleurs seront-elles suffisantes pour y recevoir tous les étudiants? Et dans le cas où les nouvelles constructions n'atteindraient pas ce but, quelles mesures provisoires ont été prises par le Directoire pour préserver les mœurs des jeunes théologiens libres? [1])

Cette lettre faisant présumer que le grand maître avait reçu des renseignements très inexacts sur la moralité et la discipline des élèves de la Faculté et du Séminaire, l'assemblée des professeurs décida qu'un rapport sur ce sujet serait adressé au Directoire avec prière de le transmettre au grand maître.

Mais déjà arrivait une nouvelle lettre, plus pressante, plus sévère. « Le protestantisme », y disait le grand maître, « repose sur deux bases essentielles, des mœurs sévères et la plus haute instruction. Déjà j'ai fait des efforts pour arracher les élèves en théologie de Strasbourg aux désordres, suite nécessaire du peu de surveillance que l'on exerçait sur eux; j'espère que l'on observe les recommandations que j'ai faites pour qu'on ne les laisse pas continuer à fréquenter les cafés et les cabarets et à se montrer en public autrement qu'en habit convenable à leur état, et si les recommandations si importantes pour l'honneur de notre religion étaient négligées, je m'empresserais de prendre des moyens plus efficaces. » [2])

Ces reproches et ce ton comminatoire, les professeurs du Séminaire et de la Faculté ne crurent pas devoir les accepter. Ils adressèrent une lettre au Directoire dans laquelle ils déclaraient que les efforts du Séminaire et de la Faculté pour retenir leurs élèves dans les limites de la bienséance et de la vertu n'avaient pas été vains. « Nous pouvons affirmer »,

---

[1]) *Lettre du 25 nov. 1828* (Arch. du Directoire).
[2]) *Lettre du 28 nov. 1828* (Arch. du Directoire).

disaient-ils, « qu'en aucun temps peut-être il n'y a eu dans le nombre de nos élèves tant de sujets qui se sont signalés par une conduite irréprochable et tant qui sont tout à fait distingués sous le rapport littéraire aussi bien que sous le rapport moral.. » [1]

Le baron Cuvier revint pourtant à la charge. « Il appert des rapports qui me reviennent », répondit-il, « que beaucoup de nos étudiants sont vus dans de tels lieux (cafés et brasseries), et cela au plus grand scandale des amis de la religion et des bonnes mœurs. Je ne puis donc qu'inviter les différents corps qui ont une autorité quelconque sur eux, d'unir leurs efforts pour mettre fin aux plaintes qui se sont élevées et de fortifier les jeunes théologiens dans les principes et les sentiments qui sont conformes à leur état. » [2]

Mais, aux yeux du grand maître, les études théologiques appelaient, elles aussi, de sérieuses réformes. Le baron Cuvier voulait des pasteurs savants « dignes d'être comparés aux grands théologiens qui ont illustré autrefois l'Eglise réformée de France ». « Ce doit être pour nous tous une affaire de conscience », écrivait-il au président du Directoire, « or, je ne puis vous dissimuler que, d'après tout ce que je vois et ce que j'apprends, il y a encore beaucoup à faire à cet égard; les examens tels qu'ils ont eu lieu jusqu'ici et tant qu'ils seront secrets, quelque soigneux que puissent être les examinateurs, ne donnent aucune garantie au public. » [3] Il prit lui-même, le 2 juin 1829, un arrêté réglant le détail tant des examens périodiques que de ceux pour l'obtention des grades. Ces derniers, il les voulait publics. Les membres du Directoire et du Consistoire général de Strasbourg devaient être conviés à y assister, et une copie des procès-verbaux de ces examens devait être adressée au Conseiller d'Etat chargé des affaires des Cultes non-catholiques et au membre du Conseil royal qui exerçait les fonctions de grand maître pour les Facultés de théologie protestantes.

L'année 1830 amena, au point de vue moral, un changement peu favorable. La surexcitation des passions politiques,

---

[1] *Lettre du Vice-directeur du Séminaire au président et aux membres du Directoire, du 7 janv. 1829.* (Arch. du Dir.)

[2] *Lettre du grand maître au président du Directoire du 31 mars 1829.* (Arch. du Dir.)

[3] *Lettre du 28 avril 1829.* (Arch. du Directoire.)

le service des étudiants en théologie dans la garde nationale, leurs rapports plus fréquents et plus étroits avec les étudiants en droit et en médecine, d'autres causes encore, ne furent pas sans exercer une influence néfaste sur les études académiques aussi bien que sur la conduite des jeunes théologiens.

De là, de nouveaux avertissements et de nouveaux conseils de la part du grand maître. Le 27 septembre 1831, il constatait que la conduite des étudiants en théologie avait donné et donnait encore lieu à de nombreuses et graves accusations, et il demandait que les réformes projetées fussent appliquées non seulement aux étudiants internés au Collège de Saint-Guillaume, mais à tous sans exception[1]).

Et certes, il était indiqué de prendre des mesures contre des dérèglements amenés ou favorisés par les circonstances. Mais c'était une erreur de croire qu'on arriverait à améliorer la situation par des règlements de police; c'était une erreur non moins grande de s'imaginer qu'on pouvait traiter des étudiants en théologie protestants comme on traitait des séminaristes catholiques, et que le salut était dans le casernement des élèves et dans une surveillance plus étroite. Le président du Directoire n'avait pas tort quand il répondait aux objurgations réitérées du grand maître, qu'il ne croyait pas que le remède aux maux signalés fût dans la réunion des étudiants dans un internat; qu'à son avis, il vaudrait mieux diminuer le nombre des élèves internés que de l'augmenter[2]).

Le moyen le plus efficace d'empêcher les étudiants de fréquenter les brasseries et les cafés et d'y perdre un temps précieux, c'était de leur offrir ailleurs des distractions honnêtes où l'utile s'unirait à l'agréable. Reuss l'avait compris et, avant même d'être nommé professeur au Séminaire, il avait songé à créer un établissement où les étudiants trouveraient, outre le verre de bière et la tasse de café, le billard et le damier qu'on leur offrait ailleurs, des journaux politiques et religieux, des revues théologiques et littéraires, et, en général, des publications qui pourraient les intéresser et leur être utiles. De cette idée naquit le Casino théologique et littéraire qui,-

---

[1]) *Lettre du grand maître du 27 sept. et du 29 déc. 1831.* (Arch. du Dir.)

[2]) *Lettre du président du Directoire au baron Cuvier, du 9 janv. 1832.* (Arch. du Dir.)

inauguré le 10 novembre 1831, continua à exister et à être fréquenté par les étudiants après même qu'une plus grande liberté leur eut été accordée. [1]

On n'en était pas là. D'aucuns préconisaient des mesures de rigueur. L'inspecteur ecclésiastique J. Bœckel, qui se mêlait volontiers des affaires du Séminaire, demanda l'insertion dans le règlement d'un article qui prescrirait aux étudiants la fréquentation régulière du culte. Le Directoire s'enquit auprès des professeurs du moyen de contrôler cette fréquentation; il décida en même temps que les élèves du Séminaire auraient chacun un directeur spirituel qu'ils choisiraient parmi les pasteurs de la ville. Les professeurs ne firent aucune opposition sur ce second point; ils invitèrent leurs élèves à se faire inscrire chez un pasteur pour suivre sa direction spirituelle, mais ils refusèrent d'insérer dans le règlement une prescription comminatoire relative à l'obligation de fréquenter le culte. « Une pareille obligation ne saurait être imposée », disaient-ils; « ce serait contraire à l'esprit protestant. » [2]

La question des « modifications à apporter aux règlements existants sur les candidats et les élèves en théologie » restait ouverte. Le Directoire crut devoir la soumettre aux Consistoires et aux Assemblées d'inspection. Deux d'entre elles, celles du Temple-Neuf et de Wissembourg, répondirent par des vœux qui avaient la prétention de compléter les dispositions prises. L'étudiant ne devait pas seulement choisir un pasteur de la ville comme directeur spirituel, il devait informer l'inspecteur ecclésiastique de son choix, et se présenter au moins une fois par mois chez son pasteur-directeur. Il ne suffisait pas non plus qu'il fréquentât régulièrement le culte, il devait chaque mois rendre compte des sermons qu'il avait entendus.

Le Séminaire, consulté sur ces vœux, les rejeta, à l'exception de celui qui se rapportait à la fréquentation du culte par les élèves du Collège de Saint-Guillaume. Il chargea la commission de l'internat de l'appliquer. Le Directoire, pour en assurer l'exécution, eut l'idée de demander aux Consis-

---

[1] Voy. *Le Casino théologique et littéraire*, 1831-1892. Notice historique par Rod. Reuss. Str. 1892, in-8º.

[2] Séance du Séminaire du 26 nov. 1835.

toires de la ville d'assigner aux élèves en théologie des places convenables dans les différentes églises. Les Consistoires s'empressèrent de faire droit à cette requête de l'autorité ecclésiastique: le Temple-Neuf réserva aux étudiants deux bancs avec 16 places, Saint-Nicolas, 12 places, Saint-Thomas, 12, Saint-Pierre-le-Vieux, 10, Sainte-Aurélie, 10, Saint-Pierre-le-Jeune, 9, et Saint-Guillaume, 6. La liste en fut affichée au Collège de Saint-Guillaume et au Séminaire. Une autre liste, apposée le samedi au tableau noir, disait les prédicateurs du lendemain. Les étudiants pouvaient choisir celui qu'ils voulaient entendre, mais ils devaient faire part de leur choix à leur senior.

Contre ce nouvel attentat à leur liberté, les étudiants se révoltèrent. Ils s'entendirent entre eux pour éluder le règlement. Le Directoire pourtant maintint ses décisions. Il les étendit même à tous les étudiants en théologie et chargea le Séminaire d'en assurer l'exécution. Mais les professeurs déclarèrent qu'ils n'avaient aucun moyen de contrôler la fréquentation du culte par les étudiants qui n'étaient pas logés au Collège de Saint-Guillaume et qu'ils laissaient au Directoire le soin de prendre les mesures qu'il jugerait utiles.

En attendant, le Consistoire général s'était réuni et le ministre lui avait demandé son avis sur les modifications à introduire dans les règlements existants sur les candidats et élèves en théologie. Le Consistoire, dans sa séance du 9 octobre 1844, après en avoir délibéré et pris communication des règlements existants, déclara que ces règlements étaient suffisants pour assurer de bonnes études et une discipline convenable.

Cette déclaration mit fin, pour le moment du moins, aux longues discussions sur l'état des études et de la discipline au Séminaire et à la Faculté de théologie et sur la nécessité d'apporter des modifications aux règlements existants. La vie académique put reprendre son cours calme et tranquille et se développer normalement jusqu'à ce que la révolution de février vint y jeter de nouveaux troubles. Mais avant de relater les événements de l'année 1848, il faut mentionner un danger qui, un instant, sembla menacer l'existence ou, du moins, le développement prospère de la Faculté de Strasbourg.

CHAPITRE V

La Faculté de théologie menacée dans son existence

La Faculté de théologie, depuis sa création, avait prospéré. Dès les premières années, le nombre de ses élèves s'était élevé à plus de trente; depuis, des Français de l'intérieur et du midi étaient venus se joindre aux Alsaciens et aux Mont-béliardais, et on pouvait prévoir que ce nombre augmenterait encore. Cette perspective si réjouissante fut subitement troublée par le projet de la création d'une Faculté de théologie nouvelle à Paris. [1]

En 1834, Guizot, alors ministre de l'instruction publique, avait formé auprès de son administration une commission composée de pairs de France et de députés protestants et de pasteurs pris dans les plus importantes Eglises du royaume, pour examiner l'état des écoles primaires protestantes et les moyens, soit d'y apporter les modifications désirables, soit d'assurer partout la liberté et l'efficacité de l'instruction religieuse, et, en même temps, pour rechercher les mesures qu'il conviendrait d'adopter pour donner aux études dans les Facultés de théologie protestantes tout le développement et la solidité dont elles sont susceptibles.

La commission mit une véritable sollicitude à remplir son second mandat. Elle recommanda à l'attention et à l'adoption du ministre trois points: la création d'une Faculté nouvelle de théologie protestante à Paris; la fondation d'un Séminaire où seraient réunis les élèves, et la création de chaires plus nombreuses que celles qui existaient dans les Facultés de théologie.

---

[1] Voy. M. Michel, *Examen du projet d'établir une Faculté de théologie à Paris.* Paris et Toulouse, 1837.

Le vœu formulé par la Commission avait eu un grand retentissement dans les églises réformées de l'intérieur et du midi. De nombreux corps ecclésiastiques y avaient adhéré; des conférences pastorales l'avaient appuyé et avaient pressé le ministre de pourvoir à sa réalisation. En 1835, la question vint même devant la Chambre des députés. M. de Falguerolles, par une interpellation au rapporteur du budget de l'instruction publique, fit connaître le vœu exprimé par la commission protestante dont il avait été membre. La Chambre écouta patiemment la discussion qui suivit, puis, aucune proposition n'étant faite, elle ne se prononça pas, donnant assez à entendre par l'attention qu'elle avait prêtée à cette question, tout à fait incidente, qu'elle n'avait aucun éloignement pour une demande formée dans un intérêt protestant quelconque et qu'elle ne refuserait pas de concourir aux progrès de l'enseignement religieux dans l'Eglise réformée.

Les protestants de la Confession d'Augsbourg en Alsace n'étaient pas restés indifférents à ces mouvements de leurs coreligionnaires réformés de l'intérieur et du midi. Ils avaient salué le vœu de la création d'une Faculté de théologie à Paris comme un symptôme de bon augure. Ils s'étaient dit qu'on commençait à comprendre en France que le protestantisme avait besoin de plus de lumières et de science et que c'étaient avant tout les pasteurs qui devaient se distinguer par l'étendue de leurs études, par l'élévation de leurs vues et par la profondeur de leur savoir.

Sans doute, ils s'étaient demandé si la translation de la Faculté de Montauban à Paris ou la création d'une Faculté nouvelle dans la capitale était la mesure indiquée pour faire refleurir dans l'Eglise réformée les hautes études théologiques; si une Faculté protestante ne devait pas être placée là où les croyances protestantes étaient le plus répandues; si au lieu de créer une Faculté nouvelle à Paris, il ne convenait pas mieux de réorganiser celle de Montauban, en lui associant une Faculté des sciences et une Faculté des lettres, et de créer ainsi un centre de lumière au milieu de la population du midi.

Mais comme, dans le principe, il n'était question que d'une Faculté réformée, ils ne s'étaient pas crus appelés à émettre publiquement leur opinion à ce sujet, ils avaient laissé à leurs frères réformés le soin d'apprécier l'opportunité, la nécessité du projet dont il s'agissait.

Cependant, en 1836, la question changea de face. Le rapporteur du budget de l'instruction publique à la Chambre, émit l'avis de conserver la Faculté calviniste de Montauban et la Faculté luthérienne de Strasbourg avec leur caractère spécial, mais de répondre aux besoins et aux vœux des protestants en fondant une troisième Faculté à Paris, qui réunirait les deux enseignements calviniste et luthérien. « Une pareille création », disait-il, « complète et couronne les institutions protestantes du pays; elle tend à exciter l'émulation des deux Facultés existantes, à secouer l'apathie dans laquelle s'éteignent les pasteurs et à provoquer des vocations pour l'enseignement qui se recrute avec tant de peine. »

Jusque-là, on avait demandé une Faculté réformée, maintenant, le rapporteur du budget de l'instruction publique proposait une Faculté mixte. La question, dès lors, n'était plus la même et les protestants de la Confession d'Augsbourg ne pouvaient plus s'en désintéresser.

La Chambre de 1836, comprenant sans doute que la question n'était pas mûre, qu'elle exigeait des études préliminaires, avait passé sur elle à l'ordre du jour. De nombreuses voix continuèrent pourtant à réclamer la création d'une Faculté à Paris. Les unes se prononçaient pour une Faculté réformée, les autres, c'était la minorité, pour une Faculté mixte. En 1837, la question revint une troisième fois devant la Chambre. Le ministre de l'instruction publique et son prédécesseur vinrent eux-mêmes donner des explications à l'assemblée. Ils avouèrent, l'un et l'autre, que la question avait besoin d'être mieux étudiée. Mais Guizot mit alors un autre projet en avant. Il proposa de créer à Paris un établissement qui recevrait les jeunes théologiens qui s'étaient particulièrement distingués au cours de leur triennium académique, et qui leur offrirait l'occasion de se livrer pendant quelques années encore à de fortes études, en profitant de toutes les ressources concentrées dans la capitale. Cet établissement, dans l'idée de Guizot, devait être mixte.

Le clergé luthérien d'Alsace se crut alors appelé à donner son avis sur une question qui intéressait l'Eglise tout entière, à faire connaître ce qu'il pensait d'une Faculté mixte et d'une Faculté de hautes études. La conférence pastorale réunie à Strasbourg les 13 et 14 juin 1837 s'arrêta donc à ces deux questions: « Les besoins de l'Eglise protestante de la Confession d'Augsbourg rendent-ils désirable l'établissement à Paris d'une Faculté de théologie mixte?» et: « Y a-t-il des raisons pour souhaiter la création à Paris d'une Faculté de hautes études théologiques pour les deux communions protestantes? »

L'assemblée tout entière — elle était composée de cent-dix-neuf pasteurs et ministres du Saint-Evangile — répondit négativement aux deux questions. Elle chargea le comité de la Conférence de faire parvenir son vote au Directoire et, par le Directoire, au gouvernement et aux chambres. Elle fit plus. Elle publia un mémoire, rédigé par les professeurs Bruch et Reuss, dans lequel elle exposait tout au long les raisons qui avaient motivé son vote et les résumait finalement en ces termes:

« Nous reconnaissons avec une vive gratitude la bien-veillante intention du gouvernement de donner aux hautes études théologiques des protestants plus d'étendue et d'éclat. Mais nous sommes convaincus que les projets qui ont été mis en avant ne sont pas ceux qui répondraient le mieux au but qu'il s'agit d'atteindre... Ce que nous demandons, c'est que le gouvernement, s'il vient à reconnaître que tout n'est pas fait pour les établissements d'instruction supérieure en France, ne commence pas par ruiner ceux qui existent aujourd'hui et qui font leur devoir; c'est qu'il n'écoute pas avec trop de complaisance des suggestions qui souvent cachent de petites ambitions individuelles. Nous nous prononçons avec énergie contre la création d'une Faculté mixte à Paris, parce que nous voulons voir former nos ministres au sein de leur église, sous la tutelle immédiate de notre Directoire, en contact avec la population qu'ils doivent un jour instruire et dont ils doivent parler la langue. Nous déclarons qu'une seconde Faculté luthérienne est inutile, celle de Strasbourg répondant parfaitement à tous les besoins de la science et de l'Eglise, inutile par rapport au petit nombre des élèves, inutile enfin parce qu'elle occasionnerait de fortes dépenses qui ne seraient nullement compensées par des avantages réels. Mais nous protestons surtout et de toutes nos forces contre une Faculté de hautes études, non seulement pour les raisons que nous avons fait valoir contre le premier projet, mais encore parce qu'à Paris tous les secours indispensables aux études théologiques seraient encore à créer, tandis qu'ils existent, qu'ils abondent à Strasbourg. Nous protestons parce qu'une pareille institution est attentatoire à des droits légitimement acquis, inconciliable avec l'existence des Facultés ordinaires et qu'elle provoquerait, non une salutaire émulation, mais des embarras, des complications et des jalousies. Nous protestons parce qu'elle entraînerait indubitablement la ruine matérielle et morale des Facultés actuellement existantes, et dont la conservation à côté du nouvel établissement serait sans but. » [1])

Dans l'intérieur et au midi, les manifestations en faveur de la création d'une Faculté de théologie à Paris continuaient de se produire. La commission du budget, dans son rapport à la Chambre, se prononçait dans le même sens. Le ministre, M. de Salvandy, dans ses déclarations faites à la tribune, dans ses lettres et ses promesses, se montrait également favorable au projet. Mais au moment de le réaliser, le gouvernement recula devant la résistance occulte du clergé catholique. Craignant d'avoir l'air de favoriser les protestants, il prit prétexte de cette opposition pour ajourner l'exécution du projet et pour l'abandonner finalement.

Le danger qui semblait menacer la Faculté de Strasbourg se trouva écarté.

------

[1]) *Opinion de la Conférence pastorale de Strasbourg (1837) sur le projet d'établir à Paris une Faculté nouvelle de théologie protestante, ou une Faculté de hautes études, destinée en même temps aux réformés et aux luthériens.* Strasbourg, 1838, p. 49, ss.

CHAPITRE VI

L'année 1848

L'effervescence que les journées de février provoquèrent partout en France s'était communiquée à la jeunesse universitaire de Strasbourg. A la nouvelle de la proclamation de la République, les étudiants, en longs cortèges, s'étaient rendus au Broglie et, réunis à d'autres jeunes gens de la ville, ils avaient manifesté leurs sentiments: ils avaient déployé des drapeaux rouges, prononcé des harangues enflammées, commis quelques excès. Les étudiants en théologie n'avaient pris qu'une faible part à cette manifestation publique, mais ils se livrèrent à des démonstrations d'un autre genre: ils élevèrent des prétentions et formulèrent des revendications qui ne tendaient à rien moins qu'à amener un changement total dans l'état de choses existant au Séminaire et à la Faculté de théologie.

Dans une première pétition adressée aux professeurs, ils demandèrent d'être dispensés des examens semestriels, alléguant que l'agitation patriotique dans laquelle ils vivaient ne leur laissait pas la liberté d'esprit nécessaire pour les préparer. Les professeurs, prévoyant sans doute ce que seraient des examens faits dans de pareilles conditions, crurent devoir acquiescer à cette demande. Peut-être aussi espéraient-ils empêcher par cette concession des réclamations plus conséquentes. Ce fut le contraire qui arriva. La facilité avec laquelle les postulants avaient obtenu ce qu'ils demandaient, ne pouvait que les enhardir à demander davantage.

En effet, après quelques jours seulement, une nouvelle pétition, adressée aux « Citoyens professeurs », venait réclamer, dans l'ordre établi des cours, les trois modifications suivantes: 1° les cours ne se feront plus au Séminaire, mais dans le bâtiment de l'Académie; 2° aucun professeur ne pourra faire plus de trois cours par semaine; 3° il n'y aura plus de cours en langue allemande.

Ce troisième point mit les professeurs dans un cruel embarras. Devaient-ils déclarer qu'ils continueraient, comme par le passé, à faire une partie de leurs cours en langue allemande? Mais c'était appeler l'attention de l'autorité sur la question de la langue employée dans l'enseignement du Séminaire et provoquer peut-être de sérieuses difficultés. Ou bien devaient-ils faire valoir la situation particulière du Séminaire, institution ecclésiastique existant à côté et en dehors de l'Université? Mais souligner le caractère ecclésiastique du Séminaire au moment où l'Eglise elle-même était menacée et où l'autorité ecclésiastique était renversée par le mouvement révolutionnaire, pouvait être périlleux.

Mais déjà une nouvelle pétition des étudiants venait exiger que les vieux professeurs donnassent leur démission et fissent place à de jeunes forces. Alors plusieurs des professeurs montrèrent de l'énergie. Baum, pédagogue au Collège de Saint-Guillaume, sermonna les élèves de cet établissement; Reuss mit ceux qui criaient le plus fort à la raison, et Bruch menaça de renvoyer les fauteurs de désordre. Cette ferme attitude fit merveille. Les esprits se calmèrent. C'étaient surtout des étudiants de l'intérieur et du midi qui avaient poussé à ces démonstrations insensées. Quelques-uns furent exclus, d'autres quittèrent de plein gré la théologie, et l'ordre et le calme se rétablirent.

Les professeurs crurent pourtant devoir faire droit à certaines réclamations des élèves: le cours d'histoire ancienne qui se faisait en langue allemande fut remplacé par un cours d'histoire de la Révolution française professé en français. Le programme des leçons du Séminaire, qui avait paru jusque-là en latin, devait désormais être publié en français.

Les pétitions et les réclamations des étudiants eurent d'ailleurs un résultat heureux: elles mirent en lumière ce qu'il y avait de défectueux et d'insuffisant dans les règlements existants. On avait eu mainte fois l'occasion de constater cette insuffisance, mais sans oser toucher à ce qui avait été établi autrefois. Maintenant, la nécessité d'un nouveau règlement s'imposait; une commission fut chargée de l'élaborer, et le 10 juillet 1848 elle adopta les six articles suivants:

« 1° Les cours se divisent en deux espèces, en cours obligatoires et en cours facultatifs. Les cours obligatoires sont ceux sur lesquels les élèves sont examinés soit en entrant en théologie, soit pour le grade de bachelier; les élèves qui suivent les cours facultatifs sont examinés sur ces cours dans les examens semestriels.

« 2° Les cours obligatoires de la première section du Séminaire sont: un cours d'interprétation grecque; un cours mixte d'interprétation et de littérature latine; un cours élémentaire d'hébreu; deux cours de philosophie; un cours d'histoire universelle.

« 3° Les cours obligatoires de la seconde section et de la Faculté de théologie sont: les cours d'introduction à l'Ancien et au Nouveau Testament; d'exégèse de l'Ancien et du Nouveau Testament, de morale évangélique, de dogme, d'histoire de l'Eglise, y compris l'histoire des dogmes et la symbolique; la théologie pratique.

« 4° Les professeurs du Séminaire feront chacun un cours d'au moins trois leçons par semaine; les professeurs attachés en même temps à la Faculté, feront deux cours chacun de trois leçons, l'un comptant pour la Faculté, l'autre pour le Séminaire.

« 5° Les élèves de la section préparatoire auront à suivre par semaine un minimum de 24 leçons, ceux de la section théologique, un minimum moyen de 21 leçons.

« 6° Les cours de la Faculté et de la section théologique du Séminaire sont répartis en un cycle triennal; les cours d'introduction, de morale et de dogme durant chacun deux semestres, se feront tous les deux ans une fois, de manière que les élèves puissent suivre ceux d'introduction et de morale dans le cours de leurs deux premières années et celui de dogme dans la seconde ou dans la troisième; ce dernier cours ne devra jamais être suivi par des élèves de première année. Les cours d'exégèse se continueront sans interruption, mais les élèves ne seront tenus de les suivre que pendant quatre semestres. Le cours d'histoire ecclésiastique, y compris l'histoire des dogmes et la symbolique, sera terminé en quatre semestres. Il recommencera tous les deux ans, pour que tous les élèves puissent le commencer par le commencement. Le cours de théologie pratique, théorie et exercices, prendra quatre semestres, et sera suivi par les élèves de seconde et de troisième année.

« A la fin de chaque semestre, avant l'examen semestriel, le Directeur des études se fera remettre par les élèves des deux sections les certificats d'assiduité qui leur auront été délivrés par les professeurs dont ils auront suivi les cours.

« L'examen semestriel de la seconde section du Séminaire portera sur toutes les matières obligatoires ou facultatives pour lesquelles il n'y a pas de chaire à la Faculté. Le résultat de cet examen sera proclamé en séance publique par le Directeur des études.

« Tous les cours (obligatoires?) se feront en français. La langue allemande ne pourra être employée que pour des cours facultatifs. »

Ce règlement, inspiré par Reuss, constituait, dans ses principales dispositions, un vrai progrès sur les règlements antérieurs. Il resta, malheureusement, lettre morte. En le votant, on était encore plus ou moins sous l'impression des troubles de février; mais la tourmente une fois passée, on ne songea plus à introduire des changements qui étaient des améliorations. On retomba tout simplement dans la routine. Ce ne fut que beaucoup plus tard, après des années, qu'on songea à appliquer le règlement de 1848.

D'autres décisions votées ailleurs et qui tendaient à mettre le Séminaire et la Faculté de théologie dans une dépendance plus entière de l'Eglise, eurent heureusement le même sort, c'est-à-dire n'arrivèrent pas à être appliquées. L'assemblée des délégués qui se réunit au mois de septembre 1848 dans le but de préparer une loi organique pour l'Eglise de la Confession d'Augsbourg en France, fut amenée, au cours de ses débats, à s'occuper du Séminaire et de la Faculté de théologie. Dans la séance qu'elle tint le 28 septembre, différentes motions furent faites relativement à ces deux établissements. On revendiqua pour le Consistoire général le droit de surveillance du Séminaire, la nomination de ses professeurs, le droit de présentation des candidats aux chaires de la Faculté. Un membre demanda même que l'administration des fondations protestantes fût confiée à une commission civile, nommée *ad hoc* par le Consistoire général.

Cette dernière motion fut écartée, mais l'assemblée vota

un article conçu en ces termes: « Le Consistoire général nomme les professeurs du Séminaire et fait les présentations, même à titre provisoire, aux chaires vacantes de la Faculté de théologie, d'après un règlement qu'il arrêtera. »

On sait que le projet de loi organique discuté et adopté par l'assemblée des délégués ne fut pas agréé par le gouvernement; le nouveau Directoire, nommé en 1851, élabora, par contre, un projet de réorganisation des cultes protestants qui fut agréé et sanctionné par le président de la République. Le décret du 26 mars 1852 statuait à l'article XI: « Il (le Directoire) exerce la haute surveillance sur l'enseignement et la discipline du Séminaire... Il nomme les professeurs du Séminaire, sur la proposition de ce dernier corps. Il donne son avis motivé sur les candidats aux chaires de la Faculté de théologie. »

Cette même année 1852 fut marquée par un autre événement qui ne fut pas sans importance pour le Séminaire: la réorganisation de l'autorité supérieure de l'Eglise de la Confession d'Augsbourg et la nomination de M. Braun, conseiller à la cour d'appel de Colmar, comme président du Consistoire général et du Directoire. M. Braun, par cette nomination, devenait en même temps Directeur du Séminaire. Ses prédécesseurs immédiats dans ces hautes fonctions, MM. de Türckheim, père et fils, s'étaient intéressés aux questions d'administration bien plus qu'aux questions d'enseignement, qui leur étaient plus ou moins étrangères. Le nouveau président, au contraire, montra, dès le début, un vif intérêt pour les questions d'instruction et pour le corps enseignant. Doué d'une haute intelligence et d'un esprit fin, unissant la distinction du talent à la dignité dans les manières, jaloux de son autorité, mais prudent et habile à ménager les pouvoirs publics et l'orthodoxie parisienne, il était appelé à jouer un rôle important au sein du Séminaire.

Théodore-Elisée Braun avait jusqu'alors parcouru une brillante carrière. Né le 17 août 1805 à Brétigny, près de Villefranche, dans le département du Rhône, mais appartenant à une famille alsacienne (de Mulhouse), il avait étudié le droit à Strasbourg et, ses études achevées, s'était fait recevoir avocat à Colmar. Mais il quitta bientôt le barreau pour entrer dans la magistrature. D'abord juge à Altkirch, puis procureur du roi près le tribunal de Saverne, il fut appelé, en 1836, en cette qualité, à Colmar et y devint plus tard conseiller à la cour d'appel. Délégué par le Consistoire de Colmar à l'assemblée de 1848, il s'y était fait remarquer par sa connaissance des affaires et par son talent de parole; il avait été envoyé ensuite par l'inspection de Colmar au Consistoire supérieur, et lorsque M. F. de Türckheim se démit de ses fonctions de président du Consistoire général et du Directoire, il avait, par décret du 7 novembre 1850, été nommé à sa place.

CHAPITRE VII

Attaques ultramontaines contre le droit de propriété du Séminaire — Réponses des protestants — Décision du Conseil d'État

Les articles organiques de l'Académie des protestants de la Confession d'Augsbourg du 30 floréal an XI portaient que les fondations de l'ancienne Académie, le Gymnase, les bourses, bibliothèques et bâtiments de l'ancienne Académie seraient affectés à la nouvelle Académie établie par la loi du 18 germinal an X et que les charges dont ces fondations étaient grevées précédemment continueraient à être acquittées. En adressant ces articles au président du Consistoire général, le ministre des Cultes, Portalis, avait expressément déclaré que le gouvernement confirmerait à l'Académie les fondations qui y étaient anciennement attachées et que l'administration étant bonne, elle méritait d'être conservée dans l'état où elle était. [1]

Le droit de propriété de l'Académie, plus tard du Séminaire protestant, était donc parfaitement reconnu et garanti par le gouvernement. Plus tard, dans un mémoire historique pour établir les droits de propriété des églises protestantes, Portalis s'était exprimé plus catégoriquement encore. « J'ai établi », disait-il dans ce mémoire, « que tous les biens ecclésiastiques dont les protestants de la communion luthérienne et calviniste des quatre départements réunis étaient en possession en l'année normale 1624 leur appartiendraient à toute perpétuité, que cette propriété avait été

---

[1] *Lettre de Portalis du 13 Prairial XI au président du Consistoire général.* (Arch. du Directoire.)

reconnue et garantie jusqu'aujourd'hui, non seulement par les traités, les capitulations, les lois de l'Assemblée constituante, la loi du 18 germinal an X, mais encore par les décrets que S. M. a rendus sur cette matière... Par un décret du 28 floréal an XI S. M. a établi l'Académie protestante à Strasbourg, à laquelle est attaché un gymnase ou école de première instruction. Les professeurs de cette Académie et de ce Gymnase sont dotés du produit de fondations faites en faveur des Eglises protestantes, fondations qui ont été conservées et respectées depuis la paix dite de religion en 1555 ».[1]

Ces dispositions avaient existé depuis quarante ans et ni la Restauration ni la monarchie de juillet n'avaient osé y toucher. La ville de Strasbourg non plus n'avait jamais songé à élever des prétentions sérieuses sur les biens de Saint-Thomas. Au contraire, le maire, M. de Wangen, avait, par un arrêté du 10 février 1810, pleinement reconnu à cette fondation la qualité de propriétaire, et en 1813, la ville et Saint-Thomas traitaient de propriétaire à propriétaire, dans une affaire d'échange de terrains.

Une seule fois, en 1811, quelques membres du Conseil municipal avaient eu la pensée de revendiquer comme biens de la ville certaines fondations qu'au XVIIe siècle le magistrat avait attribuées à la Haute-Ecole. Mais il avait suffi de leur faire voir les titres de possession de cet établissement, pour qu'ils renonçassent à maintenir leur revendication.

Plus tard, en 1814, le chapitre de la cathédrale, dans un mémoire adressé au roi, avait revendiqué le vieux Collège des Jésuites ou grand Séminaire, occupé par l'Académie royale, et avait proposé de déposséder les protestants des bâtiments qu'ils possédaient au quai Saint-Thomas, pour les céder à l'Académie royale, en remplacement du grand Séminaire.[2] Cette tentative de spoliation était également restée sans effet.

Mais quand l'ultramontanisme triompha en France, la guerre contre les protestants fut également organisée en Alsace, et pour porter un coup particulièrement sensible à

---

[1] *Lettre au préfet de la Sarre du 17 mai 1806. Voy. Notice sur les Fondations administrées par le Séminaire protestant de Strasbourg,* p. XCIX ss.

[2] *Lettre de M. Dahler, vice-directeur du Séminaire, au Directoire,* 6 mars 1815. (Arch. du Dir.)

l'Eglise de la Confession d'Augsbourg, ses ennemis l'attaquèrent dans ses établissements d'instruction, dans le Séminaire, avant tout, et dans le Gymnase. Les catholiques, dont les biens ecclésiastiques avaient été vendus pendant la Révolution comme biens nationaux jalousaient l'Eglise protestante, qui avait pu garder ses biens, et criaient à l'injustice.

Les premières attaques furent dirigées contre l'administration de Saint-Thomas. Cette administration, disait-on, était illégale, elle se dérobait à tout contrôle. C'était une situation anormale, à laquelle il fallait absolument mettre un terme. Les comptes des établissements ecclésiastiques devaient être contrôlés par les autorités civiles. Pendant des années, le Conseil général du Bas-Rhin prit des arrêtés dans ce sens.

En 1843, une pétition fut même adressée à la Chambre des députés pour amener le gouvernement à mettre un terme à la prétendue illégalité de l'administration de la fondation de Saint-Thomas. A cette pétition était joint le mémoire d'un avocat de Strasbourg, qui mêlait si habilement le vrai et le faux, la question de droit et la question de fait, que ceux qui n'étaient pas initiés pouvaient être facilement induits en erreur. [1]) La pétition et le mémoire manquèrent d'ailleurs leur but: la pétition, malgré les efforts de quelques fanatiques, ne fut point discutée à la Chambre, et on n'accorda aucune attention au mémoire qui y était joint.

Cependant, les attaques contre la fondation de Saint-Thomas continuaient dans des feuilles volantes et dans la presse locale. Deux journaux catholiques, l'*Abeille* et l'*Observateur du Rhin*, se signalaient surtout par leur violence et leurs allégations mensongères. Ils racontaient des choses monstrueuses sur « la mine d'or des luthériens » et sur les « Boursistes » et « Sinécuristes » de Saint-Thomas. La fondation, disaient-ils, dispose de nombreux millions et, au bout de l'année, les professeurs du Séminaire se partagent le reste des revenus. Saint-Thomas, disaient-ils encore, fait une pension de dix-mille francs et davantage à des personnages haut placés à Paris — on visait Guizot et Matter — pour qu'ils justifient une situation tout à fait illégale.

Il en fut ainsi pendant des années. En 1852, à l'approche

---

[1]) *Mémoire à consulter sur les établissements protestants d'Alsace.* Strasb. 1843.

des élections pour le conseil municipal, les attaques et les
calomnies redoublèrent. Un ancien instituteur protestant
converti au catholicisme, nommé Hunold, dans une brochure
allemande intitulée *Quelques mots au peuple sur le conseil
municipal*,[1] écrivait: « Il serait temps que la ville revendiquât
les biens de la soi-disant fondation de Saint-Thomas. Ces
biens, jusqu'à la première révolution, étaient la propriété de
la ville: personne n'avait le droit de les lui enlever. On a
beaucoup écrit et discuté sur ce sujet. Mais aussi longtemps
que le peuple ne s'en mêlera pas, nous n'arriverons à aucun
résultat. Il s'agira de faire des pétitions orageuses *(Sturm-
petitionen)* au conseil municipal, au conseil général, au
gouvernement; sans quoi ces Messieurs qui ont en mains cet
argent et ces grands biens, ne rendront pas à la ville sa
propriété. Avec de pareilles ressources, la ville pourrait payer
ses dettes, abaisser son octroi et faire beaucoup d'autres
choses. Nous en reparlerons sous peu.[2] »

Cette brochure n'eut pas l'effet voulu. Le Conseil municipal qui sortit des élections était, comme d'habitude, composé
mi-partie de catholiques et mi-partie de protestants. Une
nouvelle brochure publiée, comme la première, en langue
allemande, sous ce titre: « *Quelques mots au peuple sur la
fondation de Saint-Thomas* »,[3] déclara encore une fois que
la ville avait le droit de reprendre son bien, et engagea le
peuple, au cas où les conseillers municipaux ne feraient pas
leur devoir, à s'adresser directement, par petition, à l'empereur.

De nouvelles brochures, cette fois en langue française:
« *Affaires de Saint-Thomas. Relevé détaillé des biens dont
jouissent certains protestants du Bas-Rhin au détriment des
communes, du département et de l'Etat* » et « *L'affaire de
Saint-Thomas expliquée aux hommes du peuple* », préten-
daient exposer l'histoire des biens protestants et les droits de
la ville, et disaient dans l'une de leurs conclusions: « Les
catholiques ne reculeront plus. Il ont pour eux la justice et
le droit... On ne les opprimera plus. Au besoin, ils s'adresse-

---

[1] *Ein Paar Worte an's Volk über den Strassburger Municipalrath.*
16 p. in-16, imprimés à Haguenau, avec cette remarque : En vente chez
Schmitt, libraire à Strasbourg, rue des Hallebardes, 38. Prix : 20 cts.

[2] P. 16 de la brochure

[3] *Ein Paar Worte an's Volk über das Thomasstift.*

ront à leurs frères des autres départements. Leur appel sera entendu. Ils né souffriront plus qu'une poignée de scoliastes et de pédagogues, plus allemands que français, bravent à leur guise les lois du pays. » Et puis, avec un coup d'oeil sur les prétendues richesses de Saint-Thomas et de la Haute-Ecole: « Ces chiffres », disaient-ils, « ne suffiront-ils pas pour ouvrir les yeux à nos autorités et pour leur faire sentir la nécessité de surveiller l'emploi de revenus aussi considérables? Ne pourrait-on pas en faire, dans un cas donné, un usage dangereux pour la tranquillité du pays et même pour l'intégrité du territoire? Que l'on avise donc enfin, il y va des plus chers intérêts de l'Alsace. » [1]

Rendre les protestants alsaciens et, avant tout, les professeurs du Séminaire et les autorités ecclésiastiques politiquement suspects, c'était, semblait-il, le meilleur moyen d'atteindre le but poursuivi. Déjà dans la pétition à la Chambre des députés, on avait insinué que la fondation de Saint-Thomas serait, le cas échéant, prête à vendre l'Alsace à l'Allemagne. [2] Les journaux et les libelles ultramontains avaient à différentes reprises insisté sur les « sympathies prussiennes » des pasteurs et des professeurs protestants et les avaient tout uniment qualifiés de « Prussiens d'Alsace. »

Ces différents moyens n'ayant pas abouti, il fallut recourir à un autre. On colporta dans les ateliers, dans les brasseries et autres lieux publics, une pétition au Conseil municipal, où il était dit que les biens de Saint-Thomas avaient été dérobés à la ville, qu'ils étaient retenus illégalement par le Séminaire et qu'ils devaient être rendus au propriétaire légitime.

Cette pétition ne fut pourtant pas présentée à la discussion du Conseil municipal sorti des dernières élections. Mais on profita de certaines dissensions entre le maire et le Conseil pour dissoudre ce dernier et le remplacer par une commission provisoire, dont les membres étaient en grande majorité catholiques. On crut alors le moment favorable à une attaque directe contre le Séminaire. Le maire, Coulaux, sans tarder,

---

[1] *L'Affaire de St-Thomas expliquée aux hommes du peuple.* 3e *partie,* p. 7 et 8.

[2] «Une fortune aussi considérable pourrait, entre des mains infidèles, recevoir, dans un moment de crise, un emploi contraire à l'ordre public et peut-être à l'intégrité du territoire. »

fit signifier entre les mains des fermiers de la fondation ses
oppositions au payement des fermages.

Jusque-là, les protestants s'étaient abstenus de répondre
aux attaques ultramontaines. L'administration de Saint-Thomas, en particulier, avait cru au-dessous de sa dignité de se
commettre avec des gens qui répandaient sans vergogne les
fables les plus ridicules d'immenses trésors cachés et de
manœuvres financières illicites des membres du chapitre, ou
qui opéraient avec des dénonciations politiques. Elle avait
fait paraître, en 1844, un court exposé de l'origine des biens
de Saint-Thomas, des droits historiques du Séminaire protestant et de l'emploi de ses revenus[1]), et elle avait pensé que
cela suffisait.

Mais maintenant le Séminaire résolut de s'opposer par
voie judiciaire aux agissements du maire et de demander à
cet effet l'autorisation du conseil de préfecture. En même
temps, le Directoire, sur l'invitation du Consistoire supérieur, publiait une *Notice sur les fondations administrées par
le Séminaire protestant de Strasbourg*[2]); le président Braun,
dans une *Note sur les biens protestants de la Confession
d'Augsbourg et les attaques dont ils sont l'objet*[3]) montrait
que les protestants étaient attaqués dans leurs droits sécu-
laires et déplorait que le maire, par une mesure violente, eût
compromis la paix publique et troublé la bonne harmonie
entre les deux cultes; le baron Alfred de Bussierre, député de
Strasbourg et membre du Consistoire supérieur, prouvait,
dans une *Lettre sur les fondations de Saint-Thomas adressée
à M. Coulaux*[4]), qu'en s'emparant des biens de Saint-Thomas
la ville ferait non seulement une mauvaise affaire, mais
qu'elle léserait un droit et donnerait «lieu ou prétexte à des
irritations, à des alarmes qu'une sage administration a toujours soin de prévenir ou d'apaiser»; l'avocat Kugler,
membre du Consistoire de Saint-Nicolas, enfin, après avoir,
dans une brochure intitulée *«Qu'en est-il des affaires de
Saint-Thomas?*[5]) passé en revue les titres octroyés et renou-

----

[1]) *Notice sur le Séminaire protestant de la Confession d'Augsbourg,
sur son origine, sa situation et son enseignement.* Strasb. 1844.

[2]) Strasbourg, 1854. 8°.

[3]) Paris, 1854. 8°.

[4]) Paris, 1854. 8°.

[5]) Strasbourg, 1854. 8°.

velés aux fondations protestantes par une série d'actes souverains, concluait « qu'une mutation de propriété serait une révocation successive des Articles organiques de l'Empire, des décrets de l'Assemblée constituante, des traités de la Capitulation, des traités même signés et conclus par le conseil souverain de Strasbourg au seizième siècle. »

Le Consistoire supérieur crut pourtant qu'il fallait faire plus. Le Directoire avait envoyé au ministre les différents libelles dirigés contre les fondations protestantes et le Séminaire, avec les éclaircissements nécessaires, le Consistoire Supérieur résolut de s'adresser directement à l'empereur et de lui signaler les attaques contre des droits garantis par le gouvernement à l'Eglise protestante. Son adresse se terminait par cette déclaration : « Nous ne redoutons pas un procès, Sire, nos droits sont incontestables, et, s'il fallait le subir, votre magistrature ne nous ferait pas défaut; mais nous supplions Votre Majesté, avant que les tribunaux en soient saisis, de faire examiner si, en effet, la ville de Strasbourg doit être autorisée à plaider, et nous mettons l'union des familles et des citoyens, leur bonheur et la paix religieuse en Alsace, et partout où il y a des protestants dans l'Empire, sous la sauvegarde du restaurateur de l'ordre, de la puissance et de la prospérité publiques » [1]). Une députation choisie dans le sein du Consistoire supérieur et conduite par le président Braun devait présenter cette adresse à Sa Majesté.

Le maire, malgré tout, continuait à pousser l'affaire. Il fit, dans la séance de la Commission municipale du 14 octobre 1854, la proposition de demander au Conseil de préfecture l'autorisation de plaider contre le Séminaire « à l'effet de revendiquer au nom de la ville les biens des fondations de Saint-Thomas, de la Haute-Ecole, de Saint-Guillaume et du Corps des pensions. »

La proposition fut adoptée par la Commission municipale. Deux avocats de renom, Me E. Friquet, avocat au Conseil d'Etat et à la cour de cassation, et Me J. Dufaure, avocat à la cour impériale, mirent leur talent au service du parti catholique et entreprirent de prouver que « le droit de la Ville à la propriété des biens de son ancien domaine, détenus par

---

[1]) *Rec. off.* XII, p. 126.

le Séminaire, était irréfragablement établi par la prise de possession et la sécularisation de ces biens au XVIe siècle. » [1]

Le préfet pria alors le Directoire de prendre connaissance de la délibération de la Commission municipale, du rapport du maire et des mémoires des avocats consultés par la ville, et de les lui renvoyer avec les observations du Séminaire.

Ce dernier, dans une délibération longuement motivée, démontra

« que la Ville ne produisait aucun document de nature à établir que les biens qu'elle revendiquait avaient, à une époque quelconque, fait partie de son patrimoine, comme corps municipal;

« que les biens du chapitre de Saint-Thomas n'avaient jamais été sécularisés et n'avaient pu l'être; que ce chapitre n'avait pas été supprimé; que, devenu protestant, il avait continué à exister, et qu'à toutes les époques le magistrat avait reconnu son existence comme personne morale, complètement distincte et indépendante de la Ville; qu'une série d'actes antérieurs ou postérieurs à la capitulation de 1681 fournissaient sur ce point une certitude absolue;

« qu'en ce qui concerne les biens et revenus des fondations de la Haute-Ecole et du pensionnat de Saint-Guillaume, le Magistrat avait doté ces établissements de biens et revenus provenant d'anciennes corporations ecclésiastiques qui, par suite de la Réforme, avaient cessé d'exister, mais que ces biens n'avaient jamais fait partie du domaine privé de la ville considéré comme corps municipal, et que la Ville n'avait pas même essayé d'appuyer sa revendication de documents quelconques;

« que, par la révolution de 1789, la Ville de Strasbourg, dont le Magistrat jusqu'alors avait conservé un véritable droit de souveraineté, avait perdu son ancienne supériorité territoriale, que l'administration municipale actuelle ne saurait sérieusement se croire et se dire l'héritière de l'ancien Magistrat et que privée de toute participation à l'exercice du pouvoir souverain, il ne lui appartenait pas de révoquer ou de changer les attributions de biens faites en faveur d'établissements

---

[1] *Revendication de la ville de Strasbourg des biens détenus par le Séminaire protestant de cette ville.* Str. 1855.

publics qui, d'après leur caractère et leur nature, ne relevaient en rien de l'autorité municipale;

« que ces attributions de biens garanties aux Protestants par le traité de paix de Westphalie et la Capitulation de 1681, maintenues et sanctionnées par les lois des 17 août et 1er décembre 1790 et par le décret du 8 mars 1793, avaient reçu une nouvelle et dernière consécration de la loi de Germinal an X et de l'arrêté consulaire du 30 floréal an XI, qui, en réorganisant sous le titre de l'Académie protestante ou de Séminaire l'ancienne Université protestante, avait décidé que les biens et revenus attachés à cette Université, continueraient d'être affectés à la nouvelle Académie;

« qu'il résultait de tout cela que la ville était impuissante à établir que les biens des fondations de Saint-Guillaume, de la Haute-École et du Corps des Pensions aient, à un moment quelconque, fait partie de son patrimoine privé; que dans le sens qu'elle attribuait à la sécularisation des biens ecclésiastiques et dans les conséquences qu'elle en tirait, il y avait erreur et confusion; que son système supposerait d'ailleurs possibilité, pour l'administration municipale, de révoquer, par le seul effet de sa volonté et comme par un acte de bon plaisir, les attributions de biens faites en faveur d'établissements publics d'instruction par l'ancien Magistrat, dans l'exercice de la plénitude du droit de souveraineté, ce qui est absolument inadmissible, et qu'ainsi la Ville était sans qualité pour revendiquer les biens des fondations dont il s'agit, comme elle l'était quant aux biens de Saint-Thomas;

« que les Protestants et leurs établissements d'instruction religieuse avaient en leur faveur une possession paisible et publique de plus de trois siècles;

« que dans cette situation de fait, la prescription élevait contre la réclamation de la Ville une fin de non-recevoir absolue et implacable;

« que par ces motifs, le Séminaire suppliait qu'il plaise à Messieurs du Conseil de Préfecture déclarer qu'il n'y a lieu d'accorder à la Ville l'autorisation par elle demandée. » [1])

Le Séminaire avait d'ailleurs confié sa cause aux mains du célèbre avocat de Colmar Ignace Chauffour. Consulté sur le mérite de la défense proposée dans la délibération du Sémi-

---

[1]) *Procès-Verbal de la Séance du Séminaire du 23 décembre 1854.*

naire, il déclara qu'elle était juridique et fondée sous tous les rapports. Pour plus de sûreté, le Séminaire s'adressa à quatre des avocats les plus marquants de Paris, Dupin, ancien bâtonnier, Paillet, également ancien bâtonnier, Paul Fabre, avocat au Conseil d'Etat et à la cour de cassation, et N. Treitt, avocat à la cour impériale. Invités à se prononcer sur la demande en autorisation de plaider formée par la Ville de Strasbourg devant le Conseil de Préfecture du Bas-Rhin, ils furent unanimement d'avis que cette demande ne pouvait être accueillie, d'abord, parce que l'instance judiciaire que voulait intenter la ville de Strasbourg ne reposait sur aucun fondement sérieux; et puis, parce que de la manière dont cette instance était motivée par la Ville, l'autorité judiciaire serait incompétente pour en connaître[1]).

Les choses traînèrent; la guerre de brochures n'en continuait pas moins. Le baron de Schauenbourg, un fervent catholique, crut devoir entrer en lice et rompre une lance en faveur des revendications du maire. Le professeur Jung fit bonne et prompte justice de ses « *Notes* » en les qualifiant de « manifeste qui n'a d'autre importance que celle du nom de l'auteur et des dignités dont il a été revêtu. »[2])

Enfin, le 17 novembre 1855, le Conseil de Préfecture, considérant que, d'après les faits, on ne voit pas quelle chance de succès présenterait pour la ville de Strasbourg une lutte judiciaire, qu'il est dès lors prudent de ne pas l'autoriser à s'y engager; considérant d'ailleurs que la ville de Strasbourg étant obligée d'invoquer dans son argumentation les traités de pacification, la capitulation de 1681, les décrets de 1790 et 1793, et les actes de l'an XI, tous émanés du pouvoir souverain, l'interprétation et l'application de ces actes ne pourraient se faire par l'autorité judiciaire, arrêtait: « Il n'y a pas lieu d'accorder à la ville de Strasbourg l'autorisation qu'elle sollicite. »[3])

---

[1]) *Observations du Séminaire protestant de la Confession d'Augsbourg sur la demande portée par M. le maire de Strasbourg devant le Conseil de Préfecture du Bas-Rhin — et avis des avocats consultés par le Séminaire.* Paris, 1855, in-8⁰.

[2]) *Réponse aux Notes sur d'anciennes fondations de Strasbourg publiées par M. le baron de Schauenbourg.* Paris 1855, in-8⁰.

[3]) *Arrêté du Conseil de Préfecture du Bas-Rhin sur la demande faite par le maire de Strasbourg...* Paris, 1856. 8⁰.

Le maire ne se résigna pas. Le 14 décembre 1855, il proposa au Conseil municipal d'en appeler de l'arrêté du Conseil de préfecture au Conseil d'Etat. Mais, à ce moment, il n'avait plus à faire à la commission municipale qui s'était toujours rangée à son avis. Cette commission avait disparu. Elle avait été remplacée par un Conseil sorti d'élections régulières et dont la majorité avait fait partie de l'ancien Conseil. Quand on passa au vote, la motion du maire fut rejetée par 19 voix contre 14.

Malgré ce nouvel échec, le maire persista dans sa résolution de se pourvoir au Conseil d'Etat. L'avocat Detroyes, ancien membre de la Commission municipale et membre du nouveau Conseil, lui prêta son concours. Dans ses *Observations à propos de la demande du maire de Strasbourg* ¹), il entreprit de réfuter la consultation de Me Chauffour pour le Séminaire et de soutenir le recours du maire à l'instance supérieure. Me Chauffour répondit de sa bonne encre dans un savant mémoire ²), où il relevait les nombreuses erreurs de son adversaire, surtout celle-ci que dans les Etats qui avaient accueilli la Réforme les biens ecclésiastiques catholiques étaient devenus *ipso facto* propriété du souverain, et cette autre qu'à Strasbourg souverain et commune étaient identiques et qu'ainsi, par la Réforme, tous les biens situés dans le territoire de la ville étaient devenus propriété de la commune.

En attendant, la cause était venue devant le Conseil d'Etat. Le Séminaire crut devoir orienter exactement le rapporteur, M. Persil, sur la question en litige, et envoya, à cet effet, une députation composée du président Braun, de l'avocat Chauffour et des professeurs Jung, Schmidt et Bartholmess, à Paris. Cette démarche ne fut pas inutile: dès le 28 juillet, le président annonçait au Séminaire que le 24 du mois le Conseil d'Etat réuni *in pleno* avait rejeté le pourvoi du maire de Strasbourg pour le motif «que la municipalité avait refusé au maire l'autorisation de recours.» ³)

---

¹) *Observations à l'appui de la demande d'autorisation du maire de Strasbourg pour se pourvoir au Conseil d'Etat contre l'arrêté du Conseil de Préfecture du Bas-Rhin.*

²) *Réponse aux observations de M. Emile Detroyes.* Colmar, 1856, in-8°.

³) Procès-verbal de la séance du 20 juillet 1850.

La procédure se trouva dès lors close. La prétention du maire de mettre la municipalité du dix-neuvième siècle à la place de l'ancien magistrat et de justifier par là les prétentions de la Ville sur les biens de la fondation de Saint-Thomas était définitivement repoussée et le droit de propriété du Séminaire consacré par une attribution triséculaire formellement reconnu.

CHAPITRE VIII

La Faculté et le Séminaire de 1850 à 1860
Les professeurs — Les étudiants

I

Tandis que le parti ultramontain dirigeait de virulentes attaques contre le Séminaire, lui contestant le droit de propriété sur les biens des fondations protestantes, l'orthodoxie luthérienne élevait, de son côté, les plus graves accusations contre le Séminaire et la Faculté de théologie, leur reprochant de s'écarter dans leur enseignement du dogme officiel. Mais avant de narrer ces nouvelles attaques, il semble indiqué de jeter un coup d'œil sur le corps enseignant et sur la vie scientifique de ces deux institutions.

Dans la période qui s'écoula de 1850 à 1860, les choses, au Séminaire et à la Faculté de théologie, suivirent leur cours normal. Les alarmes de l'année 1848 s'étaient rapidement dissipées; la discipline des élèves, qui pendant quelque temps avait laissé beaucoup à désirer, s'était sensiblement améliorée; les jeunes gens les plus turbulents, ceux qui pendant et après les journées de février avaient poussé au désordre, avaient renoncé aux études théologiques et quitté le Séminaire; [1]) les autres s'étaient hâtés de rentrer dans l'ordre et de se faire pardonner, par leur tenue, leur assiduité et leur conduite, les écarts dont ils s'étaient rendus coupables. Quant aux professeurs, ils déployaient un zèle actif dans l'intérêt des étudiants

---

[1]) En 1848 déjà 2 étudiants avaient été relégués et 4 avaient quitté volontairement le Séminaire ; de 1849 à 1853 il y eut 4 nouvelles relégations et 16 départs volontaires.

et de leurs études. Sans doute, ils n'étaient pas toujours d'accord sur le plan des études, la méthode de l'enseignement et autres questions semblables; les anciens, gardiens fidèles des traditions, s'effrayaient des innovations réclamées par les derniers venus, par Reuss surtout, qui, mieux que tout autre, avait compris la nécessité de certaines réformes. Mais cela ne les empêchait pas d'unir leurs efforts pour le bien des élèves et la prospérité des deux établissements théologiques. Ce qui était plus grave, c'est que chez tel d'entre eux l'âge commençait à se faire sentir lourdement et à paralyser plus ou moins son activité. En général pourtant, ceux-là même qui étaient plus avancés en âge, avaient conservé une vigueur physique et morale qui leur permettait de suffire à leur tâche.

La Faculté de théologie comptait, nous l'avons dit, six professeurs, qui, à l'exception du titulaire de la chaire de dogmatique réformée, étaient en même temps professeurs au Séminaire et donnaient des cours dans les deux établissements. Parmi eux, le représentant de la théologie spéculative, Jean-Frédéric Bruch, tenait le premier rang. Doyen de la Faculté, pasteur et inspecteur ecclésiastique, il était le chef reconnu du clergé protestant d'Alsace et de Lorraine. Tout d'ailleurs le désignait à ce rôle: ses qualités intellectuelles, ses vertus morales et jusqu'à sa personne extérieure. D'une taille au dessus de la moyenne, la tête fortement modelée et couronnée d'une épaisse chevelure que l'âge ne parvenait pas à blanchir, un front large, d'épais sourcils froncés par une habitude méditative, la physionomie sérieuse, l'air noble et grave, tel l'ont encore devant leurs yeux, ceux qui, il y a plus de cinquante ans, étaient assis au pied de sa chaire.

Le doyen Bruch était alors sexagénaire, mais d'une vigueur de corps et d'esprit peu commune et de taille à satisfaire aux multiples fonctions, académiques, ecclésiastiques et autres dont il était chargé. Il avait antérieurement traité dans ses cours les disciplines les plus diverses, la morale, les synoptiques, l'archéologie hébraïque, l'histoire des dogmes, la théologie pratique, mais, sentant la nécessité de donner aux jeunes théologiens une connaissance approfondie du protestantisme, de son essence et de ses principes, de ses différentes formes, de ses rapports avec l'Etat, la science, l'art et la littérature, il avait, depuis 1848, entrepris de donner une Introduction historico-critique aux livres symboliques de l'Eglise luthérienne, un Exposé systématique du protestantisme, et un Examen des doctrines distinctives du catholicisme comparées à celles du protestantisme. Mais son cours principal, celui auquel il attachait le plus d'importance, portait, une année, sur la dogmatique et, l'autre année, sur la morale chrétienne. Il le faisait entre 8 et 9 heures du matin. Les élèves étaient là à l'heure précise, car le professeur ne permettait pas qu'un retardataire troublât sa leçon. Lui-même était d'une exactitude militaire: au moment où le quart de l'heure sonnait à l'horloge de Saint-Louis, en face du Séminaire, il faisait son entrée, traversait la salle d'un pas lent, s'asseyait dans la chaire, étalait ses notes, son livre, son mouchoir, et puis, inclinant légèrement la tête, il commençait à parler. Il dictait de courts paragraphes qu'il développait et illustrait librement. Son débit était lent, presque solennel, sa parole simple, sans ornements oratoires, mais captivante par la clarté de l'exposition, l'élévation de la pensée et l'élégance de la parole.

Un de ses auditeurs des années 1855 à 1858, M. Alfred Weber, plus tard professeur de philosophie au Séminaire, qui, dans son autobiographie, a esquissé la silhouette de ses maîtres d'alors, dit de ces cours: « Ils étaient à un haut degré attrayants, déjà à cause de leur forme classique. Je suivis surtout avec le plus vif intérêt ses leçons allemandes sur la dogmatique et son cours français sur la morale. Ils étaient essentiellement philosophiques, imprégnés d'esprit philosophique. Je me rappelle avec un plaisir tout particulier l'introduction à son cours de morale, dans laquelle il nous exposa d'une manière très originale et très attrayante sa conception de la conscience, qu'il allait développer plus au long dans le dernier de ses grands ouvrages, *la Théorie de l'aperception interne*. La psychologie était, en effet, l'étude de prédilection de ce maître aux aptitudes si variées et qui savait résoudre les problèmes les plus divers avec une facilité étonnante et comme en se jouant. » [1])

Le professeur Weber parle aussi des rapports qui existaient entre le maître et les élèves, rapports excellents, basés,

---

[1]) *Von der Schulbank zum Lehrstuhl. Tagebuchnotizen eines Alt-Elsässers. Als Manuscript gedruckt.* Strassb. 1893, p. 58.

d'une part, sur le respect le plus profond, d'autre part, sur l'affection la plus vraie. « Pour moi, dit-il, M. Bruch a été, plus qu'aucun autre des professeurs, un ami paternel et un conseiller. » Il fut l'ami et le conseiller de bien d'autres. Il était, en général, plein d'affection pour les étudiants. Sans doute, le jeune élève qui pénétrait pour la première fois dans ce cabinet tout tapissé de livres et de tableaux, se sentait quelque peu intimidé. Le premier abord du doyen était un peu froid; on se sentait tenu à distance, étudié et jugé par un observateur; mais l'examen achevé, quelle bienveillance, quelle bonté! Quelle chaude affection sous un aspect si grave! Et pour ceux qui avaient le bonheur de l'approcher plus souvent et plus intimement, que de richesses et que de jouissances dans le commerce de cet esprit et de cette âme!

A côté du représentant si distingué de la théologie systématique, le représentant non moins éminent et déjà célèbre de la théologie biblique, Edouard Reuss. Il donnait à la Faculté de théologie les cours sur le Nouveau Testament, quoiqu'il n'occupât pas la chaire d'exégèse. Il avait été nommé, non comme professeur titulaire — n'ayant pas acquis le grade de docteur en France, il ne pouvait l'être — mais comme simple chargé de cours, à la chaire de morale chrétienne. Il ne faisait pourtant pas, et il n'avait jamais fait le cours de morale; il l'avait abandonné dès le début à son collègue Bruch. L'exégèse du Nouveau Testament, l'histoire des livres du Nouveau Testament, la théologie du Nouveau Testament, telles étaient, non pas les seules, mais les principales matières qu'il traitait. « C'est », disait-il dans une lettre au Directoire, « la charge de professeur de théologie pour la partie du Nouveau Testament que j'ai remplie depuis ma nomination; depuis plusieurs années, je suis même resté seul chargé de cet enseignement. Je fais donc un cours permanent d'interprétation du Nouveau-Testament. Et à côté de cela et alternativement: 1° le cours d'introduction au Nouveau Testament; 2° le cours de dogme et de morale biblique du Nouveau Testament; 3° le cours d'encyclopédie théologique; 4° le cours d'archéologie biblique; 5° le cours d'histoire de la théologie protestante; 6° le cours d'histoire des sciences bibliques. Je consacre à cet enseignement de 6 à 9 heures par semaine, selon le cas. Outre cette position officielle, j'en occupe une autre tout bénévolement. J'ai commencé et j'ai continué jusqu'à ce jour à faire des cours d'hébreu pour les élèves de la première section. » [1])

Dans ses cours sur le Nouveau Testament, Reuss suivait une méthode nouvelle et qui changeait profondément le caractère des sciences bibliques: il leur appliquait le principe historique. De ce fait, l'introduction au Nouveau Testament, jusque-là un assemblage de renseignements divers sur chacun des livres qui composent le recueil sacré, devenait une histoire de la littérature chrétienne au temps apostolique, et la théologie du Nouveau Testament, un exposé des idées religieuses des premiers disciples, « un tableau du premier travail de la réflexion sur le grand fait de la révélation évangélique ». « Des faits qui appartiennent à l'histoire », disait Reuss, « doivent être présentés comme histoire »; « il ne s'agit pas de démontrer, mais de raconter ». Quant à l'interprétation des livres bibliques, il se bornait au strict nécessaire de l'explication philologique et grammaticale, pour attirer l'attention de ses auditeurs sur le contenu théologique des textes. « La grammaire et le lexique », disait-il, « sont choses excellentes et indispensables. Mais pour pénétrer dans l'esprit de la littérature et pour en jouir, ils suffisent tout aussi peu que ne suffit le scalpel pour saisir la vie. »

Reuss possédait le don de la parole. Il faisait ses cours dans les deux langues. Il s'exprimait dans l'une et dans l'autre d'une manière facile, abondante, heureuse. Son exposition était vivante, quelquefois éloquente, constamment ingénieuse et spirituelle. Ce qu'on admirait surtout chez lui, c'était le talent de dégager les points importants de ce qui est accessoire et de formuler le résultat d'une discussion en termes brefs et lumineux.

Reuss avait avec les étudiants des deux sections des rapports plus directs et plus suivis que les autres professeurs, d'abord par la Société philologique et puis par la Société théologique qu'il dirigeait, l'une conjointement avec son collègue Baum, et l'autre avec son ami Cunitz. La seconde de ces deux sociétés était née du désir de son fondateur « de rester jeune par la communion vivante de travail et de pensée avec ses élèves, et de se préserver de la froideur d'une science qui se replie sur elle-même ». Les étudiants trouvaient là la meilleure occasion, non seulement de s'instruire, d'apprendre

---

[1]) *Lettre au président du Directoire.* (Arch. du Dir.)

à travailler par eux-mêmes, de développer en eux la curiosité intelligente, mais aussi de se rapprocher de leurs professeurs, d'apprendre à les mieux connaître et à se faire mieux connaître d'eux. Reuss d'ailleurs multipliait ces occasions: dans la bonne saison, il invitait les étudiants à sa belle campagne du Neuhof, et il les recevait, en hiver, dans son agréable maison de la place Saint-Thomas. Ses occupations les plus absorbantes même, ne l'empêchaient pas de donner quelque chose de son temps à ceux qui venaient frapper à sa porte. Les plus vieux d'entre nous se rappellent sans doute avec plaisir son accueil cordial. Quand on entrait dans son cabinet, il posait sa plume, il laissait là le feuillet à moitié couvert de son écriture, et vous prenant la main, il vous entraînait sur son petit canapé, où il engageait une conversation toujours intéressante, toujours instructive.

Reuss expliquait les livres du Nouveau Testament, mais c'était Théodore Fritz qui occupait la chaire d'exégèse. Il y avait été nommé en sa qualité d'hébraïsant et, de fait, il se bornait à interpréter les livres de l'Ancien Testament et plus spécialement les Psaumes et les Prophètes, abandonnant à Reuss, à Bruch et à Cunitz l'explication des écrits du Nouveau Testament. Malheureusement, l'étude de l'hébreu et, par conséquent, de l'Ancien Testament était peu goûtée par les étudiants, Fritz n'avait pas le don de la faire aimer. Son exégèse, d'un caractère plus érudit que scientifique, manquait de vues générales et de profondeur. Au lieu de transporter ses auditeurs au sein de la vie religieuse et intellectuelle du peuple d'Israël avant et après la restauration, au lieu de leur faire comprendre les grandes idées et les saintes espérances de ses poètes et de ses prophètes, il s'attardait aux questions d'authenticité et aux difficultés grammaticales. De là, chez les élèves, un manque de plus en plus marqué d'intérêt, et chez le maître lui-même une certaine lassitude. Nature éminemment pratique, Fritz avait d'ailleurs toujours montré une prédilection pour les sciences plus pratiques, l'apologétique, la morale et surtout la pédagogique, sur laquelle il avait publié un gros ouvrage en trois volumes, fort apprécié par les hommes compétents. [1]) Aussi la Faculté, tenant compte

---

[1]) Esquisse d'un système complet d'instruction et d'éducation et de leur histoire.... Strasbourg et Paris, 3 vol. in-8°, 1841-1843.

de ses goûts et de ses aptitudes et de ceux de Reuss, avait-elle,
dès l'année 1849, proposé un échange de chaires entre ces
deux professeurs, de telle sorte que Fritz eût abandonné l'exégèse à Reuss et se fût chargé du cours de morale. Une résolution dans ce sens avait été adressée au ministre de l'instruction
publique, mais elle était restée sans réponse, et l'échange
projeté, et souhaité par les deux intéressés, n'avait pas eu
lieu. Fritz continuait donc ses cours sur l'Ancien Testament;
mais déjà il se sentait touché par l'âge, ses forces diminuaient
et l'affaiblissement de sa mémoire lui rendait les devoirs de
l'enseignement difficiles.

Le professeur d'histoire ecclésiastique, André Jung,
jouissait, au contraire, de la santé la plus robuste. Hiver
comme été, il venait au cours en simple redingote, et c'était
tout un événement quand, par un froid des plus intenses, il
paraissait avec un manteau jeté sur ses épaules. Aussi
n'interrompit-il jamais son cours pour cause de maladie. Il
le faisait six fois par semaine de 10 à 11 heures. Malgré
cela, aucun étudiant n'arrivait à l'entendre en entier, par la
simple raison qu'il s'étendait sur dix, et plus tard, sur douze
semestres. Cette circonstance très regrettable s'expliquait par
un double fait: d'abord, Jung croyait devoir communiquer
à ses auditeurs tout ce qui l'intéressait lui-même et qu'il
puisait dans ses vastes lectures. La matière de son enseignement s'accumulait ainsi d'année en année, surtout pour l'histoire moderne et contemporaine. Et puis, il croyait nécessaire
d'orienter les jeunes théologiens sur les luttes des temps
présents, sur l'esprit et la tendance des différents partis
ecclésiastiques et des différentes sectes religieuses. Il était
ainsi entraîné à entrer dans de nombreux détails, à donner
des explications circonstanciées. On écoutait avec plaisir et
avec profit cette exposition intéressante, à laquelle le professeur ne craignait pas de mêler des anecdotes, des traits et
des mots caractéristiques. En général, les étudiants aimaient
bien le « père Jung », d'autant plus qu'ils le savaient ennemi
de tout pédantisme.

Son activité principale ne s'exerçait pourtant pas dans
les salles de cours de Saint-Thomas; son véritable domaine
était la bibliothèque de la ville et du Séminaire. Nommé
bibliothécaire-adjoint en 1825 et bibliothécaire en chef de la
ville en 1843, après la mort de Herrenschneider, il avait

consacré et il consacrait encore ses forces et son temps à
l'administration des belles collections confiées à ses soins. Il
avait obtenu de les loger toutes les deux dans le chœur du
Temple-Neuf, qu'il avait arrangé d'après un plan qui
rappelait celui de la grande bibliothèque de Gœttingue; il y
avait transporté et classé des milliers de volumes éparpillés
un peu partout; il avait dressé le catalogue systématique de
la bibliothèque de la ville et de celle du Séminaire, et fait
un inventaire des manuscrits de la ville; il avait ainsi, par
un immense et incessant labeur, élevé un monument digne de
lui et digne de Strasbourg, *aere perennius*, et qui devait
être anéanti en quelques heures. On sait que dans la nuit
du 24 août 1870 les obus allemands incendièrent le Temple-
Neuf et détruisirent les merveilleux trésors placés dans son
chœur.

La théologie pratique, si importante pour le futur pasteur,
était confiée à un homme d'un grand mérite, mais que ses
études particulières n'avaient pas préparé à cet enseignement.
Auteur de nombreux et savants ouvrages sur l'histoire des
mystiques et des sectes hérétiques du moyen âge et sur
l'époque de la Réforme, hautement apprécié des théologiens
et des historiens de tous les pays, Charles Schmidt n'avait
jamais rempli de fonctions ecclésiastiques et était, par conséquent, sans expérience sur ce terrain. Il avait donné quelques
prédications en langue française et avait publié trois
sermons, ¹) mais depuis sa nomination à la chaire d'homilétique, il n'était plus monté dans la chaire chrétienne. Dans ses
cours d'homilétique, de liturgique et de catéchétique, il dictait
de courts paragraphes qu'il développait de vive voix et qui
contenaient des aperçus très justes et des conseils très utiles,
mais les exercices pratiques, qui sont essentiels dans cette
partie, étaient insuffisants, ceux de catéchétique manquèrent
pendant des années au programme. Schmidt était d'ailleurs
plein de bonté pour les étudiants, toujours prêt à donner des
conseils et à rendre des services à ceux qui s'adressaient à lui.

Le professeur de dogmatique réformée, Richard, était
le seul membre de la Faculté qui ne fût pas en même temps
professeur au Séminaire et chanoine de Saint-Thomas. Esprit

---

¹) *Trois sermons* par Charles Schmidt, docteur en théologie.
Imprimés à la demande de quelques amis. Str. 1838.

spéculatif, penseur original, fin connaisseur de la philosophie
allemande, il avait eu un début plein d'espérances. Mais son
activité se trouva bientôt paralysée. Il avait une chaire, mais il
n'avait point d'élèves. Il y eut des années où il dut s'estimer
heureux d'avoir dans son cours de dogmatique trois ou quatre
auditeurs. On ne s'étonnera pas que dans ces circonstances
il ait perdu le courage et l'entrain nécessaires.

Dans la section propédeutique, la philosophie était représentée par les professeurs Hasselmann et Kreiss et par le
privatim-docens Baum.

Hasselmann, chargé de l'enseignement du grec, faisait,
par raison de santé, ses cours dans la maison qu'il occupait
au coin de la rue du Bouclier. Dans une pièce du rez-de-
chaussée transformée en salle de cours, les étudiants groupés
autour de quelques méchantes tables, écrivaient, sous la dictée
du professeur, la traduction en alexandrins allemands qu'il
avait faite des tragédies d'Eschyle et de Sophocle. C'étaient
les auteurs favoris de Hasselmann, ceux auxquels il revenait
sans cesse, bien qu'il se décidât, de temps en temps, à expliquer
quelque traité de Platon ou quelque livre de Thucydide.
Excellent homme, il accueillait avec beaucoup de bienveillance
les étudiants qui allaient le voir. Plus tard, il sut se faire
un parti parmi la jeunesse orthodoxe, qui fréquentait chez lui.

Le second professeur de philologie, Kreiss, avait donné
d'abord des cours de littérature latine et faisait alors des
cours de littérature grecque. Le professeur Weber a tracé en
quelques traits le portrait de cet homme si bon et vénéré de
tous. « Théodore Kreiss », dit-il, « était, à la suite d'un accident
de jeunesse, contrefait et asthmatique au plus haut degré.
Mais ce pauvre corps défiguré portait une tête de grand
caractère, digne d'être éternisée par un Holbein ou un Van
Dyck. Des traits fins, creusés par la souffrance; des yeux
bleus, étincelants d'esprit; un sourire un peu ironique errant
autour d'une bouche bien formée. Quand il était dans sa chaire,
les auditeurs assis devant lui n'apercevaient que sa tête et
l'index de sa main droite qu'il tenait levé. » Disciple de
Schweighaeuser, Kreiss s'arrêtait surtout à l'interprétation
grammaticale, mais il ne manquait pas, dans l'explication des
poètes d'insister avec complaisance sur la beauté de telle
expression ou de telle image. Dans les examens semestriels,
si l'élève lisait les vers de Pindare avec l'intonation voulue,

il lui arrivait de le renvoyer sans plus, avec ces mots: « C'est bien, je vois que vous avez compris! »

Admirateur enthousiaste de l'art et de la littérature des anciens, Kreiss s'était entouré de reproductions photographiques et autres des monuments les plus célèbres de l'antiquité, et s'était composé une bibliothèque de tous les ouvrages de valeur qui avaient paru sur la littérature grecque et romaine, tous habillés de la même belle reliure. Aussi en pénétrant dans son appartement, on sentait comme un souffle de l'esprit attique.

Guillaume Baum, le troisième représentant de la science philologique, n'était pas un philologue de carrière, si je puis dire, bien qu'il écrivît un fort bon latin. La partie à laquelle il semblait prédestiné par ses aptitudes, par son goût et par ses études spéciales, était autre. L'histoire de l'Eglise, notamment l'histoire de la Réforme du seizième siècle, et plus spécialement encore celle de la Réformation en France et en Alsace, tel était le terrain qu'il cultivait avec prédilection et où il semblait appelé à produire des œuvres remarquables. Mais cette voie ne s'ouvrit pas pour lui au Séminaire; il se vit appelé à traiter la littérature ancienne. Sans doute, il la connaissait, il l'avait étudiée, mais pas en philologue. Aussi ses cours laissaient-ils tant soit peu à désirer sous le rapport philologique. En interprétant Plaute et Horace, Lucrèce et Sénèque, il suivait trop souvent l'inspiration du moment et se laissait aller à des digressions qui ne manquaient ni de charme ni d'intérêt, mais qui ne se rapportaient que de très loin à l'objet de son enseignement.

Mais vivant, plein d'esprit, génial, il captivait ses auditeurs. En général, il exerçait sur les étudiants, surtout sur les plus jeunes, plus d'influence qu'aucun autre professeur. Et ce qui lui gagnait les cœurs, ce n'était pas seulement sa nature prime-sautière, son esprit vif et pénétrant, le mélange de force et de douceur, mais l'affection profonde qu'il portait à ses élèves. Il les traitait en amis et les servait avec un dévouement qui ne reculait devant aucune fatigue et aucune peine. Il était toujours prêt à les conseiller, à les aider, à les encourager, mais aussi à les reprendre, à les réprimander, à les blâmer. Il était terrible quand il grondait, mais ses réprimandes partaient d'un cœur aimant et sa colère passait aussi vite qu'une pluie d'orage.

Baum était, on l'a dit plus tard sur sa tombe, « un homme dans le meilleur sens de ce mot », courageux et fort comme son héros préféré, Luther, qu'il rappelait par sa tête puissante, par sa carrure, par son œil brillant, par toute sa nature énergique et vaillante.

L'histoire était enseignée par le professeur Auguste Stahl, que, dans sa jeunesse déjà, on appelait le savant Stahl. Il imposait aux étudiants par ses vastes connaissances qu'on exagérait peut-être. On disait de lui qu'il savait dix-neuf langues, qu'il connaissait l'Inde, la Chine, le Japon, d'autres pays lointains aussi bien que le coin de terre qu'il habitait, qu'il avait une mémoire si prodigieuse, qu'après avoir lu un livre scientifique volumineux, il était capable d'en répéter le contenu sans presque changer un mot.

Très original quant à son physique: long et maigre, avec des traits comme taillés dans le bois, un front proéminent, des pommettes saillantes, une chevelure tout ébouriffée, il ne l'était pas moins dans ses leçons. Il parlait librement, sans les moindres notes, sans gestes, rapidement, d'une voix d'abord sourde, basse, mais qui tout à coup, aux moments pathétiques, s'élevait jusqu'au fortissimo. Son élocution étrange, son esprit caustique, ses citations empruntées à de vieux auteurs peu connus et qui éclataient comme des bombes au milieu d'un récit, entretenaient chez les auditeurs l'attention et la bonne humeur. Stahl faisait alternativement, une année, l'histoire ancienne et l'autre année, l'histoire du moyen âge et celle des temps modernes. Son enseignement n'était pas très profond, les faits étaient pour lui la chose essentielle. Il les exposait d'une manière intéressante, claire, lumineuse, mais sans en pénétrer l'esprit. Il ne se disait pas, non plus, que, dans un Séminaire protestant, il fallait insister sur les événements qui intéressent plus spécialement le théologien et traiter avec plus d'ampleur les périodes importantes pour l'histoire de l'Eglise.

L'enseignement de la philosophie laissait également quelque peu à désirer. L'historien distingué du néoplatonisme et du gnosticisme, Jacques Matter, autrefois le membre le plus illustre du Séminaire, commençait à sentir les atteintes de l'âge. Il continuait à faire ses cours de morale et de métaphysique, de religion naturelle, de cosmologie et de pneumatologie d'après les livres qu'il avait publiés sur ces matières, mais son influence avait diminué. Ses rapports avec les étudiants, en dehors de son cours, se bornaient aux séances de la Société philosophique, fondée et dirigée par lui, et dont les membres lui rendaient le service de copier les manuscrits qu'il destinait à l'impression.

Joseph Willm, le second professeur de philosophie, était très apprécié. Ses cours, au dire d'un de ses élèves, témoignaient « d'un savoir de bon aloi et d'un grand bon sens ». Mais une vie toute de labeur — il était professeur au Séminaire, inspecteur d'Académie, directeur de la *Revue germanique*, collaborateur de plusieurs œuvres littéraires, scientifiques et philanthropiques, membre du Conseil municipal — avait épuisé ses forces. Fatigué, malade, il ne parvenait plus à faire ses cours qu'avec de fréquentes interruptions. En 1852, il se vit forcé de renoncer complètement à ses leçons, et après des mois de souffrances supportées avec résignation, il mourut le 7 février 1853.

Le Séminaire, considérant la grande importance de la chaire devenue vacante, résolut d'y appeler un homme aussi distingué comme savant que comme écrivain. Son choix tomba sur un ancien élève du Séminaire et de la Faculté de théologie, qui vivait à Paris et s'était déjà fait connaître par différents ouvrages.

Christian-Jean-Guillaume Bartholmess[1]) était né au village de Sundhausen, dans le département du Bas-Rhin, le 26 février 1815. Son père, employé à l'usine de Geiselbronn, était, comme sa mère, d'origine badoise. C'est aussi dans le pays de Bade que le jeune Bartholmess reçut sa première éducation. Son grand-père maternel était professeur au Pædagogium de Pforzheim. L'enfant lui fut confié dès l'âge de huit ans. L'école était bonne, l'élève, doué et plein de zèle. Il fit de rapides progrès, surtout dans les langues anciennes. Mais lorsqu'à quatorze ans il entra au Gymnase de Strasbourg, tous ses efforts tendirent à se dégermaniser et à s'assimiler la langue française. Il devait, en effet, arriver à l'écrire non seulement correctement, mais avec une rare élégance.

---

[1]) Voy. Matter, *La vie et les travaux de Christian Bartholmess.* Str. 1856.

L. Spach, *Chr. Bartholmess* dans la *Revue d'Alsace.* 8e année. Colmar, 1857, p. 257 ss. et 291 ss.

Bartholmess quitta le Gymnase en 1832, pour étudier la théologie. Il suivit, en même temps, les cours de la Faculté des lettres et surtout ceux de l'abbé Bautain, qui attirait autour de sa chaire des auditeurs aussi nombreux qu'enthousiastes. Peut-être est-ce à ces conférences qu'il puisa le goût des études philosophiques. Licencié ès-lettres en 1835, il devint candidat en théologie deux ans plus tard; puis, le prix Schmutz de 3000 francs, remporté après le prix Spener, lui fournit l'occasion et la possibilité de réaliser un rêve longuement caressé, c'est-à-dire d'aller à Paris.

Il y fut d'abord attaché à l'entreprise de la Société biblique de Londres, qui faisait alors réviser la traduction française de la Bible, et, dans la même année, présenté par le pasteur Athanase Coquerel, il entra comme précepteur dans la famille du marquis de Jaucourt; il y trouva ce qu'ambitionnait son cœur, de hautes relations et des distinctions littéraires.

Il eut, dans sa nouvelle position, les loisirs nécessaires pour publier des ouvrages qui lui procurèrent, dans les cercles universitaires de la capitale, quelque considération: en 1847, c'était son intéressante monographie sur *Giordano Bruno*; l'année d'après, un mémoire sur *la Certitude*, qui fut couronné par l'Académie des sciences morales et politiques, et, presque en même temps, une dissertation pour le doctorat, *Huet, évêque d'Avranches et le scepticisme théologique*. En 1850, parut son *Histoire de l'Académie de Prusse*, qui fut couronnée par l'Académie française et valut à son auteur le titre de membre de l'Académie de Berlin et l'ordre de l'aigle rouge de troisième classe. Après 1851, il commençait à réunir les matériaux d'une histoire de la Renaissance, lorsqu'il fut appelé, au printemps de 1853, à la chaire laissée vacante par la mort de Willm, et invité à venir l'occuper sans retard.

On était impatient au Séminaire de posséder un homme dont on attendait beaucoup pour le développement des études philosophiques. Ces espérances semblaient fondées. Bartholmess appartenait à l'école spiritualiste française, mais il était très versé dans la philosophie allemande; il avait, de plus, une forte culture théologique, ce qui le rendait particulièrement apte à professer dans un Séminaire protestant. Et pourtant, il ne répondit pas à ce qu'on attendait de lui.

Ce n'est pas que ses cours sur l'encyclopédie des sciences philosophiques, sur la logique, la psychologie et l'esthétique fussent insuffisants quant au fond et à la forme; il exposait, dans un langage ferme, simple, quelquefois éloquent, ses idées particulières et les systèmes des autres. Mais il regrettait les amitiés et les relations nombreuses qu'il avait laissées dans la capitale, et, en général, les habitudes sociales de Paris; sa grande ambition était de devenir membre de l'Institut et de retourner à cette vie parisienne dont il avait goûté le charme. « Ce n'était pas seulement son cœur, c'était sa personne tout entière qui, à chaque instant, était à Paris », de sorte que les rapports entre lui et ses élèves ne pouvaient guère s'établir.

Son activité au Séminaire fut d'ailleurs de courte durée. Il mourut à Nuremberg le 26 août 1856, après quelques jours de maladie, en revenant des eaux de Carlsbad, où il avait accompagné la mère de son ancien élève. Sa dépouille mortelle fut ramenée à Strasbourg et inhumée le 31 août. Le 11 novembre suivant, Matter prononça au Séminaire un discours sur sa vie et ses travaux.

Peu de jours après, le 17 novembre, le Séminaire s'occupa de son remplacement. Cinq candidats s'étaient présentés: Charles Heintz, pasteur à l'église Saint-Thomas à Strasbourg; Adolphe Schaeffer, pasteur à Haguenau; Timothée Colani, directeur de la *Revue de théologie*; Charles Waddington, agrégé de la Faculté des lettres de Paris, et à la dernière heure, M. Faire, professeur au lycée d'Alençon et parent de Guizot.

De ces cinq candidatures, deux seulement pouvaient être prises en sérieuse considération: celle de Colani et celle de Waddington. Le premier avait depuis longtemps donné des preuves de son talent et de sa science, et nul ne pouvait contester qu'il fût apte à occuper une chaire de philosophie. Et puis, point important pour une chaire du Séminaire, il était théologien. Aussi Bruch et Reuss se prononcèrent-ils énergiquement pour lui. Mais la majorité lui était contraire: les uns craignaient qu'il n'apportât au Séminaire un esprit d'innovation, les autres se laissaient influencer par des motifs religieux ou personnels. Le président Braun était bien disposé pour Colani, mais il avait peur de l'orthodoxie parisienne, qui était résolue à empêcher à tout prix la nomination du directeur de la *Revue de théologie*[1]). Le pasteur Cuvier de Paris lui avait chaudement recommandé Waddington comme un homme « sincèrement attaché à nos Eglises » et « orthodoxe sans exagération »; mais à Strasbourg personne ne le connaissait; on savait seulement qu'il était professeur de philosophie dans un des grands lycées de Paris et qu'il avait fait des cours à la Sorbonne, mais surtout qu'il était un candidat agréable au parti orthodoxe.

Charles Waddington était né le 19 juin 1819 et appartenait à une famille d'origine anglaise. Elève de l'école normale supérieure, et, à la suite d'un examen brillant, agrégé de philosophie, il avait professé dans différents lycées de province et de la capitale, et avait, par deux dissertations, dont l'une fut couronnée par l'Académie française, conquis le grade de docteur ès-lettres et celui d'agrégé de la Faculté des lettres. Depuis 1850, il avait donné des cours à la Sorbonne, mais sa qualité de protestant lui ayant créé des difficultés, il avait demandé et obtenu un congé illimité.

Ce fut donc pour lui une heureuse chance que l'orthodoxie parisienne le mît en avant pour la chaire de philosophie au Séminaire, d'autant plus qu'il espérait pouvoir réunir avec cette chaire, celle de la Faculté des lettres, dont le titulaire, Paul Janet, venait d'être appelé à Paris. Cet espoir d'ailleurs fut déçu. Le conseil académique déclara qu'un professeur d'un établissement protestant ne pouvait être en même temps professeur d'une Faculté de l'Etat.

Au Séminaire, les débats furent longs et animés, et lorsque, le 17 novembre, on passa au vote, il arriva ce qu'on avait pu prévoir: des neuf voix, 5 se portèrent sur Waddington, 3 sur Colani, le neuvième bulletin était blanc.

Le Séminaire, en présentant celui qu'il avait élu à la nomination du Directoire, disait: « Le haut rang que M. Bartholmess a occupé dans le monde savant et notamment dans l'Académie de Paris, nous a doublement imposé le

---

[1]) Waddington, dans une lettre au président Braun, exprimait l'espoir que sa nomination au Séminaire était assurée pour différentes raisons: « Entre autres », disait-il, « par la considération que vous-même m'indiquiez, que ma nomination chez vous empêcherait M. Colani d'y arriver. On en paraît aussi effrayé ici qu'à Strasbourg. (Arch. du Dir.)

devoir sacré de choisir, pour le remplacer, le candidat le plus savant, le plus éprouvé et le plus agréable. » A son élu même, il écrivait: « Le Séminaire, en vous donnant la préférence parmi les cinq candidats qui s'étaient présentés pour la chaire à pourvoir, a voulu honorer votre éminent mérite, le professeur haut placé dans l'Université, le savant que plusieurs ouvrages importants désignaient au choix ratifié par le Directoire. »

On ne se contenta pas de lui prodiguer ces témoignages si flatteurs, on l'accueillit avec empressement. Une brillante renommée l'avait précédé. Charles Read, le fondateur de la Société de l'histoire du protestantisme français et alors chef de la section non catholique du ministère des cultes, avait écrit au président Braun qui lui demandait des renseignements sur Waddington: « Il vous conviendrait extraordinairement; tout en reconnaissant les mérites du défunt (Bartholmess), je ne puis vous dire qu'une chose, vous gagneriez au changement ». Son installation fut entourée d'un éclat extraordinaire et sa leçon d'ouverture fut imprimée aux frais du Séminaire.

Lors de son installation, Waddington avait promis de remplir fidèlement ses devoirs de membre du Séminaire; avant cela, il avait déjà, dans une lettre de remercîment adressée au Directoire et au Séminaire, fait cette déclaration que lui avaient sans doute demandée ses amis orthodoxes: « Le soussigné s'engage en toute conscience à toujours respecter dans son enseignement le contenu des Ecritures saintes et la doctrine reconnue de l'Eglise de la Confession d'Augsbourg, à ne point professer ni enseigner des doctrines contraires à celles de cette Eglise et à se soumettre en tout aux lois, règlements et autorités qui régissent la dite Eglise. »

Il resta fidèle à cet engagement; mais les grands espoirs qu'on avait attachés à sa nomination furent déçus. Waddington avait certainement de grands mérites: deux de ses ouvrages avaient été couronnés par l'Académie française, et son livre sur *Pierre Ramus*, dans lequel il réhabilitait le vieux théologien et philologue et marquait son importance pour la théologie et pour l'histoire de la culture spirituelle, était une œuvre tout à fait remarquable; mais il ne possédait pas la langue allemande et n'était, par conséquent, pas initié à la philosophie allemande. Et puis, il n'avait jamais été en contact direct avec la science théologique protestante. Ces lacunes, il ne pouvait les combler avec la meilleure volonté du monde, et elles se faisaient trop souvent sentir. Il se donnait infiniment de peine pour rendre ses cours de psychologie et de logique intéressants et même attrayants, mais l'éclectisme de Victor Cousin qu'il professait, n'était pas pour faire pénétrer ses auditeurs jusqu'au fond des grands problèmes philosophiques ou pour réveiller en eux le désir d'études plus approfondies.

A côté des professeurs et des chargés de cours que nous venons de nommer, trois *privatim-docentes* avaient, au commencement de cette période, fait des leçons au Séminaire: Louis Frédéric Schwebel, Henri Redslob et Edouard Cunitz. Mais Schwebel, fatigué d'attendre un avancement qui tardait à venir, était rentré, en 1853, dans la vie privée; Redslob avait été interrompu dans son activité académique par la maladie qui devait l'emporter le 22 septembre 1852; Cunitz était seul resté à son poste bénévole, bien qu'on n'eût rien fait pour lui non plus. Malheureusement, il n'avait, pas plus que son ami Baum, pu occuper une chaire qui répondît à ses goûts et à ses études particulières. Il était, avant tout, historien, et il devait prouver plus tard, dans la publication des *Oeuvres de Calvin* et dans celle de l'*Histoire ecclésiastique des Eglises réformées de France*, sa haute compétence dans le domaine historique. Mais comme il n'avait aucun espoir d'arriver à une chaire d'histoire, il s'était tourné, après avoir fait, pendant des années, des cours de droit et de législation ecclésiastique, vers l'exégèse du Nouveau Testament, et il expliquait les Epîtres dans le sens de l'Ecole de Tubingue. Mais il avait peu de succès comme professeur. Il n'avait pas la parole facile: esclave de ses notes, son débit était terne et monotone. Aussi était-il peu goûté par les étudiants. Il leur portait pourtant un véritable intérêt; il accueillait avec beaucoup de bonté ceux qui venaient frapper à sa porte et mettait volontiers à leur disposition les trésors de sa bibliothèque et les conseils de son expérience. Sa fidélité au devoir, la fermeté et l'indépendance de son caractère, inspiraient d'ailleurs à tous ceux qui l'approchaient une profonde estime.

Cunitz fit aussi, durant des années, des cours sur l'histoire de la littérature allemande. Un autre savant, Schnitzler,[1] en donna sur la littérature française et sur l'histoire générale de la littérature, l'un et l'autre devant un auditoire très restreint. Ils manquaient, l'un et l'autre, de la grâce et de la souplesse d'esprit, de l'éclat et du charme de la parole, bref de ces qualités exquises et rares, nécessaires à ceux qui parlent des poètes et de la poésie.

II

L'esprit qui, dans cette période, régna parmi les étudiants était, en général, bon. Sans doute, l'intérêt religieux, la curiosité scientifique, l'élévation de la pensée et, ce qui à l'âge des études est surtout important, l'enthousiasme, l'âme vibrante, ne se rencontraient pas chez tous: plusieurs craignaient d'aborder franchement les grands problèmes et de s'attaquer résolument aux questions ardues qui se posaient devant eux; quelques-uns même n'apportaient pas dans leur préparation au saint ministère tout le sérieux qu'on était en droit de leur demander. Mais — le doyen de la Faculté le constatait dans ses rapports annuels — les élèves suivaient les cours avec assiduité, leur conduite était régulière et n'appelait aucune mesure disciplinaire, les examens semestriels donnaient des résultats satisfaisants. Et puis, il y avait pourtant dans les promotions d'alors des jeunes gens qui se distinguaient par un talent véritable et par un amour passionné de la science théologique et dont quelques-uns aspiraient aux grades académiques supérieurs. Le compte rendu des travaux de la Faculté de théologie dans l'année 1859-1860 enregistrait, dans les examens pour grades, des résultats uniques dans les annales de la Faculté: sur 24 candidats, dont un pour le diplôme de docteur et cinq pour celui de licencié, 4 avaient été reçus avec distinction, 14 avec la mention bien et 6 seulement avec la note assez bien.

---

[1] Jean-Henri Schnitzler, né à Strasbourg, le 1er juin 1808, fut, pendant de longues années directeur de l'*Encyclopédie des gens du monde*, à Paris, et, plus tard, inspecteur des écoles primaires à Strasbourg. Il fit plusieurs séjours en Russie et publia sur ce pays des ouvrages très estimés, entre autres: *La Russie ancienne et moderne*, 2e éd., 1854, et *L'Empire des Tzars*, 1856 ss. — L(ouis) S(pach) a publié sur lui une notice biographique: *M. Schnitzler, statisticien et historien.* Strasb. 1872.

Durant cette période, il se produisit au Séminaire et à la Faculté un fait nouveau et qui devait avoir pour la vie académique des conséquences inattendues: le nombre des élèves qui se tournaient vers le piétisme ou vers l'orthodoxie s'accrut de plus en plus, et les divergences dogmatiques, en s'accentuant, amenèrent la formation de groupes séparés ou même opposés les uns aux autres.

Il est vrai qu'en 1829 et en 1830 déjà une manifestation orthodoxe avait eu lieu à la Faculté. Geoffroi Redslob, fils d'une famille piétiste, plus tard pasteur à l'église Saint-Guillaume à Strasbourg, avait, dans trois thèses *(doctrina fidei christianae quam exposuerunt Patres apostolici, Tentamen exegeticum in locum Eph. I, 15-23* et *Specimen eschatologiae Veteris Testamenti)* qu'il présentait pour la licence et pour le doctorat, entrepris de défendre le point de vue traditionnel contre la critique historique. Ces thèses avaient même donné au professeur Hengstenberg de Berlin l'occasion de dénoncer le rationalisme des professeurs de Strasbourg.

Cependant, cette manifestation, tout isolée, n'avait pas trouvé d'écho dans le monde des étudiants en théologie. Il en avait été de même du mouvement piétiste provoqué presque au même moment par les prédications du pasteur Haerter. Appelé en 1829 au Temple-Neuf à Strasbourg, François Haerter s'était fait le promoteur d'un réveil religieux au sein de la population protestante de la ville. Dévoré de zèle pour la maison du Seigneur, il avait porté la dogmatique et la polémique dans la chaire chrétienne, et, par sa parole pénétrante, à la fois incisive et onctueuse, il avait gagné de nombreux adhérents et exerçait une influence considérable sur bien des âmes.

Mais il n'avait pas eu, d'abord, de prise sur les cercles académiques. Reuss, en 1845, affirmait qu'il n'y avait pas parmi les membres de la Société théologique un seul piétiste et que parmi les autres étudiants, il n'y en avait pas davantage. Quelques années plus tard, Colani, rendant compte, dans la *Revue de théologie*, des thèses soutenues à la Faculté de Strasbourg dans l'année scolaire 1849-1850, constatait que sur 31 thèses présentées pour le baccalauréat, dont 17 par des candidats qui avaient fait leur théologie à Strasbourg et 12 par des candidats qui étaient venus de Genève pour terminer leurs études à Strasbourg, il n'y en avait qu'une seule qui pût être considérée comme orthodoxe, et essayant de classer les autres d'après leur contenu théologique: « Huit thèses », disait-il, « nous semblent appartenir soit au rationalisme soit au supranaturalisme moralisant. Deux sont animées d'un esprit radical et négatif. Une douzaine à peu près sont libérales, c'est-à-dire allient une tendance positive plus ou moins prononcée à une critique plus ou moins indépendante... Enfin les huit dernières thèses n'offrent rien qui permette de les classer; la plupart cependant nous ont paru tendre vers le rationalisme, tandis que deux sont empreintes d'un respect peu définissable pour le dogme ecclésiastique. »[1])

Telle était, au point de vue de la tendance religieuse et théologique des élèves de la Faculté de Strasbourg, la situation avant 1850. A partir de ce moment, elle changea. Haerter avait peu à peu étendu son influence sur les cercles académiques et y avait gagné des adhérents. Charles Cuvier, le fondateur et directeur de la Chapelle évangélique, et le pasteur Adolphe Kreiss de Saint-Pierre-le-Jeune travaillaient, de leur côté, à convertir au piétisme les étudiants français et alsaciens qu'ils réunissaient autour d'eux. Enfin, l'orthodoxie luthérienne, s'affirmant de plus en plus, commençait à attirer les jeunes gens qui voulaient entrer en théologie. La plupart de ces « croyants luthériens » ne possédaient pourtant pas des convictions basées sur des études sérieuses, ils avaient été endoctrinés avant d'entrer au Séminaire et n'en étaient que plus exaltés. Quelques-uns d'entre eux se crurent même appelés à rendre un témoignage public de leur foi et s'enhardirent jusqu'à manifester dans les cours qu'ils suivaient. Il en fut ainsi dans le cours de dogmatique de Bruch, qui provoquait tout particulièrement la colère de l'orthodoxie. Bruch se contenta de signifier aux manifestants qu'ils étaient libres de ne pas fréquenter son cours, mais qu'il ne tolérerait pas qu'ils troublassent ses leçons et qu'il ferait immédiatement expulser ceux qui se permettraient une pareille inconvenance. Il n'en fallut pas plus pour calmer ces fougueux disciples et pour les rappeler à l'ordre et aux convenances. L'un ou l'autre de ces jeunes zélateurs prit pourtant la plume pour informer tel de ses professeurs que sa conscience ne lui permettait pas de suivre désormais son cours. Une pareille

---

[1]) *Revue de théologie*, II, p. 305.

communication parvint un jour à Reuss, parce que, dans son cours d'exégèse, il avait expliqué le passage Psaume CIV, 4, non pas comme l'explique l'auteur de l'Epître aux Hébreux, mais comme l'exige le simple bon sens. Reuss se borna à prier son correspondant de ne plus mettre les pieds dans son cours.

Dans une lettre de l'année 1856 à son élève et ami Henri Graf, Reuss constatait d'ailleurs que l'orthodoxie dans ses différentes nuances, depuis le vieux-luthéranisme allemand jusqu'au méthodisme français, gagnait de plus en plus du terrain, si bien que dans ces cercles « croyants » même se formaient de nouveaux groupes qui n'avaient aucun lien entre eux. L'union qui autrefois avait existé entre les étudiants, même entre ceux qui n'avaient pas les mêmes opinions dogmatiques, était brisée, et quelques tentatives de la rétablir ne donnèrent aucun résultat.

CHAPITRE IX

Nouveaux débats sur la discipline et les études
Attaques contre le Séminaire et son enseignement

I

Dès l'année 1844, le gouvernement avait invité le Consistoire général de l'Eglise de la Confession d'Augsbourg à examiner de plus près la question de la discipline et des études au Séminaire protestant, cette question, qui impliquait celle de l'éducation des futurs pasteurs, ayant donné lieu à de sérieuses observations. Le Consistoire général, après en avoir délibéré et avoir pris connaissance des règlements existants, avait déclaré que ces règlements étaient suffisants pour assurer de bonnes études et une discipline convenable. Il avait pourtant adopté le projet présenté par le Directoire d'une organisation dont les bases essentielles seraient la prescription d'une quatrième année d'études consacrée à la théologie pratique, le concours à cet enseignement des professeurs du Séminaire, la continuation en quatrième année des bourses du gouvernement, la séminarisation des boursiers, les frais pour l'institut pastoral mis à la charge du Séminaire. [1]

Les circonstances pourtant n'étaient pas favorables et les choses en restèrent là. Sept ans se passèrent avant que la question reparût. La veille de l'ouverture de la session du Consistoire général de 1851 seulement arriva une dépêche du ministre invitant le Consistoire à aviser aux moyens d'améliorer les études et la discipline du Séminaire protestant et

---

[1] Séance du Consistoire général du 9 oct. 1844. Rec. off. III, p. 121 s.

aux réformes à introduire dans cet établissement pour qu'il répondît complètement à son but.

« Le Séminaire protestant, disait le ministre, est institué en vue, non pas de former des théologiens et des savants, mais bien de préparer les élèves à l'exercice des fonctions pastorales et de pourvoir les Eglises de ministres dûment pénétrés des grands devoirs qu'ils sont appelés à remplir. Son enseignement doit donc tendre à développer et à fortifier la vocation ecclésiastique. Or, c'est à cette mission que le Séminaire a paru répondre trop faiblement jusqu'à ce jour. Indépendamment des réclamations directes que l'administration des Cultes a reçues à cet égard, elle a pu juger elle-même par les résultats, que la direction et l'esprit des études avaient dû laisser plus ou moins à désirer. Il ne peut s'agir ici que de critiques générales. On ne met pas en doute les bonnes intentions et l'érudition incontestable des maîtres. On reconnaît volontiers que de certains progrès ont été obtenus, qu'ainsi des écarts de conduite sont devenus plus rares parmi les étudiants, et les habitudes plus studieuses. Mais l'instruction qu'ils reçoivent est, ce semble, trop théorique et trop sèche; elle tend à être trop exclusivement scientifique. Des éléments indispensables au pasteur, tels que la catéchisation et la prédication sont trop négligés; l'apprentissage professionnel en un mot, n'est pas l'objet d'assez de sollicitude; la pratique est trop sacrifiée à la théorie, l'application à la science pure. Ces lacunes d'une part et cette prédominance de l'autre, sont évidemment de nature à influer d'une manière fâcheuse sur le caractère personnel et l'action des pasteurs et conséquemment sur la situation morale des églises confiées à leurs soins... Enfin, il y aurait lieu d'examiner si la tenue matérielle des élèves, si le régime et la discipline auxquels ils sont soumis ne comporteraient pas encore plus de sévérité et d'exactitude que par le passé... Je vous invite, M. le président », disait le ministre en terminant, « à vous préoccuper sérieusement de cette question fondamentale, et à rechercher de concert avec le Consistoire général les moyens propres à améliorer la situation. L'état de choses actuel a le double tort, de ne satisfaire que trop imparfaitement au besoin d'édification des troupeaux, et de tromper trop souvent l'attente de l'Etat, qui veut, avec juste raison, des services utiles et réels, en échange des dispenses du service militaire et des subventions de bourses qu'il accorde aux élèves du Séminaire. » [1])

Il est clair que les critiques contenues dans cette dépêche ne pouvaient provenir du ministre, qui n'était pas en situation d'avoir une opinion sur l'enseignement des professeurs du Séminaire ni surtout sur les besoins religieux des communautés protestantes d'Alsace et de la mesure dans laquelle satisfaction leur était donnée. Sa dépêche ne faisait que reproduire les accusations et les réclamations de l'orthodoxie parisienne, qui engageait alors contre les institutions théologiques et contre les professeurs *incrédules* de Strasbourg une lutte qu'elle allait poursuivre pendant des années.

Dans sa séance du 30 juillet 1851, le Consistoire général discuta la question qui lui était soumise par le ministre, et le président résuma la discussion en ces termes: « Le Consistoire général admet en principe: que les études homilétiques et catéchétiques doivent recevoir de l'extension; qu'une quatrième année d'études, employée presque exclusivement à la théologie pratique serait nécessaire; que les professeurs de théologie devraient réunir autant que possible la pratique à la théorie; que les élèves seraient tenus d'assister régulièrement au service divin et de rendre compte des sermons qu'ils auraient entendus; qu'il serait utile d'attacher au Séminaire, pour la prédication française un professeur qui, excellent prédicateur lui-même, joindrait la pratique à la théorie, et sous lequel, dans un service spécialement établi, se formeraient les élèves; qu'un cours de théologie pastorale serait donné comme autrefois. »

Le président ajoutait pourtant qu'en recommandant la pratique, le Consistoire général n'entendait nullement répudier la science. « Il faut conserver l'éducation scientifique », disait-il, « en donnant à l'éducation pratique le développement qu'elle comporte. » [2])

Quant à la question disciplinaire, le Consistoire se trouva d'accord sur quatre points: il faudrait remettre en vigueur les anciens règlements, donner aux étudiants un costume uniforme, apporter à la direction du Collège de Saint

---

[1]) *Le Ministre de l'Instruction publique et des cultes au président du Directoire* (Arch. du Dir.).

[2]) *Recueil officiel* IX, p. 121.

Guillaume certaines modifications, et restreindre la durée des vacances universitaires.[1])

Les professeurs du Séminaire ressentirent d'autant plus vivement les critiques du ministre qu'elles semblaient impliquer un blâme de l'enseignement qu'ils avaient donné jusquelà et des résultats qu'ils avaient obtenus. Ils nommèrent une commission qui fut chargée d'élaborer un mémoire en réponse à ces critiques.

Le Directoire, dans la session du Consistoire supérieur de 1853, et la Commission nommée *ad hoc*, dans la session de 1854, présentèrent, à leur tour, des rapports circonstanciés sur les questions relatives à la discipline et aux études du Séminaire, ainsi que sur celles de la pénurie des candidats et de leur basse extraction, que le ministre avait soulevées dans sa lettre.

Quant à la provenance des candidats, la Commission constatait, d'après les chiffres fournis par le Séminaire, que des 284 candidats luthériens examinés à Strasbourg dans une période de 25 ans (du 1er janvier 1827 au 31 décembre 1851) 178 étaient fils de pères exerçant des fonctions publiques ou libérales, fonctionnaires, officiers en retraite, négociants, pasteurs, instituteurs, etc., et que les 106 restants sortaient presque tous de la classe des cultivateurs, mais se distinguaient par leur zèle pour les études et par l'énergique volonté de vaincre les difficultés que leur opposait l'insuffisance de la première éducation.

La Commission déclarait en outre, en s'appuyant sur des chiffres, qu'il n'y avait pas à craindre que l'Eglise manquât de candidats. Dans une période de 25 ans, en effet, 228 candidats avaient été placés comme pasteurs, comme professeurs du Séminaire ou du Gymnase, 25 étaient morts, et 31 étaient encore restés disponibles. Chaque année produisait, en moyenne, 11 candidats, et l'on ne comptait, en général, que 9 vacances.

Quant à la discipline et aux études, la Commission rappelait qu'elles avaient été réglementées à différentes reprises et que les règlements avaient atteint leur but. Ici encore, elle laissait parler les faits. Dans la période décennale de 1816 à 1826, 235 élèves avaient été inscrits; sur ce chiffre,

---

[1]) *Loc. cit.*, p. 123.

11 étaient morts avant la fin de leurs études et 40 avaient renoncé à la carrière pastorale; des 184 restants, 154 étaient devenus candidats et 30 avaient été rayés par mesure disciplinaire. La période de 1826 à 1836 présentait déjà une amélioration sensible. Sur 141 élèves inscrits, 11 avaient été enlevés par la mort et 24 avaient renoncé; des 106 restants, 95 avaient été reçus candidats et 11 seulement avaient été rayés. La période de 1836 à 1846 marquait un nouveau progrès. Les élèves inscrits étaient au nombre de 119; ils se trouvèrent réduits par suite de décès et de désistements volontaires à 93; 87 d'entre eux avaient passé les derniers examens et 6 avaient été renvoyés pour cause disciplinaire. Enfin, dans le cours des années 1846 à 1850, 65 élèves avaient pris des inscriptions, 15 d'entre eux se retirèrent volontairement et un seul fut renvoyé.

La Commission concluait de ces faits « que le besoin d'une plus grande sévérité dans les règlements ne se faisait nullement sentir, puisqu'à aucune époque la conduite des élèves et leur application aux études n'avait été aussi bonne et aussi soutenue ».

La Commission se prononça également contre l'adoption d'un costume spécial et uniforme qui ne pourrait qu'éveiller et nourrir chez les jeunes théologiens l'esprit sacerdotal, sans les garantir des entraînements et des séductions, et sans faciliter leur surveillance. Mais elle fut d'avis de prescrire aux étudiants la redingote ou le frac noir, la cravate blanche ou noire et le chapeau à haute forme.

II

Mais la question principale, beaucoup plus importante que les questions disciplinaires, celle des études théologiques, occupa plus particulièrement la Commission. Les critiques formulées à cet égard portaient sur deux points: on reprochait à l'enseignement du Séminaire d'être trop exclusivement scientifique et de trop s'écarter de la doctrine de l'Eglise.

Quant au premier point, la Commission déclara que l'enseignement d'un Séminaire ou d'une Faculté de théologie devait être essentiellement scientifique, puisqu'un Séminaire ou une Faculté ne devait pas former seulement des prédicateurs et des catéchètes, mais des théologiens, et que d'ailleurs

une forte culture scientifique, était une condition indispensable
d'une véritable éloquence de la chaire et de l'instruction
catéchétique. On ne saurait blâmer le Séminaire, disait-elle,
d'avoir maintenu à son enseignement le caractère scientifique;
il faut au contraire l'encourager à persévérer dans cette voie
et à former des pasteurs qui soient en même temps des savants
et des hommes religieux.

La Commission montrait que le Séminaire ne méritait
pas le reproche de négliger la pratique. « Il fait sous ce
rapport ce que font tous les établissements du même genre
et ce qui est dans la mesure du possible. La théorie de l'art
oratoire, de la liturgique et de la catéchétique y est enseignée
avec soin, des exercices pratiques sont annexés à ces cours.
Les élèves de la section préparatoire suivent des exercices de
déclamation; ceux de la deuxième année de théologie rédigent
des sermons qu'ils récitent devant leurs condisciples et leur
professeur; ceux de la troisième année prêchent en public.
Les exercices catéchétiques, interrompus pendant plusieurs
années, ont été rétablis. Un pasteur de la ville a été associé,
pour la direction de ces exercices, au profeseur de théologie
pratique. Les élèves sont aussi initiés à la connaissance de
l'organisation de notre Eglise et de la législation qui la régit. »

Quant au reproche que l'enseignement du Séminaire
s'écartait trop de la doctrine officielle de l'Eglise, la Commission du Consistoire supérieur constatait qu'il venait « du
petit nombre de théologiens et de laïcs qui ont arboré le
drapeau d'un rigide luthéranisme »[1]) et qu'il n'était pas justifié. L'enseignement théologique du Séminaire, disait-elle, ne
mériterait le reproche d'hétérodoxie qu'autant qu'il s'écarterait
des doctrines vitales de l'Evangile et des principes fondamentaux de l'Eglise protestante. Or, il n'en est pas ainsi.
Les professeurs, on le voit par leurs publications, font sans
doute une large part à la critique et abordent sans hésitation
les problèmes les plus ardus de la théologie moderne; ils ne
jurent pas sur la lettre des confessions de foi, mais ils s'in-
clinent devant la divinité du christianisme et professent avec
un pieux respect et une conviction sincère les doctrines fondamentales du protestantisme. Les pasteurs et candidats
formés à leur école suivent à peu près les mêmes tendances.

---

[1]) *Rec. off.* XII, p. 78.

Il en est pourtant parmi eux qui professent une orthodoxie sévère, quelques-uns se sont même engagés sous la bannière de l'ultra-luthéranisme. Que faut-il en conclure, sinon que l'enseignement du Séminaire rend justice à toutes les opinions et qu'il laisse les croyances des élèves dans une parfaite indépendance?

« Parmi les pasteurs qui ont fait leur éducation au Séminaire », disait encore le rapport de la Commission, « nous n'en connaissons pas un seul qui ait donné dans les excès d'un rationalisme outré, tandis que nous en connaissons plusieurs qui sont dans des tendances orthodoxes fort prononcées »; et il concluait: « L'enseignement théologique du Séminaire n'a pas mérité les reproches dont il a été l'objet. » [1]

La Commission, au reste, se prononça pour l'ouverture d'un cours de prudence pastorale, pour la création d'un Séminaire pastoral et pour l'institution d'une quatrième année d'études. Reconnaissant toutefois les difficultés du moment, elle proposa au Consistoire de voter cette création en principe, mais d'en ajourner l'ouverture à un moment plus favorable, et d'inviter le Directoire à faire, en attendant, auprès du gouvernement les démarches nécessaires pour obtenir douze bourses de 500 fr. pour l'entretien des candidats qui seraient placés dans ce Séminaire.

Après de longs débats, le Consistoire supérieur finit par adopter les propositions de la Commission relatives à l'ouverture d'un cours de prudence pastorale et à la création d'un Séminaire pastoral, ainsi que le projet d'un nouveau règlement qui ajoutait aux anciennes dispositions quelques dispositions nouvelles. L'une d'elles prescrivait aux élèves non-boursiers de se loger et de prendre pension dans des maisons approuvées par le Séminaire. Une autre plaçait chaque élève sous le patronage d'un des professeurs et décidait qu'un bulletin sur sa conduite et son travail serait envoyé tous les six mois à ses parents ou à son tuteur et au Consistoire dont il ressortissait. Quant au costume des étudiants, on adopta également la proposition de la Commission: redingote ou frac noir, cravate blanche ou noire, chapeau à haute forme. Enfin, il était fait défense aux élèves, non seulement de fréquenter les sociétés et lieux publics dont la fréquentation est incompatible avec le caractère

---

[1] *Rec. off.* XII, p. 80.

ecclésiastique, mais de former entre eux aucune association sans la permission des professeurs, d'agir ou d'écrire comme s'ils étaient une corporation ou association légalement reconnue, et de se réunir en assemblée délibérante, sauf dans des cas exceptionnels, pour des objets déterminés et avec la permission expresse du Séminaire.

Dans les années qui suivirent, la question d'un cours de prudence pastorale et celle des mesures à prendre pour amener une amélioration de la prédication reparurent toujours de nouveau à l'ordre du jour du Consistoire supérieur et furent discutées sans avancer d'un pas. Enfin, dans la session de 1853, le Directoire annonçait la prochaine ouverture de conférences sur la prudence pastorale. Mais cette annonce était prématurée; dans la session de 1859, l'autorité ecclésiastique dut avouer que ces conférences n'avaient pas eu lieu faute d'auditeurs.

La question « des moyens de perfectionner dans l'Eglise de la Confession d'Augsbourg la prédication dans l'une et dans l'autre langue » n'avait pas reçu de solution non plus. Elle avait été mise à l'ordre du jour de la session de 1859. Le Consistoire supérieur avait écouté les propositions des inspecteurs ecclésiastiques et le rapport de la Commission et avait renvoyé la discussion de la question à sa prochaine session.

Dans celle de 1860, la Commission, tout en rendant hommage aux efforts faits jusque-là pour pourvoir à l'éducation homilétique des élèves, reconnaissait qu'il y avait davantage et mieux à faire. Elle proposait que tous les élèves sans exception prissent part à des exercices de lecture et de déclamation sous la direction d'hommes bien qualifiés. Les exercices de langue française seraient dirigés par un Français de l'intérieur, doué lui-même d'un talent oratoire décidé. Dans la troisième année de théologie, les exercices de lecture et de déclamation seraient remplacés par des exercices de prédication. L'élève reconnu peu apte à la prédication serait exclu des études théologiques. Sans doute, pour achever l'éducation des élèves, faudrait-il une quatrième année d'études « particulièrement consacrée à des exercices de prédication et de catéchisation »; mais la création d'un Séminaire pastoral ne pourrait être réalisée qu'avec le concours du gouvernement.

Ces propositions furent adoptées, sauf celle d'exclure les élèves reconnus peu aptes à la prédication. On fit valoir, avec raison, qu'un élève peu doué sous ce rapport pouvait posséder des dons d'autre nature et rendre de véritables services.

La discussion de cette question fournit aux représentants de l'orthodoxie l'occasion de mettre l'enseignement théologique du Séminaire en suspicion. L'inspecteur ecclésiastique Meyer de Paris se montra particulièrement agressif. « Le relèvement de la prédication », dit-il, « est une des questions les plus essentielles de l'avenir de notre Eglise. Mais je crois que cette question est une question de fond et non de forme, qu'elle touche non pas à un détail seulement, mais à l'ensemble et à l'esprit des études théologiques... Ces études peuvent se faire dans deux esprits différents, l'un de critique et de doute, l'autre de foi; l'un qui mène aux systèmes du monde, l'autre qui mène à Jésus-Christ et nous apprend à le reconnaître comme notre Seigneur et Sauveur; l'un qui énerve la prédication, l'autre qui lui donne la vie et la puissance... Il faut plus, il faut que le prédicateur, en même temps qu'il est uni à Christ par la foi, soit uni aussi avec l'Eglise, avec les doctrines de l'Eglise... Je nie qu'un professeur ou un pasteur jouisse de la liberté illimitée d'enseignement. Je soutiens qu'il est responsable de cet enseignement envers l'Eglise qui le délègue, qui l'entretient et qui a droit de lui demander compte. »

Arrivant à parler des moyens de relever la prédication, l'orateur déclarait qu'il attendait peu des règlements. « Je ne demande pas mieux », ajoutait-il, « que de voir réussir les exercices qui nous sont proposés, mais je demande surtout que « le Français de l'intérieur » dont il est question dans le rapport, soit dépendant du professeur d'homilétique et choisi avec son concours. » [1])

Ce que l'orthodoxie craignait, ce qu'elle essayait d'empêcher par tous les moyens, arriva pourtant. Dans la session du Consistoire supérieur de 1861, le président annonça que la décision qui prescrivait au Séminaire de confier à l'avenir la direction des exercices de déclamation française à un

---

[1]) *Recueil officiel* XVII, p. 187.

professeur dont le français fût la langue maternelle et qui lui-même se distinguât par son talent oratoire, avait été exécutée. « Le Séminaire », dit-il, dans son rapport, « a proposé et nous avons agréé pour ce supplément d'enseignement jugé nécessaire à l'amélioration de la prédication française, M. Colani, que désignait d'une manière toute spéciale le succès remarquable de ses prédications à Saint-Pierre-le-Vieux et, plus tard, à Saint-Nicolas. »

CHAPITRE X

Timothée Colani — Revue de théologie — Colani chargé de cours au Séminaire — Protestations de l'orthodoxie

I

Le nouveau professeur qui entrait ainsi au Séminaire par une porte entre-bâillée, si je puis dire, pour y occuper un poste très modeste en apparence et très important en réalité, n'était pas un inconnu, il s'était depuis des années fait un nom comme écrivain et comme prédicateur et était alors, à 40 ans, dans toute la force de l'âge et du talent.

Timothée Colani [1]) était né à Lemé, dans le département de l'Aisne, le 25 janvier 1824. Son père, pasteur dans cette localité, était un homme du Réveil, d'une profonde piété et d'une sévère orthodoxie. Il avait voué, dès le berceau, ce fils, venu après sept filles, au ministère évangélique, et veillait avec soin à l'éducation qui devait l'y préparer. Aussi, redoutant pour lui l'enseignement des collèges de l'Etat, l'envoya-t-il faire ses études classiques à Neuchâtel, et puis chez les frères moraves de Kornthal. L'éducation religieuse que reçut le jeune élève dans ces milieux ne put que l'affermir dans les croyances traditionnelles.

A l'âge de seize ans, Colani vint à Strasbourg pour y étudier la théologie. Ses goûts, s'il avait pu choisir, l'eussent porté à d'autres études, à celle de l'histoire, des mathématiques ou de la chimie. Mais son père l'avait voué au minis-

---

[1]) Voy. mes articles sur *Timothée Colani* dans le *Progrès Religieux* de 1888.

Dans *T. Colani, Essais de critique*, Paris, 1905, la *Préface* de Joseph Reinach.

tère ecclésiastique; devant la volonté paternelle, il s'inclina. Et aussitôt son esprit ardent et avide se jeta avec passion sur la science théologique. Les cours de Reuss, sa méthode historique appliquée à l'exégèse des livres bibliques, lui ouvrirent de nouveaux horizons. Il se plongea dans l'étude du Nouveau Testament, sans négliger pourtant celle de la philosophie, de l'histoire et de la littérature. Il acquit ainsi un savoir étendu; en même temps son esprit se développait et s'affinait.

En 1845, à vingt-et-un an, il achevait ses études universitaires par la soutenance d'une thèse remarquable sur *La philosophie de la religion de Kant*. Dès 1846, il publiait des *Essais sur l'histoire de la théologie allemande*, et, en 1847, une dissertation savante sur *Leibnitz et le catholicisme*. La même année, il obtenait le prix de la fondation Schmutz dans un concours sur *Les travaux opposés au système et à la critique du Dr. Strauss et des autres défenseurs de l'interprétation mythique*, et il passait l'examen de licencié en théologie avec une thèse sur l'*Idée de l'absolu*. Il collaborait aussi au journal *La Réformation au dix-neuvième siècle* qu'Edmond Schérer dirigeait à Genève et qui, sous l'inspiration de Vinet, plaidait énergiquement la cause de la séparation de l'Eglise et de l'Etat.

Cependant, les idées religieuses et théologiques de Colani s'étaient peu à peu modifiées. L'étude approfondie du Nouveau Testament, l'examen consciencieux des grandes questions, les discussions contradictoires avaient provoqué chez lui une de ces crises d'où la foi sort transformée. « Arrachant de son sein mille préjugés invétérés et jusque-là sacrés », il était, à travers des luttes douloureuses, arrivé à un christianisme plus spirituel et à un protestantisme plus conséquent. Dès lors, il comprit la nécessité et, par conséquent, le devoir de travailler à la rénovation de la science théologique tombée si bas en France. Un événement imprévu vint lui offrir l'occasion de tenter cette grande œuvre.

II

Dans l'été de 1849, Edmond Schérer [1], professeur d'exégèse biblique à l'Oratoire c'est-à-dire à l'Ecole libre de théo-

---

[1] Edmond-Henri-Adolphe Schérer, né le 8 avril 1815 à Paris, fit d'abord des études de droit, et puis alla étudier la théologie à Stras-

logie de Genève, donnait sa démission à la suite d'un changement dans ses vues sur l'inspiration de la Bible. La croyance à l'inspiration plénière était un des fondements de la doctrine de l'Oratoire, et Schérer y avait donné autrefois son entière adhésion. Maintenant qu'il ne l'admettait plus, il crut devoir mettre sa conduite en harmonie avec ses convictions en se démettant. Cette démarche provoqua au sein du protestantisme une certaine émotion et donna lieu à une controverse assez vive sur le principe qui était mis ainsi en discussion. Reuss, qui observait attentivement les signes du temps, crut le moment venu de réaliser une idée qu'il caressait depuis longtemps, à savoir de faire paraître une Revue de théologie en langue française. Il s'en ouvrit à Viguié[1]) et à Colani; les deux abondèrent dans son sens. Reuss voulut mettre l'idée a exécution sans tarder davantage. Dans sa pensée, la nouvelle Revue devait être l'organe du protestantisme français tout entier et porter sur sa couverture, à côté des noms de Strasbourg et de Genève, ceux de Paris et de Montauban. Il s'adressa donc, en même temps, à Schérer à Genève, au pasteur Verny à Paris et au professeur Sardinoux[2]) à Montauban. Mais les réponses négatives ou évasives qu'il reçut refroidirent son ardeur, et finalement il renonça à son projet. Colani le reprit, le fit sien, et peu de temps après parut l'annonce de la «*Revue de théologie et de philosophie chrétienne*».

C'était comme l'aurore d'un nouveau jour, comme un réveil après un long et profond sommeil. Cette apparition inattendue de la *Revue* frappa d'autant plus les esprits qu'elle coïncidait avec l'arrêt presque complet que subissait en Allemagne, à la suite des tendances réactionnaires pro-

---

bourg. Il y prit les grades de licencié et de docteur, et fut nommé à une chaire d'exégèse à l'Oratoire de Genève. (Voy. Octave Gréard, *Edmond Schérer*, Paris, 1890.)

[1]) Aristide Viguié, né à Nègrepelisse le 29 janvier 1817, avait fait ses études à Montauban, puis à Berlin et à Bonn; il passait alors sa licence en théologie à Strasbourg. Il fut plus tard président du Consistoire de Nîmes et, en 1879, professeur à la Faculté de théologie de Paris.

[2]) Pierre-Auguste Sardinoux, né le 22 janvier 1908 à Anduze, d'abord aumônier et professeur au collège de Tournon, puis pasteur à Fougères (Hérault), avait été appelé, en 1847, à la Faculté de Montauban comme professeur de critique sacrée et d'exégèse du Nouveau Testament.

voquées par le mouvement de 1848, la production scientifique et surtout théologique.

Sans doute, les explications que donnaient les deux rédacteurs dans l'avant-propos de la première livraison, qui parut en juillet 1850, sur la position qu'ils voulaient occuper, ce motto: « *Veritati cedendo vincere opinionem* », cette déclaration: « Le drapeau de la Revue a pour devise: Libre développement de la pensée chrétienne », leur appel à ceux qui « mécontents des formules d'une dogmatique vieillie et admettant pleinement le salut par Jésus-Christ, voulaient travailler à un nouvel édifice sur la base immuable de l'Homme-Dieu », n'étaient pas sans exciter quelque défiance dans l'esprit de plusieurs. Sous ces déclarations, ils flairaient des nouveautés dangereuses. Et de fait, il y avait là quelque chose de nouveau: ce n'était plus la théologie de la lettre, c'était la théologie de l'esprit, une théologie qu'on n'enseignait ni à Genève ni à Montauban et qu'on désigna dès lors de Théologie nouvelle ou moderne.

Autour de ce drapeau du libre développement de la pensée chrétienne se groupa, dès le premier jour, une troupe d'élite. A côté des noms des deux fondateurs de la Revue, Colani et Schérer, le premier volume contenait ceux d'Edouard Reuss, des pasteurs Verny et Pressensé de Paris, du philosophe suisse Charles Secrétan, du Hollandais Ver-Huell, du professeur Herzog de Halle et de deux pasteurs du midi, Pierre Goy et Jean Monod. Ils revendiquaient tous le droit de la libre recherche et la nécessité du développement de la science théologique. Sans doute, l'accord entre des esprits si divers et appartenant à des tendances si diverses ne pouvait durer. Dès la fin de la première année, Jean Monod et Edmond de Pressensé se retirèrent. Mais d'autres, des Alsaciens, des Français, des Suisses et des Hollandais, Cunitz et Kayser, Nicolas et Grotz, Réville et Chavannes, Busken-Huet et Trottet vinrent prendre leur place.

Colani ne dirigeait pas seulement la *Revue*, il en était, avec Schérer, le principal rédacteur. Il y donnait de nombreux articles d'exégèse, de philosophie et d'histoire religieuse. Ceux sur le Nouveau Testament et sur le dogme provoquèrent une opposition assez vive de la part de quelques défenseurs des idées traditionnelles. Mais lorsque Colani entama la question christologique, lorsqu'il déclara: « Nous nions la méthaphysique orthodoxe, mais c'est pour des motifs religieux, parce que, prise au sérieux, elle détruit la réalité humaine de Jésus et son caractère de Sauveur... A la place d'un fantôme de Christ, nous mettons le Christ vivant »[1]), ce fut un tollé général. Aux protagonistes du *Réveil*, aux hommes des *Archives du Christianisme* et aux théologiens de l'*Espérance* vinrent se joindre les représentants du juste-milieu pour reprocher à la *Revue* des opinions hérétiques et l'accuser de tendances subversives.

Dans l'année 1858 commença la seconde série de la *Revue* avec ce titre: *Nouvelle Revue de théologie*, et ce motto: *Fides quaerens intellectum*. Son inspiration restait la même; les problèmes théologiques les plus graves y étaient traités, comme ils l'avaient été jusque-là, par des hommes compétents et dans un esprit plus libéral encore. De nouveaux collaborateurs étaient venus se joindre aux anciens, parmi eux Athanase Coquerel fils, Viguié, Th. Bost; Colani lui-même, absorbé par d'autres travaux et de graves préoccupations, ne donnait plus que rarement des articles de fond. Une troisième série de la *Revue* parut en 1863. Colani y écrivit de moins en moins, il finit même par en abandonner la direction à des mains plus jeunes, à Maurice Schwalb d'abord, à Auguste Carrière ensuite. Mais la *Revue* commençait à se survivre; Colani résolut de la faire disparaître. Dans la livraison de décembre 1869, il annonçait que cette livraison était la dernière et il ajoutait cette fière déclaration: «Le droit de la libre science théologique, nié absolument lors de nos débuts, est désormais un fait qui s'impose à tous. Dans l'église, sans doute, il y a encore bien des combats à livrer; mais devant l'opinion publique, la victoire est complète... Désormais les protestants de France ne veulent ni ne peuvent se passer d'une théologie libre... La *Revue de théologie* a rempli sa tâche. »

III

Colani, depuis des années, portait aussi ses idées dans la chaire chrétienne: à Saint-Pierre-le-Vieux, dont les pasteurs avaient organisé un culte français mensuel, et puis à Saint-Nicolas, où il remplit d'abord les fonctions de vicaire et

---

[1]) *Revue de théologie* XI, p. 122.

ensuite celles de pasteur, il donna des prédications régulières qui attiraient un auditoire aussi nombreux que sympathique. Sans doute, il n'avait pas que des admirateurs enthousiastes, il avait d'ardents détracteurs. On l'accusait d'amoindrir la religion, on lui reprochait même de prêcher le relâchement moral. Ces accusations le décidèrent à mettre ses sermons sous les yeux du grand public. Il fit d'abord paraître quelques discours séparés, et puis, de 1857 à 1861, trois recueils de sermons[1]), qui furent accueillis avec la plus grande faveur. Le premier n'eut pas seulement plusieurs éditions, il fut traduit en plusieurs langues, en allemand, en anglais, en hollandais et en suédois. Ces discours étaient considérés comme des modèles de prédication libérale: à la Faculté de théologie de Genève, le professeur d'homilétique les faisait analyser par ses élèves pour les former à l'éloquence de la chaire, et au Collège de France, à Paris, Saint-Marc Girardin en lisait des passages dans son cours de littérature.

Le grand désir de Colani était pourtant d'arriver à une chaire académique. La renommée qu'il avait acquise par sa *Revue* et par ses sermons, son talent oratoire et littéraire, sa vaste science, toutes ces qualités semblaient le désigner pour l'enseignement universitaire. Mais son nom était devenu un « drapeau » et au Séminaire il n'avait pas que des amis. En 1856 déjà, Reuss et Bruch l'avaient proposé pour la chaire de philosophie devenue vacante par la mort de Bartholmess, mais l'animosité des orthodoxes parisiens qui inspirait une sainte terreur au président Braun, et le peu de sympathie de quelques-uns des membres du Séminaire qu'effrayaient les idées progressistes de Colani, avaient empêché sa nomination. Des années passèrent encore sans que l'occasion se présentât de le faire entrer au Séminaire.

Enfin, une décision du Consistoire supérieur vint lui en ouvrir l'accès. Dans sa session de 1860, le conseil suprême de l'Eglise de la Confession d'Augsbourg, discutant sur les mesures à prendre pour pourvoir à l'éducation oratoire des

---

[1]) Le premier recueil: *Sermons prêchés à Strasbourg*. Strasb. 1857, in-12[0], parut dans sa 3e édition sous ce titre : « Premier recueil », 1860. Le second recueil : *Nouveaux sermons*. Str. 1860, in-12[0], parut dans sa 2e édition, comme « Second recueil » 1862. Le troisième recueil contenait *Quatre sermons prêchés à Nîmes* et parut sous ce titre à Strasb. 1861. in-12[0].

élèves en théologie, décida que « dès leur admission au Séminaire, les élèves prendraient obligatoirement part à des exercices de lecture et de déclamation sous la direction d'hommes bien qualifiés » et que « celle des exercices de langue française serait confiée à un Français de l'intérieur, doué lui-même d'un talent oratoire distingué ». Le président Braun, qui, en somme, était porté pour Colani, vit là un moyen de lui ouvrir la carrière universitaire. Il gagna ses collègues du Directoire à son idée, et le 1er mars 1861, il adressa au Séminaire la lettre suivante, décidée en séance du Directoire:

« Il y a bien longtemps que l'opinion publique se préoccupe de la situation précaire de l'un des hommes les plus distingués dont s'honore la chaire évangélique de Strasbourg, M. Colani.

« L'émotion est devenue plus grande encore chez les nombreux admirateurs de cet orateur éminent, lorsque tout récemment on a appris qu'il était appelé dans le midi pour y prêcher et qu'il se déciderait peut-être à y accepter telle position qu'il faut craindre de ne jamais lui voir offerte à Strasbourg.

« Le Séminaire est désigné d'une voix unanime comme pouvant seul prévenir cette regrettable détermination et nous croyons, Messieurs, devoir appeler votre attention la plus sérieuse sur ce qu'il vous serait possible de faire en faveur de M. Colani, pour donner satisfaction aux vœux d'une très grande partie du public protestant de cette ville.

« Deux moyens se présentent tout naturellement, puisque M. Colani est aussi distingué comme littérateur que comme prédicateur.

« C'est ou bien de le charger d'initier les jeunes gens de langue française à l'art de bien parler en public, dans les limites où le Consistoire supérieur a exprimé le vœu que cet art leur fût enseigné désormais, ou bien de relever pour lui le cours de littérature française qui se trouve interrompu au Séminaire depuis la mort de M. Willm et la retraite de M. Schnitzler.

« Nous vous prions d'examiner, Messieurs, si ces deux moyens ne seraient pas conciliables, ou, du moins, lequel des deux permettrait d'assurer à M. Colani la position à laquelle son mérite lui donne des titres... »

Le Séminaire, dès sa séance du 11 mars, « sur la proposition de plusieurs membres » — le procès-verbal de la séance ne fait pas mention de la lettre du Directoire —, considérant, d'une part, « l'importance d'un cours spécial de littérature française et d'exercices de lecture et de déclamation », considérant, d'autre part, « les connaissances de M. Colani, ses talents distingués et notamment le succès de sa prédication », prenait un arrêté qui chargeait Colani de ce cours et de ces exercices, et le Directoire se hâtait d'approuver sa décision.

La nouvelle de cette nomination fut naturellement accueillie avec des sentiments très divers. Tandis que les feuilles libérales, le *Courrier du Bas-Rhin* à Strasbourg, le *Lien* à Paris, l'annonçaient avec la plus vive satisfaction à leurs lecteurs, le *Lien* regrettant seulement que Colani ne fût pas appelé « à une autre chaire que celle de littérature et d'éloquence », l'*Espérance*, organe de l'orthodoxie, l'enregistrait avec une profonde douleur, « persuadée que dans l'enseignement donné à de jeunes théologiens, ni le talent ni l'honorabilité du caractère ne peuvent tenir lieu de croyances chrétiennes, même quand il s'agit de littérature ou d'art oratoire ». L'*Evangéliste*, journal des dissidents, alla plus loin, il somma les Consistoires de la Confession d'Augsbourg de protester contre ce qu'il appelait « un horrible scandale ». Le Consistoire luthérien de Paris, écoutant cet appel, adressa, en effet, au Directoire une lettre qui exprimait ses appréhensions et sa douleur.

Parmi les élèves du Séminaire et de la Faculté, l'arrêté du Séminaire fut également accueilli avec des sentiments très partagés. Les uns, et c'était la grande majorité, saluèrent avec enthousiasme « cette réalisation d'une de leurs espérances les plus chères ». Quarante-trois d'entre eux allèrent complimenter le nouveau professeur. « Nous sommes heureux », lui dirent-ils par la bouche de l'un d'eux, Ernest Picard, « de compter parmi les professeurs de notre Séminaire un homme que nous estimons et que nous aimons la plupart depuis longtemps... Cette démonstration n'est pas pour nous une affaire de parti: c'est une affaire de cœur, de sympathie et d'affection; nos convictions à nous réunis ici autour de vous peuvent être et sont probablement fort diverses, nous nous sommes néanmoins associés dans une seule pensée pour vous témoigner notre sympathie, parce que souvent déjà votre voix nous a réunis et a fait battre notre cœur à l'unisson du vôtre, parce que nous avons toujours trouvé en vous un défenseur ferme et constant des grands principes du protestantisme, de sa liberté de conscience et du spiritualisme chrétien, et enfin, parce que nous avons pu, en mainte occasion, apprécier votre désintéressement ainsi que la fermeté et la droiture de votre caractère »[1]).

Le récit de cette manifestation publié par le *Lien* ne tarda pas à provoquer une contre-manifestation. Des élèves qui s'étaient abstenus répondirent à l'article du *Lien*, dans l'*Espérance* du 17 mai, par une lettre dans laquelle ils ne craignirent pas d'avancer que le choix fait par l'autorité ecclésiastique portait sur un homme « qui professe des doctrines contraires aux vérités fondamentales de l'Evangile », et de déclarer « qu'ils le voyaient avec douleur entrer dans l'enseignement de notre Séminaire. »

Cette désapprobation, par des élèves du Séminaire et de la Faculté, d'un acte de l'autorité supérieure, valut d'ailleurs à ses auteurs un blâme sévère.

On n'en resta pas là; une guerre de brochures éclata, qui dégénéra en vives personnalités et en ardentes récriminations. Le pasteur Hosemann de Paris, dans une brochure intitulée *Un mot à propos de l'appel adressé à M. Colani par le Séminaire protestant de Strasbourg*, essaya de démontrer que les convictions du directeur de la *Revue de théologie* étaient opposées à la confession de foi et à la liturgie de l'Eglise de la Confession d'Augsbourg et que, par conséquent, il ne pouvait entrer dans le professorat et le ministère de cette Eglise. Colani crut alors devoir recourir également au tribunal de l'opinion publique. Dans sa *Lettre à M. le pasteur Hosemann*, il montra que la Confession d'Augsbourg n'a point l'autorité d'une charte, qu'elle est un simple manifeste qui exprime la tendance générale de l'Eglise luthérienne et indique quelle méthode elle emploie pour se réformer; il rappela que l'Eglise luthérienne de France ne l'a jamais fait signer à personne, qu'elle exige uniquement de ses pasteurs la promesse d'en respecter les principes fondamentaux, et il conclut que tant que M. Hosemann n'aurait pas prouvé que son enseignement était opposé, non à la lettre, mais à l'esprit de la Confession d'Augsbourg, à sa tendance, à sa méthode,

---

[1]) Le *Lien* du 17 avril 1861, sous ce titre: « *Une manifestation* ».

il n'aurait pas le droit de demander son exclusion ni du professorat ni du ministère de l'Eglise.

Mais les critiques les plus vives, celles qui eurent le plus de retentissement, devaient venir d'autre part. Dans la session du Consistoire supérieur de 1861, les représentants de l'orthodoxie luthérienne exprimèrent, l'un après l'autre, leurs regrets de la nomination de Colani au Séminaire et leurs appréhensions relativement à son enseignement et à son influence sur les jeunes théologiens. Ils déclarèrent que « les principes les plus essentiels étaient ébranlés, qu'on battait en brèche et la Confession de l'Eglise et l'autorité des Saintes Ecritures et le sacrifice du Rédempteur »; ils demandèrent que l'on épargnât aux jeunes théologiens « le danger d'être mis en contact officiel avec ceux qui ont érigé le doute en doctrine et qui ont su lui donner tout le charme et tout l'attrait d'un grand talent », ils allèrent jusqu'à proposer un amendement au rapport de la commission conçu en ces termes: « Le Consistoire supérieur regrette que, par une nomination récente, les corps compétents aient donné charge de cours à un professeur de tendances négatives. » A l'observation que Colani n'avait pas été nommé professeur au Séminaire, mais simplement chargé de la direction des exercices de déclamation et d'un cours de littérature française, ils répondaient: « Tout le monde sait que M. Colani est théologien et non pas littérateur, et qu'il est beaucoup trop ce qu'il est pour que toute son action et son enseignement n'en soient pas pénétrés », et à la question: Pourquoi ce cri d'alarme? « C'est que M. Colani est un *drapeau... Il est avant tout l'homme de sa *Revue.* » [1])

Le rapporteur de la Commission constatait pourtant que la nomination de Colani était irréprochable en la forme, et que le Consistoire Supérieur n'était pas un synode pour la condamner au point de vue des convictions religieuses de ce professeur. « Le Consistoire Supérieur », dit-il, « n'a le droit ni de l'approuver ni de l'improuver ». [2]) Le Consistoire passa à l'ordre du jour.

Quelques jours plus tard, Colani commençait son cours devant un auditoire nombreux et sympathique.

----

[1]) *Rec. off.* XVIII, p. 151.
[2]) *Loc. cit.* p. 161.

TROISIÈME PÉRIODE

1864-1872

CHAPITRE I

Nouvelles vacances au Séminaire et à la Faculté — Revendications orthodoxes — Luttes entre les tendances libérale et conservatrice — Colani et Lichtenberger

Reuss, dans ses Mémoires constate qu'après 1860 et pendant les années qui suivirent, le niveau de l'esprit académique subit une forte baisse au Séminaire et à la Faculté. Il y avait à cela différentes raisons. La principale était sans doute l'âge avancé de plusieurs des professeurs et leur aversion persistante pour tout changement de méthode ou de programme. Ils suivaient l'ornière de la routine, incapables de réveiller les esprits assoupis, sans ardeur au travail et sans intérêt pour la science. Un fait suffira pour marquer l'affaissement moral de ces années: en 1862, deux nouveaux membres seulement se présentèrent pour la Société théologique et l'an d'après il ne s'en présenta aucun.

L'année 1863-1864 amena au Séminaire et à la Faculté de grands changements. Les vieux professeurs, ceux qui étaient le plus opposés à toute innovation, furent emportés, l'un après l'autre, par la maladie. Des hommes jeunes, animés d'un autre esprit, furent appelés à les remplacer. Une ère nouvelle s'annonçait, mais ses commencements furent marqués par des luttes ardentes entre les partis adverses, dont chacun prétendait faire arriver ses adeptes aux places devenues vacantes.

Le professeur Jung fut rappelé le premier, même avant l'ouverture de l'année scolaire. Il était tombé malade à Sainte-Marie-aux-Mines, où il avait passé ses vacances auprès de sa fille aînée, mariée au pasteur Hoff, et était revenu à Strasbourg, dans les premiers jours d'octobre, pour y mourir. Il fallut songer à le remplacer au Séminaire, à la Faculté et à la Bibliothèque. Ce dernier remplacement ne donna lieu à aucune difficulté. La bibliothèque de la ville et celle du Séminaire avaient été administrées jusque-là par un seul et même bibliothécaire; on les sépara. La ville nomma le conservateur de sa collection et le Séminaire celui de la sienne. Il appela à ces fonctions le gendre de Jung, Frédéric Reussner, alors professeur au Gymnase.

Le remplacement de Jung dans la chaire d'histoire ecclésiastique se fit tout aussi facilement. Charles Schmidt qui, dans les dernières années, avait encore augmenté sa réputation d'historien par la publication de plusieurs ouvrages remarquables, était tout désigné pour cet enseignement si important. Aussi quand il demanda d'échanger la chaire d'homilétique avec celle d'histoire ecclésiastique, le Séminaire fut unanime à accueillir sa demande et la Faculté à l'appuyer auprès du ministre.

Mais alors surgit la question de son remplacement dans la chaire d'homilétique. Et là commencèrent les difficultés. Schmidt aurait voulu disposer de la chaire qu'il avait occupée si longtemps en faveur d'un candidat qui partageât ses opinions religieuses. Son choix s'était porté sur un jeune savant strasbourgeois qui n'avait pas eu encore le temps de se faire connaître, mais de qui l'on attendait beaucoup.

Auguste-Frédéric Lichtenberger, né à Strasbourg le 21 mars 1832, avait fait ses études classiques au Gymnase protestant et ses études théologiques au Séminaire et à la Faculté de théologie de sa ville natale. Il avait ensuite visité les Universités allemandes et avait fait un séjour à Paris. Revenu à Strasbourg, il avait acquis, en 1857, le grade de licencié, et, en 1860, celui de docteur en théologie. Pasteur suffragant au Temple-Neuf depuis 1858, il remplissait simultanément, depuis 1860, les fonctions d'aumônier au Gymnase protestant. Ce n'était pas un érudit; sa science n'était pas très vaste, mais il était fort versé dans les différentes branches de la théologie systématique. Son point de vue théologique n'était pas bien accentué non plus: il se rattachait à la tendance dite du « juste-milieu » et écrivait dans la *Revue* de Pressensé; néanmoins l'orthodoxie, n'ayant pas de candidat acceptable à présenter pour une chaire universitaire, le choisit pour l'opposer aux candidats de tendance libérale.

Si l'on s'était conformé à l'ancien règlement, qui portait que les professeurs de la Faculté devaient être choisis parmi ceux du Séminaire, la nomination de Lichtenberger à la Faculté n'eût pas été possible. On aurait commencé par pourvoir à la chaire devenue vacante au Séminaire, en y appelant un des professeurs suppléants ou agrégés, et ce corps ainsi complété, on aurait choisi dans son sein les candidats à proposer au Directoire et, par lui, au ministre. Cette manière de procéder n'aboutissant pas aux fins voulues par le parti conservateur, il eut garde de l'invoquer. Schmidt insista, au contraire, pour que sa demande d'échanger la chaire d'homilétique avec celle d'histoire ecclésiastique fût soumise sans retard à l'autorité compétente; le ministre l'approuva et la vacance de la chaire d'homilétique fut déclarée.

Et tout de suite le parti orthodoxe se mit en branle pour obtenir la nomination d'un candidat qui lui aggréerait. Il eut d'abord l'idée assez étrange de proposer le pasteur Haerter pour la chaire vacante et de lui adjoindre Lichtenberger pour les cours et les exercices en langue française. Il fallut pourtant renoncer à ce projet. Le pasteur Haerter, qui y avait d'abord accédé, comprit sans doute, après mûre réflexion, que, pour occuper une chaire universitaire, il fallait autre chose encore que l'exhortation incessante à la repentance et à la vraie foi. Il savait aussi que si le Séminaire était consulté, il ne pouvait guère s'attendre à ce qu'une majorité se prononçât pour lui. Il crut donc prudent de se désister.

Cependant, ce n'étaient plus les seuls représentants de l'orthodoxie luthérienne de Paris qui revendiquaient une place au Séminaire et à la Faculté pour un candidat de leur tendance religieuse, l'orthodoxie luthérienne d'Alsace venait tenter une démarche dans le même sens. Peu de jours après la mort du professeur Jung, quatorze pasteurs et vicaires, auxquels s'était joint un professeur du Gymnase protestant, adressèrent au président du Directoire une pétition dans laquelle ils demandaient, au nom d'un grand nombre de leurs collègues et de toute la partie confessionnelle de l'Eglise d'Alsace, que «l'autorité supérieure, à l'occasion du remplacement de M. Jung, prenne sérieusement en considération les besoins légitimes de toute la partie de l'Eglise qui professe les doctrines évangéliques telles qu'elles sont déposées dans les Saintes Ecritures et dans notre confession de foi, et fasse entrer parmi les professeurs de la Faculté ou du Séminaire un représentant de ces doctrines. »[1])

En face de ces revendications, qui avaient pour but non seulement de faire entrer au Séminaire et à la Faculté des représentants de la droite, mais d'en écarter deux hommes qui étaient désignés d'avance et depuis longtemps pour en faire partie, les éléments libéraux de la population strasbourgeoise s'émurent à leur tour. Cinquante-cinq notables — parmi lesquels les doyens de la Faculté des lettres et de celle de médecine, plusieurs professeurs de différentes Facultés, des juges, des avocats, des notaires, des médecins, des banquiers, des négociants — signèrent une adresse aux membres du Directoire et aux professeurs du Séminaire, dans laquelle ils exprimaient la crainte qu'au moment où il s'agissait de combler un vide dans les rangs des professeurs du Séminaire, une pression illégitime ne pesât sur les décisions de ceux qui étaient appelés à faire les présentations ou les nominations aux places vacantes. «Les chefs de notre Eglise», disaient-ils, » et les corps enseignant se soumettront-ils à des injonctions dictatoriales, quand ces injonctions frappent d'exclusion deux noms connus, respectés, illustrés par la science?» — «C'est», ajoutaient-ils, «pour donner satisfaction à certaines passions théologiques et doctrinales que l'on vous demande l'exclusion, et c'est du nom de conciliation que l'on voudrait colorer un acte d'ostracisme. »

En attendant, le ministre de l'instruction publique, pressé peut-être par les leaders orthodoxes, faisait savoir qu'il était décidé à nommer incessamment à la chaire d'homilétique dans la Faculté de théologie, et il demandait, comme de juste, que le Directoire lui présentât une liste de candidats. Le Directoire, à son tour, invita la Faculté à lui proposer trois noms. A la Faculté, on eut de la peine à s'entendre. Cinq candidats s'étaient présentés: Baum, professeur de littérature latine au Séminaire et pasteur à l'église Saint-Thomas,

---

[1]) *Lettre au président du Directoire* (Arch. du Dir.).

qui désirait échanger la chaire de philologie qu'il occupait depuis de longues années avec la chaire de théologie pratique; Colani, depuis un an prédicateur français à l'église Saint-Nicolas et directeur de la *Revue de théologie;* Kienlen, pasteur à l'église Saint-Guillaume et docteur en théologie; Lichtenberger, pasteur suffragant au Temple-Neuf et docteur en théologie, et Schaeffer, pasteur à Colmar et docteur en théologie. Les cinq exerçaient le saint ministère, trois d'entre eux faisaient en même temps des cours au Séminaire.

Après de longs et vifs débats, il se trouva finalement une majorité pour recommander Baum, Colani et Lichtenberger, comme étant « ceux d'entre les différents candidats dont la nomination semblait le mieux répondre aux besoins de l'établissement et aux exigences de l'époque »; la Faculté les présenta *ex aequo.*

A peine cette décision fut-elle connue qu'éclatèrent les protestations des organes de l'orthodoxie. Le journal *L'Espérance,* dans son numéro du 8 janvier 1864, fut le premier à annoncer que, d'après une opinion généralement répandue à Strasbourg, la nomination de Colani était assurée, sinon déjà signée. Le journal faisait remarquer que les choses n'en étaient pas là encore, mais qu'il semblait exact que la Faculté, ne tenant aucun compte des vœux de la portion vivante de l'Eglise, avait établi une liste par ordre alphabétique, sur laquelle le candidat évangélique disparaissait derrière les autres candidats, tandis que le directeur de la *Revue de théologie* était mis en évidence. L'organe orthodoxe pourtant ne perdait pas tout espoir, il rappelait que le Directoire avait à donner son avis et le recteur de l'Académie à dire son mot, et qu'on pouvait espérer que le ministre de l'instruction publique ne voudrait pas prendre sur lui de proposer à l'empereur une mesure dirigée contre la partie évangélique de l'Eglise de la Confession d'Augsbourg.

Les *Archives du Christianisme* mirent plus de violence dans leur protestation. Elles ne pouvaient croire à l'exactitude de la nouvelle qu'on donnait et espéraient « que dans tous les cas, le scandale de l'élection de M. Colani serait épargné au protestantisme français, pour ne pas dire à l'Eglise chrétienne tout entière. » [1]

---

[1] Numéro du 10 janv. 1864.

L'*Espérance* avait d'ailleurs raison, les choses n'en étaient pas où l'on croyait. Après quelques semaines, la liste de présentation fut renvoyée au Directoire. Le ministre refusait de l'accepter parce que deux des candidats proposés, Baum et Colani, ne possédaient pas le grade de docteur, exigé par la loi pour la nomination à une chaire magistrale. Il demandait à l'autorité ecclésiastique de lui faire d'autres propositions et de lui donner un avis plus motivé sur les candidats.

Les leaders parisiens profitèrent de ce délai pour tenter de nouvelles démarches. Ils s'en prirent tout d'abord au président du Directoire, qui, paraît-il, leur avait fait quelques vagues promesses relativement à la nomination de Lichtenberger à la chaire d'homilétique. Ils le sommèrent maintenant de tenir ses promesses. Le pasteur Hosemann de Paris, un de ses vieux amis, essaya de lui faire peur. « La chose en elle-même », lui disait-il, « est plus grave qu'on ne le pense peut-être à Strasbourg. Elle émeut ici au plus haut degré plus d'un homme marquant, et l'on se demande si décidément la Faculté de Strasbourg doit être le porte-drapeau de l'incrédulité! Tous les hommes croyants du protestantisme français se mettront de la partie et vous auriez donné le signal d'une lutte à mort » — « Je ne suis ici », ajoutait-il, « qu'une plume, écho fidèle, et qui t'est personnellement dévoué, de ce qui se dit dans les régions les plus élevées et les plus compétentes. Encore une fois, le danger est réel. Il faudrait qu'on fût spirituellement bien peu clairvoyant à Strasbourg pour y faire si bon marché des plus vrais intérêts de la Vérité et de notre Eglise. Quelle responsabilité devant Dieu et devant les hommes! »

M. Léon de Bussierre à son tour, mais avec plus de finesse et de diplomatie, s'adressait au président Braun. « Vous ne m'en voudrez pas, j'espère », lui écrivait-il, « d'oser vous dire que je compte sur votre concours énergique pour assurer définitivement la nomination de M. Lichtenberger. J'ai été très péniblement surpris en apprenant que cette nomination était de nouveau mise en question, et qu'une agitation factice ne tendait à rien moins qu'à vous forcer la main. Assurément, je suis loin de méconnaître les difficultés de votre position. Mais j'ai la confiance que vous saurez tenir tête aux passions qui s'agitent autour de vous... Vous me direz que vous n'êtes pas seul dans le Directoire. Sans doute. Mais permettez-moi d'avoir plus de confiance que vous-même dans votre légitime influence. Si vous le voulez bien, vous pouvez, j'en ai l'intime conviction, faire triompher au sein du Directoire les intentions conciliatrices que vous nous aviez manifestées lors de la dernière session du Consistoire. » [1]

M. Léon de Bussierre adressait en même temps à M. Bruch, avec lequel il entretenait de longue date des relations d'amitié, une lettre dans laquelle il disait: « Mon langage auprès du ministre, en ce qui concerne M. Colany, est et sera ce qu'il a toujours été. Je lui répéterai que si mes vives instances pouvaient contribuer à assurer à M. Colany, *dans l'enseignement des lettres*, une situation digne de son beau talent et de son caractère parfaitement respectable, j'en serais extrêmement heureux; mais qu'au contraire je ne pourrais m'empêcher de protester contre son introduction dans le corps enseignant de nos futurs pasteurs; qu'à mes yeux il en résulterait un danger très sérieux, ne fût-ce que par l'effet profondément regrettable que cette nomination produirait, non seulement dans nos propres églises, mais aussi dans toute cette grande et importante fraction du protestantisme français qui s'alarme des tentatives négatives, si envahissantes et si actives de nos jours... J'éprouverais donc une grande joie si, faisant usage du concours de M. Schmidt (qui vous serait, je crois, assuré) vous arriviez encore à donner la priorité à la présentation de M. Lichtenberger. »

Le 5 février, nouvelle lettre de M. de Bussierre au président du Directoire: «Maintenant que la décision — de provoquer une présentation plus explicite — est prise (au moins je le suppose), je ne puis que désirer très vivement, et pour vous et pour nous, que le Directoire (ou du moins une majorité dans le Directoire) présente M. Lichtenberger en première ligne. Vous paraissez partager la conviction de mon ami Bruch, que *ces Messieurs de Paris*, comme on nous appelle, sauront bien faire nommer M. Lichtenberger. Je n'en sais rien. Je le désire et je l'espère; et si vous présentez M. Colany en première ligne, je ne me ferai pas faute (je vous le dis très franchement) de combattre énergiquement votre

---

[1] Arch. du Directoire.

présentation. Si nous réussissons, voyez quelle situation fausse en résultera pour le Directoire. » [1])

Le refus du ministre d'admettre des candidats qui ne possédaient pas le grade de docteur en théologie, aurait dû tranquilliser le parti orthodoxe: Colani n'était pas docteur, et, par cela même, il se trouvait exclu de la liste de présentation. Pourtant ses adversaires se méfiaient, et avec raison. Car tandis que Baum retirait sa candidature, Colani prenait sa bonne plume et, dans l'espace de quelques semaines, il achevait sa thèse pour le doctorat sur *Jésus Christ et les croyances messianiques de son temps.*

Pâques n'était pas venu et déjà sa soutenance avait lieu. Cet acte, d'ordinaire purement académique, prit cette fois l'aspect d'une manifestation publique. Colani, dans les dernières années, avait acquis une popularité de plus en plus grande dans les cercles cultivés de Strasbourg. Les tentatives de ses adversaires de le rendre suspect et de l'abaisser dans l'opinion publique avaient eu l'effet contraire. L'admiration pour son talent et la sympathie pour sa personne n'avaient fait que croître. Beaucoup de ses auditeurs avaient attendu l'occasion de lui témoigner leurs sentiments. Cette occasion se présentait; ils la saisirent avec empressement. Le jour de la soutenance, la grande salle de Saint-Thomas fut envahie par un public qu'on n'y avait jamais vu dans pareille circonstance. Le président du Directoire, le recteur et l'inspecteur de l'Académie, des professeurs et des étudiants de toutes les Facultés étaient là, et, à côté d'eux, des membres nombreux de la société, hommes et femmes. La grande salle se trouva trop petite pour la foule qui s'y pressait; on dut décrocher les portes de la salle d'à côté pour que tout le monde trouvât une place. Reuss présidait. Il ouvrit la séance par une allocution dans laquelle il dit que cette affluence extraordinaire à une cérémonie qui d'habitude n'attirait guère l'attention publique était un hommage rendu au talent et au mérite de Colani, et que celui qui venait demander à la Faculté le titre de docteur était depuis longtemps, pour ceux qui venaient s'asseoir aux pieds de sa chaire, le docteur en théologie par excellence. Après la soutenance, des acclamations unanimes saluèrent le nouveau docteur, le proclamant à l'avance professeur de la Faculté.

----

[1]) Arch. du Directoire.

La nouvelle liste de présentation dressée par la Faculté portait les noms de Colani, de Kienlen et de Lichtenberger. Elle fut immédiatement envoyée à Paris. Mais le ministre ne se hâtait pas de prendre une décision. La droite mit à profit ce nouveau délai: elle redoubla d'efforts pour empêcher une nomination qu'elle redoutait. Un maréchal de France appartenant à l'Eglise protestante fut même appelé à la rescousse. Peine inutile! Le ministre Duruy n'était pas accessible à de pareilles influences. Pressé de toutes parts, il prit le parti le plus simple, il envoya le dossier relatif à l'affaire au cabinet de l'Empereur, et Colani, dont le nom alphabétiquement se trouvait en tête de la liste, fut nommé.

La chaire vacante dans la Faculté était pourvue. Il restait à pourvoir à celle du Séminaire. Les deux partis disposant à ce moment du même nombre de voix, tout dépendait du vote du président. Mais ce dernier était tiraillé par des sentiments contraires. Ses sympathies personnelles allaient à la gauche, et les égards qu'il devait à ses collègues du Directoire le portaient à soutenir le candidat libéral, mais il craignait les influences parisiennes et il estimait qu'il était sage de ne pas mécontenter la droite.

La conséquence en fut que l'affaire traîna jusqu'à ce que la mort de Fritz vint créer une nouvelle situation. Fritz avait vu depuis longtemps diminuer ses forces; il avait dû finalement renoncer à l'enseignement et abandonner ses cours à un suppléant. Au mois de mai 1861, il avait eu une première attaque d'aploplexie dont il s'était pourtant remis; mais le vendredi saint de l'année 1864, dans une promenade sur les glacis devant la porte de l'hôpital, il eut une nouvelle attaque plus grave et fut ramené mourant chez lui. Le jour de Pâques, le 27 mars 1864, la mort mit fin à ses souffrances.

Il s'agissait dès lors de pourvoir à deux canonicats vacants. Avant de passer au vote, on s'entendit pour que chacun des deux partis votât pour e candidat du parti adverse. C'était le seul moyen d'arriver à un résultat satisfaisant. Cunitz, au premier tour de scrutin, et Lichtenberger, au second, furent nommés à l'unanimité.

II

Mais la mort de Fritz avait aussi rendu vacante une chaire à la Faculté de théologie et il était urgent d'y pourvoir sans retard. C'était la chaire d'exégèse. Non pas d'exégèse de l'Ancien ou du Nouveau Testament, mais d'exégèse tout court, le décret qui avait créé la Faculté de théologie n'ayant institué qu'une seule chaire pour cette branche si importante de la science théologique. Fritz aurait dû, en somme, interpréter les livres du Nouveau Testament aussi bien que ceux de l'Ancien, et son successeur pouvait être appelé à traiter dans ses cours les uns et les autres. Cependant il était clair qu'il aurait à s'occuper principalement et même exclusivement de l'Ancien Testament, les leçons de Bruch, de Reuss et de Cunitz suffisant à l'interprétation des écrits du Nouveau Testament.

Reuss désirait mettre en avant la candidature de Cunitz qui, par rang d'ancienneté, avait le plus de droits à une chaire. Mais le président Braun, qui continuait sa politique de bascule, et le professeur Schmidt, qui était pressé par le parti orthodoxe, avaient d'autres vues, ils voulaient faire entrer Lichtenberger dans la Faculté. Par malheur, Lichtenberger n'était pas hébraïsant et, par conséquent, peu apte à enseigner l'exégèse de lAncien Testament. On ne pouvait espérer que la Faculté le proposât pour cette chaire. Mais il y avait un moyen de tourner la difficulté, c'était de décider Reuss à échanger la chaire de morale, qu'il occupait sans avoir jamais enseigné cette branche de la science théologique, avec celle d'exégèse, qui était son véritable domaine, et de confier la chaire de morale à Lichtenberger. Reuss consentit à l'échange, mais il voulait attendre pour le réaliser que la nomination à la chaire d'homilétique eût eu lieu. Au cas où Colani n'y serait pas nommé, il voulait lui réserver la chaire qu'il avait occupée jusque-là. Il fit même une déclaration dans ce sens à la Faculté. Mais le président Braun avait hâte d'en finir. Il insista auprès du ministre pour que l'échange des deux chaires fût approuvé sans retard.

La Faculté fut alors invitée à faire des propositions pour l'une et l'autre de ces deux chaires. Aucun candidat ne s'étant porté concurrent de Reuss pour la chaire d'exégèse, la Faculté, vu le caractère exceptionnel de cette candidature, pria le ministre de ne pas insister sur la présentation d'un second nom. Il fallut pourtant passer par cette formalité, et le nom de Cunitz fut ajouté à celui de Reuss sur la liste de proposition.

Reuss, naturellement, fut nommé. Le ministre voulut même faire disparaître l'obstacle qui avait empêché jusque-là de conférer à Reuss un titre définitif; il déclara le diplôme de docteur que l'Université de Iéna avait décerné autrefois à Reuss équivalent au diplôme français, et Reuss, qui jusque-là n'avait été que chargé de cours, devint de ce fait titulaire définitif d'une chaire magistrale.

Quant à la chaire de morale, la Faculté présenta Colani, Cunitz et l'agrégé libre Alfred Weber.

Ce dernier était né à Strasbourg, le 1er juillet 1835, fils du receveur de Saint-Marc, Louis Weber. Il avait fait ses humanités au Gymnase et ses études philosophiques et théologiques au Séminaire protestant, à la Faculté de théologie et à la Faculté des lettres de sa ville natale. Dans sa thèse pour le baccalauréat en théologie sur *La dogmatique de Philippe Conrad Marheinecke*, il avait montré un talent spéculatif peu commun et une connaissance extraordinaire de la philosophie hégélienne et de la philosophie allemande en général. Aussi, après avoir rempli durant quelques mois les fonctions de vicaire administrateur à Giromagny, entreprit-il de visiter les Universités allemandes les plus réputées pour leur enseignement philosophique, Berlin et Halle, Iéna et Erlangen, et plus tard Tubingue. Il entra même en relation avec les maîtres les plus illustres, notamment avec le hégélien Michelet de Berlin et avec le professeur Cuno Fischer de Iéna.

Revenu à Strasbourg, il acquit, en 1860, le grade de licencié en théologie par une thèse sur *La philosophie religieuse de Schelling* et obtint l'autorisation de faire des cours au Séminaire. Ses leçons d'histoire de la philosophie moderne et son cours sur la philosophie de la religion obtinrent dès l'abord un vif succès. En 1863, il présenta, pour le doctorat en théologie, une thèse sur l'*Economie du salut*. C'était une étude sur le dogme dans ses rapports avec la morale. Weber y défendait cette idée, que le dogme est un moyen d'éducation et que sa valeur est proportionnée à l'influence morale qu'il exerce. Appelé à remplacer le professeur Fritz pendant sa maladie, il fit pendant quelque temps des cours sur l'Ancien Testament. Mais l'hébreu n'était pas sa partie et, à la mort de Fritz, il se hâta de revenir à ses études de prédilection.

La nomination de Colani à la chaire d'homilétique avait eu lieu dans l'intervalle et la Faculté se vit appelée à faire de nouvelles propositions pour la chaire de morale. Cinq candidats s'étaient présentés: le professeur Cunitz, le pasteur Kienlen, le professeur Lichtenberger, le pasteur Schaeffer de Colmae et le *privatim-docens* Weber. La Faculté présenta Cunitz en première et Weber en seconde ligne. Mais le recteur ayant fait savoir à la Faculté que le ministre désirait que la liste de présentation portât au moins deux noms, la majorité fut d'avis qu'aux deux noms proposés on en joignît un troisième. Quand on passa au vote, Lichtenberger obtint deux, Kienlen, une voix, les deux autres bulletins étaient des bulletins blancs.

Le Directoire, après de longs débats, arrêta la liste de présentation comme suit: 1. Cunitz; 2. Kienlen et Lichtenberger *ex aequo*; 3. Weber, et, en la transmettant au recteur, il déclarait expressément que l'ordre dans lequel il présentait les quatre candidats exprimait son opinion sur la valeur scientifique de chacun d'eux. Mais à cette déclaration collective le président Braun ajouta cette remarque privée: «Quant à moi, personnellement, Monsieur le recteur, et quels que soient le mérite et l'ancienneté de M. Cunitz, j'ai la conviction qu'il y a cette fois dans la question un autre élément encore à considérer: il me paraît indispensable, après la lutte au milieu de laquelle s'est accomplie la récente nomination de M. Colani, de tenir compte des vœux de la fraction de l'Eglise qui a vu avec regret cette nomination et qui a dans M. Lichtenberger son candidat préféré. En conséquence, dans l'intérêt de la paix, de la bonne harmonie, de l'équité, pour ne pas dire davantage, je crois que c'est M. Lichtenberger qui doit avoir la préférence. J'exprime en cela, je le répète, mon avis personnel. » [1]

Cette déclaration du président du Directoire et, plus encore, sans doute, l'influence des leaders de l'orthodoxie parisienne ne manquèrent pas leur effet: Lichtenberger fut nommé à la chaire de morale.

C'est ainsi qu'un homme encore jeune — Lichtenberger avait alors trente-deux ans — qui n'avait pas d'antécédents académiques, qui n'avait pas été mis d'abord sur la liste de présentation de la Faculté, qui, au Directoire, n'avait obtenu

---

[1] *Lettre du président du Directoire au recteur.* La minute en est aux Arch. du Directoire.

que deux voix sur cinq et n'avait été proposé en première
ligne que par le président et non pour sa valeur scientifique,
arriva en même temps au Séminaire et à la Faculté, et cela
par la seule raison qu'il était patronné par l'orthodoxie, qui
n'avait pas d'autre candidat à mettre en avant.

Cette affaire était à peine terminée et le discours académique en l'honneur de Fritz n'était pas encore prononcé, que
celui qui avait été chargé de cette tâche fut enlevé à son tour.
Matter mourut le 22 juin 1864 des suites d'une apoplexie.

III

Une nouvelle chaire et un nouveau canonicat devenaient
donc vacants. De longues discussions s'engagèrent au Séminaire. Matter ayant enseigné la philosophie, il semblait
indiqué de le remplacer par un philosophe. Les uns proposaient de nommer le neveu du professeur Schmidt, Emile
Grucker, qui faisait le cours de philosophie au Gymnase, les
autres se prononcèrent en faveur du *privatim-docens* Alfred
Weber, qui depuis quelque temps donnait au Séminaire des
cours qui avaient beaucoup de succès. Mais Reuss fit remarquer qu'en tenant strictement à la spécialité, on risquerait
d'écarter, au profit d'hommes jeunes et qui pouvaient
attendre, des savants âgés et méritants qui n'arriveraient
jamais parce qu'ailleurs ils ne pouvaient faire valoir aucun
droit. Il proposa d'adjoindre Weber, en qualité de professeur
agrégé, à Waddington, et de réserver le canonicat à un homme
plus âgé et qui avait rendu de longs services: il nomma Jean-
Frédéric Reussner, professeur au Gymnase et lecteur de
langue hébraïque au Séminaire.

Né à Strasbourg le 8 juillet 1823, fils de l'instituteur en
chef de l'école paroissiale de Saint-Guillaume, Frédéric
Reussner avait fait ses études humanistes au Gymnase protestant, où il avait mérité par son zèle et son application cet
élogieux témoignage du professeur Kreiss: « *Quotquot mihi
sunt discipuli, omnes vellem Reussneri essent similes.* » Inscrit en 1841 parmi les élèves du Séminaire, il avait terminé en
1845 ses études universitaires par une thèse sur *Le Pentateuque
alexandrin*. Dès lors il s'était tourné résolument vers la philologie, il était allé compléter ses études à Paris, était devenu,
en 1848, licencié ès-lettres et avait été nommé, en 1849, profes-

seur au Gymnase, où, depuis 1853, il enseignait le grec dans les trois classes supérieures et le latin en seconde. Depuis 1857, il faisait le cours élémentaire d'hébreu au Séminaire.

Reussner était un bon philologue. Ses connaissances ne s'étendaient pas seulement aux langues sémitiques et au sanscrit, elles embrassaient les vieux dialectes italiens. Il avait prouvé sa compétence en cette matière par un mémoire sur *L'histoire et la langue des Osques*, auquel l'Académie des Inscriptions et Belles-Lettres avait décerné, en 1854, le prix Bordin. Or, le Séminaire avait à ce moment besoin d'un philologue, Baum abandonnant cette branche pour faire des cours de théologie pratique. La proposition de Reuss fut donc acceptée à l'unanimité, aucun intérêt de parti n'étant en jeu. Reussner fut appelé à la chaire de philologie et Weber fut nommé professeur agrégé, chargé d'un cours de philosophie.

Les lacunes que le décès de Jung, de Fritz et de Matter avait produites dans le corps enseignant du Séminaire et de la Faculté étaient à peine comblées, qu'il se produisit très inopinément une nouvelle vacance. Waddington, qui n'avait pu s'habituer à Strasbourg et qui espérait obtenir une chaire à la Sorbonne, annonça, peu de jours avant les vacances, qu'il avait obtenu l'avancement qu'il désirait et qu'il allait retourner à Paris. Il se trompait, il est vrai, sur sa nomination à la Sorbonne, il ne l'obtint pas. Mais comme le séjour de Strasbourg ne lui convenait plus, il accepta une place de professeur dans un des grands lycées de la capitale. Il quitta Strasbourg au mois d'octobre. C'était le moment de la réouverture des cours; il s'agissait donc de le remplacer le plus promptement possible. C'était la chaire de philosophie à laquelle il fallait pourvoir, et on ne pouvait y appeler qu'un homme compétent dans cette branche. Cet homme, on l'avait sous la main, mais il s'appelait Colani. Et bien que l'entrée de Reussner dans le corps des professeurs assurât la victoire au parti libéral, ce nom n'était pas sans susciter des difficultés.

On était à la veille de l'ouverture de la session du Consistoire supérieur, et le président Braun hésitait à porter le nom de Colani devant la haute assemblée ou, du moins, devant les représentants de l'orthodoxie parisienne. Il se mit à la recherche d'un candidat qui, agréable aux libéraux, ne fût pas désagréable aux orthodoxes, et il crut l'avoir trouvé dans la personne du pasteur Heintz de l'église Saint-Thomas.

Charles-Henri Heintz, né en 1814 dans un presbytère alsacien, avait étudié la théologie à Strasbourg. Il avait acquis, en 1835, le grade de licencié ès-lettres, et s'était adonné, avec son ami Bartholmess, à l'étude de la philosophie allemande. Précepteur, en 1839, des princes de Hohenlohe-Schillingsfürst, puis pasteur à Colmar et, depuis 1856, à Strasbourg, il avait eu l'occasion d'acquérir une profonde connaissance des hommes et de la vie. Mais depuis qu'il exerçait le saint-ministère, il avait, de plus en plus, renoncé aux études, et on ne pouvait guère espérer qu'à cinquante ans il aurait l'énergie et l'entrain nécessaires pour reprendre le travail scientifique si longtemps interrompu. Et puis, il n'avait aucun rapport avec les étudiants. Il ne semblait donc point posséder les qualités nécessaires au professorat. Et pourtant il avait des chances de réussir. Il pouvait compter sur la voix du président, sur celle de Baum, son collègue à l'église Saint-Thomas, et sans doute aussi sur le suffrage des membres qui voulaient à tout prix écarter la nomination de Colani. Et pourtant, il en fut autrement qu'on avait pensé. Lorsque, le 10 octobre, on passa au vote, Colani obtint 5 voix, Heïntz 4 et Weber 1. Comme il n'y avait pas de majorité absolue, il fallut passer à un second tour de scrutin. Tout dépendait dès lors du vote de Lichtenberger. Dans le premier tour de scrutin, il avait donné sa voix à Weber, il n'était pas probable que, dans le second, il la donnât à Colani. Or, si les voix se partageaient également, la décision revenait au Directoire, et il était plus que probable que ce corps, sous l'influence de son président, se prononcerait pour Heintz. Les amis de Colani avaient abandonné tout espoir. Alors se produisit la chose la plus surprenante, la plus inattendue: Lichtenberger déposa un bulletin blanc. Colani était nommé par 5 voix contre 4.

CHAPITRE II

L'année 1869-1870 — Auguste Sabatier — Le Séminaire et la Faculté à leur apogée

I

Les nouveaux professeurs étant nommés et toutes les chaires au Séminaire et à la Faculté occupées, on songea à réorganiser l'enseignement. Le besoin d'un nouveau plan d'études se fit sentir. Reuss proposa celui qu'il avait élaboré en 1848 et qui n'avait jamais été appliqué. On s'empressa de l'adopter. Ses principales dispositions — reproduites depuis dans le règlement de 1869 — pouvaient se résumer ainsi: On établira un programme des études pour trois ans; chaque professeur annoncera un double cycle de cours sur des sujets plus variés que ceux qui ont été traités jusque-là; chaque étudiant s'inscrira pour 20 à 21 leçons; il sera examiné à la fin du semestre sur les cours qu'il aura suivis; il pourra d'ailleurs choisir en toute liberté ceux qu'il voudra entendre.

Ce plan d'études faisait bonne figure sur le papier; mais cette fois encore la réalité ne répondit pas à l'idéal. Plusieurs des professeurs firent consciencieusement leur devoir, ils annoncèrent des cours sur des sujets variés et intéressants, mais les étudiants montrèrent, en général, peu d'empressement à profiter des nouveaux moyens d'instruction qu'on leur offrait ainsi. Plusieurs des cours annoncés ne purent avoir lieu faute d'auditeurs.

Ce qui était peut-être plus important que la stricte application du nouveau plan d'études, c'était la distribution des chaires, l'attribution à chacun des professeurs de celle qui correspondait à sa compétence. Jusque-là, on s'était par-

fois laissé déterminer dans la nomination à telle chaire du
Séminaire ou de la Faculté par des considérations tout autres
que la compétence du candidat. C'est ainsi qu'Edouard Reuss,
l'éminent exégète, avait été chargé de l'enseignement de la
morale chrétienne et que Charles Schmidt, l'historien distingué, avait été nommé à la chaire de théologie pratique. On
prit garde de ne pas retomber dans une pareille erreur; on
voulut même réparer celles qui avaient été commises autrefois: la Faculté, nous venons de le voir, demanda au ministre
d'autoriser les professeurs Reuss et Schmidt à échanger les
chaires qu'ils occupaient depuis de longues années avec telles
autres qui étaient devenues vacantes et qui répondaient mieux
à leurs études spéciales et à leur goût particulier.

Ce fut, avant tout, un heureux changement que celui
qui confiait à Reuss le cours d'exégèse et plus spécialement
d'exégèse de l'Ancien Testament.   L'enseignement de cette
branche de la science théologique laissait beaucoup à désirer.
Il était resté ce qu'il avait été dans le passé, l'explication
grammaticale des textes, la discussion des questions d'authenticité, une science de mots et de dates, étroite, aride, incapable d'éveiller dans l'esprit des jeunes gens un puissant
intérêt.

Reuss entreprit de le réorganiser sur une nouvelle base.
Il dédoubla le cours dont il était chargé; il le divisa en un
cours exégétique et un cours historique. Le premier comprenait six semestres, dont trois, les semestres d'hiver, étaient
consacrés à l'interprétation des livres historiques, de la loi et
des livres poétiques, les trois autres, les semestres d'été, à
l'explication des écrits didactiques et des prophètes. L'introduction aux différents livres était réduite au strict nécessaire
et l'interprétation des textes limitée à des morceaux choisis,
afin de donner aux élèves un aperçu général de la littérature
hébraïque. Ce cours n'était pas réservé aux seuls étudiants
de la section théologique, ceux de la section préparatoire qui
se distinguaient par leur ardeur au travail, y étaient également admis. Il en était de même du cours historique, qui comprenait quatre parties: l'histoire nationale des Israélites, la
géographie et l'archéologie de l'Ancien Testament, l'histoire
de la littérature hébraïque et l'histoire de la religion de
l'Ancien Testament. Cette manière de comprendre l'exégèse
et d'en élargir le cadre, en y faisant entrer tout ce qui peut

contribuer à l'intelligence des textes, constituait une innovation des plus heureuses: elle complétait des lacunes très fâcheuses dans l'enseignement théologique et réveillait l'intérêt pour des études importantes et trop négligées. On lui fit l'accueil qu'elle méritait. Les deux cours, le second surtout, furent suivis avec la plus grande assiduité. Reuss put se vanter de réunir autour de sa chaire un auditoire « tel qu'on n'en avait plus vu au Séminaire depuis les leçons de psychologie du professeur Redslob. »

L'enseignement de l'histoire ecclésiastique, remis entre les mains de Charles Schmidt, subit également une heureuse transformation. Le cours du professeur Jung, son cours d'histoire moderne surtout, avait par les nombreux détails qu'il y mettait, présenté un vif intérêt. Mais cette abondance de détails avait eu, d'autre part, une conséquence des plus fâcheuses. Le cours d'histoire ecclésiastique avait pris un développement de plus en plus grand; il s'était finalement étendu sur douze semestres au lieu de six, de sorte que les étudiants n'arrivaient plus à entendre qu'une partie du cours, les uns celle qui se rapportait aux premiers siècles de l'Eglise chrétienne et au Moyen âge, les autres, celle qui se rapportait à la Réformation et aux temps modernes, d'autres encore la fin de l'une et le commencement de l'autre. Schmidt sut condenser une matière si féconde et, par une exposition serrée et concise, enfermer le cours complet dans le temps réglementaire, sans pourtant rien omettre d'essentiel.

Parmi les nouveaux venus, Colani tenait le premier rang. Il donnait au Séminaire, dans la section préparatoire, des cours de littérature française, de psychologie, de métaphysique et de philosophie de la religion. Fort d'une pratique déjà longue dans l'enseignement, il était là véritablement dans son élément. Ses leçons, où se révélaient les fortes qualités de son esprit, la finesse de ses idées, la profondeur de son savoir, la sûreté de son jugement et un goût littéraire raffiné, attiraient un nombreux auditoire qui ne se recrutait pas seulement parmi la jeunesse universitaire.

L'enseignement que donnait le second représentant de la philosophie, le professeur agrégé Alfred Weber, n'était pas moins prisé par les élèves. Le cours de philosophie qu'il professait en allemand eut un tel succès que les étudiants de l'intérieur et du midi lui demandèrent de le faire en français. C'est de ce cours que sortit plus tard l'« *Histoire de la philosophie européenne* « dont la *Revue critique* disait: « Le livre de M. Weber n'est pas seulement la meilleure histoire de la philosophie que nous possédions en langue française, c'est aussi, absolument parlant, le plus remarquable ouvrage de ce genre que nous sachions », et qui, traduit en anglais et en espagnol, arrivait en 1914 à sa huitième édition.

La philologie aussi se trouvait en de bonnes mains. Frédéric Reussner, qui avait remplacé Baum dans l'enseignement de cette branche, expliquait les auteurs latins et exposait l'histoire de la littérature latine, tandis qu'un nouveau *privatim-docens*, Emile Heitz, professeur des langues anciennes au Gymnase, faisait des cours de littérature grecque et d'antiquités de la Grèce.

Il était né à Strasbourg le 13 novembre 1825, fils de l'imprimeur et libraire Charles-Frédéric Heitz. Ses études classiques achevées au Gymnase protestant, il avait étudié la philologie à Strasbourg d'abord, et puis à Paris, à Berlin et à Leipzig. Licencié ès-lettres en 1847, il avait été nommé agrégé et, en 1853, professeur au Gymnase. Une dissertation sur les « Mimes de Sophron », publiée en 1851, ne l'avait fait connaître que dans un cercle très restreint; mais en 1862, un travail sur les manuscrits perdus d'Aristote, couronné par l'Académie de Berlin, attira sur lui l'attention du monde savant. En 1864, une dissertation sur l'orateur attique Hypéride lui valut les éloges de l'Institut de France; peu après, la publication des fragments d'Aristote, qui devait servir à une nouvelle édition des œuvres du vieux philosophe, le classa définitivement parmi les philologues distingués. On pouvait donc s'attendre à ce qu'il contribuât à donner un nouvel essor aux études philologiques du Séminaire.

En 1869, enfin, un jeune et savant historien, Rodolphe-Ernest Reuss, vint grossir le nombre des collaborateurs de la section propédeutique du Séminaire et enrichir son enseignement d'un cours d'histoire. Né à Strasbourg le 13 octobre 1841, fils du professeur Edouard Reuss, il avait fait de fortes études au Gymnase, à la Faculté des lettres, au Séminaire même, et avait acquis, en 1861, le grade de licencié ès-lettres Il avait ensuite fréquenté, pendant trois ans, les Universités allemandes, Iéna et Berlin, Munich et Gœttingue, et était allé, en 1865, compléter ses études à Paris. Revenu à Strasbourg, il fut nommé professeur agrégé au Gymnase et continua avec ardeur ses travaux historiques. Lorsqu'il demanda l'autorisation de faire des cours, il était déjà avantageusement connu par des publications sur l'histoire de la guerre de trente ans. Les leçons qu'il donnait sur l'histoire du XVIe et du XVIIe siècle étaient fort goûtées.

Dans la section théologique du Séminaire et à la Faculté de théologie, Colani tenait, avec Reuss, la première place. Son cours sur la Vie de Jésus excitait chez beaucoup de ses auditeurs le plus vif enthousiasme. Ceux-là même qui n'adhéraient pas à ses opinions, étaient séduits par la forme qu'il donnait au travail scientifique et subissaient plus ou moins son influence. Quant à son cours d'homilétique, il n'était pas seulement intéressant, il était instructif au plus haut degré, tant par les principes qu'il formulait que par les indications pratiques qu'il donnait. Ses sermons étaient d'ailleurs comme une illustration de son cours et les meilleurs modèles pour ses élèves.

Lichtenberger, l'autre professeur nouvellement nommé, était loin d'atteindre à la considération dont jouissait Colani et à l'influence qu'il exerçait. Il faisait au Séminaire un cours de symbolique et d'apologétique, et, plus tard, d'histoire de la théologie allemande au dix-neuvième siècle (d'où sortit son *Histoire des idées religieuses en Allemagne du 18e siècle jusqu'à nos jours*. Paris 1873, 3 vol.) et à la Faculté un cours de morale et d'histoire de la morale. Ses leçons étaient consciencieusement préparées et ne manquaient pas d'intérêt; pourtant elles n'avaient pas beaucoup de succès. Lichtenberger était un commençant, il ne devait donner sa mesure que plus tard dans cette Faculté de Paris qu'il aida à créer et dont il fut, pendant de longues années, le doyen vénéré.

La section théologique comptait encore deux *privatim-docentes*, le docteur Kienlen, pasteur à l'église Saint-Guillaume, qui, en 1862 déjà, avait fait au Séminaire des cours de théologie pastorale et qui, depuis, en avait annoncé d'autres, sur les nouvelles péricopes, sur la théologie du N. T., sur l'Apocalypse etc., et le licencié Théodore Gerold, vicaire à Saint-Nicolas, qui avait débuté, en 1867, par un cours sur les Actes des Apôtres et sur les Epîtres pastorales. L'un et l'autre n'avaient qu'un auditoire fort restreint. [1])

Ce n'est pas que le nombre des étudiants eût diminué. Ceux de l'intérieur et du midi n'avaient jamais été aussi nombreux, et ceux qui avaient fait leurs études à Genève venaient, comme autrefois, passer leurs examens à Strasbourg et y suivaient même quelques cours pour compléter leur instruction. Et puis, la renommée grandissante de l'Ecole de Strasbourg commençait à y attirer des étrangers. Des prêtres grecs vinrent, en 1866 et 1867, se faire inscrire à la Faculté de théologie. C'étaient des hommes déjà revêtus du titre d'archimandrite, professeurs ou prédicateurs dans leur pays, mais que le désir de s'initier à la science théologique moderne poussait à visiter les Universités étrangères. Plusieurs d'entre eux se distinguaient par un savoir profond et une haute culture intellectuelle, tels l'archimandrite Grégorios Palamas de Thessalonique, professeur d'histoire ecclésiastique à l'école patriarcale de Jérusalem et auteur de plusieurs savants ouvrages; l'archimandrite Dionysios Latas, de l'île de Zacynthe, prédicateur distingué d'une église grecque du Pirée, qui avait obtenu du gouvernement hellénique une bourse de voyage pour aller compléter son instruction théologique au dehors; l'archimandrite Gogos, de l'île de Lesbos, esprit éveillé, curieux des choses de l'Occident, et toujours prêt à communiquer à ses compatriotes, dans des articles de journaux et de revues, les impressions qu'il recevait et les expériences qu'il faisait dans un monde tout nouveau pour lui. En dehors de ces prêtres grecs, on vit alors à la Faculté des candidats danois, qui, pour des raisons politiques très compréhensibles, évitaient à ce moment les universités allemandes.

Le nombre des élèves du Séminaire et de la Faculté, en dehors des étrangers, s'était élevé en 1860 à 75, mais il avait augmenté d'année en année. En janvier 1868, Reuss écrivait à son ami Graf: « J'ai cet hiver, j'ai dans mon cours sur l'his-

---

[1]) Plus tard, en 1869, Kienlen ayant passé à l'orthodoxie, vit affluer à ses cours les étudiants appartenant à cette tendance. « Parmi ceux qui donnent des cours ici », écrivait Reuss à son ami Graf, le 7 novembre 1869, « le plus couru est actuellement Kienlen (priv. doc.), qui, n'arrivant pas par le rationalisme, s'est jeté dans les bras de l'orthodoxie et fait des cours sur le N. T., dans lesquels il tape dru sur Baur, ce qui lui a déjà valu un calice en or ». (*Briefwechsel*, p. 607.)

toire du peuple hébreu 80 auditeurs », et tous les étudiants ne suivaient pas ce cours. Dans l'année scolaire 1869-1870, le chiffre des étudiants immatriculés s'éleva à 103, dont deux tiers appartenaient à l'Alsace et un tiers — très exactement 33 — à l'intérieur et au midi. Il y avait, en plus, les étudiants français qui avaient fait leurs études à Genève et qui venaient passer leurs examens à Strasbourg. Leur nombre, dans ces années, varia entre 5 et 14.

II

L'année 1868 amena un nouveau et important changement dans la Faculté de théologie. Un décret impérial du 1er décembre 1867 avait enfin accordé au professeur Richard la retraite que, miné par l'âge et la maladie, il sollicitait depuis des années. Son successeur devait, d'après les règlements en vigueur, être désigné par les quatre-vingt-douze consistoires réformés de France. On pouvait donc s'attendre à ce que le parti conservateur, qui disposait d'une majorité écrasante, se hâterait de présenter pour la chaire devenue vacante, un représentant décidé de sa tendance. Il n'en fut rien. On avait, sans doute, dans les cercles orthodoxes, le sentiment qu'à Strasbourg on exigeait beaucoup d'un professeur de théologie et que seul un homme d'une forte culture théologique pouvait prétendre à occuper la chaire de dogmatique réformée. Or, il n'était pas facile de trouver cet homme. En désespoir de cause, et peut-être à l'instigation de Lichtenberger, le parti se décida à offrir la candidature à un jeune théologien qui ne satisfaisait même pas aux conditions extérieures qu'exigeait la loi: il n'avait pas trente ans et n'était pas docteur en théologie.

Louis-Auguste Sabatier [1]) était né à Vallon, dans le département de l'Ardèche, le 22 octobre 1839. Il avait étudié la théologie à Montauban et avait visité, de 1863 à 1864, les Universités allemandes, surtout Tubingue où Jean-Tobie Beck, et Heidelberg où Richard Rothe exercèrent sur lui une profonde influence. Après son retour, il avait été nommé pasteur à Aubenas, dans l'Ardèche, et avait, en 1866, pris le

---

[1]) Voy. *Le Doyen Auguste Sabatier.* 1839-1901. Dôle, 1901.
Francis Chaponnière, *Le professeur Auguste Sabatier.* Paris, 1901.

grade de licencié en théologie par une remarquable thèse sur *Les sources de la vie de Jésus.* Dans cette dissertation, il se montrait plus homme du juste milieu qu'adhérent de l'orthodoxie. Elle contenait, en effet, des assertions qui devaient sonner faux aux oreilles orthodoxes. La profession de foi qu'on demanda au candidat manquait également de couleur. On n'avait peut-être pas une confiance absolue en lui, mais comme on n'avait pas d'autre candidat présentable, il fallut s'en tenir à lui, malgré sa théologie entachée de criticisme.

Le parti libéral était plus heureux sous ce rapport. Il avait sous la main un candidat qui n'était pas seulement foncièrement libéral, mais qui, par différentes publications, avait fourni la preuve qu'il était apte à l'enseignement théologique.

Pierre Goy était né à Port-Sainte-Foy, dans la Dordogne, le 26 octobre 1822. Il avait, lui aussi, fait ses études de théologie à Montauban et était allé les compléter à Berlin et à Halle. Revenu d'Allemagne à la fin de l'année 1847, il avait été nommé pasteur au Fleix, dans la Dordogne, mais avait, quelques années plus tard, échangé sa place de pasteur contre celle de professeur au Collège de Sainte-Foy. Il n'en avait pas moins continué d'exercer les fonctions pastorales, comme suffragant du Consistoire, jusqu'au moment où il se fit scrupule de lire le symbole des apôtres en chaire. Il avait, dès le principe, collaboré à la *Revue de théologie* et au *Disciple de Jésus-Christ,* et y avait fait paraître des articles qui témoignaient d'un véritable esprit spéculatif. Il avait, à ce moment, quarante-trois ans et était dans la plénitude de son talent. Le consistoire le plus important du midi, celui de Nîmes, se déclara à l'unanimité pour sa candidature et les consistoires libéraux suivirent, les uns après les autres. Mais la lutte était trop inégale. Les consistoires conservateurs étaient deux fois plus nombreux que les consistoires libéraux. Des quatre-vingt-douze qu'ils étaient en général, trente-six seulement se prononcèrent pour Goy, tous les autres allèrent à Sabatier.

A ce moment pourtant le Directoire et la Faculté de théologie intervinrent. S'appuyant sur le fait que dans les autres Facultés la nomination des professeurs se faisait sur la double présentation de la Faculté intéressée et du conseil académique, ils revendiquèrent le droit de donner leur avis sur les candidats désignés par les consistoires. Le ministre, Victor Duruy, les renvoya à l'article 7 du Chapitre II des dispositions organiques de 1852: « Lorsqu'une chaire de professeur de la communion réformée vient à vaquer dans les Facultés de théologie, le Conseil central recueille les votes des consistoires et les transmet avec son avis au ministre », et il y ajoutait cette observation curieuse: « Les Facultés de théologie ne sont pas seulement des établissements universitaires, elles sont des Ecoles ecclésiastiques ayant pour mission de former des ministres pour chacun des deux cultes. Quelque prix que l'on attache, dans chaque église, à la science et au talent des professeurs de théologie, ce qu'on leur demande principalement, ce sont des convictions profondes et invariables: l'intérêt religieux l'emporte sur tout autre. Or, n'est-ce pas uniquement l'intérêt de l'Eglise réformée qui se trouve en jeu? A quel titre dès lors l'organe d'une autre communion contrôlerait-il les votes d'assemblées habituées à se prononcer, en cette matière, avec une entière indépendance? A Montauban, le candidat désigné par la majorité est nommé dès qu'il a justifié de l'âge et de la capacité réglementaires, comment pourrait-il en être autrement à Strasbourg, alors qu'il s'agit d'une chaire appartenant à la même communion? » [1])

Sabatier fut donc nommé, mais d'abord seulement comme « chargé de cours », parce qu'il ne remplissait pas les conditions d'âge et de grade académique exigées par la loi. Son installation fut également remise à plus tard. Ce n'est que le 1er février 1869 qu'il put inaugurer son cours de dogmatique. Ses débuts ne furent pas faciles. Il possédait la science, mais il manquait d'expérience. Sa position était d'autant plus difficile qu'il avait été nommé par le parti orthodoxe. Les libéraux alsaciens, qui avaient fait des vœux pour la réussite de Goy, l'accueillirent avec une certaine froideur. Sabatier était pourtant bien décidé à ne point se mettre à la remorque du parti piétiste, ni surtout du parti ultra-luthérien; il fit voir, dans toutes les occasions, qu'il était et qu'il resterait indépendant. Dès sa première leçon, indiquant, en quelques mots, le caractère de l'enseignement qu'il allait donner, il avait dit: « Ce sera un enseignement de recherche. » Il ne voulait se borner ni à l'exposition de la dogmatique traditionnelle ni à celle de sa dogmatique particulière, mais plutôt s'appliquer à guider ses auditeurs dans la recherche

---

[1]) *Lettre du ministre Duruy du 21 décembre 1868.* (Arch. du Direct.)

libre et consciencieuse et à former en eux cette foi personnelle qui, disait-il, « conserve seule sa valeur aujourd'hui où l'autorité de la tradition, en tant que tradition, est partout ruinée et ne pourrait plus être rétablie »[1]). Et quand, en avril 1870, le jeune professeur soutint sa thèse de docteur sur *l'Histoire de la pensée de Paul* », Reuss, président de la soutenance, constatait que « la critique avait plus de part à ce travail, qu'elle n'en avait eu à son histoire de la théologie chrétienne, qui avait rencontré la contradiction, le soupçon et même l'antipathie. »

Aussi les doutes que le jeune professeur avait d'abord inspirés s'évanouirent-ils rapidement. Après sa première leçon publique, le *Progrès Religieux*, organe du parti libéral, constatait avec satisfaction « qu'un esprit de science sérieuse et indépendante, en même temps que de foi sincère, présiderait à l'enseignement du nouveau professeur », et les membres de la Faculté, le moment de la nomination définitive à la chaire vacante étant venu, déclaraient, dans une adresse au ministre, « qu'ils appelaient la nomination de M. Sabatier de tous leurs vœux, la manière dont il avait inauguré son enseignement les ayant convaincus qu'ils trouveraient en lui un collaborateur des plus utiles et un collègue aussi aimable que dévoué. »

Sabatier se fit facilement au nouveau milieu dans lequel il avait été transplanté[2]). Hautement estimé de ses collègues de la Faculté qui rendaient pleine justice à sa valeur scientifique, il était admiré et aimé des étudiants, de ceux-là surtout qui appartenaient à la tendance conservatrice et qui voyaient en lui un maître qui ne le cédait en rien à Colani.

La Faculté et le Séminaire avaient donc rajeuni. Des hommes nouveaux et d'une haute valeur étaient venus combler les lacunes que la mort avait faites dans le personnel des deux établissements protestants. Toutes les chaires étaient occupées par des savants compétents. Sans doute, les différences dogmatiques qui avaient séparé les professeurs dans certaines circonstances, surtout quand il s'était agi de pourvoir aux chaires vacantes, subsistaient comme par le passé, mais elles

---

[1]) Voy. *Le Progrès religieux*, n⁰ du 6 février 1869.
[2]) Voy. *Auguste Sabatier à Strasbourg*, par Henry Dartigue, dans la *Revue chrétienne*, 1908.

n'empêchaient pas la bonne entente et le travail commun. La période qui précéda immédiatement la guerre fut, dit Reuss, « la plus belle que j'ai vécue relativement aux conditions académiques. »

<h1 style="text-align:center">III</h1>

Jamais, en effet, la Faculté de Strasbourg n'avait été aussi prospère, non seulement par la valeur scientifique de ses professeurs, mais par le nombre et le zèle de ses élèves. Une noble ardeur, une puissante émulation régnait parmi eux. Ecoutons plutôt le témoignage d'un étudiant de cette époque, de M. le professeur Lobstein[1]) :

« Ceux qui ont eu le privilège de suivre les cours du Séminaire protestant et de la Faculté de théologie de Strasbourg pendant l'année scolaire brusquement interrompue par la guerre franco-allemande, ont gardé une impression inoubliable de l'activité intense et féconde déployée par les maîtres et les élèves de l'Ecole de Strasbourg. Le nombre des étudiants dépassait la centaine de quelques unités, il y en avait de toutes les parties de la France. A la veille de la guerre, Séminaire et Faculté évoluaient d'un mouvement de plus en plus rapide vers l'absorption de la culture et de la langue allemandes par la culture et la langue françaises. La fusion de ces deux éléments s'était faite, sous le second Empire, d'une façon qui accusait la prédominance croissante du type français. Le nombre des cours allemands, même au Séminaire, allait diminuant d'année en année. En 1869, le doyen s'étant offert à donner, en allemand, un cours d'exégèse sur les épîtres aux Corinthiens, ne trouva qu'un ou deux

---

[1]) J'avais prié M. le professeur Lobstein, qui, dans les années qui précédèrent immédiatement la guerre de 1870, avait été élève de notre Faculté de théologie de me donner quelques détails sur ce qu'étaient, à ce moment, le Séminaire et la Faculté. M. Lobstein, toujours prêt à rendre service, ne voulut pas se borner à me fournir quelques indications sommaires, il rédigea ces pages qui contiennent, avec un aperçu de l'état des choses d'alors, une caractéristique des professeurs dont il suivit les leçons. Bien qu'il y ait là quelques répétitions inévitables de ce qui a été dit dans les chapitres précédents, je n'ai voulu rien retrancher du pieux hommage rendu par M. Lobstein aux maîtres de sa jeunesse, et rien de ces pages qui sont peut-être les dernières qui soient sorties de la plume du regretté professeur.

auditeurs, en sorte qu'il dut abandonner ce projet; par contre, son cours de dogmatique , professé en français, réussit pleinement. Des sept ou huit leçons données chaque semaine par Reuss, deux seulement avaient lieu en allemand. Baum et Weber, qui d'abord n'enseignaient qu'en allemand, furent obligés de faire au français une part de plus en plus large. Schmidt et Lichtenberger professaient exclusivement en français, aussi bien que Colani et Sabatier. Sur les vingt-et-une heures de cours auxquelles on était astreint par semaine, je n'en ai pas entendu un seul qui fût donné en allemand. Le cours d'histoire de la littérature de l'Ancien Testament professé par Reuss en français, remplissait jusqu'à la dernière place le grand auditoire de Saint-Thomas; le cours d'exégèse qu'il donnait en allemand, n'arrivait à grouper que dix à vingt élèves. La Société théologique, présidée par Reuss et Cunitz, subissait une transformation analogue. La langue usuelle, celle des procès-verbaux, était l'allemand; mais les travaux fournis par les membres de la Société étaient souvent des travaux français. Dans ce cas, la discussion se faisait dans la même langue. Pendant longtemps, la Société Reuss-Cunitz fut le seul « Séminaire » en vigueur à Strasbourg. Vers la fin des années soixante, Schmidt institua une conférence d'histoire ecclésiastique; tous les quinze jours aussi, Lichtenberger et Sabatier nous invitaient à des « conférences » sur des sujets de théologie biblique ou systématique; l'un et l'autre cycle se faisaient en français; les conférences bi-mensuelles étaient réparties de façon que chaque semaine était occupée par l'une d'elles, nous étions plusieurs qui faisions partie des trois sociétés. Même simultanéité des deux langues dans les exercices de diction et de récitation: Baum dirigeait les exercices allemands, Colani présidait aux français; ces derniers étaient les plus fréquentés.

« Le caractère bilingue de l'enseignement théologique au Séminaire et à la Faculté ne choquait personne; on le considérait comme normal et résultant naturellement des circonstances historiques où se trouvait placée l'Alsace. Si nos maîtres plus anciens exprimaient parfois le regret de voir disparaître trop rapidement l'usage de l'allemand, ils n'employaient pas le terme de « *Verwelschung* » qu'on prodigua plus tard; ils payèrent eux-mêmes un large tribut à la situation qui s'imposait à eux: déjà Reuss avait composé en français sa traduction de la Bible avec introductions et commentaires; s'il put publier, après la guerre, dans l'espace de peu d'années (1874—1881), les seize volumes qui composent son œuvre capitale, c'est parce que la rédaction de ce grand travail était achevée lorsqu'éclata la catastrophe de 1870. De même Weber, qui s'était appliqué avec autant d'énergie que de succès à professer en français l'histoire de la philosophie, put faire paraître au lendemain du traité de Francfort sa belle « *Histoire de la philosophie européene* » (1872). D'autre part, les membres plus jeunes du corps enseignant qui professaient uniquement en français n'entendaient nullement proscrire l'allemand. Dans son discours prononcé à une fête du Gymnase, le 10 août 1865, Lichtenberger affirma avec une vigueur et une clarté qui ne laissaient rien à désirer, l'attachement indéfectible des protestants d'Alsace à la Bible de Luther et au trésor spirituel des cantiques de la vieille Allemagne. Dans leurs cours, Colani et Sabatier ne cessaient de nous rendre attentifs aux publications allemandes; celui-là nous recommandait chaudement les travaux de Holsten sur le paulinisme, celui-ci empruntait à Weizsaecker la substance de ses leçons sur les synoptiques et le quatrième évangile.

« Sans doute, les difficultés de la tâche qui consistait à pratiquer à la fois le français et l'allemand n'échappaient à personne, mais l'obligation qui incombait aux travailleurs, n'était pas, pour les maîtres et les élèves, une raison d'abandonner la mission d'opérer, entre les deux peuples voisins, un échange salutaire et une médiation féconde; c'était, au contraire, une sollicitation toujours présente à une œuvre de synthèse intellectuelle et morale, de pénétration intime et d'émulation pacifique qui devait tourner au profit mutuel de ceux qui étaient engagés dans cette laborieuse entreprise. C'est au milieu d'efforts et de préoccupations pareils que la guerre de 1870 vint nous frapper comme un coup de foudre qui répandit parmi les professeurs et les étudiants, parmi les Alsaciens et les Français de la vieille France, la consternation et le deuil.

« Le grade de licencié pris à la Faculté des lettres m'ayant tenu lieu d'examen d'ascension, je ne possède aucune donnée directe sur la section de philologie qui servait d'introduction préparatoire à la section théologique. Je commis la sottise de suivre pendant mes deux premiers semestres le cours de dogmatique du doyen Bruch. Sans la base exégétique et historique indispensable à une étude pareille, j'étais mal préparé à des leçons qui supposaient des connaissances qui me manquaient encore. Aussi n'en ai-je pas recueilli le fruit que d'autres pouvaient y trouver. La belle époque du vénérable doyen était d'ailleurs passée. Il était âgé de soixante-dix-sept ans. La noblesse et la distinction de sa personnalité commandaient le respect. Unissant la gravité à la douceur, il possédait au plus haut degré l'autorité et savait en même temps gagner et retenir la confiance et la sympathie. Sur ce point l'impression des étudiants était unanime. Chez les Alsaciens, la haute dignité ecclésiastique dont Bruch était investi, rehaussait encore le prestige du doyen.

« J'ai essayé de caractériser ailleurs le savant et le maître que fut Edouard Reuss. L'action de ce professeur incomparable s'exerça sur ceux-là même qui choisirent un champ de travail différent de celui qu'il cultiva avec tant d'énergie et de bonheur.

« Rien de plus solide et de substantiel que les leçons d'histoire de l'Eglise professées par Charles Schmidt. Son exposition était d'une clarté et d'une simplicité parfaites; il y perçait parfois une émotion aussitôt contenue ou un sourire qui était un jugement. La matière la plus nourrie se traduisait dans une forme succincte et serrée, rendue plus impressive par la modestie du savant et la piété du chrétien.

« Celui qui n'a connu Cunitz que comme professeur l'a nécessairement méconnu. Dans sa chaire du Nouveau Testament il était sec, monotone, cassant, inféodé à la méthode et aux résultats de l'Ecole de Tubingue. Mais aussitôt qu'on avait franchi le seuil de son cabinet d'études, on se trouvait en présence d'un autre homme. Aimable et affable, empressé à rendre service, à vous orienter et à vous conseiller, versé dans tous les domaines de la théologie, il témoignait à ses visiteurs un affectueux intérêt, mettant à leur disposition sa vaste et minutieuse érudition, sa critique singulièrement avertie et pénétrante, sa bibliothèque qui n'était pas composée uniquement d'ouvrages théologiques. Ceux qui ont eu le privilège d'entrer plus avant dans son intimité, admiraient sa droiture, l'indépendance de son caractère, sa vive sensibilité sous des dehors austères et froids, le courage dont il fit preuve pendant sa longue maladie.

« Lichtenberger était par excellence le courtier scientifique, l'intermédiaire admirablement qualifié de la culture et de la langue françaises et allemandes. Il apportait à ce travail une certaine coquetterie, un purisme qui faisait sourire les vieux Français. Ses cours portaient surtout sur la morale et l'histoire de la morale. Mais il professait aussi la symbolique et l'histoire de la théologie allemande, cours que les étudiants avaient baptisé du sobriquet « le mouvement des idées » et dont il tira, en 1873, les trois volumes de son *Histoire des idées religieuses en Allemagne*.

« Au début de l'année scolaire dont nous parlons, le maître le plus brillant et le plus goûté était sans contredit Timothée Colani. Il avait définitivement renoncé à la prédication, sa *Revue* avait cessé de paraître. Désormais il put consacrer son temps, ses forces, son talent à l'enseignement universitaire. Par la solidité et la sûreté de ses connaissances, par la pénétration et la rigueur de sa critique, par la clarté et la force de son style et surtout par l'autorité avec laquelle il savait formuler et établir ses conclusions, il subjuguait et entraînait ses élèves. Il faisait trembler les timides et les conservateurs qui essayaient de se défendre contre sa redoutable dialectique et de se soustraire au danger de son influence. Les élèves de la section préparatoire célébraient avec enthousiasme ses cours sur la littérature française au dix-neuvième siècle, sur la philosophie de la religion, sur la psychologie et sur la métaphysique. Ses leçons sur la Vie de Jésus et sur le Siècle apostolique sont restées gravées dans ma mémoire. A ce moment-là, j'ignorais encore combien il était dépendant de la seconde Vie de Jésus de Strauss et des travaux de l'Ecole de Tubingue, mais il possédait l'art de faire siennes toutes les idées qu'il empruntait aux Allemands et de les faire pénétrer dans l'esprit de ses auditeurs avec une assurance imperturbable.

« Pendant le semestre d'hiver 1869—1870, le professeur qui venait d'être appelé à la chaire de dogmatique réformée (1868), Auguste Sabatier, n'était encore connu que d'un petit nombre d'étudiants, l'éclat du nom de Colani faisait pâlir la jeune renommée du nouvel élu. Un jour suffit pour faire sortir de l'ombre la personnalité de Sabatier, qui conquit de haute lutte la sympathie et l'admiration de la plupart d'entre nous. Le 9 avril 1870, il soutint sa thèse de docteur en théo-

logie. Sa soutenance qui, on le sait, portait sur l'*Apôtre Paul,
esquisse d'une histoire de sa pensée*, dura près de quatre
heures; le jury était composé de Bruch, de Reuss et de Colani.
L'allocution du doyen ne fit que préluder à la grande bataille.
Les deux autres membres du jury combattirent l'un et l'autre
l'idée maîtresse de Sabatier: impossible, disaient-ils, de marquer les trois étapes que le jeune docteur croyait pouvoir
distinguer dans l'évolution religieuse de l'apôtre. Reuss cita
une série de textes et chercha à renverser, par une exégèse
minutieuse, la thèse dont Sabatier se fit le défenseur; Colani,
éleva et élargit le débat; il essaya de montrer que la genèse
même de l'évangile paulinien impliquait une révolution immédiate et radicale où il n'y avait aucune place pour le progrès
qu'y découvrait son nouvel interprète. Pour étayer sa
démonstration, Sabatier déploya toutes les ressources d'une
science sûre et précise, d'une dialectique vigoureuse et pressante, parfois d'une éloquence qui donnait à sa parole une
chaleur convaincante et communicative. Les auditeurs suivirent ce tournoi de plus en plus dramatique avec une attention passionnée, et chacun dut confesser que dans cette lutte
où les combattants étaient dignes l'un de l'autre, il n'y avait
ni vainqueur, ni vaincu; mais faire face au double assaut
d'un Reuss et d'un Colani n'était-ce pas déjà un triomphe?
Lorsque le 26 avril, Sabatier fit sa première leçon du semestre
d'été son auditoire avait triplé. Il donna, jusqu'au 16 juillet
1870, trente leçons sur l'enseignement de Jésus; il y reproduisait et y développait sa thèse de licence et esquissait
d'avance les principaux traits de son article *Jésus-Christ*
dans l'Encyclopédie des sciences religieuses.

« Les adeptes de Colani et ceux de Sabatier formèrent
désormais deux groupes distincts. Force fut au premier de
reconnaître que, par la rigueur scientifique et la clarté de
l'exposition, Sabatier ne le cédait en rien à leur maître préféré. Quant au second, il trouvait chez le nouveau professeur
ce qui manquait à l'intellectualisme de l'éminent critique,
une émotion de bon aloi qui animait la recherche sans la
troubler jamais et qui, par moments, jaillissait en paroles
sobres mais inoubliables: telle la conclusion de sa leçon sur la
conscience religieuse de Jésus: «c'est sur ce roc que j'ai fondé
ma foi ». Après la victoire allemande et avant la fondation de
la nouvelle Université, Sabatier fit pour la première fois son

cours de dogmatique, mais ici nous dépassons les limites de l'année dans laquelle je dois me renfermer. Qu'il me suffise de dire que l'impression que nous laissa ce cours fut profonde et ineffaçable; il contenait déjà en germe toutes les qualités que nous admirons dans les deux volumes du maître: *Esquisse d'une philosophie de la religion* et *Les Religions d'autorité et la Religion de l'Esprit.* »

CHAPITRE III

La guerre de 1870 — Dissolution de la Faculté de théologie et du Séminaire protestant

I

La déclaration de guerre du 16 juillet 1870 imposa au Séminaire de nouveaux devoirs. Il n'hésita pas un instant à les remplir dans toute leur étendue. Dès le 18, les professeurs décidèrent, en considération de la gravité des circonstances et en prévision des événements qui pourraient se dérouler dans le voisinage immédiat de la ville, de clore le semestre d'été et de renvoyer les élèves dans leurs foyers avec les recommandations qu'exigeait la situation.

Les examens semestriels furent remis à plus tard, ainsi que les promotions. Une dernière soutenance de thèse eut lieu le 21 à 4 heures du soir, puis les salles de cours et le pensionnat de Saint-Guillaume se vidèrent. Salles de cours et chambrettes d'étudiants furent mises à la disposition du Comité de secours protestant pour y recevoir les blessés de la guerre. L'administration de la fondation de Saint-Thomas vota un crédit de 5000 francs pour y établir un lazaret.

Ce fut de toutes parts un élan de patriotisme. Les élèves du Gymnase déclarèrent qu'ils renonçaient aux prix qui leur étaient destinés et demandèrent que les mille francs prévus pour cette dépense fussent employés à une œuvre patriotique. Parmi les étudiants, il y en eut qui partirent comme infirmiers volontaires avec les médecins et les diaconesses; d'autres prirent le fusil et allèrent se battre sur les champs de bataille de la Normandie et de la Bourgogne. Ceux qui étaient restés à Strasbourg se vouèrent aux soins des nombreux blessés qui bientôt remplirent les salles du Séminaire. Les professeurs ne s'épargnèrent pas davantage. Sabatier était allé se mettre à la disposition du Comité de secours de Paris pour organiser, avec quelques-uns de ses élèves, des ambulances à Orléans, à Troyes, à Bourges et ailleurs. Les autres professeurs, enfermés dans la ville assiégée, partagèrent avec la population les dangers et les souffrances du siège et du bombardement. Bruch et Baum s'étaient, dès le principe, offerts à porter aux blessés les consolations de la religion et les visitaient régulièrement. Les autres surent se rendre utiles d'une autre manière. Quelques-uns, sans se laisser troubler par le bruit du canon, par le fracas des bombes, par l'incendie des maisons, des monuments, des églises de la ville, continuaient à se livrer à leurs travaux scientifiques. Mais tous ressentirent douloureusement la catastrophe du 24 août, qui vit s'abîmer dans les flammes, avec le Temple-Neuf, une partie du Gymnase, la Bibliothèque du Séminaire et celle de la ville.

Le 27 septembre, Strasbourg, après avoir supporté pendant six semaines un terrible bombardement, capitula. Quelques semaines plus tard, le 1er novembre, les professeurs du Séminaire, réunis en séance, décidèrent de reprendre leur activité académique. Le 21 novembre, les salles de cours se rouvrirent. La plupart des étudiants alsaciens étaient revenus; les professeurs étaient tous à leur poste, à l'exception d'un seul. Colani avait quitté Strasbourg avant la déclaration de la guerre, pour aller refaire sa santé dans une station balnéaire. Il revint après la capitulation de la ville, pour mettre ordre à ses affaires privées et quitter ensuite Strasbourg à jamais. Il pria le Séminaire d'accepter sa démission de professeur, étant décidé à conserver la nationalité française. Le Séminaire pourtant ne voulut laisser partir sans plus son professeur le plus illustre; il lui fit demander de remettre sa décision jusqu'au moment où la question franco-allemande serait définitivement réglée, et lui accorda un congé de trois mois.

Ce délai expiré, Colani renouvela sa demande, mais sans obtenir qu'on y donnât suite. Ses collègues espéraient encore qu'il changerait d'avis. Mais quand le traité de paix de Francfort détacha décidément l'Alsace de la France, Colani fit auprès du Séminaire des instances plus pressantes, et ses collègues comprirent qu'il n'y avait plus moyen de le retenir.

Sa démission fut acceptée, et les membres du Séminaire lui exprimèrent leurs regrets de voir partir un collègue qui, durant les six ans qu'il avait appartenu à cette institution, « lui avait, par son talent d'administrateur, rendu d'éminents services. » [1])

Une autre démission suivit, qui laissa un vide sensible au Séminaire. Le président Braun avait, immédiatement après la capitulation de la ville, déclaré qu'il sortirait du Directoire et, par suite, du Séminaire. Les supplications de ses amis et de ses collègues le décidèrent pourtant à continuer provisoirement ses fonctions. Mais aussitôt les préliminaires de paix signés, il adressa sa lettre de démission au ministre des cultes à Paris, et le lendemain, 10 mars, il cessa de diriger l'administration de l'Eglise d'Alsace. Quelques jours après, il prit congé des membres du Séminaire, leur exprimant ses profonds regrets « d'être obligé de se séparer d'un corps avec lequel il avait travaillé pendant plus de vingt ans en pleine harmonie de pensée et de sentiment. » Le vice-directeur lui dit, à son tour, les regrets qu'éprouvait le corps tout entier de cette séparation, et le remercia des preuves de dévouement qu'il n'avait cessé de donner au Séminaire dans des circonstances souvent pénibles, ainsi que de la sagesse et de la bienveillance avec lesquelles il avait dirigé l'administration de nos fondations.

Après la retraite de Théodore Braun, la place de prési-

---

[1]) Cet hommage rendu à l'« administrateur » et non au « professeur » peut paraître étrange. Il s'explique par le fait qu'on voulut réunir dans cette manifestation tous les professeurs du Séminaire et de la Faculté, même ceux qui étaient opposés à l'enseignement de Colani.

Sa démission donnée et acceptée, Colani se rendit à Bordeaux où il remplit un rôle utile aux côtés de Gambetta. Puis, la guerre terminée, il se retira à Royan et s'intéressa à une entreprise industrielle dans laquelle il perdit sa fortune entière. En 1876, il vint à Paris ; il y fonda le *Courrier littéraire*, dont il conserva la direction pendant quelques années. En 1877, il fut nommé bibliothécaire-adjoint à la Sorbonne ; quelque temps après, il devint un des principaux rédacteurs du journal gambettiste *La République Française*. Il y fit paraître, ainsi que dans la *Nouvelle Revue*, à laquelle il collabora, des articles très remarqués de haute critique politique et littéraire. Son nom marqua bientôt dans la presse parisienne. *Le Temps* venait de l'appeler à sa rédaction, quand il succomba à un refroidissement pris en Suisse, le 3 septembre 1888.

dent du Directoire et, par conséquent, de directeur du Séminaire, resta inoccupée pendant près d'un an. Ce n'est que le 14 février 1872 qu'eut lieu l'installation du président Kratz comme directeur du Séminaire protestant.

II

En attendant, tout au Séminaire était rentré peu à peu dans l'ornière ordinaire. Tandis qu'en France la guerre continuait avec toutes ses horreurs et qu'en Alsace les débats relatifs au sort du pays agitaient violemment les esprits, on y travaillait en silence. Les professeurs donnaient les cours qu'ils avaient annoncés pour l'année 1870-1871, quelques-uns en français, la plupart en allemand. On s'ingéniait à éviter tout ce qui aurait pu donner lieu à des difficultés. C'est ainsi qu'on renonça au projet de fêter publiquement le jubilé du doyen Bruch. Il y avait, le 21 février 1871, cinquante ans qu'il avait été nommé professeur au Séminaire, et, dès avant la guerre, ses collègues avaient discuté la manière de fêter dignement un homme qui avait, comme aucun autre, bien mérité de l'Eglise et des institutions protestantes de l'Alsace, et qui était entouré du respect de tous. On avait pensé organiser à cette occasion une brillante fête académique, avec discours, banquet, sérénade aux flambeaux, etc. De pareilles manifestations n'étaient plus de saison. On dut se borner à des députations qui vinrent saluer le jubilaire et à des adresses de félicitations et de souhaits, auxquelles vinrent se joindre celles de nombreuses Universités étrangères, suisses, hollandaises et allemandes.

Au printemps de 1871, la Faculté de théologie rouvrit, elle aussi, ses cours. Avant la fin de l'été, on donna, en latin, selon l'ancien usage, le programme des leçons du Séminaire et de celles de la Faculté pour l'année 1871-1872. A la rentrée de novembre, le chiffre des étudiants immatriculés au Séminaire et à la Faculté se monta à 66, dont 22 pour la section théologique et 44 pour la section préparatoire. Ils étaient tous Alsaciens, les Français ne venant plus et les Allemands ne venant pas encore faire leurs études à Strasbourg.

Dans l'intervalle, deux chaires étaient devenues vacantes au Séminaire, celle de philosophie par le départ de Colani, et l'une des chaires de philologie par la mort de Hasselmann, que la maladie avait enlevé le 18 mars 1871. Il fallut songer à pourvoir à ces deux chaires. Cela se fit sans difficulté: Alfred Weber et Emile Heitz, tous deux agrégés au Séminaire, furent promus, le premier à la chaire de philosophie, le second à celle de philologie, pour lesquelles ils étaient tout désignés par leurs aptitudes et par les services qu'ils avaient déjà rendus dans ces branches de l'enseignement. Une troisième chaire devenue vacante par la démission de Lichtenberger ne fut pas pourvue pour le moment.

Ce n'était pourtant pas l'enseignement seul qui absorbait le temps et les forces des membres du Séminaire. La situation était pleine de difficultés qu'il fallait résoudre. Il s'agissait avant tout d'établir les pertes matérielles, mobilières et immobilières, causées aux différentes fondations par le bombardement, de fixer les dommages-intérêts auxquels elles avaient droit et de faire les démarches nécessaires pour en obtenir le paiement. Il s'agissait ensuite de faire aux bâtiments du Gymnase et dans les maisons appartenant à la fondation de Saint-Thomas qui avaient été atteintes par les bombes, les réparations nécessaires, et d'entreprendre la reconstruction des deux presbytères de Sainte-Aurélie détruits par l'incendie, et celle de l'un des presbytères de Saint-Nicolas fortement endommagé par les projectiles ennemis. Et puis, il y avait les longues et difficultueuses discussions sur les rapports entre la nouvelle Université et la fondation de Saint-Thomas.

Dès le mois de mai, la motion avait été présentée au Reichstag d'établir une Université à Strasbourg; elle avait été votée, avec invitation au chancelier de l'Empire de hâter la réalisation de ce grand projet. Le gouvernement avait pris la chose en main et avait chargé l'ancien président du ministère badois, le baron de Roggenbach, de recueillir les renseignements et d'engager les négociations nécessaires. Le 20 avril 1872 paraissait la loi qui annonçait la création de l'Université, et le 1er mai on fêtait son ouverture avec grand bruit.

L'ancienne Faculté de théologie avait depuis quelques semaines cessé de faire des cours et de délivrer des diplômes. Le 20 mars, ses profeseurs s'étaient réunis une dernière fois pour clore les registres de la Faculté. « Ce fut », écrit Sabatier, « une séance funèbre... Nous nous séparâmes comme on se sépare devant un tombeau. » La Faculté française, après cinquante ans d'une glorieuse existence, avait cessé de vivre.

Quelques-uns de ses professeurs, crurent de leur devoir

de se dévouer à la jeunesse alsacienne, ils se déclarèrent prêts
à entrer dans la nouvelle Université. Bruch [1]), Reuss [2]) et
Schmidt [3]) conservèrent leurs chaires respectives, Baum [4]) et

----

[1]) Bruch, âgé et fatigué, avait d'abord refusé d'entrer dans la nouvelle Université ; puis, cédant aux instances de ses collègues, qui le
suppliaient de ne pas se séparer d'eux, il avait consenti à faire partie
de la nouvelle Faculté de théologie et, dans la pensée de rendre service
à l'Alsace, il avait même accepté les fonctions de recteur. Il donna
pendant un semestre encore son cours de dogmatique, puis il prit sa
retraite. Bientôt après, il fut assailli par la maladie qui, le 21 juillet
1874, le conduisit au tombeau.

[2]) Reuss fut nommé doyen de la nouvelle Faculté de théologie. Il
continua ses cours sur l'Ancien Testament, devant un auditoire bien
réduit, jusqu'en 1889, où il prit sa retraite. Dans les dernières années,
son activité fut avant tout littéraire. Il continua la publication des
Œuvres de Calvin et celle de la *Bible* dont le premier volume parut en
1874, il publia son *Histoire des livres sacrés de l'Ancien Testament*
(Geschichte der heiligen Schriften Alten Testaments) en 1881 et acheva
l'Ancien Testament dans sa *Bible allemande*. D'autres travaux moins
considérables, parmi lesquels sa merveilleuse traduction du livre de
Job (1888), l'occupèrent jusqu'à la fin. — En 1873, il fut nommé représentant de la Faculté de théologie au Consistoire Supérieur. En 1878, il
célébra son cinquantenaire au milieu de ses collègues, de ses élèves et
de ses amis, et reçut, à cette occasion, des adresses de félicitations des
Facultés de Paris et de Montauban, de toutes les Facultés de théologie
de Suisse et d'Allemagne et de plusieurs des Facultés de Hollande, de
Suède et d'Ecosse. Le Séminaire, pour honorer son illustre doyen, fit
placer dans la salle du chapitre de Saint-Thomas une plaque de marbre
avec une inscription latine et y fit suspendre son portrait peint par
Louis Schützenberger. Il mourut le 15 avril 1891.

[3]) Schmidt, prit, après quarante années de professorat, sa retraite
en 1877. C'était l'année où fut établie la Faculté de théologie protestante de Paris. Lichtenberger, Sabatier et tous ses amis de France, le
pressèrent d'y entrer et d'y faire revivre les traditions de la Faculté de
Strasbourg. Schmidt avait 65 ans. Il ne put se décider à quitter sa
ville natale et à changer ses habitudes pour commencer ailleurs une
nouvelle carrière. Il resta dans sa vieille maison canoniale de la rue
des Cordonniers, l'ancienne habitation de Jean Sturm, et séparé du
monde, il y continua, vrai bénédictin, à se livrer à ses travaux historiques. Il fit paraître alors son *Histoire de l'Eglise chrétienne au Moyen*
Age, 1881, et plusieurs ouvrages sur Strasbourg et l'Alsace. En 1877 déjà,
il avait publié son *Histoire littéraire de l'Alsace à la fin du XVe et au*
commencement du XVIe siècle, il publia maintenant, entre autres, le
Répertoire bibliographique strasbourgeois jusqu'en 1830. 1892-1894. Il
mourut peu après, en 1896.

[4]) Baum nommé professeur de théologie pratique dans la nouvelle
Faculté vit son activité universitaire interrompue dès 1873. Frappé

Cunitz [1]) passèrent du Séminaire dans la Faculté de théologie, Stahl, Weber et Heitz dans celle de philosophie. Colani avait donné antérieurement déjà sa démission, Lichtenberger [2]) et Sabatier [3]) imitèrent son exemple, pour entrer au service de l'Eglise protestante de France.

----

d'apoplexie, il souffrit cruellement pendant cinq ans et fut délivré par la mort le 29 octobre 1878.

[1]) Cunitz continua, avec ses cours d'exégèse du Nouveau Testament, ses travaux savants. Chargé, dans la publication des *Œuvres de Calvin*, de la partie historique, il ajouta à la correspondance du grand réformateur un Commentaire lumineux et abondant, qui en faisait une source de renseignements précieux pour la connaissance de cette époque. Il prit également en main la publication de la nouvelle édition de l'*Histoire des Eglises réformées de France*, commencée par Baum, et en fit paraître deux volumes en 1883 et 1884. Repris d'un ancien mal, en 1886, il succomba, après de longs mois de souffrances, le 16 juin, 1886. Il légua, en mourant, sa fortune entière à l'Université de Strasbourg avec la stipulation que les intérêts seraient employés en partie à augmenter le capital, en partie à faire avancer la science, théologique surtout, en Alsace et à l'Université de Strasbourg. Sa belle bibliothèque fut, d'après ses dernières volontés, réunie au fonds dit du Chapitre de Saint-Thomas, à la bibliothèque de l'Université.

[2]) Lichtenberger quitta Strasbourg dès le mois d'octobre 1872, pour se fixer à Paris. D'abord, prédicateur dans l'Eglise luthérienne, puis, pasteur de l'Eglise Taitbout, il avait, avec son ami Sabatier, conçu le projet de relever à Paris l'ancienne Faculté de théologie de Strasbourg. Ce projet fut réalisé, en 1873, par la fondation de l'Ecole des Sciences religieuses et puis, en 1877, après des démarches auprès de Gambetta, plus complètement, par la création de la Faculté de théologie protestante à Paris. Lichtenberger fut le premier doyen de la nouvelle Faculté, il la dirigea pendant dix-sept ans jusqu'en 1894 où, fatigué et malade, il dut prendre sa retraite. Il mourut bientôt après.

Il avait publié, avec le concours de nombreux savants recrutés de tous côtés, l'*Encyclopédie des sciences religieuses*, Paris 1877 à 1882. 13 vol. gr. in-8°.

[3]) Sabatier, après avoir quitté sa chaire à la Faculté, demeura quelque temps encore à Strasbourg. Il y donnait des leçons dans les pensionnats de jeunes filles, des prédications au temple réformé et des conférences publiques dans différentes villes du Haut- et du Bas-Rhin. Après l'une d'elles, où il avait établi entre la femme française et la femme allemande un parallèle peu flatteur pour cette dernière, il fut expulsé du territoire alsacien-lorrain. Il alla à Paris et s'employa avec Lichtenberger à la création de l'Ecole libre des sciences religieuses et puis à celle de la Faculté de théologie. Professeur à cette Faculté et, en même temps, directeur-adjoint de la section religieuse de l'école des Hautes-Etudes, doyen, après le départ de Lichtenberger, membre du Conseil de l'Université de Paris et du Conseil supérieur de l'instruc-

III

A la date du 12 avril, le président supérieur des provinces annexées adressait au Directoire une lettre dans laquelle il déclarait que, par suite de la création de la nouvelle Université, le Séminaire protestant avait cessé d'exister en tant qu'établissement d'instruction, et qu'il s'agissait seulement de régler à nouveau la question de la fortune administrée jusque-là par le Séminaire et son emploi partiel pour des buts académiques.

Le président supérieur soumettait en même temps à l'autorité ecclésiastique un projet de loi réglant les rapports du Séminaire avec la nouvelle Université. D'après ce projet, l'administration des biens de la fondation de Saint-Thomas devait passer aux mains d'un chapitre nouvellement constitué. Dans ce chapitre siégeraient comme chanoines et jouiraient des prébendes, à côté du président du Directoire, d'abord, les anciens professeurs du Séminaire et, plus tard, dix professeurs de l'Université appartenant à la confession protestante et pris dans les différentes Facultés. Ils seraient choisis sur une liste de présentation établie par le gouvernement. Quant à l'administration des petites fondations, elle resterait confiée à la commission Schenkbecher. Celle-ci comprendrait à l'avenir quatre membres désignés par les quatre Facultés et deux membres nommés par le président du Directoire de l'Eglise de la Confession d'Augsbourg sur la présentation du Conseil municipal; elle serait présidée par le président du Directoire.

Le Directoire, appelé à se prononcer sur ce projet de loi, crut opportun de prendre l'avis du Consistoire supérieur et, avant tout, celui du Séminaire, plus directement intéressé dans la question.

La discussion, au sein du Séminaire, roula surtout sur cette question de principe: « Quel est le légitime propriétaire des biens confiés à l'administration du chapitre? » Le profes-

---

tion publique, attaché à la rédaction du « Temps » et à celle du « Journal de Genève », il avait une situation officielle élevée et exerçait une influence considérable. Il mourut le 12 avril 1901, au moment où il se préparait à entreprendre un voyage en Egypte et en Palestine. Parmi ses publications, il faut surtout mentionner à côté de la troisième édition, très augmentée de son livre : *L'apôtre Paul, esquisse d'une histoire de sa pensée*, son *Esquisse d'une philosophie de la religion*, 1867 (2e éd. 1901), et *Les Religions d'autorité et la Religion de l'esprit*, publiée après sa mort, en 1904.

seur Reuss, dans un mémoire rédigé par lui au nom du Séminaire, accordait que la disparition du Séminaire comme établissement d'instruction ne laissait pas de lacune dans le cercle où il avait exercé son action, l'Université, et tout particulièrement la Faculté de philosophie, offrant des ressources telles qu'il était inutile d'entretenir, à côté d'elle, une institution qui poursuivrait un but analogue; mais ajoutait-il, cela ne veut pas dire qu'avec l'établissement d'instruction, sa base matérielle doive passer à l'Université. La fortune de la fondation de Saint-Thomas, disait-il encore, n'est pas, comme d'aucuns le pensent, propriété de l'Université de l'Empire. Il est vrai que les revenus de cette fondation, ou plutôt les prébendes qui y existaient, étaient employés à payer les professeurs de la vieille Université sans distinction des Facultés, et qu'ils sont destinés à faire progresser l'instruction supérieure. Mais il ne faut pas oublier qu'au fond l'ancienne et la nouvelle Université sont des établissements très différents l'un de l'autre, celle-là était une institution exclusivement protestante, celle-ci n'a pas de caractère confessionnel. Si le chapitre est le porteur principal du droit de possession, il l'est, pour ainsi dire, comme représentant moral de l'ancienne république de Strasbourg qui, dans tous les contrats politiques et actes constitutifs, est désignée comme propriétaire et, dans un certain sens, comme usufruitier de toutes les fondations protestantes. L'absorption de la République strasbourgeoise par un Etat plus grand a pu rendre douteux ce dernier élément dans la notion de propriété, mais les déclarations de droit public ne l'ont jamais étendu au delà des frontières de l'Alsace. Par contre, le caractère protestant, confessionnel, n'a jamais été oublié ni contesté; dans toutes les occasions solennelles, au contraire, dans la paix de Westphalie, dans la capitulation de 1681, dans les lois de l'Assemblée nationale de 1790, et dans les différents décrets consulaires des années X et XI, il a été énoncé explicitement et de la façon la plus nette. L'administration a donc eu de tout temps un caractère ecclésiastique et a été placée sous la surveillance de l'autorité ecclésiastique.

Quant à l'emploi de la fortune de la fondation, le rapport de Reuss critiquait avant tout le passage du projet de loi allemand qui désignait le Séminaire comme établissement d'instruction pour les pasteurs des deux confessions protestantes et mettait à sa place comme usufruitières des biens de la fondation les Facultés de théologie et de philosophie de la nouvelle Université. La fondation a de tout temps appartenu aux protestants de la Confession d'Augsbourg, disait Reuss, et la fréquentation des cours de ses professeurs par les étudiants réformés n'a rien pu y changer. Quant à la Faculté de philosophie, qui est dotée de chaires pour toutes les branches de la science humaine, elle ne peut élever des prétentions sur les revenus d'une fondation protestante destinée avant tout à des buts spécialement protestants.

Le rapport Reuss constatait et approuvait la proposition de laisser l'administration des biens de la fondation, comme par le passé, aux mains du chapitre, sous la surveillance du Directoire et du Consistoire supérieur. Mais il se prononçait contre le mode de nomination aux prébendes que proposait le projet de loi, l'autorité ecclésiastique devait prendre part à ces nominations; il ne s'agissait pas, en effet, de garantir les intérêts de l'Université de l'Empire, mais ceux des protestants d'Alsace.

Le Séminaire approuva à l'unanimité la réponse faite aux propositions du président supérieur. Un seul passage du rapport Reuss, celui qui se rapportait à la cessation du Séminaire comme établissement d'instruction, souleva, de la part de quelques membres, une vive opposition. Les professeurs Schmidt, Cunitz et Reussner formulèrent leur protestation en ces termes:

« Les soussignés, considérant que le Séminaire protestant de Strasbourg a été jusqu'ici un établissement d'instruction ecclésiastique dépendant uniquement de l'autorité ecclésiastique, et qui, par conséquent, n'aurait pas dû être supprimé par le gouvernement sans entente préalable avec la dite autorité ecclésiastique, ont demandé 1° que le mémoire contînt l'expression d'un regret de ce que la suppression du Séminaire en tant qu'établissement d'instruction ait eu lieu sans consultation du Consistoire supérieur de notre Eglise de la Confession d'Augsbourg, et 2° que rien n'y fût dit, qui pourrait impliquer de notre part l'approbation ou la justification de cette mesure.

« La majorité n'ayant pas cru devoir satisfaire à cette demande, les soussignés se voient dans la nécessité de protester contre le passage en question du mémoire, tandis qu'ils donnent à tout le reste leur entier assentiment. »

La Commission nommée par le Consistoire supérieur pour examiner l'avis du Séminaire se déclara d'accord avec lui sur tous les points essentiels. Le Consistoire supérieur, à son tour, l'adopta dans sa séance du 14 juin 1872, avec quelques modifications qui portaient principalement sur trois points; il demandait 1° que les trois pasteurs les plus anciens de Saint-Thomas, de Saint-Nicolas et de Sainte-Aurélie, qui autrefois avaient été de droit membres du chapitre et qui avaient toujours joui d'une prébende de Saint-Thomas, fussent rétablis dans leurs droits antérieurs; 2° qu'on s'entendît sur un mode de nomination aux prébendes vacantes qui assurerait à l'autorité ecclésiastique le droit qu'elle avait légalement exercé jusque-là, de participer à ces nominations; 3° que les prébendes accordées aux professeurs de l'Université ne fussent pas déduites de leur traitement.

Le 30 août 1872, le président supérieur soumettait à la chancellerie de l'Empire un nouveau projet de loi sur la composition du chapitre. Outre le président du Directoire et les trois pasteurs les plus anciens de Saint-Thomas, de Saint-Nicolas et de Sainte-Aurélie, ce corps comprendrait sept chanoines, à savoir les plus anciens des professeurs ordinaires des quatre Facultés appartenant au culte protestant, un fonctionnaire supérieur de l'administration, et deux membres nommés par le Directoire sur la présentation du chapitre. Le président et les trois pasteurs jouiraient de leur prébende comme par le passé, les sept autres membres du chapitre n'auraient que la jouissance d'une maison canoniale. Les intérêts de l'Université seraient garantis en ce que la fondation de Saint-Thomas se chargerait du traitement de six professeurs de la Faculté de théologie et en plus, de l'entretien de la bibliothèque de la Faculté.

Ce projet fut encore une fois discuté le 9 mai 1873 et subit une dernière modification: les professeurs les plus anciens des quatre Facultés furent remplacés par les deux professeurs les plus anciens de la Faculté de théologie, le professeur le plus ancien de la Faculté de droit et celui de la Faculté de philosophie.

Le projet, établi sur cette base, fut soumis au Conseil fédéral le 20 septembre 1873 et approuvé par lui sans modification essentielle. Après qu'il eut encore une fois été longuement discuté dans la session d'octobre 1873 du Consistoire

Supérieur, il fut promulgué comme loi le 29 novembre de cette même année.

Le 19 décembre 1873, à quatre heures de l'après-midi, le nouveau président du Consistoire supérieur et du Directoire de l'Eglise de la Confession d'Augsbourg, M. Kratz, ouvrit, en présence des professeurs Bruch, Reuss, Schmidt, Stahl, Cunitz, Reussner, Heitz et Weber — Baum était absent par suite de maladie — et des pasteurs Heintz, Schaller et Meyer, la première séance du chapitre de Saint-Thomas qui, en vertu de la loi du 29 novembre 1873, succédait au Séminaire protestant dans l'administration des fondations protestantes. Il remercia le gouvernement d'avoir laissé subsister le chapitre de Saint-Thomas et de lui assurer sa protection, puis il souhaita la bienvenue aux nouveaux membres. Le vice-directeur donna ensuite lecture de la loi constitutive et introduisit les trois pasteurs admis aux séances du chapitre dans l'ordre suivant:
1. Charles-Henri Heintz, pasteur à l'église Saint-Thomas;
2. Georges-Auguste Schaller, pasteur à l'église Saint-Nicolas;
3. Charles-Chrétien Meyer, pasteur à l'église Sainte-Aurélie.

Le Séminaire protestant avait cessé d'exister.

CONCLUSION

Le Séminaire protestant et la Faculté de théologie avaient cessé d'exister. De ces deux institutions qui avaient rendu au pays et à l'Eglise de grands services et s'étaient acquis un juste renom, l'une avait été supprimée comme n'ayant plus de raison d'être, l'autre avait été remplacée par la Faculté de théologie de la nouvelle Université. Cette dernière, d'abord et tant que les professeurs qui avaient appartenu à l'ancienne Faculté continuèrent à y exercer leur activité, conserva, sinon la langue, du moins quelque chose de l'esprit de l'établissement français. Il n'en fut plus de même quand ces vieux maîtres se retirèrent, l'un après l'autre, emportant avec eux les souvenirs et les traditions de l'Ecole de Strasbourg, et qu'ils furent remplacés, en grande partie du moins, par des savants d'outre Rhin. Ceux-ci n'apportèrent pas seulement les méthodes scientifiques des Universités allemandes, mais leurs habitudes, leurs mœurs, leur esprit; ils avaient avant tout pour mission de travailler à la germanisation de la jeunesse alsacienne et s'employaient à cette tâche avec un zèle ardent. Les rares Alsaciens qui étaient appelés à enseigner à côté d'eux virent dès lors diminuer de plus en plus leur influence.

De l'ancienne Faculté de théologie, il ne resta bientôt plus qu'un souvenir pieusement conservé par ceux qui, autrefois, avaient suivi ses cours et qui, dans l'intimité, aimaient à rappeler son glorieux passé et à évoquer l'image des maîtres qui l'avaient illustrée. Cependant quelques-uns parmi ces survivants de l'époque française espéraient quand même et croyaient que les temps viendraient du rétablissement de la patrie.

Sans doute, rien ne semblait justifier un pareil espoir. Les années s'écoulaient, la domination étrangère pesait chaque jour plus lourdement sur le pays, les institutions d'avant la guerre avaient disparu sans retour, la Faculté française était, semblait-il, bien morte.

Elle ne l'était pas. Elle attendait le jour de sa résurrection. La victoire de la France, après quarante-huit ans d'une douloureuse attente, opéra ce miracle.

En novembre 1919, l'Université française de Strasbourg était solennellement inaugurée et la nouvelle Faculté de théologie protestante, juste un siècle après la fondation de l'ancienne, se trouvait constituée.

Puisse-t-elle, renouant la chaîne qui la rattache au passé, continuer les hautes traditions léguées par les hommes de talent et de cœur qui dirigèrent notre vieille école strasbourgeoise et l'illustrèrent par leurs travaux!

PIÈCES JUSTIFICATIVES.

I. Pièces relatives à l'Académie protestante.

1. Loi organique du 18 Germinal an X.

Art. 9.

Il y aura deux académies ou séminaires dans l'est de la France, pour l'instruction des ministres de la confession d'Augsbourg.

Art. 10.

Il y aura un séminaire à Genève, pour l'instruction des ministres des églises réformées.

Art. 11.

Les Professeurs de toutes les académies ou séminaires seront nommés par le premier Consul.

2. Articles organiques de l'Académie des Protestants de la Confession d'Augsbourg. 30 Floréal an XI.

Article 1er.

Il y aura à Strasbourg une des Académies protestantes déterminées par l'article IX du Titre 1er des articles organiques sur les cultes protestants de la Confession d'Augsbourg.

Art. 2.

Les fondations de l'Académie, du Gymnase, des Bourses, Bibliothèque et Bâtiments de l'ancienne Académie, seront affectées à cette Académie.

Art. 3.

Les charges dont ces fondations étaient grevées précédemment, continueront à être acquittées.

Art. 4.

L'Académie sera subordonnée au Directoire du Consistoire général de Strasbourg.

Art. 5.

Les Professeurs de l'Académie seront réduits et fixés au nombre de dix, après les deux premières vacances.

Art. 6.

Le Président du Consistoire général est Directeur né de l'Académie, et participera, en cette qualité, aux revenus de la fondation de St-Thomas.

Art. 7.

Les Professeurs de l'Académie seront nommés par le Premier Consul, sur la présentation du Directoire du Consistoire général qui prendra l'avis de l'Académie.

Art. 8.

L'Académie pourra proposer au Gouvernement des suppléants aux Professeurs.

Par le Conseiller d'État
chargé de toutes les affaires concernant les cultes,
Signé: PORTALIS.

Pour copie conforme à l'expédition délivrée par M. Portalis
au Consistoire général de Strasbourg,
L'auditeur au Conseil d'État, Secrétaire général,
Signé: JANZÉ.

3. Premier programme des cours de l'Académie protestante.

ACADEMIA ARGENTORATENSIS
PRAELECTIONES
PER ANNUM XII REIPUBL. FRANCICAE
A NATIVITATE CHRISTI MDCCCIII ET IV
INSTITUENDAS
HIS QUORUM ID NOSSE INTEREST INDICIT.

LECTURIS
PROFESSORES ACADEMIAE ARGENTOR.
S. P. D.

Quod a tribus propemodum saeculis publica auctoritate Argentorati floruit institutum ad erudienda iuvenum ingenia et optimis quibusque artibus imbuenda spectans; ab ipsis fere incunabulis, sub simplici *Gymnasii* nomine, insigni studiosorum frequentia jam olim nobilitatum; inde in *Academiae* dignitatem evectum; denique *Universitatis studiorum* titulo et iuribus auctum: illud ipsum nuper, ex quo per novas Reipublicae Francicae leges, nova inita instituendae iuventutis ratione, post primam communemque in scholis inferioribus et in Lyceis puerilium iuveniliumque ingeniorum formationem, singulis quibusque artium et scientiarum generibus *Speciales Scholae* dicatae sunt, lege lata die XVIII mensis Germinalis anni Reip. X. decretoque Primi Consulis die XXX Flor. anni XI. edito, in *Academiam, formandis Theologis* maxime *Augustanae confessionis* destinatam, conversum est. Ex eiusdem decreti formula Professores huius Academiae nunc constituti sunt iidem, qui adhuc apud nos literas scientiasque docuere. Successu temporis eorum numerus ad decem Ordinarios rediŝetur: quibus, prout usus feret, adjungi poterunt publica auctoritate nominandi viri, qui suam operam cum illorum laboribus consociantes in ordinariorum Professorum locum, ut quisque vacaverit, sint successuri.

Quorum fidei curaeque nunc maxime commissum hoc institutum est, cuius felicia auspicia his quorum id interest indicimus, studium omne nostrum operamque sedulam eo sumus collaturi, ut, quaecumque sunt disciplinarum genera, quae ad instituendum Doctorem fidei Christianae et ad formandos eos viros maxime spectant, qui digni sint quorum ex ore sapientia veritasque Divina hominibus nuncietur commendeturque, earum nullius addiscendae opportunitas in Argentoratensi Academia desideretur. Igitur, quum sit consentaneum, ut, ab humanioribus, quae nominari solent, literis proficiscendo, progressio paulatim et iusto quodam ordine fiat ad eas disciplinas quae Diviniorem scientiam propius attingunt, praeparatis iuvenum ingeniis optimorum Romanorum Graecorumque auctorum lectione, et illustrioris omnis antiquitatis cognitione imbutis, tradentur exponenturque Philosophiae universae, instrumentalis, contemplativae, moralis, praecepta. His accedet originis atque progressionis cum ipsius Philosophiae et reliquae culturae ingeniorum, tum consociationis hominum civilis fatorumque universi generis humani historia, et rerum maxime notabilium apud populos insigniores ab omnibus retro saeculis ad nostram usque aetatem gestarum memoria. His doctrinis eruditi instructique iuvenes ad eas disciplinas progredientur, quibus ipse Theologicorum studiorum propius maxime circulus absolvitur. Harum disciplinarum aliae sunt, quibus ad reliquas quasi via munitur et aditus panditur. Quo spectat, primum, linguarum earum, quibus consignatae sunt sacrae literae, notitia; adeòque, praeter Graecae linguae scientiam, Hebraicae etiam et Chaldaicae, et eius, quae ad pernoscendum vetustum ac pridem intermortuum Hebraeorum idioma in primis magnum adfert momentum, Arabicae. Tum, methodus studii theologici; historia theologiae literaria; introductio historica et critica in libros veteris ac novi Testamenti; veritatis religionis Christianae adsertio. Jam, quae ad sacrarum scripturarum intelligentiam proxime pertinent: hermeneutica sacra; rituum veterum Judaeorum et Christianorum ad sacra pertinentium notitia; ipsorum librorum veteris et novi Testamenti interpretatio. Sequitur universa doctrina Christiana in justam disciplinae formam redacta; quae duabus maxime partibus absolvitur, dogmatica altera, altera morali. Quibus subiicitur, quae polemica Theologia, haud satis quidem commodo vocabulo, nominari solet; arguere refellereque docens errores verae saniorique doctrinae oppositos. Coronidem imponet practica Theologia: quo et artem catecheticam, et homileticam, et prudentiam pastoralem, denique iuris ecclesiastici scientiam, referimus.

Cunctas istas, quas enumeravimus, disciplinas partim per se ipsi docebunt qui hodie constituti sunt Academiae Professores, partim opera adiuti nonnullorum virorum, qui, sicut ad hunc diem instituendae iuventuti studium suum insigni cum laude successuque tribuerunt, sic et nunc maxime his, qui in Academia nostra studiis incumbere voluerint, eamdem operam sunt dicaturi.

Praelectionum Academicarum medio mense Brumali, captis rite publica solennitate Academiae auspiciis, initium fiet. Scripsimus Argentorati die V. complem. anni XI.

———————

NOMINA PROFESSORUM
CUM LECTIONIBUS PER ANNUM XII REIP.
INSTITUENDIS.

IEREMIAS IACOBUS OBERLIN per semestre hibernum Ovidii metamorphoses, per aestivum Horatii carmina, ex antiquis monumentis declarabit. Fata litterarum aut orbem antiquum lustrare aut diplomaticis praeceptis imbui cupientibus operam suam lubens dicabit.

IOHANNES SCHWEIGHAEUSER hibernis lectionibus Platonicos nonnullos dialogos, aestivis Homericam Odysseam, interpretabitur: in illis doctrinam veterum Philosophorum; in his, mores prisci aevi notaturus. Hebraeae linguae rudimenta discere cupientibus, aut penitiorem ejusdem cognitionem desiderantibus, consulet. Arabicae linguae institutionem Orientalium litterarum studiosis offert.

CHRISTOPH. GUIL. KOCH historicas disciplinas, quam primum per publicas functiones licebit, studiosae juventuti tradet.

IOH. FRANCISCUS EHRMANN origines et progressus Philosophiae morum enarrabit.

LUDOVICUS HERRENSCHNEIDER praemissa in universam Philosophiam introductione, partem instrumentalem seu logicam explicabit; subjuncturus aestivo semestri meditationes in partem metaphysicam et quam vocant transcendentalem; addita simul disceptationum in hoc studiorum genere nostra aetate celebriorum diiudicatione. Iis porro, quorum interest Mathematicarum scientiarum et Physico-chemicarum potioribus theorematibus imbui, operam suam spondet.

THOMAS LAUTH fundamenta Anthropologiae explicabit.

IOH. DANIEL REISSEISSEN Philosophiam practicam docebit.

GEORG. FRIDERICUS WEBER per semestre hibernum historiam dogmatum fatorumque ecclesiae Christianae a Constantini M. aetate usque ad tempora reformationis enarrabit; Iesaiae vaticinia explicabit; docturus quoque theologiam dogmaticam. Aestivo autem semestri, historiam ecclesiasticam ad nostra usque tempora continuabit; Theologiam tradet moralem; et librum priorem Samuelis cursorie illustrabit.

IOH. LAURENTIUS BLESSIG semestri hiberno homileticam et hermeneuticam sacram docebit, adjunctis illic, pro suggestu sacro; hic, ex locis sacrae scripturae illustribus, exercitiis. Historiam Theologiae catecheticae, sive institutionis iuvenilis universae, addet. Semestre aestivum examinatorio dogmatico, rebus liturgicis, et quae ad ipsum munus pastoris ecclesiae pertinent, dicabit: simul et historiam doctrinae de Deo, anima, mundo, ex philosophorum et theologorum decretis, enarraturus. Societas theologica, scribendi, excerpendi, argumentandi exercitiis, commilitonibus porro patebit.

ISAACUS HAFNER semestri hiberno criticam sacram docebit; Acta Apostolorum interpretabitur, addita introductionis loco historia ecclesiastica primi saeculi. Aestivo semestri Theologiam dogmaticam tradet; dicta classica scriptorum Johannis Apostoli exponet. Elegantiorum literarum studiosis theoriam pulcrarum artium et humaniorum literarum, quam Aestheticam vocant, offert.

Iohannes Daniel. Braun priori semestri, origines et fundamenta iuris ecclesiastici; altero, ius ipsum ecclesiasticum expositurus est.

Ioh. Iacob. Spielmann tuendae sanitatis principia in usum theologorum docebit.

———————

Commodissimae cuique lectionum cursui horae, cum a Professoribus, tum a Lectoribus, qui operam suam cum illis consociaturi sunt, sigillatim e valvis Academicis indicentur.

Juvenes, qui in Academia studiis operam dare voluerint, apud Rectorem Academiæ in hunc annum a collegis constitutum, Ioh. Daniel Braun, nomina sua profitebuntur et in Album Academiae inscribent.

Bibliothecarum publicarum usus studiosorum commodo patebit diebus Martis, Iovis et Saturni hora secunda ad quartam.

II. Pièces relatives à la création de la Faculté de théologie.

1. Lettre de M. Koch à M. Cuvier.

(La copie de cette lettre se trouve aux archives du Directoire.)

Strasbourg le 18 Nov. 1808.

A Mr CUVIER, Secrétáire perpétuel de la première classe de l'Institut des Sciences, lettres et Arts, membre du Conseil de l'Université Impériale et de la Légion d'honneur.

Vous me permettrés, Monsieur et cher Collègue, la liberté que je prends aujourd'hui de recourir à vous, comme à un ange tutélaire, dans une circonstance où nos intérêts réligieux que j'ai soutenus de mes faibles moyens pendant tout le cours de la révolution, me semblent péricliter de nouveau. Vous n'ignorés sans doute pas que notre ancienne Université a été changée par Arrêté consulaire du 30 floréal XI en Académie ou Séminaire pour l'instruction des Ministres de la Confession d'Augsbourg en exécution de l'art. 9 de la loi du 18 Germ. X relative à l'organisation des Cultes Protestans; que comme Séminaire elle a été subordonnée au Directoire du Consistoire général et par lui au Ministère des Cultes, et que tous les fonds et bourses de l'ancienne Université, à la vérité beaucoup rognés par les événemens de la revolution, ont été appliqués, par cet Arrêté, à la nouvelle Académie ou Séminaire.

Cette considération a engagé notre Directoire à s'adresser, par une lettre datée du 14 Oct. dernier et par une note explicative, dont copies cijointes, à S. E. le Ministre des Cultes, comme à son autorité supérieure et immédiate, pour lui soumettre les doutes que lui présentait le décret du 17 mars dernier relatif à l'Université impériale, et pour en demander la solution à son Excellence.

Un de ces principaux doutes se rapporte à la déclaration exigée par l'art. 13 du décret du 17 sept., pour savoir si les professeurs de notre Séminaire ou Académie seront dans le cas de la faire. Il nous a paru que non, par les motifs que le Directoire expose dans sa lettre au Ministre. On nous assure que Mrs de l'Académie de Genève ont fait cette déclaration; mais je vous observe, Monsieur, que ces Mrs sont dans une toute autre catégorie que nous, puisqu'ils ne se sont jamais formés en Séminaire ni mis en règle vis-à-vis le Ministre des Cultes; ils ont persisté à vouloir garder leur ancienne organisation, au lieu que nous avons changé la notre et réduit à dix le nombre de nos professeurs.

Quant à l'art. 38 du Décret du 17 Mars qui préscrit pour bâse de l'enseignement les préceptes de la réligion catholique, il a paru, comme vous verrés, Monsieur, à notre Directoire que cet article exigeoit nécessairement une déclaration officielle de la part du Gouvernement, attendu qu'il cause dans tous ces païs-ci, où, comme vous le savés, l'Ultramontanisme est encore dans toute sa force, et nommément à la campagne, une agitation extrême, les catholiques soutenant hautement que les protestans en général seront obligés de se faire catholiques, et les protestans, même les plus raisonnables, croyant au moins y entrevoir un projet de réunion des différens cultes chrétiens; cette dernière opinion étant d'ailleurs accréditée par les nombreux écrits qui paroissent d'un jour à l'autre sur cette matière.

Il y a maintenant près de cinq semaines que le Directoire a expédié sa lettre au Ministère des Cultes et qu'il en a aussi donné communication à S. E. le Grand-maître, sans que jusqu'à présent il lui soit parvenu aucune réponse ni de l'un ni de l'autre Ministère. Cependant le tems presse et nous serions au désespoir d'être soupçonnés de la moindre répugnance à nous conformer aux intentions du Gouvernement dès qu'elles nous seront bien clairement connues.

Une nouvelle difficulté, Monsieur, que le Directoire n'avoit pas prévue lorsqu'il s'est adressé au Ministre des Cultes, s'est élevée depuis. On étoit généralement ici dans la persuasion que la faculté de théologie de Strasbourg dont parle l'art. 8 du décret du 17 Mars et l'art. 6 de celui du 17 Sept. dernier regardoit notre culte et que ce n'étoit que par pure méprise, ainsi qu'il est déjà arrivé souvent, que le terme de réligion reformée a été employé dans le dit décret du 17 Mars. C'est en conséquence que le Directoire n'a pas hésité d'adresser, il y a déjà une couple de semaines, à S. E. le Grand-maître une liste de candidats pour la nomination des membres qui doivent former notre faculté de Théologie. Nous apprenons aujourd'hui que le Consistoire réformé de notre ville, en se prévalant des propres termes de l'art. 8 du décret en question, a aussi envoyé au Grand-maître sa liste de présentation pour la faculté qu'il croit destinée à ceux de son culte. Cependant les réformés sont extrèmement dans ces départemens-ci (sic), où ils n'ont aucune fondation, tandis que le ressort de notre Consistoire général embrasse huit Départemens, savoir: Haut et Bas Rhin, Haute Saone, Doubs, Meurthe, Vôges, Moselle, Seine ou Paris, avec trente trois Eglises Consistoriales, chacune de six mille ames. Il est d'ailleurs à craindre que les réformés, s'ils devoient réussir, chercheroient, ainsi qu'ils l'ont donné à entendre, à se faire assigner sur nos fondations, qui déjà suffisent à peine aux charges dont elles sont grévées.

Vous sentés bien, M., que tout cela ne peut qu'ajouter à nos alarmes. Elles sont d'autant plus vives que nous ne connoissons personne à Paris, si ce n'est pas vous, qui ait là volonté ou le crédit nécessaire pour soutenir nos intérêts auprès du Gouvernement. Nous n'avons ni Sénateur, ni Conseiller d'Etat ni membre du Corps législatif qui soit de notre culte.

Le respectable Mr Darbaud, chef de la division des Cultes protestans au Ministère, n'ose plus élever la voix en notre faveur. Cet homme juste et intègre qui jouissoit de toute la confiance de feu Mr Portalis, a été noirci auprès de son successeur, comme étant un homme dévoué à nos intérêts dont il falloit se méfier.

Vous, Monsieur et cher Collègue, vous êtes membre du Conseil de l'Uni-

versité impériale; vous jouissés d'une considération justement méritée et due
à vos rares talens, et ce qui plus est, vous êtes pénétré de la pureté de nos
principes et de leur importance pour le progrès des lumières. Sachant aussi
que vous aimés beaucoup à obliger, nous osons nous flatter que, dans la
situation embarrassante où nous nous trouvons, vous voudrés bien venir à
notre secours et prendre notre défense, soit auprès du Ministère des Cultes,
soit auprès de S. E. le Grand Maître, ou, ce qui seroit encore plus désirable,
auprès des deux Ministères.

Vous ne douterés pas, Monsieur, de la vive reconnaissance que nous
vous aurions...,

Je suis....

2. Extrait d'une lettre de M. Koch à M. Darbaud.

(La copie de cette lettre se trouve aux archives du Directoire.)

Str. le 29 Nov. 1808.

J'ai lu avec un vif intérêt votre chère lettre du 25 du courant et le
mémoire dont elle étoit accompagnée et dans lequel vous montrés d'une
manière aussi claire que saillante les défauts du Décret impérial du 17 Mars.

En effet, la loi ayant formellement consacré la liberté des cultes que la
saine raison, d'accord avec la politique et l'intérêt de l'Etat commandent à un
grand Empire, il ne falloit pas, dans un Décret de la nature de celui dont
s'agit, faire semblant d'ignorer qu'il y a différens cultes autorisés en France;
aussi, en y admettant par ce décret une exemtion en faveur des Séminaires
catholiques, il ne falloit pas passer sous silence les Séminaires protestans; de
même en établissant dans l'Université impériale des facultés de théologie (que,
par parenthèse, on auroit beaucoup mieux fait de laisser entièrement dehors, car
l'expérience des siècles a prouvé que c'est les facultés de théologie qui ont gâté
les anciennes universités et nui essentiellement aux progrès des lumières) et
en accordant trois de ces facultés aux Réformés, il ne falloit pas oublier les
Protestans de la Confession d'Augsbourg; quoique nous soyons ici bien convaincus que dans l'intention des rédacteurs du Décret la faculté de Strasbourg,
dont il y est question, nous concernoit proprement; enfin, en ordonnant à
tous les membres de l'Université impériale de prendre pour *base de leur
enseignement les préceptes de la religion catholique*, en en faisant même une
clause du serment, il falloit au moins excepter de cette disposition les professeurs des facultés protestantes....

3. Bases d'un Concordat préparatoire et préalable à l'organi-
sation de la faculté de Théologie Protestante de l'Aca-
démie de Strasbourg.

(Arch. du Directoire.)

La faculté de Théologie Protestante de l'académie de Strasbourg sera
composée de cinq professeurs, savoir, trois de la Confession d'Augsbourg et deux
du culte réformé; et de cinq adjoints, dont trois appartiendront à ce dernier culte.

Quoique le raprochement qui existe entre les formes et le fond de ces
deux cultes permette de leur attribuer un établissement commun, il ne s'en

suit point qu'ils ne doivent pas rester séparés, soit à l'égard de quelques-uns des objets de l'enseignement, soit, et surtout, sous le rapport de la conservation exclusive des fondations et des places dont jouissent les Protestans de la Confession d'Augsbourg en conséquence de la Réformation lutherienne ; objets sur lesquels les réformés déclarent solennellement n'avoir ni ne prétendre à aucun droit.

La fusion des intérêts des deux cultes dans une seule faculté consistera principalement dans la possibilité qu'acquerront les etudians reformés de fréquenter les leçons des Professeurs Lutheriens sur les objets d'instruction commune, et d'entrer aux mêmes conditions que les étudians Lutheriens dans le pensionnat de St-Guillaume, où ils seront soumis à la discipline de ce collège ; enfin, les attestations ou certificats d'études ne seront accordés aux étudians réformés par leurs Professeurs, que lorsque ces élèves auront produit ceux des Professeurs Lutheriens dont ils auront fréquenté les cours....

Les actes solennels de la Faculté de théologie pourront être par leur nature ou communs ou spéciaux.

Pour les actes communs la faculté entière sera réunie dans le local ordinaire des séances de l'Académie protestante.

Pour les actes spéciaux les Professeurs Lutheriens conserveront leur local ordinaire ; les reformés se réuniront dans leur Temple.

Les cours des Professeurs reformés seront donnés dans un local dont jouiront à titre de loyer les individus professant leur culte.

4. Déclaration du Directoire sur un projet de convention pour la réunion en une seule et même faculté des deux cultes de la Confession d'Augsbourg et helvétique.

(Arch. du Directoire)

Le Directoire du Consistoire général de la Confession d'Augsbourg ayant mûrement délibéré sur un projet de convention pour une seule et même faculté des deux cultes de la Confession d'Augsbourg et helvétique, projet qui a été rédigé par MM. les Inspecteurs généraux de l'université impériale, à leur dernier séjour en cette ville, déclare ce qui suit :

1º Qu'il ne voit pas volontiers cette réunion qu'il regarde non seulement comme contraire à l'esprit de la loi sur les cultes, qui a donné des organisations différentes aux deux cultes, mais aussi comme pouvant, tôt ou tard, prêter matière à jalousie et à dissension entre ces cultes ;

2º Que néanmoins si S. E. le Grand-maître et le Conseil de l'université impériale desiraient réellement cette réunion, le Dre est bien éloigné de vouloir s'y opposer ; mais il ne peut nullement admettre les cinq adjoints du projet, qu'il regarde plutôt comme tout à fait surabondans, tant pour ceux de sa communion que pour MM. les Réformés, attendu que toutes les matières propres à former des ministres éclairés des deux cultes, lesquelles ne se traiteraient pas dans la faculté de théologie, continueront à être enseignées au Séminaire de notre confession, qui, soutenu, comme il est, par ses propres fonds, ne cause aucuns frais au Gouvernement ; que rien aussi n'empêche que les étudians réformés ne puissent profiter de ce même enseignement ; qu'en accordant au culte réformé deux professeurs et trois adjoints pour la faculté, on pourrait également leur accorder une faculté de théologie particulière et séparée de la notre; qu'une faculté de théologie protestante composée de dix professeurs ou adjoints, pourrait, tôt ou tard, servir de motif pour toucher au Séminaire de notre confession, tel qu'il a été organisé par l'arrêté consulaire du 30 floréal XI; institution au maintien de laquelle le D^re ne peut qu'attacher la plus haute importance;

3° Qu'en se prêtant à la réunion projetée de trois professeurs de la confession d'Augsbourg et de deux du culte réformé en une seule et même faculté, à l'exclusion des adjoints, le D^re ne pourra, dans aucun tems, admettre les professeurs réformés à participer aux revenus des fondations que les protestans de la confession d'Augsbourg doivent à la prévoyance de leurs ancêtres, et dont la jouissance exclusive leur a été assurée par toutes les loix existantes tant anciennes que modernes;

4° Que le D^re, traitant au nom des 33 églises consistoriales de son arrondissement, ne peut entrer en traité sur l'objet de cette réunion avec le seul président du consistoire local réformé de cette ville, que pour qu'une convention de cette nature qui tient essentiellement à l'opinion religieuse, soit vraiment *préparatoire*, ainsi que MM. les Inspecteurs généraux le désirent, et qu'elle puisse avoir un effet quelconque, il est indispensable que toutes les églises consistoriales allemandes du culte réformé, situées sur la rive gauche du Rhin, ou au moins le plus grand nombre de ces églises y donnent, avant tout, leur adhésion.

C'est dans ces vues que le D^re propose le projet de convention suivant:

1) La Faculté de théologie protestante de l'Académie impériale de Strasbourg sera composée de cinq professeurs, dont trois de la confession d'Augsbourg et deux du culte réformé.

2) Les étudians du culte réformé seront tenus de prendre le grade de bachelier ès-lettres, de la même manière que ceux de la Confession d'Augsbourg.

3) Les étudians du culte réformé pourront fréquenter les leçons des professeurs de la Confession d'Augsbourg, tant de ceux de la faculté de théologie que de ceux du Séminaire de cette confession, à l'exception néanmoins des matières théologiques que les églises réformées jugeront à propos de réserver à l'enseignement privatif des professeurs de leur culte.

4) Les mêmes étudians seront reçus dans le pensionnat de S.-Guillaume aux mêmes conditions que ceux de la Confession d'Augsbourg y sont admis, c. à d. ils seront soumis à la discipline de ce pensionnat, et payeront, pour leur entretien, une somme annuelle de 450 fr.

5) Les matières réservées à l'enseignement des professeurs du culte réformé seront les suivantes:...

6) Le D^re assignera aux professeurs du culte réformé un local convenable pour leurs cours particuliers, et cela sans loyer.

7) Les étudians réformés seront assujettis aux examens des professeurs de la Confession d'Augsbourg dont ils auront suivi les cours.

8) Les certificats d'études seront donnés par toute la faculté aux étudians de l'un ou de l'autre culte.

9) Mais les actes solennels, tels que pour la concession des grades, la faculté entière se réunira dans le lôcal qui sera affecté à ces actes.

10) Pour les actes spéciaux, les professeurs de chacun des deux cultes se réuniront séparément dans leur local ordinaire ou dans leur temple respectif.

11) Les professeurs du culte réformé ne pourront, en aucun tems, prétendre participer aux revenus des fondations qui sont exclusivement affectées aux protestans de la Confession d'Augsbourg, en vertu de toutes les lois tant anciennes que modernes.

12) Cette convention ne pourra avoir son effet que lorsque le plus grand nombre des églises consistoriales allemandes du culte réformé, de la rive gauche du Rhin, y auront donné leur adhésion; elle sera signée par le Directoire et approuvée par S. E. le Grandmaître de l'Université impériale.

5. Délibération des Professeurs sous-signés sur le projet d'une Faculté théologique composée de membres de la Confession d'Augsbourg et helvétique.

(Arch. du Dir.)

Après une discussion ample et détaillée sur les bases, la composition et les conséquences d'une telle réunion... les professeurs ont cru ne pouvoir mieux faire, que de prendre pour base le projet de déclaration que le patriotisme a inspiré à M. le professeur Koch, au nom du Directoire.

Cette déclaration indique trois points de position, de manière que si l'on est délogé du premier, on se replie sur le second et s'il le falloit sur le troisième.

Notre vœu unanime conçu et arrêté sans la moindre nuance ni divergence d'opinion, est de nous maintenir de toutes nos forces au premier point, de ne nous laisser ramener au second qu'à notre corps défendant et d'éviter le troisième par tous les moyens qui peuvent être en notre pouvoir.

I. Nous souhaitons donc, ainsi que l'énonce M. Koch, que le Dre veuille déclarer franchement et expressément, qu'il ne voit pas volontiers cette réunion par les deux raisons indiquées no 17 du projet du Dre. Il y a plus d'une considération qui vient à l'appui de cette détermination.

1) La première idée des Réformés eux-mêmes se bornoit au vœu de faire participer à leurs élèves en théologie l'instruction qui se donne ici aux nôtres et d'avoir en sus un professeur en théologie de leur culte, pour enseigner ce qu'on appelle les dogmes distinctifs de leur confession pour en faire subir l'examen aux candidats et pour leur conférer l'ordination. Cette idée est sage et non seulement très pratiquable, mais pratiquée de fait et mise à exécution à Gœttingen où le pasteur réformé donne des cours aux élèves de sa communion, de même que le curé catholique, sans que ni l'un ni l'autre ne soyent membre de la Faculté luthérienne. Il en est de même à Iena, d'après une fondation immédiate de notre empereur. C'est ainsi que le but peut être parfaitement rempli, sans le moindre ombrage et sans aucune friction.

2) Il est d'autant plus raisonnable de revenir et de s'en tenir à ce point unique, que sans cela les Réformés cessent d'être conséquents. Regardent-ils réellement leur théologie comme coïncidente avec la nôtre, et partons-nous des

20*

mêmes principes les uns et les autres, un Professeur séparé est donc une surabondance les choses prises à la rigueur ; ou au moins un seul professeur leur suffit, encore est-il là par la forme plus que pour le fond. Si, au contraire, il y a diversité essentielle entre les deux systèmes, il leur faudrait au moins trois ou quatre professeurs, et ces professeurs à élémens disparates des nôtres, ne pourroient donc pas se fondre ni se réunir avec nous.

3) L'hypothèse d'un seul professeur réformé présente encore le double avantage, d'écarter d'un côté toute sollicitude et d'épargner des frais au gouvernement. Le Pasteur Réformé feroit les fonctions de Professeur, et jouiroit en cette qualité d'une augmentation de traitement.

II. Ce n'est que malgré nous que nous reculons au second poste, c. à d. à une Faculté de théologie réformée à établir ici ; et dans cette supposition, nous souscrivons avec plaisir à la seconde proposition de M. Koch : Faculté particulière et séparée de la nôtre et encore sans aucuns adjoints, dont les fonctions se trouvent pleinement remplies par les autres Professeurs de notre Séminaire.

Il faut le dire sans réserve comme sans aigreur : Seroit-il juste que les chrétiens Réformés jouissent à eux seuls et sans aucun partage de 5 Professeurs en théologie à Genève et de 10 à Montauban et que les Luthériens n'eussent dans tout l'empire qu'une Faculté mi-partagée ? — D'ailleurs quoi que l'on fasse pour stipuler par des clauses et des réserves la possession intacte de nos fondations, la nature des choses, le desir inné à l'homme d'agrandir son domaine, nous entraînerait tôt ou tard vers l'écueil que nous nous efforçons d'éviter. L'expérience du passé peut nous servir ici de leçon ; l'extension progressive qui vient de nous être communiqué, n'est-il pas une prédiction très intelligible des arrondissemens et des ampliations dont il renferme le germe, même sans aucune arrière-pensée de la part des hommes très estimables qui aujourd'hui se mettent en avant.

La fusion de la Faculté améneroit inévitablement la fusion des facultés, des fonds et des propriétés.

Rien de si desirable, de si digne et de si heureux que l'union si elle s'opère d'elle-même, sans aucune vue personnelle. Dès que l'on parle, que l'on traite de l'union ou de la réunion, c'est un marché, une transaction, où chaque partie vise aux plus favorables conditions pour elle-même. C'est ainsi que du sein de ces Pacifications a toujours pullulé la division et la discorde. C'est pour être bien unis de cœur que nous desirons vivement et que nous en adressons ici expressément notre vœu au vénérable Dre, de n'être jamais unis et fondus en une même Faculté.

III. Puisque telle est notre intime et unanime conviction, nous serions en opposition avec nous-mêmes, si nous nous occupions des moyens de préparer et de réaliser cette réunion. Si, contre notre vœu, le Grand-Maître ou le Gouvernement (et non des Particuliers) desiraient réellement cette réunion, comme s'exprime M. Koch d'une manière très mesurée, alors, sans doute, il ne nous conviendroit plus de témoigner de l'opposition. Dans cette supposition et sur une invitation directe, nous sommes prêts à présenter au Dre nos vues sur la répartition des cours, sur les examens et actes académiques.

Pour ne pas être entièrement négatifs, nous finissons par souscrire entièrement à la réception des élèves Réformés à notre Pensionnat, aux mêmes conditions de pension et de discipline comme les nôtres. Cet article est déjà en plein exercice depuis longtemps.

Enfin, comme le porte le dernier article de M. Koch, nous sommes entièrement de l'avis qu'une convention de cette nature devroit être signée par toutes les églises consistoriales du culte réformé.

Ont signé :

Strasbourg, 5 août 1811.

Les professeurs

WEBER
BLESSIG
HAFFNER
DAHLER
FRITZ.

6. Rapport au Directoire sur les considérations qui peuvent nous faire désirer la prompte création d'une Faculté de théologie Protestante à Strasbourg.

(Arch. du Dir.)

Le 15 de ce mois se sont réunis spontanément chez le sous-signé MM. les professeurs en théologie Haffner et Fritz : ensemble MM. les professeurs Schweighæuser, Herrenschneider et Dahler, pour délibérer sur la convenance et l'urgence d'une Faculté de théologie protestante à Strasbourg.

Je croix ne pouvoir mieux faire que de mettre sous les yeux du Directoire, en forme de procès-verbal de notre conférence, les différentes considérations qui y ont été exposées, et de prier le Directoire de nous guider de ses lumières et de vouloir faire, comme notre Tuteur, les démarches qui lui paroitront convenables.

Tous les professeurs présens sont partis d'un point de vue général : c'est que si la solution du problème dépendoit de nous en particulier, ou si la chose étoit *res integra,* rien ne nécessiteroit une démarche instante et pressée, vû que ce n'est pas à nous à provoquer une mesure, qui, d'un côté, doit être générale, et qui de l'autre est de nature à laisser entrevoir telle possibilité de conséquences pour l'intégrité de notre Séminaire, qui du moins pourroient nous conseiller d'attendre en repos et de recevoir avec respect les dispositions législatives, qui pourroient nous être transmises en son tems.

Mais ce n'est pas là la situation dans laquelle nous sommes placés. Une Faculté de Théologie Protestante à Strasbourg est décrétée depuis longtems. M. Cuvier arriva ici, il y a déjà deux ans, chargé de l'organisation de cette Faculté. Avant quatre ans déjà le Directoire addressa à S. E. la triple liste des candidats pour cette Faculté ; liste qui demande aujourd'hui des changements essentiels. Enfin, et cette considération a paru décisive et péremptoire, les dernières instructions de S. E. le Ministre des Cultes, qui fixent les grades de Bachelier non seulement ès Lettres, mais en Théologie, supposent déjà ou rendent nécessaire l'établissement d'une Faculté de Théologie, à moins d'exposer nos élèves à nous quitter, pour chercher à Bremen les grades dont nous ne pourrions pas les pourvoir.

Une considération subsidiaire présente les avantages naturels et l'accueil favorable auxquels peut s'attendre celui, qui fait lui-même une démarche franche et spontanée, et qui, par là même, peut se ménager plus d'une convenance locale et personnelle.

Par rapport au mode de demander la création de la Faculté, les Professeurs estiment, sauf meilleur avis, que la marche la plus naturelle pourroit bien être celle-ci: dans une lettre à Mgr. le Grand-Maître, le D^re lui rappelleroit la triple liste, envoyée dès 1809; on proposeroit une *Faculté de la Confession d'Augsbourg* composée de *quatre* membres, vû que cette Faculté est la seule sur toute la ligne du Rhin et pays adjacens, et que par un article des Statuts de l'Université impériale le nombre des professeurs peut être augmenté, si celui des élèves augmente, ce qui a notoirement lieu à Strasbourg; les quatre professeurs mis en première ligne seroient MM. Blessig, Haffner, Fritz et Dahler. M. Weber, émérité pourroit être recommandé pour le titre d'Honoraire. Moyennant ces arrangemens, la Faculté de théologie à Strasbourg seroit dès à présent à même de remplir avec exactitude les intentions du Grand-Maître et les ordres de S. M.

Cette lettre du Directoire, qui pourroit mentionner les états de service dans l'enseignement théologique des Professeurs proposés, seroit adressée à M. Cuvier, avec une lettre d'accompagnement pour lui, et la prière de nous indiquer les modifications ou additions qu'il pourroit trouver convenables.

On ne chôme surement pas de la part de tel ou autre. Il semble donc prudent de ne pas se laisser prévenir.

Strasb. 28 Sept. 1813.

Au nom de mes collègues et le mien
BLESSIG.

Résol. (Séance du 5 Oct. 1813). La demande d'une faculté de théologie protestante de la Cf. d'Augsbourg à Strasbourg sera de nouveau faite à S. E. le sénateur Grand-Maître de l'Université impériale — Les 12 candidats (voy. dans la lettre adressée au Grand-Maître (seront présentés à S. E. pour les 4 chaires de la faculté. Il sera également écrit à M. Cuvier, conseiller titulaire de l'Université impériale.

SILBERMANN.

7. Lettre du président du Directoire à son Excellence Monsieur le Comte de Fontanes, Sénateur, Grand-Maître de l'Université Impériale, Commandant de la Légion d'honneur, Membre de l'Institut.

(Arch. du Dir.)

Strasbourg le 11 Octobre 1813.

Monsieur le Comte,

Le neuvième des articles organiques des cultes protestans porte, qu'il y aura deux Académies ou Séminaires dans l'Est de la France pour l'instruction des ministres de la Confession d'Augsbourg. L'une de ces Académies a été organisée à Strasbourg, chef lieu du C^re général de la dite confession pour les départemens du Haut- et du Bas-Rhin, de la Haute-Saône et autres, et son Directoire y réside. L'autre n'a pas été établie. Les jeunes gens qui se destinent au Ministère du Culte protestant de notre confession et qui sont originaires des départemens du Mont-Tonnerre, de la Sarre, de Rhin et Moselle et de la Rœr, ont fait jusqu'à présent au Séminaire de Strasbourg leurs études en théologie.

L'art. 8 du décret Impérial du 17 mars 1808 portant organisation générale de l'Université, veut qu'il y ait une faculté de Théologie protestante à Strasbourg. Celle pour le culte catholique est établie à Besançon, où est l'Eglise métropolitaine du diocèse de Strasbourg. Le décret Impérial du 17 Sept. de la même année ordonna ensuite, que les candidats pour la Faculté Théologique de Strasbourg seroient présentés avant le 1er Déc. ensuivant par le président du Consistoire de cette ville.

En conformité de cet article, j'ai eu l'honneur de présenter à V. E. dès le 2 Nov. 1808 une liste triple de candidats pour les trois chaires qu'alors je croyois suffisantes pour cet enseignement. Cette présentation n'ayant pas eu de suite jusqu'à présent, V. E. me permettra d'y revenir aujourd'hui, mais en y apportant des modifications.

Les professeurs de notre Séminaire présentement chargés de l'enseignement Théologique, d'accord en ceci avec les membres du Dre du Cre gén. que je préside, m'ont représenté que pour l'instruction des étudians en Théologie trois professeurs étoient insuffisans, malgré l'enseignement qui est donné au Séminaire de matières dont la connoissance est nécessaire aux candidats du ministère de notre culte, telle que l'étude des langues orientales et sacrées, qu'il falloit donc nécessairement quatre professeurs.

Je me suis volontiers rendu à ce désir et à cette opinion, que je trouve fondés, et j'y accède d'autant plus, que d'un côté la faculté théologique de Leyde a le même nombre de professeurs en y comprenant un adjoint, et cela malgré la proximité de l'Académie de Groningue qui a aussi une Faculté de Théologie, que celle de Genève a cinq professeurs, sans parler des Facultés pour le culte catholique établies aux académies de Paris, Lyon, Parme, Pise, Toulouse et Turin, et que surtout d'un autre côté notre Faculté ne sera pas à la charge du Trésor de l'Université, attendu que les professeurs qui seront nommés pourront recevoir leurs traitemens fixes sur les revenus de notre Séminaire, sans préjudice des droits à acquitter par les élèves. Ceci aura lieu si V. E. daigne appeler aux chaires que je propose les personnes que je présente en première ligne et qui jusqu'à présent ont donné cet enseignement au Séminaire, et dont les deux premiers étoient déjà célèbres professeurs en théologie à l'ancienne Université de Strasbourg. Ces quatre ecclésiastiques sont des savans du premier mérite aussi recommandables par l'étendue et la diversité de leurs connoissances et par la solidité et la clarté de leur enseignement que par leurs vertus. Ils sont chers à leurs auditeurs, considérés dans le public, estimés par ceux qui savent apprécier les connoissances et les talents, en un mot généralement estimés par les personnes de toutes les croyances religieuses dans notre ville.

Les chaires que de concert avec mes collègues du Dre de notre Consistoire général je desire de voir établies sont celles où seront enseignés

Le dogme,
La morale évangélique,
L'histoire et la discipline ecclésiastique,
L'explication de la Sainte Ecriture;
on ne peut se passer d'aucun de ces enseignemens....

8. Note sur les motifs pour lesquels le Séminaire protestant pourrait demander la continuation de son entière indépendance dans le cas où il serait question de le changer en une faculté de Théologie de l'Université de France ou d'établir une telle faculté dans son sein.

(Arch. du Dir.)

.... L'indépendance du Séminaire ou de l'Académie protestante est garantie par les mêmes traités (que celle de Gymnase); elle tient de plus près encore à la liberté religieuse, consacrée par la charte, et il y aurait une inconvenance plus grave à ce qu'une autorité soit civile soit littéraire, non-protestante s'immisçât soit dans l'administration soit dans l'enseignement d'un établissement d'instruction religieuse protestante, que des droits antiques, solennellement consacrés et qui comprennent des dotations dont la propriété est assurée aux protestans, ont placé dans une cathégorie toute particulière et dont l'organisation diffère essentiellement de celle des facultés de l'université de France.

C'est dans cet établissement qu'a été transformée par les loix et arrêtés organiques sur les cultes, l'ancienne Université toute protestante de Strasbourg et il comprend, outre l'enseignement des sciences théologiques proprement dites, celui des sciences préparatoires, dont nos pasteurs ont un besoin indispensable et qui ne sont enseignées ni avec la même étendue ni sous les mêmes points de vue dans les facultés de l'université.

.... La totalité de ce Séminaire ou de cette Académie, composée de dix chaires, ne pourrait donc point être considérée comme une Faculté de Théologie de l'Université de France, et la formation, dans le sein de ce Séminaire, d'une Faculté de Théologie subordonnée à cette Université ne présenterait aucun avantage et ne pourrait que donner lieu à beaucoup de contestations, ou bien ne serait que fictive et illusoire; puisque quant à l'enseignement théologique proprement dit, quant aux études qu'il doit comprendre, quant à la marche progressive qu'il doit suivre et à la manière de constater que les candidats sont aptes à recevoir les ordres ou à être proposés pour des fonctions ecclésiastiques, comme en général pour tout ce qui tient plus ou moins à l'essence de la religion et du culte, cette faculté ne saurait reconnaître l'autorité d'un corps enseignant non protestant, non revêtu de pouvoirs religieux, et resterait nécessairement soumise, comme l'est toute l'instruction religieuse protestante, à celle du Directoire du Consistoire général, qui forme l'intermédiaire légal entre les établissemens de ce culte et le gouvernement; et que quant au reste de l'administration intérieure, de la nomination, des traitemens et du sort des professeurs; cette faculté, restant dotée de fonds assurés aux protestans et dont on ne pourrait leur contester la propriété et l'administration, sans violer les traités les plus sacrés et les loix les plus positives, resterait également dans une indépendance réelle de l'Université à laquelle on voudrait l'aggréger.

S'il a été utile et digne d'un siècle de lumières et de liberté religieuse d'accorder une Faculté de Théologie aux non-catholiques de l'intérieur de la France, qui n'avaient, dans ce vaste royaume, aucun établissement d'instruction religieuse, et si cette faculté, instituée en faveur d'un culte dont l'organisation ne comprend aucune autorité religieuse générale et supérieure, a pu être soumise sans réclamations à l'université de France, de l'organisation de laquelle elle faisait partie ; il serait au contraire tout à fait inutile et en contradiction avec la liberté religieuse, de soumettre à cette Université un établissement ancien, qui a toujours joui d'une existence indépendante, auquel cette indépendance a été formellement assurée, et qui est placé par l'organisation du culte qu'il professe, sous une autorité à la fois civile et religieuse, à laquelle le Gouvernement a confié et continue de confier la surveillance de tout ce qui a rapport à la religion protestante de la Confession d'Augsbourg.

La seule difficulté qui pourrait se présenter résulterait de la collation du grade de docteur en Théologie que l'ancienne Université de Strasbourg conférait comme les universités protestantes de l'Allemagne et que le Séminaire protestant n'a point conféré jusqu'ici, tant pour éviter toute contestation avec l'Université Impériale, que parce que ce grade n'a pas été demandé.

Quant aux grades d'études purement littéraires, le Séminaire ne voulant nullement se détacher du grand système d'instruction établi par l'Université de France, ne les a non seulement vu prendre avec plaisir à tous ceux de ses élèves qui pouvaient y aspirer, dans la faculté des lettres de l'Université, aussi longtemps que cette formalité était exigée; mais a même continué à faire à ses élèves un devoir de les prendre, depuis qu'une Ordonnance Royale les en dispensait, et est dans l'intention de maintenir ce lien honorable entre l'instruction qu'il donne et l'instruction générale. Mais quant à un grade purement théologique et de Théologie protestante, il serait bien plus simple que l'Académie protestante confère ledit grade, comme le conférait l'Université à laquelle elle a succédé; avec la seule modification, conforme à l'organisation actuelle, que ce sera avec la participation et sous l'autorité supérieure du D^{re} du C^{re} général, placé par le Gouvernement lui-même à la tête de tout ce système d'instruction religieuse et puissamment intéressé, pour le bien-être même de cette instruction, à ce que ledit grade, ainsi que tous les autres avancemens dans l'ordre ecclésiastique, ne soit accordé qu'aux sujets les plus méritans. Nous nous croyons donc en droit de demander qu'on laisse ce dernier mode à notre disposition, sauf à soumettre s'il y a lieu au Gouvernement un règlement sur le mode d'exécution.

Résol. (Séance du 29 oct. 1817). Les votes des membres du D^{re} recueillis, une expédition de la notice a été transmise, le 20 cr., par lettre, à M. Kern, membre de la Chambre des députés, avant son départ pour la capitale.

SILBERMANN.

9. Réflexions sur la formation d'une faculté de Théologie protestante dans l'Académie Royale de Strasbourg.

(Arch. du Dir.)

Nous avons appris qu'il est question, dans une nouvelle organisation de l'Instruction publique qui se prépare en ce moment, d'ériger dans l'Académie Royale de Strasbourg une faculté de Théologie protestante, sans que ni l'autorité supérieure à laquelle l'Administration de tout ce qui est relatif à ce culte est confié par les loix existantes, ni même les Professeurs du Séminaire protestant, par les soins desquels l'enseignement de cette Théologie se trouve dans l'état le plus florissant dans cette ville, n'aient été consultés à ce sujet.

Ce qui augmente notre surprise, c'est qu'il nous a été dit que c'est sur de vives demandes parties de cette ville, que l'on s'occupe de la formation de cette faculté.

Ces demandes n'auraient pu être faites légalement que par le Directoire, et même en supposant qu'elles aient eu lieu d'une manière moins régulière, elles n'auraient pu avoir quelque poids qu'autant qu'elles seraient sorties du moins du sein dudit Séminaire ou qu'elles eussent été formées par un grand nombre d'individus attachés à notre culte.

Mais le Directoire n'a pas émis ce vœu et nous nous sommes assurés qu'aucune demande de ce genre n'a été formée par ceux que l'érection d'une telle faculté pourrait particulièrement intéresser et qui, au contraire, préfèrent d'un commun accord l'état actuel des choses à un changement où ils voient plus d'inconvéniens que d'avantages.

Si, lors de la première organisation de l'Université de France, le Dre n'a point cru devoir se refuser à envoyer aux autorités supérieures les listes de candidats pour une telle faculté, qui lui avaient été demandées, c'est que... les inconvéniens qui pouvaient résulter de l'adjonction à un corps enseignant, dans l'immensité duquel nous ne formerions qu'une portion hétérogène et subalterne et dont les règlemens sont dictés par des considérations générales auxquelles nous sommes en grande partie étrangers, ainsi que les avantages que nous avons trouvés à pouvoir conformer librement notre enseignement à nos besoins et aux principes de notre culte et à pouvoir sans cesse les perfectionner par l'expérience, ne s'étaient pas encore suffisamment développés.

Mais dès le Décret du 17 mars 1808 Tit. V, art. 38 les préceptes de la religion catholique furent déclarés devoir être pris pour base de toutes les écoles de l'Université. Le même article ajoute encore § 4 que tous les Professeurs de Théologie seront tenus de se conformer aux dispositions de l'Édit de 1682 concernant les quatre propositions du Clergé de France, ce qui les suppose également tous catholiques.

Depuis ce temps une part formelle dans l'Administration générale de l'Université a été accordée à des Évêques catholiques, sans que les autorités religieuses des autres cultes y aient été appelées.

C'est l'Administration générale ainsi organisée qui prononce les nominations de professeurs, et cela non sur la proposition exclusive de la faculté où ces professeurs doivent entrer, mais aussi sur celle du Conseil académique, qui a également une part prépondérante à l'administration de l'Académie et à la surveillance de l'enseignement et qui en général est composé de membres étrangers à la religion dont, dans cette hypothèse, il proposerait les professeurs et dirigerait l'enseignement.

En même temps nous avons vu que l'Université limite à un assez petit nombre les cours qui doivent être donnés par ses professeurs et ne leur permet même qu'avec peine et par des faveurs spéciales ou sous des conditions onéreuses de donner d'autres cours accessoires.

Dans l'état actuel des choses, au contraire, notre Séminaire forme une école spéciale et complette de théologie protestante, ainsi que des sciences préparatoires nécessaires à l'étude de cette théologie, école fondée sous le nom d'Académie protestante par un arrêté spécial du Gouvernement, et qui, depuis la formation des Académies de l'Université de France, a pris, par ordre supérieur, le titre de Séminaire protestant.

Ce Séminaire n'est, par la même organisation, subordonné qu'au Directoire du Consistoire général du culte protestant de la Confession d'Augsbourg, autorité à la fois civile et religieuse, correspondant directement avec le Ministre, à laquelle tout ce qui concerne ce culte est également soumis et qui, tant par sa composition et sa compétence, que par sa proximité, est plus que toute autre à même d'en diriger l'enseignement conformément aux principes de notre culte et aux besoins des élèves qui fréquentent cette école, ainsi que d'en nommer les professeurs, d'après leur mérite, éprouvé et reconnu par des services antérieurs, rendus tant dans l'enseignement que dans la chaire ou dans d'autres fonctions ecclésiastiques.

Car c'est également à ce Directoire que fut confiée, par ladite organisation, la présentation des professeurs, qui doit avoir lieu d'après l'avis des professeurs du Séminaire....

Notre Séminaire est la seule école spéciale qu'ait en France le culte protestant de la Confession d'Augsbourg, cette école se trouve dans un pays où ce culte a été maintenu par les traités les plus solennels, elle est elle-même comprise dans ces traités, elle doit son organisation actuelle à des loix existantes et à un acte spécial du Gouvernement ; elle est soumise au Gouvernement au moyen d'une autorité intermédiaire légalement reconnue et qui la dirige d'après les principes de son culte ; elle est dans un état florissant et organisée de manière à pouvoir se perfectionner sans cesse, d'après les progrès des lumières que ce culte cherche plutôt encore à devancer qu'à suivre, elle n'est enfin dans une indépendance absolue du Gouvernement, que quant aux traitemens de ses professeurs, qui sont assignés sur des fonds d'origine religieuse et qui lui ont été légalement attribués.

Or, nous soumettons à la justice même de S. E. le Ministre et à celle de la Commission de l'Instruction publique, d'examiner avec nous, en quoi cet état de choses pourrait, sans léser nos droits et la liberté des cultes, être modifié soit pour l'avantage du Gouvernement ou du système général de l'Instruction publique, soit pour le nôtre.

Serait-ce en soumettant la nomination de nos Professeurs au Conseil académique et à la Commission de l'Instruction publique ? Mais de quel droit une assemblée ou une commission qui, si elle n'est point à considérer comme indifférente à tous les cultes, est plutôt catholique que protestante, nommerait-elle des professeurs théologiques d'un culte différent légalement et formellement autorisé et maintenu dans ses droits, tant par d'anciens traités, garantis par les principales puissances de l'Europe, que par des loix nouvelles et par la charte constitutionnelle.

Serait-ce en ce que notre instruction religieuse fut soumise aux règlemens généraux de l'Université ? Mais, encore une fois, comment ces règlemens faits pour un ensemble d'établissemens dont nous ne formerions qu'un accessoire hétérogène, pourraient-ils nous envelopper dans leurs dispositions générales, sans blesser nos droits à la liberté du culte, qui doit nécessairement comprendre celle de l'enseignement religieux ?

Serait-ce en ce que l'Etat ou l'Université donnerait un titre de plus, et soit un traitement total, soit un traitement accessoire à une partie de nos théologiens, sans les gêner en rien dans leur enseignement, sans les subordonner à une administration étrangère à leur culte, sans rien changer à l'organisation actuelle de nos écoles ?

Sans doute, si une telle proposition nous était faite, nous ne pourrions qu'accepter avec reconnaissance la générosité d'un Gouvernement aussi libéral. Mais nos modestes professeurs n'oseroient point former une telle demande ou concevoir un tel espoir, et préfèrent la médiocrité actuelle de leur sort à toute amélioration de leur position personnelle, qui compromettrait la liberté de leur enseignement ou qui porteroit une atteinte quelconque aux droits de leur communauté religieuse. . . .

Il résulte en conséquence de toutes ces réflexions, que notre organisation n'a besoin d'aucun changement pour son propre bien et qu'on ne saurait y faire des modifications essentielles, sans blesser nos libertés religieuses et sans compromettre l'état florissant d'un établissement unique en son genre, en faveur duquel les raisons que nous venons d'exposer réclament une exception de l'assujettissement général au régime de l'Université comme une justice, qu'un Gouvernement qui a admis en principe la liberté des cultes, l'observation religieuse des traités et la protection de toutes les institutions utiles et respectables, ne saurait nous refuser.

Résolution (du Directoire). Ces réflexions seront adressées à S. E. le Ministre de l'Intérieur.

SILBERMANN.

10. Copie de l'arrêté du Ministre qui confirme celui de la Commission d'Instruction publique sur l'établissement d'une Faculté de Théologie à Strasbourg.

(Arch. du Dir.))

Ministère de l'Intérieur
  Cultes non catholiques.

Le Ministre secrétaire d'Etat au département de l'Intérieur.

Vu 1º l'arrêté pris par la Commission d'Instruction publique le 7 décembre 1818, portant organisation de la Faculté de Théologie protestante à Strasbourg, département du Bas-Rhin ;

2º L'assentiment donné par le Directoire général de la Confession d'Augsbourg aux diverses dispositions qu'il renferme,

Nous avons arrêté ce qui suit :

Art. 1er. L'arrêté pris par la Commission d'Instruction publique le 7 décembre 1818 relatif à l'organisation d'une faculté de Théologie protestante dans le grand Séminaire luthérien de Strasbourg (Bas-Rhin) est approuvé pour être exécuté suivant sa forme et teneur.

Art. 2. Il sera ultérieurement pourvu à l'établissement près cette faculté d'une chaire de dogme pour le culte calviniste.

Art. 3. La Commission d'Instruction publique est chargée de l'exécution du présent arrêté.

Fait à Paris, le 10 avril 1819.

Le Ministre Secrétaire d'Etat de l'Intérieur
Signé: le comte DECAZE.

Pour copie conforme, le maître des Requêtes, Directeur de la 1re Division
JORDAN.

Paris, 14 juin 1819.

Ministère de l'Intérieur
    Cultes non catholiques.

Monsieur le Président, j'ai l'honneur de vous adresser une copie de l'arrêté par lequel j'approuve celui que la Commission de l'Instruction publique a pris le 7 décembre dernier pour organiser la faculté de Théologie protestante de Strasbourg.

Cette Commission ne s'étant occupée que de votre culte, vous remarquerez, Monsieur, que l'art. 2 de mon arrêté appela son attention sur la chaire à établir pour le dogme calviniste.

Je vous engage, en conséquence, à lui procurer de suite les divers renseignements qu'elle pourrait attendre de vous à cet égard. Vous pourriez, au besoin, vous entendre avec Monsieur le Président du Consistoire réformé de votre ville.

Le Ministre Secrétaire d'Etat de l'Intérieur

Pour le Ministre et par son ordre
Le maître des requêtes Directeur de la 1re division

A M. le Président du Directoire gal de Strasbourg.

Rés. (Séance du 28 juin 1819). Il sera écrit à la Commission de l'Instruction publique que le Directoire est prêt à lui donner, autant qu'il dépendra de lui, les renseignements qu'elle voudra lui demander.

III. Pièce relative aux revendications ultramontaines.

Observations sur quelques passages du Mémoire du chapitre de la Cathédrale de Strasbourg, tendant à la revendication des bâtimens du Séminaire.

(Arch. du Directoire.)

A Messieurs le Président et Membres du Directoire du Consistoire général des églises protestantes de la Confession d'Augsbourg dans les Departemens du Haut- et Bas-Rhin etc.

Messieurs,

Le Chapitre de la Cathédrale de Strasbourg vient de publier un Mémoire adressé au Roi pour la revendication des batimens du Seminaire. Mes collegues, qui m'en ont communiqué un exemplaire, m'ont engagé à appeler Votre attention sur quelques passages de cet écrit faits non seulement pour étonner les Protestans, mais encore pour leur faire craindre des suites funestes. Le Chapitre, tout en sentant vivement l'injustice faite aux catholiques par le Gouvernement qui donna une autre destination au Séminaire, ne craint pas de proposer à un Roi juste et paternel de déposséder les Protestans des batimens nécessaires à leurs institutions pour les donner à l'academie en remplacement du Séminaire. Afin de rendre cette proposition encore plus acceptable, le Chapitre a denaturé l'état et l'emploi de ces batimens. A l'entendre, ce sont de vastes édifices, qui ont servi autrefois à l'enseignement des quatre facultés de l'Université de Strasbourg, et qui actuellement, bien qu'ils servent aux établissemens du Gymnase et du Séminaire, ne laissent pas d'avoir encore assez de place pour satisfaire à tous les besoins de l'Académie. Nous avons pensé qu'il est aussi important qu'urgent de prendre des mesures pour effacer les impressions que pourraient avoir faites ces fausses insinuations, et de prévenir les suites facheuses qui pourraient en resulter; qu'à cet effet il conviendrait d'éclairer le Gouvernement sur le veritable état de ces batimens et de leur emploi, qui les rend nécessaires à nos institutions. L'on peut observer que l'enclos des batimens du Temple-neuf est entierement occupé par la Bibliothèque, dont profitent les Catholiques aussi bien que les Protestans, une salle qui sert aux actes publics du Séminaire et qui n'a pas même l'étendue suffisante pour cette destination, par les classes du Gymnase, qui s'y trouvent également à l'étroit, et par les logemens du pensionnat pour un certain nombre d'eleves du Seminaire. Il n'y a que deux salles qui ont servi autrefois à l'enseignement public de l'Université, et qui depuis longtems sont remplies d'objets appartenant à la Commune. Les édifices de St. Thomas ne contiennent que trois salles, une salle avec deux pièces, arrangées nouvellement pour les cours des Professeurs du Seminaire et n'ayant jamais servi aux cours de l'Université et le premier étage a été en même tems arrangé pour loger une douzaine d'eleves; le tout aux frais de nos fondations. Voici les deux édifices publics à l'usage de l'enseignement du Séminaire et qui lui sont indispensables; comment le Chapitre a-t-il pu dire au Roi que l'Académie trouverait dans ces édifices encore assez de place pour ses besoins? C'est également par erreur qu'il a avancé que c'est dans ces édifices que les Schœpflin, les Koch, les Oberlin ont donné leurs cours, tandis qu'il est notoire que ces hommes célèbres ont eu leurs auditoires dans les maisons qu'ils habitaient; par conséquent c'est une fausse conséquence qu'il en tire que les édifices qui ont servi autrefois à l'usage des quatre facultés de l'Université doivent encore suffire aux Facultés de l'Académie. Le Chapitre paraît faire un reproche aux Protestans de ce qu'ils se persuadent que comme à l'époque de l'année normale il est juste de leur laisser leurs possessions. Cependant on ne voit pas quelle raison pourrait être opposée à cette persuasion fondée sur la justice. A moins qu'on ne veuille adopter des principes subversifs de l'état social, la justice consiste en ce que chaque membre de la Société soit maintenu dans ses propriétés legalement acquises. Or ces biens ont été assignés à l'enseignement des Protestans par le Magistrat qui était alors le souverain de la Ville; ils leur ont été assurés par les traités solennels; ils n'ont jamais été détournés de leur destination à l'enseignement et au service de nos institutions, ils y servent encore, et ils lui sont indispensables, et ils n'ont pas de place superflue; à quel titre pourrait on les leur enlever, qui ne blessât toutes les règles de la justice. Ainsi que tous les Protestans pénétrés de l'Esprit de l'Evangile nous souhaitons sincerement que nos freres Catholiques puissent rentrer dans la possession de leurs biens, qui sont nécessaires à leur culte et à leurs institutions, et dont l'injustice les a dépouillés. Nous ne prétendons nullement nous opposer à leurs intérets ou nous immiscer dans leurs affaires; mais en même tems nous souhaitons pour l'amour de la justice et de la paix de n'être pas troublés dans la paisible possession de ces biens fort modiques que la Providence nous a conservés au milieu des orages de la Révolution, par des prétentions injustes tant de fois renouvelées et qui ne servent à rien moins qu'à cimenter cette union fraternelle, préscrite par la doctrine de l'Evangile, qui est notre loi commune et servant de base au bonheur social.

Nous avons cru devoir soumettre ces observations à la sagesse du Directoire, bien persuadés, qu'il est porté à veiller sur tout ce qui intéresse la chose des Protestans.

Strasbourg ce 6 janvier 1815.   J. G. DAHLER, Professeur,
                                        Vice-Directeur du Séminaire.

Résol. (Séance du 24 janvier 1815). Il sera marqué p. E. du Regl à Mr Dahler, que le Directoire pense que dans ce moment il n'y a pas lieu de donner suite à cet objet.

IV. Critique de l'enseignement du Séminaire et de la Faculté de théologie

Extrait d'une Lettre du pasteur Cuvier de Paris au Président du Directoire.

(Archives du Directoire.)

Eglise évangélique de la Confession d'Augsbourg à Paris.

Paris, 21 Avril 1853.

. . . Je suis très peiné d'avoir pu vous paraître dur et je regretterais vivement les expressions dont je me suis servi pour exprimer la pensée du Consistoire, si elles avaient pu avoir quelque chose de blessant. En tout cas elles ne peuvent vous atteindre personnellement. Vous n'avez pas et vous ne pouvez avoir sur l'enseignement du Séminaire et de la Faculté et sur l'esprit qui y préside une influence, une autorité qui vous rende responsable des doctrines qu'on y inculque aux étudiants.

En tout cas, personne n'apprécie mieux que moi les difficultés de votre position; je ne voudrais pas les aggraver et me plairai toujours au contraire à vous aider à les surmonter. . . . Je comprends que vous ayez de la peine à trouver un homme tel qu'il le faudrait à la tête du Séminaire. Il faut réunir beaucoup de qualités pour ces fonctions, et si cette position est une des plus importantes de notre Eglise, c'est aussi l'une des plus difficiles à pourvoir.

A la distance où je suis, il ne m'est pas permis de porter par moi-même un jugement positif et motivé. Je ne vois pas les choses d'assez près. L'opinion que j'ai de l'enseignement de la faculté de théologie vient des impressions produites en moi par ce que j'ai entendu de la bouche de divers étudiants. Je les entends louer la science de leurs professeurs, mais se plaindre en même temps, de ce qu'on ne leur inspire pas une foi positive, de ce qu'ils arrivent au terme de leurs études, incertains de ce qu'ils doivent croire, laissés dans le vague des opinions diverses qui ont été exposées devant eux; de ce qu'il n'y a rien de pieux dans l'enseignement qu'ils reçoivent. La manière dont j'en ai vu agir dans leurs fonctions me porterait aussi à penser qu'il y a une lacune ou une mauvaise direction dans les principes qui leur sont inculqués. Ils manquent d'esprit ecclésiastique; ils paraissent peu connaitre et respecter peu les traditions du culte, par un esprit d'indépendance qui dépasse ce qui est permis à la liberté chrétienne. Ils paraissent peu connaître notre organisation d'administration et de culte et les obligations hiérarchiques auxquelles les pasteurs sont soumis. J'en ai vu se permettre dans la liturgie des changements et des suppressions contraires à nos usages traditionnels et prétendre se justifier par le droit du libre examen. Ce n'est pas cet esprit qu'ils devraient puiser dans un cours de théologie pastorale. Ne serait-il pas nécessaire d'insister plus qu'on ne le fait peut-être pour leur inspirer plus de respect et de soumission aux règles établies et pour leur apprendre à faire plier davantage leurs vues personnelles aux usages et à la discipline adoptés par l'Eglise.

Vous voyez que je m'épanche avec vous. Je ne vous parle des plaies de notre Eglise que parce que je désire ardemment qu'elles puissent être guéries. Je crois volontiers qu'il y a un commencement de cicatrisation. Avec le temps et avec les pouvoirs qui vous sont conférés vous pourrez y contribuer....

V. Protestation contre les ingérences de l'orthodoxie parisienne.

Protestation de notables strasbourgeois contre la prétention de l'orthodoxie parisienne d'empêcher deux savants de mérite (Colani et Cunitz) d'être nommés au Séminaire.

(Archives du Directoire.)

M. le Président, MM. les Membres du Directoire,
MM. les professeurs du Séminaire protestant.

La fondation de Saint-Thomas est une institution chère à la ville de Strasbourg. Souvent menacée dans son existence, elle a toujours trouvé au sein de la population éclairée de la cité des amis dévoués, des défenseurs convaincus. C'est que la conscience publique était fière de prêter son appui à une réunion de savants qui a toujours tenu haut et ferme le drapeau de la science, conciliant la tradition religieuse de nos pères avec les lumières et les progrès des temps modernes.

En serait-il de même si le corps savant qui représente l'arche sainte du Protestantisme cessait de se recruter d'hommes nouveaux de la trempe des anciennes illustrations éteintes? si le niveau scientifique et le talent étaient sacrifiés à des influences étrangères, à des influences qui s'érigent, on ne sait à quel titre et au nom de quel principe, en juge souverain de l'orthodoxie protestante.

C'est une question douloureuse que nous vous adressons, car au moment où il s'agit de remplir un vide regrettable dans les rangs des Professeurs du Séminaire, nous avons lieu de craindre qu'une pression illégitime ne pèse sur vos décisions. Les chefs de notre Eglise et le corps enseignant se soumettront-ils à des injonctions dictatoriales? quand ces injonctions frappent d'exclusion précisément deux noms désignés d'avance et depuis longtemps à leurs suffrages; deux noms connus, respectés, illustrés par la science: celui d'un homme qui depuis vingt-cinq ans rend au Séminaire les services les plus dévoués et les plus désintéressés, et puis une personnalité dans laquelle à un talent hors ligne se trouvent unies des convictions qui représentent ce que le christianisme a de plus élevé et de plus pur.

Et pourquoi cette exclusion?

La piété du pasteur qui fait entrer la vérité évangélique si profondément dans les convictions de ses auditeurs serait-elle une piété suspecte? Le christianisme qu'il prêche serait-il de mauvais aloi? L'orateur sacré qui tient au pied de sa chaire une foule avide, appartenant à toutes les croyances serait-il dangereux pour former des prédicateurs futurs?

Cela n'est pas sérieux. Non. C'est, on le sait, pour donner satisfaction à certaines passions théologiques et doctrinales, que l'on vous demande l'exclusion, et c'est du nom de conciliation que l'on voudrait colorer un acte d'ostracisme.

La conciliation! On oublie donc que les passions doctrinales sont absolues? Elles ne se considèrent comme satisfaites que quand elles ont tout envahi, tout absorbé. — De la conciliation! Oui... si les personnalités qui s'agitent avaient à présenter des personnalités supérieures ou du moins égales par les titres scientifiques, la profondeur des convictions religieuses et le talent. Préférer de telles personnalités serait de la conciliation de bon aloi; car alors la préférence ne léserait pas les lois éternelles de la justice; mais la conciliation qui sacrifie le mérite à des passions porte un autre nom, et un acte d'exclusion accompli dans de telles conditions serait sévèrement jugé par l'opinion publique. Il ne tarderait pas, du reste, à porter des fruits amers, comme tout ce qui est mal.

En vous soumettant, MM., ces considérations, les soussignés n'ont eu d'autre but que l'accomplissement d'un devoir. C'est à vous, MM., qu'il appartient de faire le vôtre sans faiblesse, avec la haute raison et l'esprit de justice que nous vous connaissons, que nous aimons à retrouver toujours chez nos chefs religieux.

Agréez, MM., l'assurance de notre haute considération.

Strasbourg, le 9 Novembre 1863.

Ont signé sur l'exemplaire adressé à M. le Président du Directoire

MM. Ehrmann, doyen de la faculté de médecine.
Bergmann, doyen de la faculté des lettres.
V. Stœber, prof.
Ch. Schützenberger, prof.
Rigaud, prof.
E. Küss, prof.
Schimper, prof.
Eug. Bœckel, prof. agrégé.
Zimmer, membre du Consist. gén.
Ed. Goguel, prof., id.
F. Ehrmann.
Œsinger, père.
J. Hecht, juge de paix.
Ch. Lauth, juge.
Dr G. Lauth.

MM. J. D. Ehrmann.
Blanck, prés. de la Société des Amis des Arts.
Fr. Lauth, Dr en méd.
Ch. Bœckel, libraire.
Mathiss, conseiller municipal.
Eug. Hecht, consul.
C. Stæhling, m. de la Chambre de commerce.
G. Bergmann, id.
Schlagdenhauffen, architecte.
Aug. Trawitz-Kratz.
Müntz, ingénieur.
Flach, notaire.
Altorffer.
Heydenreich, pharmacien.
Heydenreich, agent de change.

MM. Weiss, notaire.
    J. J. Stotz.
    Ch. Zeyssolf, notaire.
    J. Fr. Rothfus, anc. nég.
    Muller, directeur de l'octroi.
    Gme Lauth.
    Ernest Lauth.
    Aug. Kern.
    Ph. Stromeyer.
    Osterrieth, juge.
    Balzinger.
    Silbermann, imprimeur.
    Imlin.

MM. L. Himly.
    Jérôme Kob.
    Ph. Frantz, avocat.
    Kugler, avocat.
    Ed. Klose, banquier.
    Eug. Jundt.
    Kieffer, directeur de l'hôpital.
    Stromeyer, fils.
    Eschenauer.
    Fr. Aufschlager.
    Th. Aufschlager.
    Ls Drion.

VI. Pièces relatives aux présentations et nominations aux chaires vacantes en 1864.

1. Lettre du Président du Directoire au Recteur de l'Académie.

(Minute de la lettre aux Archives du Dre.)

6 Avril 1864.

En suite des dépêches que vous m'avez fait l'honneur de m'écrire le 18 et le 30 mars dernier, le Dre s'est occupé dans sa séance du 5 avril de l'avis motivé qu'il a à donner sur les nouvelles présentations faites par la faculté de théologie protestante de Strasbourg pour la chaire d'éloquence sacrée.

Après une longue délibération, il a paru au Dre que les difficultés que soulève cette affaire à raison même des deux tendances qui se sont manifestées dans l'Eglise et des préférences qui en résultent pour l'un ou l'autre des candidats, seraient aplanies si, aujourd'hui que la mort de M. le professeur Fritz vient de faire un nouveau vide dans la faculté de théologie, le Gouvernement consentait à pourvoir en même temps aux deux chaires. Les candidats présentés pour la chaire d'éloquence sacrée le seront, selon toutes les probabilités, également pour la seconde; et il serait possible de concilier les vœux des deux fractions de l'Eglise en nommant simultanément les deux hommes sur lesquels repose respectivement leur suffrage.

Cette considération qui venait d'être présentée au Dre de divers côtés, cette possibilité d'amener une conciliation, a si vivement frappé le Dre, qu'avant de se prononcer sur les présentations qui lui sont déjà soumises, il m'a chargé, M. le Recteur, de vous exposer sa manière de voir et de vous prier de vouloir bien la faire connaître à. S. E. le ministre de l'Instruction publique.

M. Reuss actuellement professeur de morale chrétienne demandera à occuper la chaire d'hébreu laissée vacante par M. Fritz et pour laquelle il est seul qualifié. Mais cette permutation, qui semble au Dre parfaitement conforme aux intérêts du service, ne retarderait que de bien peu la déclaration de vacance de la seconde chaire à pourvoir, et ce léger retard dans les deux nominations nous paraîtrait heureusement compensé par les grands avantages que nous verrions à ce qu'elles fussent faites simultanément.

2. Lettre du Recteur de l'Académie au Président du Directoire.

(Arch. du Dir.)

Académie de Strasbourg.   Strasbourg, le 11 avril 1864.

Monsieur le Président,

La lettre que vous m'avez fait l'honneur de m'adresser, à la date du 6 avril cr., me jette dans une certaine perplexité, et, avant de la transmettre à M. le Ministre, je crois prudent de soumettre mes scrupules à votre sagesse.

Nous avons en ce moment à vider une question grave, mais simple et nettement définie. La chaire d'éloquence sacrée a été déclarée vacante; les présentations légales ont eu lieu une première fois. Le Ministre ayant rappelé le décret qui exige le doctorat, la faculté a dressé une seconde liste, sur laquelle le Dre est invité à donner son *avis motivé* (cette liste contenait les noms de MM. Colani, Kienlen, Lichtenberger, présentés *ex aequo*).

Ainsi l'affaire, après avoir péniblement parcouru tous ses degrés, touche au terme. Il dépend de l'autorité religieuse d'en amener promptement la solution par une délibération décisive qui éclaire le Ministre sur l'aptitude des trois candidats à la chaire vacante. Serait-il de bonne administration de suspendre le dénouement et d'opposer en quelque sorte une fin de non recevoir à la demande de S. Exc.?

Au lieu de terminer le plus tôt possible un procès qui déchaîne tant de passions, le Dre propose, par votre lettre du 6 avril, de le compliquer et de le prolonger indéfiniment, car la combinaison indiquée entraînerait un délai aussi funeste aux études que favorable à la polémique confessionnelle.

Il faudrait d'abord que la faculté sollicitât le changement de chaire pour M. Reuss et le *motivât fortement* afin d'armer M. Duruy contre l'opposition qui pourrait bien se soulever. Les partisans du formulaire d'Augsbourg verraient-ils avec indifférence votre théologien *libéral* passer d'une chaire de *morale* à une chaire d'*exégèse*?

Le premier point obtenu, le Ministre jugerait-il opportun de déclarer immédiatement une seconde chaire vacante et d'ajouter ainsi à l'agitation présente un second antagonisme?

Viendrait ensuite la formation des deux listes. Retomberions-nous dans l'*ex aequo* qui est une fiction inadmissible, à tel point que la faculté ayant porté sur sa dernière liste un candidat écarté de la première n'a pas hésité à le déclarer égal à ceux qu'elle lui avait précédemment préférés. Le Ministre, je le sais, n'acceptera pas cet *ex aequo* auquel personne ne croit.

Enfin, les deux listes seraient-elles identiques, comme vous le prévoyez? Pensez-vous que le public et le Ministre prendraient au sérieux des candidatures également aptes à remplir deux chaires si différentes? Considérons bien les trois savants fort honorables dont il s'agit : sont-ils indifféremment prêts à occuper dignement l'un ou l'autre poste? Chacun d'eux n'a-t-il pas son mérite distinct? Chaque liste doit avoir aussi sa spécialité.

Vous savez mieux que moi, M. le Président, que les répugnances et les sympathies qui se produisent si énergiquement au sujet de l'*éloquence sacrée* n'abdiqueront point au sujet de l'*exégèse* et de la *Morale évangélique*. Je n'ai pas à vous apprendre qu'il ne s'agit point d'accommoder par un compromis adroit, une simple concurrence de personnes. Nous assistons à une guerre plus sérieuse, plus violente, une guerre de doctrines, de dogmes, de sectes.

Je ne saurais avoir la prétention d'intervenir dans un débat auquel le Recteur doit rester étranger. Il m'appartient encore moins de donner un avis aux membres éminents du D[re]. Mais vous excuserez un ami sincère de notre savante faculté de Théologie qui se permet de vous dire : N'aggravez pas une difficulté déjà très lourde en la triplant; laissons à chaque jour sa tâche et sa peine. Pourvoyons d'abord au vide de la chaire d'éloquence : le reste viendra à son heure. Surtout ne craignons pas d'éclairer sur la valeur réelle et spéciale de chacun des candidats un Ministre ami des lumières et de la liberté. Faisons notre devoir de sincères conseillers et attendons avec confiance la décision supérieure.

Excusez, M. le Président, ces réflexions que je vous soumets avec toute la déférence due à votre haute position. Si, malgré mon plaidoyer, le D[re] maintient sa résolution, je m'empresserai de la transmettre à S. E.

Veuillez agréer, etc.

Le Recteur, DELCASSO.

(Séance du 12 avril 1864.) Le D[re] se range aux observations de M. le Recteur et n'insiste pas sur l'envoi au Ministre de sa lettre du 6 Avril. M. le Recteur sera prié de lui faire parvenir les présentations définitives (et avec classement) de la faculté. Au vu de cette pièce, le D[re] émettra son avis motivé sans plus attendre.

3. Arrêté de la Faculté de théologie protestante.

Séance du 26 Avril 1864.
(Arch. du Dir.)

La Faculté de théologie protestante de Strasbourg,

Vu la lettre de M. le Recteur de l'Académie du 15 Avril cr. qui l'informe que S. E. M. le Ministre de l'Instruction publique désire que les candidats présentés *ex aequo* à la chaire vacante d'éloquence sacrée par délibération du 29 mars dernier, soient présentés dans un ordre déterminé, et que, de plus, la Faculté entre sur chacun d'eux dans une appréciation de son mérite, de son talent, de son caractère et de ses principes religieux,

Arrête, à la majorité de trois voix contre une ce qui suit :

La présentation de trois candidats pour la chaire vacante arrêtée par la Faculté dans sa séance du 29 mars, est modifiée dans ce sens que M. Colani est placé au premier rang, M. Kienlen au second et M. Lichtenberger au troisième.

Les motifs de cette classification sont les suivants :

1. Il est incontestable que, comme théologien et comme prédicateur, M. Colani l'emporte de beaucoup sur ses deux concurrents. Sous ces deux rapports, sa réputation ne s'étend pas seulement sur la France, mais au dehors sur tous les pays protestants d'Europe et même d'Amérique. A Strasbourg surtout, M. Colani jouit d'une haute considération et un public toujours nombreux et composé de personnes de toutes les nuances religieuses suit ses pré-

dications avec une assiduité persévérante. Les trois recueils de sermons et les sermons isolés qu'il a publiés ont été traduits en allemand, en hollandais, en anglais et en suédois, et ont paru en partie en plusieurs éditions. Une 2e édition de sa thèse pour le doctorat et une traduction hollandaise du même ouvrage sont sous presse pour paraître simultanément le 15 du mois prochain. Une traduction hollandaise de sa critique de la Vie de Jésus de Renan paraîtra à la même date. Depuis quatre ans déjà, M. Colani dirige au Séminaire protestant les exercices oratoires des élèves qui se destinent à la prédication en langue française. D'un caractère parfaitement honorable, M. Colani a prouvé son esprit conciliant par les rapports qu'il entretient avec ses collègues de l'église St-Nicolas à laquelle il est attaché en qualité de pasteur. Quant à ses principes religieux et ses tendances théologiques, la Faculté s'en rapporte à ses propres déclarations contenues dans la lettre qu'il a adressée au Doyen de la Faculté. Il en résulte que les adversaires ont dénaturé ses principes en lui attribuant des opinions qu'il repousse énergiquement. La Faculté ne saurait le cacher à S. E. : la nomination d'un de ses concurrents à la chaire dont il s'agit serait pour le public de Strasbourg, qui s'est groupé autour de M. Colani et qui s'édifie de ses prédications, une pénible déception et produirait dans notre cité une impression regrettable.

2. M. Kienlen est un théologien savant et un pasteur honorable, qui a plus de vingt ans de services. Il n'est pas non plus sans réputation au dehors de notre pays. Il est auteur d'une Encyclopédie des sciences théologiques qui a du mérite, et d'un travail sur les modifications dont serait susceptible l'élément liturgique du culte protestant. Ce travail, inséré dans le temps dans un recueil périodique d'Allemagne, a été traduit en hollandais. Depuis trois ans, M. Kienlen fait au Séminaire protestant des cours libres sur des matières de théologie pratique, qui sont suivis avec un grand intérêt par les élèves. Par son caractère et son activité, il s'est acquis l'estime générale. La Faculté n'a pas à donner des renseignements sur ses opinions religieuses, attendu qu'il s'est expliqué lui-même à ce sujet dans la lettre annexée.

3. M. Lichtenberger s'est fait connaître avantageusement par les différentes thèses qu'il a soutenues et par plusieurs articles insérés dans des recueils périodiques religieux. Ses opinions religieuses sont exprimées dans sa lettre au Doyen de la Faculté jointe à la présente délibération. Pasteur auxiliaire de l'Eglise du Temple Neuf, il remplit en même temps, depuis quelques années, les fonctions d'aumônier au Gymnase protestant de notre ville. Jusqu'à présent M. Lichtenberger n'a pas encore rendu de services académiques. Sa nomination récente aux fonctions de professeur du Séminaire a été un acte de conciliation. C'est un jeune théologien très instruit, de capacités distinguées et qui a de l'avenir; mais qui, quant au mérite et à l'ancienneté, ne saurait être mis sur la même ligne que ses deux concurrents.

Fait à Strasbourg, en séance de la Faculté, les jour, mois et an que dessus.

Pour extrait conforme :
Le Doyen de la Fac. de théol. prot.,
Signé : BRUCH.

Pour copie conforme :
Le Président du Directoire,
TH. BRAUN.

4. Lettre de M. Colani au Doyen de la Faculté de Théologie.

M. le Doyen,

Depuis que j'ai posé ma candidature à une chaire de la faculté de théologie, quelques personnes essaient de me représenter comme un incrédule qui n'a plus de chrétien que le nom. Il m'importe de repousser bien haut ces accusations déloyales, contre lesquelles protestent d'ailleurs mes sermons et mes publications scientifiques.

Je suis chrétien et chrétien protestant.

Le christianisme tel que l'enseignent les Eglises issues de la Réforme, est fondé sur cette doctrine, que l'homme n'a jamais aucun mérite devant Dieu, mais qu'il reçoit tout d'En haut comme une grâce : cette doctrine protestante du salut par grâce, je l'accepte complètement. Elle constitue à mes yeux l'essence de l'Evangile, la vérité religieuse par excellence.

En outre, j'ai toujours cru et toujours enseigné que l'Evangile est une vérité divine, absolue, éternelle, une révélation que Dieu a donnée aux hommes et qui ne sera jamais dépassée. Sans doute, avec Luther, avec toute la théologie protestante moderne, je maintiens le droit d'examiner ce qui dans les livres sacrés, admis traditionnellement par l'Eglise, appartient à l'Evangile de Jésus-Christ et ce qui est un appendice humain. Renoncer à ce droit serait renoncer au titre de protestant. D'ailleurs, je puis me rendre ce témoignage qu'en l'exerçant j'ai été au moins aussi réservé que Luther lui-même.

Je crois pleinement enfin que Jésus est le Sauveur unique des hommes; et, si je me permets de critiquer et de rejeter les canons des conciles qui ont prétendu définir sa nature humaine et sa nature divine; j'accepte avec une soumission entière chaque parole qu'il a dite lui, touchant sa personne et sa mission et ses rapports avec le Père. En général, tout ce que Jésus a fait, dit, pensé, voulu, senti, est, à mes yeux, parfaitement divin, sous une forme parfaitement humaine.

On m'assure que, décrié comme non-chrétien, je le suis également comme panthéiste. Autant vaudrait m'accuser d'être manichéen ou bouddhiste ou mahométan... Le Dieu vivant et personnel, le Dieu qui aime, qui pardonne, le Dieu qui est un Père, — voilà mon Dieu, et non je ne sais quelle force aveugle ou quelle abstraction algébrique.

Ces explications, que je prends la liberté d'adresser, par votre entremise, M. le Doyen, à la faculté de théologie pour qu'elle en fasse l'usage qu'il lui conviendra, ces explications suffisent sans doute pour démontrer que je ne suis pas un incrédule, mais un croyant très sérieux et très convaincu. Ma foi, il est vrai, n'exclut pas le libre examen, et c'est peut-être ce qui me distingue de mes accusateurs...

Agréez etc.

Signé : T. COLANI
pasteur et docteur en théologie.

Strasbourg, le 18 Avril 1864.

5. Extrait de la lettre de M. Kienlen.

.... Je suis attaché de cœur aux grandes doctrines de l'Eglise protestante. Et d'abord, contrairement au courant actuel des idées, je maintiens énergiquement la personnalité de Dieu et la persistance, après la mort, de l'âme humaine individuelle.

J'admets la révélation de l'Ancien Testament et je la trouve dans la croyance monothéiste et dans l'idée messianique.

Je crois en Jésus-Christ, le fils unique de Dieu, le verbe incarné, conformément à l'Evangile selon Saint Jean. Je crois à la résurrection, comme fait historique ; j'accepte la possibilité du miracle, sauf à discuter chaque fait, prétendu miraculeux, d'après la valeur des témoignages.

En considérant l'universalité du genre humain comme atteinte du péché, je trouve dans la justification par la foi le principe fondamental de la théologie protestante.

Je proclame le libre examen comme méthode, ainsi que les droits de la critique historique ; j'ai la ferme confiance que les excès négatifs auxquels on est souvent entraîné, seront réfutés au moyen de cette méthode même, excellente en soi, et que jamais la critique ni le libre examen n'amèneront l'abandon définitif des vérités évangéliques.

En somme, et pour formuler théologiquement mes convictions religieuses, je puis dire que je me compte au nombre de ceux qui, tout en prenant leur point de départ dans le système de Schleiermacher, s'attachent, plus que d'autres, à développer les croyances *positives* de ce grand maître.

Veuillez agréer, etc.

Signé : KIENLEN, Dr en théol., pasteur

Strasbourg, le 20 Avril 1864.

6. Extrait de la lettre de M. Lichtenberger.

...Me conformant, en tout point, à votre demande, je m'empresse de vous déclarer que, par mes principes, j'appartiens de cœur à une Eglise qui professe la divinité de N. S. Jésus-Christ, la divine autorité des Saintes Ecritures et la réalité de l'ordre surnaturel. Quant à mes tendances théologiques, je me réfère à ma vie pastorale et à mes écrits qui, j'ose le croire, sont en accord avec mes convictions religieuses.

Je suis, avec respect, etc.

Signé : F. LICHTENBERGER.

Strasbourg, le 21 Avril 1864.

7. Lettre du Président du Directoire au Recteur de l'Académie.
(Minute de la lettre aux Archives du Dre)

...A ces déclarations explicites le Dre, à son tour, n'a rien à ajouter, même en ce qui concerne les opinions dogmatiques de M. Colani, les seules qui soient l'objet de critiques. Sa profession de foi y répond.

Le D^re, du reste, est convaincu qu'il ne faut pas, de la nomination à intervenir, faire une question dogmatique seulement: sur ce point, l'accord sera toujours difficile et il semble peu convenable de rendre le Gouvernement juge en pareille matière.

Il faut prendre en grande considération l'intérêt administratif dans une Eglise qui se divise en deux fractions principales, dont chacune demande satisfaction et est habituée à l'obtenir d'une autorité qui doit avoir pour règle une juste impartialité.

Le Séminaire vient lui-même de donner l'exemple de cette justice distributive, véritablement indispensable pour le maintien de la paix, en nommant à l'une des deux chaires qu'il avait à pourvoir dans sa section de théologie, un candidat sympathique à la fraction dite libérale de l'Eglise, à l'autre chaire, un candidat agréable à la fraction qui s'intitule orthodoxe.

C'est le désir que S. E. voulût bien en agir de même qui avait fait naître le vœu dont le D^re s'était rendu l'organe auprès de vous, M. le Recteur, dans sa lettre du 6 avril cr.: le vœu d'une nomination simultanée aussi aux deux chaires vacantes de la Faculté, et, comme il vient d'arriver au Séminaire, d'un partage entre les représentants des deux côtés dogmatiques qui sont en compétition.

Sur vos observations, M. le recteur, le D^re a dû renoncer à le voir se réaliser, pour le moment du moins, et nous sommes restés en présence d'une seule vacance.

Les détails dans lesquels est entrée la Faculté sur chacun des trois candidats qu'elle propose, et la déclaration que je suis chargé de vous faire de la part du D^re d'une entière conformité de vue avec elle au sujet de ces trois théologiens, abrègent cette lettre.

A ne prendre les candidats que selon leur savoir et leur aptitude spéciale, M. Colani est incontestablement supérieur et de beaucoup à ses deux concurrents. Il est juste de lui tenir compte aussi de services rendus comme professeur adjoint du Séminaire. Le D^re croit qu'il est de son devoir d'ajouter que non-seulement, comme le dit la Faculté, les prédications de M. Colani réunissent des fidèles de diverses nuances religieuses, et en nombre tel que son église n'est pas toujours assez vaste pour les contenir tous, mais encore que ces prédications sont conformes aux principes religieux que M. Colani, à l'occasion de sa candidature, vient d'exposer à la Faculté et qui sont parfaitement connus d'elle, et que ces mêmes prédications ne justifient pas les attaques des adversaires théologiques de l'orateur éminent, tout particulièrement qualifié pour une chaire d'éloquence sacrée, spécialement en vue des progrès de la langue française en Alsace.

Que s'il fallait faire abstraction de titres aussi bien établis et ne s'arrêter qu'aux opinions dogmatiques, comme, endehors de la Faculté de théologie et de l'autorité légale de l'Eglise, on semble le demander, le D^re croit pouvoir espérer que même dans le cercle restreint d'appréciation S. E. ne verra dans la profession de foi de M. Colani rien qui doive le faire déchoir du rang que la Faculté lui a assigné dans ses propositions, auxquelles le D^re s'associe....

8. Extrait du Registre des délibérations de la Faculté de théologie protestante de Strasbourg.

(Arch. du Directoire.)

Procès-verbal de la séance du 15 Décembre 1864. Présents: MM. Bruch, doyen, Richard, Schmidt, Colani et Lichtenberger, professeurs.

La Faculté prend connaissance d'une lettre, en date du 8 Déc., par laquelle M. le Recteur informe M. le Doyen que S. E. M. le Ministre de l'Instruction publique a résolu de pourvoir d'une manière définitive à la chaire d'exégèse que M. Reuss occupe à titre de chargé de cours.

Il résulte d'un exposé fait par M. le Doyen qu'aucun candidat ne s'est porté concurrent de M. Reuss pour cette chaire.

Après avoir constaté cette abstention générale et significative, la Faculté entre en délibération.

Tous les membres de la Faculté (dont deux ont été élèves de M. Reuss) proclament ses titres éclatants à cette chaire. M. Reuss a été chargé en 1838 du cours de morale et l'a fait, avec un rare succès, jusqu'à la fin de la dernière année scolaire. Un décret impérial du 17 Juin est venu alors l'appeler à professer l'exégèse biblique qu'il enseignait déjà au Séminaire protestant depuis 1828, et pour laquelle il est, de l'aveu de tous, un prince de la science. Son nom fait autorité partout où s'étend la théologie protestante. Aussi la Faculté déclare-t-elle hautement que, si elle-même jouit de quelque réputation dans notre pays, ainsi qu'en Allemagne, en Hollande ou en Angleterre, elle le doit en grande partie à l'enseignement éloquent et aux beaux travaux de M. Reuss.

...Le mérite exceptionnel de M. Reuss n'est pas resté sans récompense. Non seulement il a été appelé par la confiance de ses coreligionnaires à siéger au Consistoire supérieur de l'Eglise de la Confession d'Augsbourg et à prendre la haute direction du Gymnase protestant, principale école secondaire de cette Eglise, mais le Gouvernement impérial l'a aussi nommé chevalier de la Légion d'honneur, le 13 Août 1862. Dès l'année 1843, l'Université d'Iéna l'a créé Docteur en théologie, dignité qui ne se décerne, au-delà du Rhin, qu'à des hommes d'un mérite supérieur ; la Faculté vient d'apprendre, avec une vive satisfaction, par la lettre de M. le Recteur, que S. E. M. le Ministre de l'Instruction publique se propose de déclarer ce diplôme d'Iéna équivalent au diplôme français. Ainsi disparaîtra le seul obstacle, sans doute, qui ait empêché jusqu'ici de conférer à M. Reuss un titre définitif.

Ayant examiné et constaté, comme il vient d'être dit, les services éminents du seul candidat dont le nom ait été prononcé, la Faculté passe au scrutin secret. A l'unanimité,

elle présente M. Reuss

et, vu le caractère exceptionnel de cette candidature, elle prie S. Ex. M. le Ministre de l'Instruction publique de ne pas insister sur la présentation d'un 2e nom.

Le Doyen, Signé : BRUCH.
Le Secrétaire, Signé : COLANI.
Pour copie conforme:
Le Président du Dre, TH. BRAUN.

TABLE DES MATIÈRES

CHAPITRE II

CHAPITRE III

CHAPITRE IV

CHAPITRE V

CHAPITRE VI

CHAPITRE VII

CHAPITRE VIII

CHAPITRE IX

CHAPITRE X

TROISIÈME PÉRIODE
1864-1872

CHAPITRE I

PIÈCES JUSTIFICATIVES

IV. Critique de l'enseignement du Séminaire et de la Faculté de Théologie

V. Protestation contre les ingérences de l'orthodoxie parisienne

VI. Pièces relatives aux présentations et nominations aux chaires vacantes en 1864

ÉTUDES D'HISTOIRE ET DE PHILOSOPHIE RELIGIEUSES
PUBLIÉES PAR LA FACULTÉ DE THÉOLOGIE PROTESTANTE DE L'UNIVERSITÉ DE STRASBOURG

1. HENRI STROHL, L'évolution religieuse de Luther jusqu'en 1515. Prix : 8 fr.
2. E. VERMEIL, La Pensée religieuse d'Ernest Troeltsch. Prix: 4 fr.
3. A. CAUSSE, Les « Pauvres » d'Israël. (*Prophètes, psalmistes et messianistes.*) Prix: 8 fr.
4. R. WILL, La Liberté chrétienne. Prix: 14 fr.
5. CH. HAUTER, Religion et Réalité. Prix: 7 fr.
6. J. PANNIER, L'Église réformée de Paris sous Louis XIII. Prix: 50 fr.
7. C. T. GÉROLD, La Faculté de théologie protestante de Strasbourg jusqu'en 1870. Prix: 15 fr.

SOUS PRESSE

8. A. CAUSSE, Israël et la vision de l'Humanité. (*Comment le judaïsme est devenu une religion missionnaire.*)

REVUE D'HISTOIRE ET DE PHILOSOPHIE RELIGIEUSES

paraît tous les deux mois. Prix de l'Abonnement: 20 fr. par an.

Secrétariat de Rédaction: **A. Causse** et Ch. **Hauter**, professeurs à l'Université de Strasbourg.

CAHIERS DE LA REVUE D'HISTOIRE ET DE PHILOSOPHIE RELIGIEUSES

1. ALBERT MONOD, La controverse de Bossuet et de Richard Simon. Prix: 3 fr.
2. G. BALDENSPERGER, Il a rendu témoignage devant Ponce Pilate. Prix: 3 fr.
3. CH. BLONDEL, La Psychanalyse. Prix: 4 fr.
4. S. ROCHEBLAVE, Etude sur Joseph de Maistre. Prix: 3 fr.
5. C. HAUTER, Le problème sociologique du protestantisme. Prix: 3 fr. 50
6. C. BRICKA, Le fondement christologique de la morale paulinienne. Prix: 4 fr.
7. GASTON RICHARD, L'athéisme dogmatique dans la sociologie religieuse. Prix: 3 fr.
8. JACQUES PANNIER, Recherches sur l'évolution religieuse de Calvin jusqu'à sa conversion. Prix: 3 fr.

SOUS PRESSE

9. F. MACLER, Chrétientés orientales.

IMPRIMERIE ALS